O DESPERTAR DA HEROÍNA INTERIOR

Carol S. Pearson

O DESPERTAR DA HEROÍNA INTERIOR

A Ascensão de Perséfone e Outros
Mitos e Arquétipos na Jornada do Herói

Tradução
Maíra Meyer

Editora
Cultrix
SÃO PAULO

Título do original: *Persephone Rising – Awakening the Heroine Within.*

Copyright © 2015 Carol S. Pearson.

Publicado mediante acordo com Harperone, um selo da Harper Collins Publishers.

Copyright da edição brasileira © 2023 Editora Pensamento-Cultrix Ltda.

1ª edição 2023.

Todos os direitos reservados. Nenhuma parte desta obra pode ser reproduzida ou usada de qualquer forma ou por qualquer meio, eletrônico ou mecânico, inclusive foto-cópias, gravações ou sistema de armazenamento em banco de dados, sem permissão por escrito, exceto nos casos de trechos curtos citados em resenhas críticas ou artigos de revistas.

A Editora Cultrix não se responsabiliza por eventuais mudanças ocorridas nos ende-reços convencionais ou eletrônicos citados neste livro.

Editor: Adilson Silva Ramachandra
Gerente editorial: Roseli de S. Ferraz
Preparação de originais: Marie Romero
Gerente de produção editorial: Indiara Faria Kayo
Editoração eletrônica: Join Bureau
Revisão: Claudete Agua de Melo

Dados Internacionais de Catalogação na Publicação (CIP)
(Câmara Brasileira do Livro, SP, Brasil)

Pearson, Carol S.
   O despertar da heroína interior: a ascensão de Perséfone e outros mitos e arquétipos na jornada do herói / Carol S. Pearson; tradução Maíra Meyer. – São Paulo: Editora Cultrix, 2023.

   Título original: Persephone rising: awakening the heroine within.
   Bibliografia.
   ISBN 978-65-5736-255-6

   1. Feminilidade (Psicologia) 2. Mitos 3. Psicologia 4. Psicologia junguiana I. Título.

23-155440   CDD-155.333

Índices para catálogo sistemático:
1. Feminilidade: Psicologia 155.333
Eliane de Freitas Leite – Bibliotecária – CRB 8/8415

Direitos de tradução para o Brasil adquiridos com exclusividade
pela EDITORA PENSAMENTO-CULTRIX LTDA., que se reserva a
propriedade literária desta tradução.
Rua Dr. Mário Vicente, 368 — 04270-000 — São Paulo, SP – Fone: (11) 2066-9000
http://www.editoracultrix.com.br
E-mail: atendimento@editoracultrix.com.br
Foi feito o depósito legal.

Para Shanna – com amor e gratidão

Sumário

Agradecimentos 11

Prefácio 17

Introdução: O Poder da História na Intermediação 37

A História de Deméter e Perséfone: 39

Os Mistérios de Elêusis e o Poder da Transformação Coletiva 49

Por Que Eu? Como Esta Tradição Mudou Minha Vida 61

Por Que Você? Despertando suas Capacidades e seu Potencial.... 73

Por Que Agora? Prosperando em uma Revolução Inacabada 83

Parte Um – Deméter **91**

Deméter e o Caminho do Coração 93

Primeira Lição de Deméter: Levando uma Vida de
  Consciência Conectada 107

Segunda Lição de Deméter: Demonstrando Resiliência Corajosa 121

Terceira Lição de Deméter: Valorizando o Coração Generoso 135

Quarta Lição de Deméter: Manifestando sua Insatisfação 149

Quinta Lição de Deméter: Defendendo o Que é Importante
para Você 161

Exercício de Conclusão: Diálogo com Deméter 171

Parte Dois – Zeus **173**

Zeus e o Caminho do Poder 175

Primeira Lição de Zeus: Superando o Medo que Alimenta
uma Vida Orientada 187

Segunda Lição de Zeus: Declarando sua Independência 197

Terceira Lição de Zeus: Liberando sua Paixão, Focando nas
suas Ações 209

Quarta Lição de Zeus: Reorganizando-se e Repensando à
Medida que Você Adquire Mais Conhecimento 221

Quinta Lição de Zeus: Deixando de Ter Poder *Sobre* para Ter
Poder *Com* 235

Exercício de Conclusão: Diálogo com Zeus 249

Parte Três – Perséfone **251**

Perséfone e o Caminho da Transformação 253

Primeira Lição de Perséfone: Respondendo ao Chamado de Eros 269

Segunda Lição de Perséfone: Reivindicando seu Direito ao Amor 281

Terceira Lição de Perséfone: Levando uma Vida Mais Simples 297

Quarta Lição de Perséfone: Fazendo Escolhas para Realizar
o seu Destino 309

Quinta Lição de Perséfone: Vivenciando o Pertencimento Radical 325

Exercício de Conclusão: Diálogo com Perséfone 343

Parte Quatro – Dionísio **345**

Dionísio e o Dom da Alegria 347

Primeira Lição de Dionísio: Realizando a Promessa de Elêusis 367

Segunda Lição de Dionísio: Celebrando a Grande Beleza da Vida.... 381

Terceira Lição de Dionísio: Dançando a Alegria Coletiva 395

Quarta Lição de Dionísio: Dirigindo sua Companhia
Teatral Interior 411

Exercício de Conclusão: Diálogo com Dionísio 424

Exercício de Conclusão Integrativa: Sua Mandala Pessoal de Elêusis 424

Conclusão – O poder da história para transformar sua vida **425**

Quem é Quem 447

Bibliografia 451

Notas 461

Guia de Discussão de Leitura em Grupo 483

Sobre a Autora 485

Agradecimentos

O psiquiatra pioneiro C. G. Jung definiu a sincronicidade como uma "coincidência significativa" – dois ou mais eventos que parecem ter uma relação significativa, mas não causal.

No início de 2013, quando eu estava no processo de deixar meu cargo de presidente do Pacifica Graduate Institute e planejando os próximos passos, me encontrei escrevendo sobre a história de Deméter e Perséfone. Então, aparentemente do nada, recebi um e-mail de Claudia Boutote, vice-presidente sênior e editora-associada da HarperOne (ex--HarperSanFrancisco), a editora dos meus primeiros livros *O Herói Interior* e *O Despertar do Herói Interior*, pedindo que eu "voltasse para casa" e escrevesse mais uma vez para a HarperOne.

A sincronia foi tão perfeita que logo me organizei para visitar o escritório da HarperOne em São Francisco. Quando entrei, vi *O Herói Interior* exibido em um lugar de destaque na recepção – suspeito que seja essa a prática habitual da HarperOne ao receber seus autores. Claudia e eu nos encontramos com o editor da HarperOne, Mark Tauber, e depois tivemos um almoço bem agradável com o vice-presidente sênior e editor-executivo Michael Maudlin. Rapidamente chegamos a um acordo sobre ideias para este livro, tanto minhas como deles. A partir dessas conversas, também ficou evidente que a HarperOne continuava sendo uma editora que realmente se importa com livros e os autores que os escrevem, além de proporcionar uma atmosfera em que as equipes se apoiam mutuamente, amenizando a solidão natural do processo de escrita.

Enquanto eu esboçava a proposta do livro, tive o prazer de descobrir que minha ex-agente literária, Stephanie Tade, fundara sua própria companhia (a Stephanie Tade Agency) e ficou contente em voltar a me representar. Como consequência de suas orientações especializadas, em poucos meses fechei um contrato que agradou a todas as partes. Em seguida, é claro, vieram a pesquisa e a escrita.

Entretanto, como muitas narrativas, esta começa muito antes do meu contrato com a HarperOne. Conforme descrito neste livro, o tema de *O Despertar da Heroína Interior* me chamou quando eu tinha trinta e poucos anos e estava lidando com uma perda significativa. Contudo, para escrever o livro, eu não precisava meramente me aprofundar no tópico, mas também ter bom treinamento em inteligência narrativa e psicologia arquetípica. Logo, minha primeira dívida de gratidão é para com C. G. Jung, por seu trabalho revolucionário com arquétipos e mitos, e aos que seguiram seu rastro – Joseph Campbell, James Hillman, Marion Woodman e muitos outros – alguns dos quais tive o privilégio de conhecer pessoalmente.

A sincronicidade continuou trabalhando a meu favor durante a prática de escrita deste livro. Fui apresentada a Jung, Campbell, arquétipos e mitos na Rice University, onde me graduei e pós-graduei durante o período relativamente curto de tempo em que o mito e a escola-símbolo da crítica literária foi enfatizada ali. Fiz a maior parte do meu Doutorado em Ministério na University of Creation Spirituality, que enfatizava a espiritualidade ecumênica da criação, e o terminei quando o local foi renomeado e passou a se chamar Wisdom University, estudando literatura sapiencial e suas aplicações. Juntas, essas trajetórias foram essenciais para me preparar para este projeto. O Midway Center for Creative Imagination, que me ofereceu treinamento para o uso da imaginação ativa; o Center for Advanced Studies in Depth Psychology Professional Enrichment Program in Jungian Theory and Practice, onde recebi treinamento de pós-graduação em psicologia; e o treinamento com professores de dança Nia, que me ajudou a acessar os arquétipos no meu corpo – todos estavam disponíveis justamente quando eu mais precisava tirar proveito deles.

Como membro e administradora do corpo docente de faculdades e universidades, parecia que era sempre lá que eu aprenderia o máximo na época, muitas vezes com meus colegas e alunos. Tive a felicidade de ser a primeira diretora de programas de estudos femininos na University of Colorado e, mais tarde, na University of Maryland, onde sediamos a National Women's Studies Association. Meus colegas maravilhosamente radicais da University of Colorado também me ajudaram a compreender a importância da impetuosidade dionisíaca. Como nos divertimos! Mais recentemente, tirei proveito do saber que me foi transmitido pelos institutos da School of Public Policy, na University of Maryland, e do Pacifica Graduate Institute.

Eu não poderia ter escrito este livro sem o trabalho de muitos acadêmicos de destaque, vários deles meus colegas no Pacifica que pesquisavam sobre os Mistérios de Elêusis. Sou grata por ter tido acesso ao farto material de mitologia da Pacifica Research Library e ao acervo sobre psicologia, o que facilitou o acesso a essa rica literatura. Também fui beneficiada pela competência dos funcionários da biblioteca e por terem facilitado o uso do acervo.

Escrever um livro é um trabalho individual, solitário por natureza, e um tema como o desta obra tende a nos deixar introspectivos – no meu caso, pelo menos. No entanto, sou grata pelo apoio alheio recebido. Cinco pessoas leram meus esboços iniciais e me ajudaram a aprimorá-los, especialmente Cynthia Hale, que deu um *feedback* detalhado a uma versão anterior do manuscrito. Pat Adson e Cindy Atlee fizeram contribuições gerais valiosas, e JoAn Herren e Ed Bastian compartilharam *insights* sobre seus próprios "Zeus interiores" enquanto eu revisava o capítulo sobre esse deus. Entre as pessoas que me deram o *insight* certeiro de que eu precisava em determinado momento estão Thomas Wilkenson, que me indicou o exemplo do Seattle Seahawks no capítulo sobre Dionísio; James Palmer, que ofereceu *insights* sobre *O Discurso do Rei*; Aryeh Maidenbaum e Diana Rubin, diretores do New York Center for Jungian Studies, onde obtive *insights* importantes sobre a relação entre fortuna, escolha e destino; e Michael Conforti, diretor do Assisi Institute, cujos seminários me fizeram entender melhor seu trabalho sobre padrões e processos arquetípicos, sobretudo por meio de sua averiguação implacável do lado patológico desses padrões.

Durante o processo de escrita, também recebi assistência de Megan Scribner, que, em dois momentos cruciais, me ajudou a aprimorar a continuidade e, depois que me empenhei nas substituições, deixou o manuscrito em um tamanho publicável, assim como havia feito com meu livro anterior, *The Transforming Leader*; Mark Kelly, que me ajudou a encontrar referências para insights e fatos de que eu me lembrava, mas sobre os quais não tinha registros detalhados; e Dorene Koehler, minha assistente virtual, que resolveu uma série de problemas com notas de rodapé, inclusive descobrir o que fazer quando o Word desarranjava a numeração. Michael Maudlin, da HarperOne, ofereceu várias observações e sugestões que estreitaram o foco do livro.

Como acontecimento fortuito adicional, quando *O Despertar da Heroína Interior* estava quase completo, Claudia Boutote anunciou o lançamento de uma nova e empolgante linha, chamada HarperElixir, com temática corpo-mente-espírito, e fiquei honrada em saber que minha obra seria uma das primeiras a serem disponibilizadas. Nesse momento, fui auxiliada por Libby Edelson, editora-sênior dessa nova divisão, que supervisionou a estrutura final e a fluidez do livro e também revelou um olhar afiado em pontos em que eu estava sendo excessivamente vaga ou dando saltos intuitivos que teriam deixado o leitor se perguntando, "O que aconteceu?". Agradeço igualmente a

Lisa Zuniga, editora de produções; à editora Diane Huskinson; à revisora Tanya Fox; e à ótima equipe de marketing da Harper.

Ao longo dos dezoito meses que passei pesquisando e escrevendo *O Despertar da Heroína Interior*, minha maravilhosa família estendida e rede de amigos, e também os professores de dança Nia e a comunidade de Santa Barbara, me mantiveram feliz, sã e com os pés no chão. Meu marido, David Merkowitz, fez a checagem dos fatos e a maior parte do fechamento da edição, como sempre faz com minhas publicações, ao mesmo tempo oferecendo apoio moral à medida que surgiam questões sobre a vida causadas pelo conteúdo deste livro. Nossas salas são adjacentes, logo, quando escrevo e ele edita, é um companheirismo e tanto – exceto por seus eventuais resmungos de desespero quando minha escrita não está à altura de seus padrões. Quando a HarperOne me pediu para enviar um manuscrito na segunda semana de janeiro, para cumprir o prazo de lançamento da HarperElixir, o que nos fez cancelar planos para as férias, ele sequer reclamou, assim como minha filha, a quem dedico este livro e que vem planejando nos visitar com sua família.

David e eu temos muita sorte por nossos filhos serem pessoas boas e cuidadoras, exercendo funções que fazem a diferença no mundo e casados com pessoas igualmente maravilhosas. Adoramos observar como cada um dos três casais leva a vida com parceria e como eles são ótimos pais e mães. E, é claro, não poderíamos estar mais felizes com seis netos incríveis. Aprendi muito sobre o tema deste livro vendo como nossos filhos vivem e aprendendo com suas perspectivas variadas sobre vida, trabalho e amor. E, por fim, quero agradecer aos meus pais por terem me dado boas oportunidades na vida, e a meu irmão, John Douglas, que sempre me ajuda a relaxar, permanecer positiva e com senso de humor.

A todas as pessoas citadas acima, e a muitas outras que ofereceram apoio e orientações morais, espirituais e práticas, minha profunda gratidão.

Mas a história não acaba aqui. Divulgando *O Despertar da Heroína Interior* mundo afora, estou ciente de que foram vocês, leitores, que constantemente estiveram em meus pensamentos e me inspiraram a compartilhar meus conhecimentos e *insights*. Ao longo dos anos, muitos leitores me escreveram cartas ou e-mails, ou me abordaram pessoalmente, para contar suas histórias e revelar como suas vidas mudaram com o que aprenderam. Quer você esteja conhecendo agora meu trabalho ou já seja um leitor assíduo, aguardo ansiosa por essas conversas, e estou aberta a quaisquer retornos da sua parte.

Prefácio

Os desafios da vida no século XXI não precisam ser tão intimidadores quanto parecem para muitos de nós hoje em dia. Ideologias culturais e nossos próprios hábitos mentais e comportamentais estão nos impedindo – coletiva e individualmente – de fazer mudanças rápidas para superarmos os obstáculos que enfrentamos. Esses impedimentos refletem uma tendência humana de nos apegarmos ao que já conhecemos, ainda que isso nos mantenha presos e infelizes. Assim como a persistência que temos em hábitos que sabotam nossas decisões de Ano-Novo, o progresso coletivo muitas vezes dá dois passos para a frente e depois recua o mesmo tanto. No mundo todo, muitas pessoas estão entrando em pânico por terem de enfrentar tantas mudanças tão depressa, temendo o desconhecido e o que isso significa para seus *status* e poder, assim como estão se esforçando para trazer o passado de volta. O restante de nós está preocupado com o ritmo acelerado da mudança *e* com esse movimento reacionário.

Enquanto contemplava esse problema ao escrever *O Despertar da Heroína Interior*, comecei a reconhecer padrões arquetípicos em nossa cultura que espelham aqueles dos antigos Mistérios de Elêusis. Baseadas no mito grego de Perséfone e Deméter, essas histórias proféticas arquetípicas nos oferecem *insights* sobre o que estamos enfrentando dois milênios após os Mistérios serem formalmente praticados. Estes foram celebrados por mil anos ou mais antes da Era Comum em rituais que iniciavam seguidores em verdades ancestrais sobre o potencial humano. Suas histórias revelam o custo de papéis de gênero rígidos e ilustram como podemos nos tornar inteiros de novo. Mas a mudança leva tempo – muitas vezes um tempo longo demais quando as inovações sociais são sabotadas rapidamente por pessoas que preferem viver da maneira antiga – de modo que essa parceria verdadeira entre os sexos só agora está em perspectiva.

Em 2015, percebi que os paralelos com esses Mistérios eram relativamente sutis. Mas agora, em 2018, nossa política e cultura estão vivendo essa narrativa mítica de maneiras que são evidentemente óbvias a qualquer um que esteja familiarizado com ela. As manchetes documentam inúmeros exemplos de abusos do poder patriarcal desenfreado, bem como novos esforços para redefinir e afirmar os modos femininos de obter influência e poder. Hoje, precisamos do equivalente aos Mistérios de Elêusis para nos iniciar em uma maior integridade, para que homens e mulheres possam trabalhar juntos para enfrentar esta nova era, com cada pessoa se tornando tudo o que é capaz de ser, independentemente das determinações de gênero do passado sobre quem pode fazer o quê. Este livro foi escrito para contribuir com esse fim, e este prefácio para atualizá-lo com exemplos contemporâneos.

Muitos dos primeiros leitores deste livro, descobriram que este os ajudou a ouvir as notícias diárias sobre política sem se sentirem tão ansiosos ou indignados. Eles alcançaram essa relativa calma (mas não a complacência) reconhecendo tanto os padrões arquetípicos em ação quanto os possíveis resultados positivos que podem surgir deles. Não deveria nos surpreender que os debates culturais atuais não sejam novos, mas que tenham antecedentes arraigados em nossa herança cultural.

As figuras principais presentes nas histórias no cerne deste livro – Perséfone e seu sequestrador/marido, Hades; a mãe de Perséfone, Deméter; o irmão de Deméter e pai de Perséfone, Zeus; e o filho de

Perséfone e Hades, Dionísio – são, elas próprias, personagens arquetípicas com quem as pessoas hoje podem se identificar, muito embora os detalhes da forma que elas agora assumem reflitam a consciência de nossa época. Quer estejamos ou não cientes do processo, nenhum de nós pode evitar a influência de como esses arquétipos são modelados na sociedade em que vivemos. É para o nosso próprio benefício, portanto, tirá-los de suas sombras culturais e refletir abertamente sobre eles, para que possamos aprender com eles e ser guiados por eles.

Deusas e deuses gregos não são como as divindades cultuadas nas religiões monoteístas modernas. Em vez de seres transcendentais perfeitos, essas figuras divinas são, essencialmente, arquétipos humanos. Na antiga Atenas, encenações teatrais muitas vezes refletiam o que acontecia na sociedade em determinado momento, como tragédias alertando reis sobre o desastre que poderia ocorrer por conta de sua *húbris*[*]. Ao que parece, os Mistérios de Elêusis também os alertavam, e agora a nós, sobre os perigos que qualquer sociedade corre quando as mulheres são desvalorizadas, o cuidado é demonizado, a terra é saqueada e o poder ignora o que não serve a seus interesses imediatos.

A resposta aos nossos desafios contemporâneos não pode ser encontrada apenas no que nossos líderes fazem. Ela também depende de cada um de nós e das escolhas que fazemos em relação à maneira como queremos viver, ainda que não sejamos politicamente engajados ou excepcionalmente extrovertidos. Minha aposta é que *O Despertar da Heroína Interior* possa levá-lo a ser mais feliz e bem-sucedido à medida que você descobre o poder que tem para contribuir com a sociedade, ciente do que é mais necessário agora. Ao examinarmos as principais figuras arquetípicas das histórias, acredito que você se surpreenderá

---

[*] Conceito grego que, entre outros significados, quer dizer "arrogância", "prepotência", "orgulho". Em tragédias gregas, apesar de inúmeros alertas, o protagonista/herói acaba por agir de maneira desmedida e precipitada, provocando a ira dos deuses e agindo, portanto, com *húbris*. (N. da T.)

com o quanto elas podem ajudá-lo a prosperar enquanto você também contribui para o bem maior.

Cada figura arquetípica ilustra diferentes dimensões da alma humana. Esses arquétipos são universais; então, ainda que sua expressão possa evoluir em contextos distintos, sua essência é a mesma, e cada uma promove um dom humano.

Do Fazendo as Coisas à Minha Maneira ao Tornando-me a Minha Melhor Versão (Zeus)

A história de Zeus ilustra uma energia arquetípica que nos ajuda a definir metas, atingi-las, vencer competições com outras pessoas e, em termos gerais, conseguir o que queremos. Em um nível mais elevado, não fazemos isso só por nós mesmos, mas também pelo bem maior. Entretanto, atingir esses resultados exige uma heroína interior desperta. Na longa história do patriarcado, as capacidades de Zeus eram vistas como características masculinas, juntamente com estar no comando do lar e da esfera pública assim como estar disposto a lutar em guerras.

Podemos perceber Zeus no comportamento do ex-presidente Donald Trump e como ele se tornou o candidato republicano apesar da oposição de líderes tradicionais do partido; como foi eleito embora a maioria dos norte-americanos não tenha manifestado intenção de votar nele; e em como ele comanda a atenção da mídia e tem assumido o controle sobre o Partido Republicano. E, quer sejamos fãs ou opositores, muitos de nós, ao menos no início, não conseguimos parar de ver e ouvir as coberturas da mídia sobre ele. Por quê? Zeus incorpora um formato de arquétipo que requer atenção consciente, sobretudo numa época em que se questionam suposições patriarcais sobre a masculinidade. Zeus também vive um enredo de guerreiro, que precisa evoluir se um dia quisermos ter paz na Terra, mas também é a chave para qualquer um que reivindique o próprio poder. Embora em sua forma primordial esse enredo seja motivado principalmente pelo interesse próprio e pelo poder sobre outros, em conjunto com os arquétipos que se seguem, ele pode ser usado para o bem maior de todos. Não é por acaso que Trump foi eleito em uma época em que tantas pessoas estão apenas em busca da posição principal, e em que cada vez mais a riqueza gerada pela sociedade como um todo está indo para aqueles cuja conduta é mais parecida com a de Zeus.

Zeus tornou-se o chefe dos deuses gregos do Olimpo, mas no início governou como um guerreiro e não como o líder de todos os deuses e mortais, assim como acontece hoje quando os políticos não conseguem fazer a transição do candidatar-se a um cargo do governo para o governar propriamente dito. A "guerra" definiu as lentes através das quais muitos líderes mundiais vêm percebendo os problemas e como resolvê-los, resultando, nos Estados Unidos, no governo conduzindo uma Guerra às Drogas, Guerra à Pobreza e uma constante Guerra ao Crime. Cada vez mais as mídias de notícias tendem a cobrir conflitos políticos em vez da política em si, e rotularam nossos desacordos culturais como "guerra à cultura", o que afeta a maneira como enxergamos essas divisões. O foco do capitalismo de livre mercado na competição pode ficar semelhante à guerra quando, nas empresas, as pessoas falam sobre lucros matadores, derrotar a concorrência, bater em retirada e assim por diante. Aquisições corporativas de outras empresas às vezes têm um caráter imperialista, quando uma empresa adquire outra e a incorpora a si. Vemos isso acontecer até mesmo em algumas formas de religião. Uma vez que a história da guerra predomina em qualquer uma das religiões de Abraão, os fiéis se consideram soldados na batalha de Deus contra o mal.

De maneira semelhante, políticas republicanas atuais refletem as lentes da história da guerra: ser agressivo em negociações internacionais, linha-dura no crime e feroz na proteção de fronteiras nacionais – isso sem contar que alguns políticos descrevem imigrantes sem documentos como invasores criminosos sem lei. O direito de os cidadãos portarem armas permanece prioridade absoluta, assim como maximizar o estoque de armas nucleares e outras de destruição em massa como impedimentos à guerra propriamente dita. Quando algum militar está na guerra de fato, o foco principal é a vitória, motivo pelo qual "a verdade" se torna "a que precisa ser conhecida a fim de vencer", refletindo, assim, a estratégia para ganhar. Na política guerreira, a comunicação pode se transformar em propaganda, e a veracidade pode ser descartada como sem importância, o que é um dos motivos para a atual epidemia de *fake news* nas mídias sociais.

O candidato Donald Trump se gaba por agarrar as partes íntimas das mulheres, e seu estilo de vida promíscuo de *playboy* se assemelha fortemente ao feio submundo de Zeus, famoso por ser um evidente mulherengo e abusador. A indignação por Trump ter sido eleito ajudou a inspirar os movimentos *#MeToo* e *#TimesUp*, o que, por sua vez, abriu as portas para que as mulheres começassem a compartilhar suas experiências com abuso sexual e assédio, revelando como ainda continuam com força total. Na Grécia Antiga, os Mistérios desafiavam o direito dos pais de decidir com quem suas filhas se casariam, e, portanto, com quem fariam sexo – seu confronto equivalente sobre a necessidade de protegerem os corpos e as psiques das mulheres de serem violados. Ainda em referência a Trump, ele é o símbolo-mor de muitos homens que preferem uma ordem patriarcal, reprimindo características que eles identificam com o feminino e tomando atitudes que mantêm as mulheres reais sob controle – chegando a legislar sobre o que elas podem e o que não podem fazer.

Contudo, apesar de tudo o que foi dito, o arquétipo de Zeus também nos ajuda a compreender a dinâmica do poder e as maneiras variadas com que podemos trabalhar para conseguir o que queremos e proteger nossos limites de todo tipo de violações. Valorizando a vitória do modo como ele valoriza, Zeus aprende com a derrota, especialmente com a que ocorre quando outros o enfrentam, como Deméter o faz, e como muitos estão fazendo hoje para combater políticas no estilo de

Zeus que eles consideram nocivas. Para quem já tem um bom conhecimento das atitudes e comportamentos de Zeus, o mito desse deus ilustra um processo de transição de um egoísmo brutal ao aprender a respeitar os limites alheios e a sabedoria e poder das mulheres (certo, no caso dele, deusas) – e tudo isso exige o despertar da heroína interior.

Do Sacrifício ao Cuidado Mútuo (Deméter)

A seção sobre Deméter é especialmente relevante para cuidadores que enfrentam o desafio de encontrar equilíbrio entre cuidar de si e dos outros. Há tempos o cuidado tem sido o papel principal atribuído a mulheres em sociedades tradicionais. A experiência adquirida em cuidar dos outros desenvolveu qualidades da heroína interior em gerações de mulheres e também em homens que tiveram responsabilidades como cuidadores. Tal legado despertou qualidades humanitárias, como generosidade, altruísmo, acolhimento e o impulso de ajudar os outros, sobretudo quando necessitados.

Ainda que iniciativas feministas e avanços tecnológicos tenham aberto oportunidades para mulheres em áreas tradicionalmente masculinas, a sociedade ainda espera que sejamos cuidadoras, levando as mulheres a ficarem cada vez mais exaustas com a multiplicidade de funções. O *status*, no entanto, ainda provém de realizações em áreas que eram consideradas masculinas, ainda que alguns de nós – homens e mulheres – valorizemos muito o cuidar. À medida que mais mulheres ganham poder na esfera pública, muitas de nós lutam para tornar mais solidário o ambiente de trabalho e da política.

Em tempos recentes, liberais e progressistas – identificados em sua maioria com o Partido Democrata – levantaram a bandeira do governo cuidador, enquanto os conservadores temeram que isso pudesse resultar em um "Estado maternal". Democratas enxergam muitas questões através de lentes cuidadoras, com foco em oferecer educação, saúde e outros auxílios que ajudem as pessoas a desenvolver as próprias capacidades, cumprir seu potencial e viver vidas melhores, ao mesmo tempo que providenciam assistência aos mais necessitados no próprio país e no exterior. Eles também enfatizam a importância de cuidar do planeta, reagindo às mudanças climáticas e à crescente devastação da terra, dos seres vivos e da atmosfera.

A empatia gera o desejo de ajudar. Cuidadores focam em verdades que podem prevenir e aliviar sofrimentos, despertando, assim, um interesse pelas psicologia e sociologia humanas, bem como pelas geociências. A prática de se colocar no lugar do outro pela imaginação, também aumenta a capacidade de enxergar comportamentos em seus contextos, promovendo complexidade cognitiva. Observar o desmonte que uma administração conservadora causou ao bem-estar social e a iniciativas referentes a mudanças climáticas, gerando um crescente sofrimento humano, irritou os liberais, despertando neles doses homeopáticas da energia guerreira de Zeus que catapultou uma batalha feroz, ainda que não violenta, pelo cuidado.

O ato de ajudar pode ser exagerado quando o arquétipo primitivo de Deméter é ativado. Percebemos isso em pais e mães helicóptero, que interferem em vez de ensinar os filhos a resolver os próprios problemas, ou na codependência, em que pessoas tentam resgatar outras, criando dependência e facilitando comportamentos contraproducentes. Do mesmo modo, a empatia excessiva pode estimular um desejo ferrenho de auxiliar mais pessoas do que o possível, resultando em fadiga por compaixão.

No clímax da história de Deméter, a fome crescente é muito semelhante aos impactos da mudança climática que o nosso planeta está vivenciando. Deméter acusa Zeus de ter raptado Perséfone, mas, por ter tido uma atitude irada e vulnerável inicialmente, ela não faz nada para trazer a filha de volta. Em vez disso, Deméter tem de aprender a como dar continuidade ao seu trabalho (fazer as plantações crescerem) o que a torna cúmplice em manter Zeus no poder, embora ele tenha prejudicado a filha a quem ela ama acima de todas as coisas. De modo semelhante, ainda hoje as mulheres são vistas como responsáveis pelo cuidado das pessoas, sem o qual os domínios masculinos mais severos colapsariam; ainda assim, o trabalho das mulheres permanece subvalorizado, e o tempo que este toma é extremamente subestimado.

Observando fatos históricos recentes, percebemos que, somente quando as mulheres insistem em expandir suas oportunidades e se recusam terminantemente a manter um sistema que as vê como cidadãs de segunda classe é que as coisas mudam. Na Islândia, por exemplo, em 1975 quase todas as mulheres entraram em greve por um dia, basicamente fechando o país. A greve visibilizou as contribuições femininas, tanto que o parlamento rapidamente promulgou uma lei exigindo direitos iguais entre homens e mulheres. Já que esse feito não encerrou todas as desigualdades, as mulheres islandesas fazem greve todos os anos para frisar a mensagem e identificar problemas que ainda precisam ser abordados. Apesar disso, hoje a Islândia ocupa o primeiro lugar mundial em igualdade de gênero, e as mulheres receberam o crédito por liderarem com sucesso a rápida recuperação do país do colapso financeiro de 2008.

Valorizar o cuidado é um atributo importante da heroína interior de homens e mulheres atualmente, o que pode reestabelecer o equilíbrio entre a competição e a generosidade tão necessário para o sucesso e a realização pessoal e coletiva. Para quem já se doa o suficiente, a história de Deméter ilustra a tarefa da heroína de parar de cuidar dos outros e da terra *em vez de* cuidar de si e passar a reivindicar o próprio poder e valor, um enredo que muda de uma energia cuidadora primitiva para uma expressão mais evoluída. O compromisso de cuidar de si mesmo, bem como de outrem inspira outras pessoas a fazer o mesmo.

Do Sentir-se Aprisionado a Criar Novas Possibilidades (Perséfone)

O arquétipo de Perséfone fornece a energia que nos ajuda quando nos sentimos aprisionados ou travados para encontrar um caminho rumo ao sucesso e plenitude pessoais. Isso pode valer para qualquer pessoa, mas é uma qualidade da heroína interior porque, como grupo, as mulheres só estão começando a se recuperar das limitações de atitudes e instituições sociais dominadas por homens. A energia da heroína de Perséfone é jovial e feminina, e pode oferecer a qualquer um a habilidade de enxergar o mundo de uma nova maneira, sempre buscando novos caminhos para maior vitalidade, mesmo dentro do curso dos obstáculos em movimento e transformação que definiram o que as mulheres podem ou não fazer em determinado momento.

Os Mistérios de Elêusis pré-moldaram nossa democracia diversificada. Entre os iniciados, havia uma mistura igualitária de mulheres e homens, servos e reis, gregos e estrangeiros. Os participantes peregrinavam de Atenas até Elêusis, caminhando 20 quilômetros cantando, entoando cânticos e contando piadas satíricas dirigidas àqueles cujo poder era opressor, tudo planejado para celebrar a escolha de Perséfone pela liberdade e o nascimento de Dionísio. A *Women's March* (em português: Marcha das Mulheres), em janeiro de 2017 em Washington, me fez sentir como aqueles antigos ritos deviam ser vivenciados pelos celebrantes, e embora não tenhamos andado 20 quilômetros duas vezes, a sensação foi a de termos feito isso. Nessa marcha, e também nas outras no país e no mundo, mulheres usando chapéus em formato de vulva e portando placas bem-humoradas eram frequentemente acompanhadas de homens incentivadores. Como personagem, Perséfone é sustentada nos ombros de seu pai e sua mãe, evidenciando os dons desses deuses. Assim, as marchas eleusinas e das mulheres eram ordeiras (Zeus), enquanto, mesmo em condições claustrofóbicas e lotadas, as pessoas cuidavam umas das outras (Deméter).

O espírito de Perséfone pode ser encontrado em todos os movimentos não violentos por liberdade, e sobretudo hoje em dia nos movimentos *#MeToo*, Vidas Negras Importam e LGBTQ+, cada um reivindicando os próprios direitos anteriormente reservados para homens brancos heterossexuais, principalmente das classes alta e profissional. Perséfone incorpora o espírito da liberação, cultural e individualmente. De todas as maneiras o patriarcado silenciou mulheres: negando o direito à educação e à maioria das profissões, ensinando uma história que exclui nossas histórias, muitas vezes nos diminuindo se manifestarmos nossas verdades ou apenas ignorando o que dizemos. Em retrospecto, parece uma característica pessoal muito feia negar a membros de qualquer grupo seus direitos com o intuito de se sentir mais inteligente, mais capaz e mais valioso do que eles. Mulheres lutaram por seus direitos em muitas épocas e lugares, frequentemente reivindicando direitos dos outros também.

Na religião, Perséfone oferece ressurreição em vida (às vezes, também no pós-vida), quando, a fim de crescermos, morremos para o que éramos, uma capacidade que nos ajuda a prosperar em um mundo que muda rapidamente. A espiritualidade de Perséfone também nos informa que o divino está dentro de todos nós, e a psicologia de Perséfone enfatiza que não temos apenas ego; também temos alma capaz de guiar nossas ações para que possamos viver nosso propósito. Muitas mulheres e homens atualmente reconheceram que optar por sermos nós mesmos nos liberta do jogo de soma zero em que só obtemos um senso de valor à custa dos outros.

O dom de Perséfone é a sua capacidade para desafiar expectativas vigentes sobre o que ela poderia ser ou fazer e, em vez disso, atender a um chamado interior para um caminho que não está no roteiro. Sua obtenção da liberdade rendeu frutos, abrindo a possibilidade para que também os mortais pudessem se libertar, tal como ocorre agora quando as pessoas optam por escolhas independentes que inspiram outras a fazer o mesmo. À medida que cada vez mais de nós desenvolvem as capacidades necessárias para cumprirmos nosso potencial e oportunidades que possibilitam isso, a prosperidade coletiva vai surgindo, ao lado de uma melhor qualidade de vida.

Voltando a atenção para o momento atual, vem à mente Elizabeth Warren, silenciada no Senado norte-americano durante um debate sobre a nomeação de Jeff Sessions como procurador-geral e proibida de ler uma carta que Coretta Scott King escrevera em 1986 se opondo à promoção de Sessions de procurador a juiz federal. Posteriormente, o líder da maioria no Senado, Mitch McConnell, explicou: "Ela foi avisada. Ela recebeu uma explicação. Mesmo assim, ela insistiu". A frase "Mesmo assim, ela insistiu" viralizou e energizou o movimento contemporâneo das mulheres, provavelmente porque muitas de nós já vivenciamos alguma situação em que fomos alertadas a não mexer no time que está ganhando e, mesmo assim, tivemos de fazer isso para permanecermos fiéis a nós mesmas. Embora proibida de participar de futuros debates no Senado, Warren demonstrou a habilidade criativa de Perséfone. Após deixar a sessão, ela leu a carta no Facebook Live e aceitou vários convites para lê-la e discutir o tema na rede nacional de televisão. Do outro lado do espectro político, Nikki Haley, indicada por Donald Trump como embaixadora das Nações Unidas, recusou-se a aceitar um insulto humilhante. Quando um assessor da Casa Branca insinuou que ela estava confusa ao afirmar que a administração imporia mais sanções à Rússia sendo que, na verdade, o presidente mudara de ideia sem lhe contar, ela simplesmente respondeu, "Com todo o respeito, confusão é uma coisa que eu não faço".

A forma primal e não desenvolvida de Perséfone se sente aprisionada e impotente, aliviando a tensão ao se queixar com quem sofre das mesmas limitações. Em seu formato mais evoluído, ela acaba aprendendo a encontrar maneiras para que sua voz seja ouvida. Muita gente se admira pelo fato de que tantas mulheres, e alguns homens, apenas agora estejam revelando terem sido apalpados, assediados e abusados sexualmente por pessoas poderosas, em geral do sexo masculino, embora nem sempre. Por quê, mesmo nos Estados Unidos no século XXI, tanta gente não se manifestou sobre ter sido tratada assim, bem como sobre disparidades econômicas relacionadas a gênero? Parece haver uma regra tácita que as mulheres inconscientemente contraem, como um vírus, que impede ameaçar poderes estabelecidos revelando a verdade sobre nossas vidas. Essa consciência é reforçada por aquilo que vemos acontecer aos outros quando revelam como foram maltratados ou pelo que vivenciamos quando o somos: não acreditam em nós ou somos tratados como encrenqueiros. Regras tácitas podem ser quebradas – e quebrá-las é uma forma do poder de Perséfone –, mas isso raramente acontece até homens ou mulheres começarem a perceber que podem fazê-lo. A consciência de Perséfone também nos ajuda a reparar nas aberturas no mundo que nos cerca e que oferecem novas opções. O próprio fato de cada vez mais mulheres reivindicarem a própria voz, de que as pessoas estão ouvindo e abusadores estão sendo responsabilizados é mais um sinal da ascensão de Perséfone em nosso país atualmente.

A verdadeira conexão erótica é o oposto da sexualidade opressora de vários tipos e dos encontros casuais. Perséfone e Hades são um ponto fora da curva entre os antigos deuses e deusas por permanecerem leais um ao outro. Hoje em dia, mesmo com tantos divórcios, relações estáveis entre casais homo e heterossexuais estão aumentando. Portanto, você também pode recorrer a Perséfone se tem um desejo profundo de um vínculo genuinamente amoroso com outra pessoa. A relação de Hades e Perséfone começa mal (ele a sequestra), mas no fim eles arrumam um jeito de se unirem como iguais, e ela sai e volta quando quer. (É claro que, se fosse hoje, eu a teria aconselhado a entregar o sequestrador Hades à polícia ou, simplesmente, a deixá-lo. Assim, ela poderia encontrar seu amor verdadeiro. Mas isso é agora, e essa situação aconteceu no passado. Em vez disso, ela o transforma.)

Exemplos numerosos em filmes conhecidos também demonstram como personagens ao estilo Perséfone, ou à ascensão de uma Perséfone interior, podem transformar homens muito machões. No filme *A Bela e a Fera* (*Beauty and the Beast*, 1991), da Disney, que pode ser interpretado como uma parábola sobre o patriarcado, um príncipe arrogante que foi transformado em fera precisa do amor de uma mulher para recuperar a forma humana. Ele acredita que pode conseguir isso tornando Bela sua prisioneira, mas, apesar de todas as tentativas para cortejá-la, ele continua sendo uma fera. Somente quando ele pergunta se ela poderia ser feliz ao seu lado, e ela lhe diz que ninguém pode ser feliz sem liberdade, é que a ficha dele cai. Ele demonstra seu amor deixando-a ir embora e, posteriormente, ganha o amor dela. (É um conto de fadas, afinal.) No mundo atual, em que mulheres podem abandonar homens, os machões (e as machonas também) muitas vezes acabam sozinhos. No entanto, independentemente de nossas razões em tentar controlar aqueles de quem gostamos, podemos perceber que essas pessoas não estão no planeta só para preencher cada necessidade nossa. É aí que o amor verdadeiro pode começar.

Os prêmios Oscar muitas vezes revelam nossos padrões culturais. *A Forma da Água* (*The Shape of Water*, 2017), vencedor do Oscar de Melhor Fotografia em 2018, ilustra como o despertar de Perséfone liberta o *eros* em seu sentido mais amplo: não somente em termos de desejo sexual e romântico, mas também em companheirismo e orientação intuitiva como um tipo de GPS interno. No filme, o personagem machão é o vilão cruel, e a heroína muda, Elisa, consegue libertar a criatura inteligente do rio torturada por ele. Essa criatura acaba sendo o principal personagem masculino erótico no drama, simbolizando a força vital erótica reprimida dentro de cada um de nós que precisa ser liberada a fim de podermos ter uma vida plena. *A Juíza* (*RBG*, 2018), o documentário sobre a juíza da Suprema Corte Ruth Bader Ginsburg, mostra como o GPS erótico interno dela, aliado à sua mente jurídica brilhante, pode atingir resultados (nesse caso, decisões judiciais) que abrem possibilidades a todos. O GPS interno de Ginsburg também a levou a um casamento feliz e incentivador. Na casa dos 80 anos, ela inspira os jovens a gerar memes sobre a "Notável RBG", homenageando-a como um modelo de heroína.

Coletivamente, podemos fazer surgir o aspecto de Perséfone da heroína interior trabalhando para apoiar o sucesso e a plenitude de todos os cidadãos, eliminando atitudes e sistemas que consideraram alguns de nós os personagens coadjuvantes das histórias de pessoas que, consciente ou inconscientemente, são vistas como a norma. Isso abre caminho para mais gente passar da sensação de aprisionamento à percepção do próprio potencial. Em termos individuais, o arquétipo de Perséfone pode ajudar você a descobrir sua vocação e propósito, além de quebrar regras tácitas que o impedem de cumprir esse propósito, desafiando, ao mesmo tempo, leis e pressupostos culturais que, de maneira injusta, limitam suas opções. No fim do mito, Perséfone se torna a iniciadora dos vivos e mortos sobre os mistérios da felicidade, prosperidade e coragem – papel que não existia até ela o inventar. A maneira como você expressa seus dons únicos pode ser bem diferente da minha ou da dela, mas o resultado é o mesmo: tornamos-nos cada vez mais livres para prosperar por sermos leais à nossa natureza.

DA ANSIEDADE À COMEMORAÇÃO (DIONÍSIO)

A seção sobre Dionísio é especialmente pertinente a quem está ansioso ou só quer ser mais feliz, ou a quem acredita que o propósito da vida é aproveitá-la. Dionísio é o deus da dança, do lazer, do caos e da alegria – e um antídoto à nossa sociedade direcionada e viciada.

Hoje em dia, é difícil não ser afetado pela ampla infelicidade social, com nossas diversas identidades "tribais" reclamando que não são valorizadas. Na política, essa insatisfação generalizada se revela no desejo de partidários da esquerda e da direita de agitar as coisas, impulso percebido na atração exercida por Donald Trump e Bernie Sanders. A urgência de encontrar Dionísio também pode ser vista, na esquerda, pela inclinação de receber notícias de comediantes, e, na direita, pelo gosto por políticos extravagantes e divertidos, e por uma tendência a gostar de enfurecer liberais politicamente corretos.

A Declaração da Independência norte-americana foi incomum em reivindicar o direito inalienável que cada um de nós tem de buscar a felicidade, e muitas vezes fazemos isso com humor. Depois que um senador estadunidense garantiu a estudantes que membros da comunidade LGBTQ+ estavam seguros em seu estado contanto que não fizessem nenhuma besteira, como ir a um bar *country* usando saias de tule, vaqueiros e vaqueiras locais começaram a aparecer nesses bares usando saias de tule por cima da calça *jeans*. Quando a Casa Branca lançou um site para cidadãos reportarem crimes hediondos cometidos por visitantes ilegais, as páginas se encheram de relatos sobre visões do Pé Grande, alienígenas espaciais e monstros de vários tipos. Discretamente, o site foi silenciado – não por luta (Zeus); não por analogias com o uso de Hitler dessa tática para virar alemães contra judeus (Deméter); não por meio de histórias sobre coisas grandiosas que muitos trabalhadores sem documento estavam fazendo (Perséfone); mas, em vez disso, por pessoas amantes de uma boa tiração de sarro derrotando o mal com humor (Dionísio). Essa energia cômica da cultura norte-americana é tão onipresente que poderia ser a cola que nos une como povo se a notássemos como um ponto em comum e como um aspecto de nossa força. (*Slogan* de campanha em potencial: Torne os EUA Felizes de Novo!*)

Por ser o deus da dança alegre e desvairada, Dionísio era uma ameaça aos deuses e deusas que temiam que essa energia destruísse sua capacidade de controlar as coisas, e ele passou seus primeiros anos escondido, vestido de menina para evitar ser reconhecido. Como

---

* Referência ao *slogan* de campanhas presidenciais de 1980 *Make America Great Again (Torne a América Grandiosa de Novo)*, quando Ronald Reagan foi candidato. Posteriormente, o *slogan* foi popularizado por Donald Trump na própria campanha, em 2016. (N. da T.)

consequência, o deus cresceu sabendo como era ser mulher em uma sociedade patriarcal, e a ser ele mesmo era meio andrógino. Em nossa época, podemos vê-lo pela crescente consciência de que o gênero está em um *continuum*. As primeiras experiências de Dionísio influenciaram sua vocação: libertar mulheres de circunstâncias opressoras levando-as para dançar loucamente no bosque, a fim de romper seus grilhões interiorizados. Sem dúvida vem daí a ideia de dançar como se ninguém estivesse olhando. Dionísio também é associado a relações de gênero igualitárias e apoiadoras.

Na religião, o caminho dele é o do místico que experiencia a união alegre com o divino ou, em terminologia secular, o universo. Na vida cotidiana, ele estimula você a permanecer centrado em si mesmo e ciente de que suas ações afetam a "dança" do todo. Além disso, ele vive no agora; o deus é conhecido por sua vivacidade e espontaneidade, e por morrer facilmente para o presente e renascer de novo – não apenas a cada dia, mas no momento. Aqui, ele demonstra qualidades associadas à ênfase budista de se estar no "aqui e agora".

Dionísio reside na habilidade de Donald Trump de ser lúdico, e também em sua tendência de tomar decisões intuitivas no momento, comandar uma Casa Branca caótica, ignorar normas e protocolos, e anunciar políticas sem vetá-las. Como deus do vinho, Dionísio usa o álcool para libertar os homens, mais que as mulheres, das próprias inibições, mas não incentiva a bebedeira (quem fazia isso era o deus romano Baco, cuja energia é semelhante). Podemos ver o Dionísio primal na crise do vício em drogas e álcool nos EUA hoje, e nas vidas caóticas e inviáveis de suas vítimas. Dionísio *é* a alma festeira arquetípica, mas o objetivo elevado desse arquétipo é a experiência saudável do êxtase junto com a dança ou outras atividades. De acordo com o mito, ele castiga as pessoas que querem acabar com sua festa deixando-as "loucas" (o que talvez se reflita na atual epidemia de depressão e ansiedade) ou, metaforicamente, rasga as defesas que impedem as pessoas de serem tão conformistas, de modo que elas "levem vidas de silencioso desespero". Ele enxerga esses problemas como resultantes da privação do êxtase; a cura é, sempre, experiências prazerosas.

Pode-se considerar o Dionísio evoluído como a imagem do ideal grego do "caminho do meio". Levando o crédito por ter inventado o teatro, o deus Dionísio ofereceu um veículo que proporcionou aos atenienses uma oportunidade de sentar e observar o comportamento humano e refletir a respeito, aumentando, assim, sua capacidade de se conhecerem como indivíduos e como grupo. Os variados atores expressando diferentes pontos de vista, conduzindo a conflitos sem solução (tragédia) ou grupos reunidos (comédia), também ofereceram exemplos sobre como resolver conflitos externos entre as pessoas e conflitos interiores dentro de nossa própria mente e coração.

No filme *Viva – A Vida é Uma Festa* (*Coco*, 2017), da Disney, o personagem principal, o garotinho mexicano Miguel, incorpora o fluxo criativo de Dionísio com seu amor por trazer alegria às pessoas tocando violão. No entanto, mais cedo ou mais tarde ele precisa aprender a não se deixar seduzir pelo desejo por fama, incorporada pelo cantor popular que o garoto acredita ser seu tataravô, à custa de diversão e relacionamentos. Dionísio é o antídoto masculino a uma cultura possuída por Zeus em que a vida é uma disputa crescente pela mera sobrevivência (pense em *Jogos Vorazes – The Hunger Games*, 2012-2015) ou para provar, de maneira obsessiva, o próprio valor em um mundo de vencedores e perdedores, bem como o sofrimento empático de Deméter e a necessidade premente de Perséfone por autodescoberta e expressão.

No enredo de Dionísio, uma carência de alegria leva a depressão e ansiedade, e, potencialmente, a busca por uma trégua temporária pelo gênio, ou pílula, na garrafa (isto é, o Dionísio químico), ou por meio de experiências cada vez mais dramáticas ou intensas, ou ainda pela busca constante pelo próximo evento grandioso. A versão evoluída de Dionísio nos impele a reservar tempo para observarmos o que nos torna genuinamente felizes, e fazermos mais disso. Afinal, quanto mais alegre você é, mais alegria você pode espalhar.

A Magia dos Mistérios e o Convite para Você Ser um Iniciado

Ofereço a você *O Despertar da Heroína Interior* como uma potencial iniciação aos Mistérios, com o mesmo objetivo proferido aos iniciados originais há tanto tempo: felicidade, prosperidade e libertação do medo. A promessa aos iniciados nos Mistérios de Elêusis era representada simbolicamente em um final feliz do mito, em que todos os deuses e deusas se reúnem para celebrar a reconciliação de Zeus, Deméter e Perséfone, a qual resultaria no nascimento da alegria (Dionísio). Na sua vida ou na minha, desenvolver os dons dos quatro arquétipos serve para atenuar os extremos, permitindo, portanto, que eles se expressem de maneira mais evoluída. O altruísmo de Deméter equilibra o egoísmo de Zeus, assim como a capacidade que ele tem de impor limites ajuda a deusa a não ceder demais. Dionísio auxilia Perséfone a se sentir parte da dança da vida, enquanto o foco dela na expressão individual o impede de sacrificar quem ele é em prol do desejo de pertencimento. Como arquétipos parentais, Deméter e Zeus apoiam os jovens Dionísio e Perséfone em cumprir as responsabilidades da vida, enquanto os arquétipos mais jovens (que só ganharam ímpeto com o surgimento do individualismo, do amor romântico e da democracia) ajudam os mais velhos a obter realização pessoal.

Agora, é com você:

A introdução começa contando a "sagrada história" de Elêusis e oferece informações gerais sobre o porquê de esses mitos terem tanto poder.

Das Partes Um à Quatro nós nos aprofundamos na compreensão desses quatro arquétipos e sobre como as energias deles podem lhe conferir sucesso e plenitude. Sinta-se à vontade para ir direto a qualquer um que aborde desafios que você enfrenta atualmente.

A conclusão oferece informações práticas sobre como usar o poder da história, em termos mais gerais, para transformar ou melhorar sua vida. Aproveite sua iniciação!

INTRODUÇÃO

O Poder da História na Intermediação

A História de Deméter e Perséfone

Há muito tempo e longe daqui, havia uma ilha habitada por uma civilização avançada onde a arte e a beleza eram primordiais, a civilidade e a paz reinavam, e homens e mulheres viviam como iguais. Porém, com o passar de muitas eras, pessoas de um continente próximo – dominado por homens e onde a guerra e a violência eram comuns – atravessaram o mar com suas embarcações e invadiram essa ilha, subjugando os moradores. Entre os espólios de guerra que levaram de volta consigo, estavam alguns deuses e deusas da ilha.

Esses deuses e deusas retiveram o conhecimento de seu lugar de origem e para o qual ansiavam voltar, mas, conforme o tempo passava, suas lembranças da ilha e da vida que outrora tinham conhecido foram ficando cada vez mais vagas. Por fim, suas recordações da ilha eram como a escrita espectral em um palimpsesto, apenas traços sob a superfície de novas inscrições, à medida que as divindades se tornavam cada vez mais parecidas com o que os novos mortais a quem serviam desejavam e compreendiam.

Muitas eras mais tarde, uma dessas deusas se deliciava com a beleza de um campo verdejante. Seu cabelo era dourado, como seda de milho, e ela se movia com a graça de grãos soprados por um vento suave e quente. Seus olhos tinham a cor de um lago límpido azul-celeste. Seu corpo, além de curvilíneo, parecia emergir da terra, transmitindo a sensação de algo sólido e confiável. Seu próprio nome, Deméter, vinha da raiz da palavra grega que significa "a mãe", e ela incorporava a compaixão e a proteção que esse nome sugere.

Do alto de seu trono no Monte Olimpo, Zeus, o deus dos deuses, a viu. Zeus era musculoso como um touro e tinha a coragem de um guerreiro. Coberto por uma armadura da cabeça aos pés, ele inspirava o respeito dos outros deuses e terror no coração de seu povo, que sabia que deveria cultuá-lo e lhe fazer sacrifícios, ou então sofrer as consequências. Em sua função de deus celeste, ele era conhecido – quando contrariado – por lançar relâmpagos, berrar tão alto quanto um trovão e criar ventos tão possantes que poucos conseguiam suportar sua força.

Mas nesse dia tudo tinha saído conforme seus desejos, e ele estava se sentindo seguro com seu poder e feliz com sua sorte. Então, por acaso avistou Deméter e, com a libido a mil, desceu das alturas para seduzi-la. Lisonjeada por suas atenções, Deméter se entregou e eles fizeram amor. Depois de descansarem, juntos e contentes, ele explicou, com certo desgosto, que tinha de voltar a seus afazeres. Afinal, ele era responsável por manter a ordem social dos deuses e mortais, bem como por aplacar a ira dos Titãs a quem vencera, e logo se casaria com a bela Titã Hera, a deusa do matrimônio.

Zeus lembrou a si mesmo de que, sendo o deus principal e, consequentemente, o rei de todas as coisas, suas responsabilidades tinham que vir antes da felicidade pessoal, e que Deméter ficaria bem. Sua satisfação provinha menos do sexo ou do romance do que de ser mãe, e provavelmente ela teria um filho dessa união. E o deus estava certo nessa suposição.

A filha que nasceu era conhecida como Koré, a donzela; não estava claro do que ela seria deusa, daí seu nome genérico. Seus cabelos eram tão escuros e brilhantes quanto o céu noturno, mas de temperamento tão leve e jovial que era como se ela tivesse estrelas dançando tal qual uma aura ao seu redor. Sua pele era da cor do mel, e sua natureza era igualmente doce. Seus olhos eram verdes como a espuma do mar, a cor do Mediterrâneo, e quem olhava dentro deles muitas vezes percebia um chamado sutil para a aventura, levando esse espectador a almejar algo distante e ainda desconhecido.

Deméter amava a filha mais que qualquer outra coisa ou pessoa, protegendo-a e fazendo tudo o que podia por sua segurança. Mas certo dia, enquanto Koré apanhava flores em um prado com as amigas, Deméter se afastou para tratar de alguns assuntos com outras deusas. Ela voltou depois de pouco tempo, mas nem sinal de Koré. Suas companheiras disseram a Deméter que ela havia saído por aí e não foi vista desde então. Deméter perguntou a todas as pessoas dos arredores se elas tinham visto Koré ou se sabiam onde ela estava, mas ninguém iria admitir qualquer conhecimento do que acontecera. Aflita e preocupada, como qualquer pai ou mãe ficaria, Deméter temeu que Koré tivesse sido assassinada, estuprada ou sequestrada. A deusa ficou dias sem dormir, comer ou tomar banho enquanto procurava freneticamente por Koré, seguindo por caminhos cada vez mais amplos que a levavam cada vez para mais longe de casa.

Deméter acabou encontrando Hécate, a deusa das encruzilhadas, famosa por sua sabedoria profunda, que era sobretudo relevante em momentos de escolha ou quando alguém não sabia o que fazer ou para onde ir. Uma deusa muito antiga, Hécate era uma das poucas que (além das Moiras) apareciam para outros deuses e seres humanos disfarçada de anciã. Intimamente relacionada à lua e suas fases, ela enxergava melhor no escuro, como uma coruja ou um gato. Seus ouvidos, entretanto, eram sempre apurados, chegando a captar segredos que vinham até ela pelo vento. Quando Hécate reconheceu a profunda tristeza materna de Deméter, seu próprio coração foi tocado, e ela disse a Deméter que ouviu Koré gritando, e acreditava que a menina havia sido sequestrada.

Hécate sugeriu que ela e Deméter visitassem Apolo, o reluzente deus do sol, que, por sua posição no céu, talvez tivesse visto o que aconteceu. Agradecida, Deméter acompanhou Hécate até o céu para ver Apolo. Ora, esse deus era um dos filhos favoritos de Zeus, e muitas vezes atuava como seu mensageiro. Com todo respeito, ele explicou a Deméter que ela não precisava se preocupar. Koré se tornara esposa de um prestigiado deus, Hades, governante de um dos três principais reinos do mundo. Naturalmente, Deméter sabia muito bem que Zeus governava o céu e a superfície terrestre; Poseidon, os mares; e Hades, o Submundo, onde residiam os mortos. Mas ela ouviu com educação, para não ofender. Apolo continuou assegurando-lhe que estava tudo bem: Hades pedira a mão de Koré em casamento, e, afinal, Zeus *era* o pai dela, e tinha o direito de decidir com quem a filha se casaria.

Hades era um deus sombrio e belo, rico além da medida, com um sorriso fechado travesso que as mulheres adoravam. Havia amado Koré desde a primeira vez que a vira, mas reprimira seu crescente desejo até a adolescência; portanto, a maioridade. Quando Hades apareceu diante de Zeus, estava ardendo de paixão e tremendo de vontade de abraçar sua amada. Zeus achou melhor Hades se casar com Koré em vez de raptá-la solteira, o que ele temia que acontecesse considerando o que estava presenciando. Como se não bastasse, Zeus sabia que Hades sempre se ressentiu do fato de ele, seu irmão mais novo, ter se tornado líder dos deuses, desbancando seu irmão mais velho. Zeus tinha de ser cuidadoso com Hades, para que ele não organizasse uma rebelião. Portanto, no fim das contas, continuou Apolo, foi uma decisão prudente Zeus abençoar o casamento naquele instante.

"Quando foi a cerimônia do casamento?", perguntou Hécate, meio provocadora, já que todos os deuses deviam ter sido convidados. Ignorando a pergunta, Apolo explicou que Hades convencera Afrodite de seu amor profundo por Koré, pedindo ajuda à deusa para seduzi-la. Afrodite colocou a flor mais bela de todas, como jamais alguém tinha visto, perto do prado em que Koré brincava com as amigas. De longe, Koré viu a flor, e ficou tão encantada por ela que se afastou das meninas. Inclinou-se para apanhá-la, mas descobriu que tinha de puxar com mais força, e, ao fazê-lo, a terra se abriu, e Hades, em sua carruagem, saiu das profundezas, pegou-a nos braços e a levou para seu reino subterrâneo.

Ao saber disso, Deméter temeu que, embora Koré estivesse viva, ela pudesse estar com medo, perturbada, ou até traumatizada. Certamente ela não estava preparada para o sexo, sobretudo com alguém a quem ainda não conhecia e que tinha violado sua autonomia levando-a embora contra a vontade. Afinal de contas, Koré era uma menina; na verdade, ainda criança, embora seu corpo estivesse se tornando mais próprio de mulher. À medida que Deméter ruminava a respeito, sua preocupação se somou à raiva que sentia de Hades, mas ainda mais de Zeus, que deveria ter protegido sua filhinha inocente. Ela não se importava por ele não ajudar na criação de Koré, mas o fato de Zeus ter simplesmente a descartado por questões políticas e vantagens pessoais foi demais para a deusa.

Deméter era uma deusa do Olimpo e tinha de permanecer no próprio reino, assim como outras deusas-mães se confinavam aos seus. Ela não podia ir até o Submundo resgatar a filha, e desafiar as ordens de Zeus era impensável. Por mais que Hécate tenha tentado confortá-la, não havia consolo suficiente. Percebendo que os outros deuses talvez soubessem o que tinha acontecido, mas não contaram a ela por temerem Zeus, Deméter não conseguiu mais ficar nem um instante perto deles.

Sentindo-se aprisionada e impotente, Deméter se disfarçou de velha camponesa e deu início a uma jornada sem destino, vagando sem rumo enquanto jejuava e ponderava o que fazer, mas sem encontrar respostas. Cansada e desanimada, acabou se sentando para descansar em frente ao mar em uma cidadezinha chamada Elêusis, a cerca de 20 quilômetros de Atenas. Filhas gentis da família real local a viram e perguntaram por que ela estava ali sozinha, sem familiares ou amigos para cuidar dela. A deusa explicou que vinha de uma ilha paradisíaca, mas fora capturada por piratas que a trouxeram àquele lugar. As jovens sentiram compaixão por sua condição e a convidaram para seu palácio, onde foi calorosamente recebida pela rainha Metanira e suas funcionárias. No início, Deméter recusou o vinho e a comida sólida oferecidos, mas depois quebrou o jejum com água de cevada com menta. Para Deméter, deusa dos grãos, ingerir a essência da água de cevada funcionou para fazê-la se lembrar de seu verdadeiro eu. Vivenciar tamanha bondade daquelas mortais amigáveis e acolhedoras aqueceu seu coração e, mais tarde, restaurou suas esperanças. O ânimo de Deméter ficou tão desperto que ela até conseguiu rir das brincadeiras de uma serva mais velha, Iambe, que fez uma dança obscena erguendo a saia e mostrando suas partes íntimas.

Em agradecimento à hospitalidade, Deméter se ofereceu para ser babá do precioso e novo filho de Metanira, Demofonte, proposta que a rainha aceitou com entusiasmo, já que ela intuíra algo notável naquela visitante, ainda que parecesse pobre e esfarrapada. Ainda disfarçada, Deméter bolou um plano secreto para retribuir toda a gentileza tornando imortal o filho da rainha, alimentando-o com ambrosia (o néctar dos deuses) e purificando seu caráter sobre o fogo enquanto ele dormia. Ela fez isso por um tempo, até que uma noite, sua mãe, a rainha, apareceu e o viu no fogo. Naturalmente, gritou alarmada, berrando que Deméter estava matando seu filho. Ultrajada por uma mortal afrontá-la e interferir num ritual sagrado, Deméter explodiu. Agarrou o principezinho, jogou-o no chão (mas ele escapou ileso) e revelou-se em todo o seu esplendor divino, exigindo que, para acalmá-la, os eleusinos construíssem um templo em sua homenagem.

As histórias antigas não revelam quanto tempo levou para construir o tal templo, mas podemos imaginar que os mortais, aterrorizados, trabalharam tanto quanto puderam pelo tempo que conseguiram, já que deuses e deusas da época eram conhecidos pela crueldade em fazer os mortais pagarem por quaisquer lapsos para honrar ou obedecer a seus decretos, e até mesmo a seus caprichos. O que podemos supor é que, em suas andanças, Deméter não tinha energia alguma para infundir sua força vital nas plantações e outras vegetações, que murcharam por sua desatenção. Mesmo após reivindicar sua identidade integral como divindade, ela se recusou a fazer as coisas crescerem. Aos poucos, uma fome que não passou despercebida tomou conta da terra. Massas de pessoas esqueléticas e famintas recorreram a Zeus por socorro.

Sentindo-se atormentado e cansado de suportar o peso de todas aquelas súplicas e queixas, Zeus convocou os deuses do Olimpo, pedindo a cada um que fosse até Deméter e lhe implorasse que interrompesse a fome e fizesse brotar as plantações verdejantes de sempre. Afinal, ela era a deusa que ensinara à humanidade os segredos da agricultura. Ela tem coração mole, explicou Zeus. Não vai querer que os mortais morram de fome, e também sabe que, se eles pararem de nos fazer sacrifícios, vamos começar a enfraquecer e desaparecer. Os deuses procederam conforme o ordenado, mas Deméter continuou firme, dizendo que acabaria com a fome apenas quando pudesse ver a filha e soubesse que ela estava feliz e segura.

Pela primeira vez em seu longo reinado, Zeus foi confrontado com os limites de seu poder. Ele era o deus dos deuses e o principal deus dos mortais, mas incapaz de fazer os grãos crescerem. Só Deméter podia fazer isso. Cedendo, ele enviou seu filho Hermes, o deus da comunicação e um dos poucos capazes de transitar entre reinos, para escoltar Koré de volta à sua mãe. No instante em que os pés de Koré tocaram a terra, flores brotaram ao seu redor, e ao longe ela avistou plantações voltando a crescer. Todos os que a avistaram perceberiam que ela caminhava de volta à superfície da terra com uma nova autoconfiança, mais se parecendo com uma mulher jovem e segura do que com uma criança.

O encontro de Koré e Deméter foi caloroso e doce, o lindo prado que as circundava ficando cada vez mais belo e exuberante sempre que elas se uniam, com flores e plantas brotando à sua volta. Elas se abraçaram, compartilharam sua alegria e, depois de um tempo, Hécate, com seu jeito de avó, se juntou a elas, levando a mais abraços, beijos e confidências intimistas femininas que continuaram até anoitecer, e dizem alguns que continuaram por dias, como mulheres quando se visitam. Deméter e Koré, por sua vez, compartilharam suas histórias. Deméter descreveu seu afastamento dos deuses do Olimpo, suas andanças, e como fora acolhida por uma gentil família real. Lá, ela reconheceu que os mortais não eram ruins, apenas ignorantes, sobretudo porque os deuses não conseguiram instruí-los. Para consertar isso, Deméter decidira criar uma tradição de Mistérios para ajudar os mortais a compreender as leis da vida e da morte, a fim de que aprendessem a ser felizes, prósperos e livres do medo. Ela chamaria os ritos de Mistérios de Elêusis, nome proveniente da cidade de Elêusis, onde mortais a tinham auxiliado e lhe construído um templo e onde, assim esperava Deméter, sua filha se juntaria a ela nesse trabalho grandioso.

Koré comentou que, no início, ficou com medo e desorientada após ter sido sequestrada, mas encontrou forças nos ensinamentos da mãe sobre confiar em si mesma e permanecer conectada com sua integridade vital, a fim de que pudesse se sentir em casa onde quer que estivesse. Ela acrescentou que sabia que Deméter estaria fazendo tudo ao seu alcance para encontrá-la e garantir sua segurança. Koré descreveu a chegada ao submundo e como sentira compaixão pelos que tinham morrido recentemente e que ainda não compreendiam a própria situação. Ela sabia que Deméter gostaria que a filha os ajudasse. E ela o fez, acalmando seu pânico, e eles pediram a Koré que se tornasse sua rainha. Como soberana do Submundo, explicou Koré, ela adotou o antigo nome daquela deusa distante, tão esquecida nos últimos tempos, que costumava ocupar essa função. Então, ela era Perséfone.

Deméter e Hécate se comprometeram a chamá-la de Perséfone dali em diante. Então, com um sorrisinho e meio hesitante, Perséfone lhes contou que Hades a enganou para que ela comesse sementes de romã e depois, com certo orgulho, acrescentou que ela estava grávida, pensou ela, de um deus que traria alegria a deuses e mortais. Como todo mundo sabia, poderes mais antigos que Zeus ou Hades decretavam que, se você come qualquer coisa no Submundo, é preciso voltar para lá. Deméter e Hécate imediatamente ficaram cabisbaixas ao perceberem qual era o destino de Perséfone, embora ela continuasse a demonstrar leveza de espírito, garantindo que tudo ficaria bem. Quando estivesse no Mundo Superior, iniciaria os mortais nos Mistérios de sua mãe, e, no Submundo, iniciaria os mortos nos mistérios mais profundos que apenas os despojados de suas formas materiais poderiam conhecer. Hécate, percebendo a necessidade, se ofereceu para ficar no lugar de Perséfone no Submundo durante o período em que ela estivesse no Mundo Superior. Desse modo, os mortos não ficariam desamparados. Quando Perséfone descesse de novo, Hécate retomaria sua função como vidente das encruzilhadas, ajudando os mortais com decisões de vida e transições difíceis.

A parte seguinte da história – tudo o que podia e pode ser contado a não iniciados – veio de Zeus. Mal cabendo em si de gratidão porque as plantações voltaram a crescer e os sacrifícios chegavam aos deuses do Olimpo, ele declarou que todos saberiam que as estações primavera, verão, outono e inverno não eram acidentais, mas fruto da vontade de Deméter. As estações nos lembram de nossos ciclos vitais e de que a terra é nossa mãe, e, como toda mãe, ela ama seus filhos, seu povo. Dali em diante, anunciou Zeus, durante o inverno, quando as plantações estivessem em pousio, deuses e seres humanos reservariam um tempo para homenagear o luto de Deméter pela estadia da filha no Submundo, bem como para honrar a maneira como essa divindade maternal sofre sempre que algum de seus filhos padece.

Ele então concedeu a Perséfone o direito de se tornar uma das divindades alquímicas que poderiam transitar a bel-prazer entre o Mundo Superior e o Submundo. Com orgulho, ele também anunciou que convidara Deméter e Perséfone para voltar a fazer parte dos deuses do Olimpo, e elas aceitaram. Imediatamente teve início uma comemoração imensa e festiva no Olimpo, com os mortais abaixo dançando para expressar alívio e gratidão pelo impasse entre Deméter e Zeus assim como pela fome resultante finalmente terem acabado.

Diz a lenda que, depois disso, Zeus se tornou um governante muito melhor – demonstrando mais respeito pelos dons de todas as deusas, menos ditatorial e mais democrático, menos propenso a punir e mais apoiador de esforços, como os Mistérios, para ajudar as pessoas a aprender e a desenvolverem um eu melhor, declarando que essa história deveria ser contada e recontada de geração a geração.

Mas a vida tem vontade própria, e por fim os deuses do Olimpo foram depostos, e o templo de Deméter destruído. Não obstante, esses deuses e deusas ainda estão conosco, aos que sabem reconhecê-los. Vemos seus vestígios na literatura, nos filmes da moda e nos comportamentos humanos ainda hoje. E descobrir como reconhecê-los dentro e ao redor de você pode ajudá-lo a ser mais feliz, a se sentir mais próspero e agir com menos medo e mais coragem – percebendo que a promessa dos antigos Mistérios de Elêusis, os ritos que cresceram com base na narrativa que você acabou de ler, ou que, talvez, foram de fato criados por Deméter e Perséfone.

Os Mistérios de Elêusis e o Poder da Transformação Coletiva

A esta altura, você deve ter percebido que a ilha paradisíaca da qual os deuses vieram era Creta, e a cidade continental a que eles foram levados era Atenas. Os atenienses históricos realmente praticavam os Mistérios no templo de Deméter em Elêusis, que fica cerca de 20 quilômetros de Atenas. Quando as pessoas participavam dos ritos, elas acreditavam estar no lugar exato em que os Mistérios foram criados, reforçando o poder do local de cumprir a promessa de Elêusis.

Como será que era a sensação de ser um antigo ateniense sabendo em primeira mão sobre esses ritos e depois participando deles? É quase certo que você teria conhecido os Mistérios primeiro por uma história – semelhante a que você acabou de ler – da deusa dos grãos, Deméter: como sua filha foi sequestrada, como a fome surgiu por causa da tristeza de Deméter, como a filha voltou e depois passou a fazer viagens de ida e volta pelo Mundo Superior e o Submundo, e como essa equipe de mãe e filha criou os Mistérios. Você poderia ser incentivado a se identificar com Perséfone, acreditando que o mundo é um lugar seguro e que, mesmo na morte, uma presença cósmica materna está sempre com você, pois ela o ama assim como ama a filha, sofre quando você também sofre, e se esforça para ajudá-lo quando necessário. Essa história também afirmaria que a primavera sempre virá depois do inverno, que a fome pode ser afastada, restaurando-se a fartura, que a angústia não dura para sempre e que você pode aprender os segredos de uma vida feliz e próspera.

A escolha de Deméter, ajudar a instruir os mortais nos Mistérios em vez de puni-los por ignorância, foi radical e inédita. Antes disso, quando seres humanos ofendiam um deus, os deuses os puniriam como lição. A decisão dela causou uma mudança sísmica: de uma espiritualidade em que mortais tinham pavor dos deuses, e precisavam agradá-los sempre ou então sofreriam punições excruciantemente cruéis, a se sentir parte de uma comunidade de iniciados aos cuidados de Deméter em vida e de Perséfone na morte. Assim, não era preciso ter medo. As deusas eram mais semelhantes a mães (ou pais) amorosas do que a tiranas punitivas. Alguns acadêmicos acreditam que os iniciados não eram informados do que aconteceria exatamente quando morressem, apenas que Perséfone cuidaria deles tal como Deméter o fazia enquanto vivos.

Mesmo sem participar dos ritos, você conheceria uma coisa ou outra sobre Perséfone, a deusa da primavera, da renovação e, paradoxalmente, também rainha do Submundo, e, portanto, dos mortos. Você saberia que Perséfone era a sacerdotisa dos Mistérios, e que ela transitava com facilidade entre o Mundo Superior e o Submundo – servindo de exemplo sobre como passar com destreza de uma situação a outra e o que fazer quando circunstâncias o levam para uma vida que você não escolheu – com leveza de espírito, grande flexibilidade e consciência profunda. Além disso, você também saberia uma coisa ou outra sobre Dionísio, embora ele não apareça na história de Deméter. No entanto, ele tinha destaque nos ritos em si, e sua estátua era carregada no cortejo público de Elêusis. Você saberia que ele era o deus da alegria, do êxtase e da dança, que tinha seus próprios ritos e também fazia parte dos rituais eleusinos. E saberia do incrível poder de Zeus e de como Deméter teve êxito em confrontá-lo.

Os primeiros dias dos ritos aconteciam em público; portanto, provavelmente você saberia o que acontecia naquela parte, mas nem mesmo iniciados eram autorizados a compartilhar com você as partes secretas (como, por exemplo, o que aconteceu com Koré que a transformou de uma adolescente amedrontada em uma Perséfone madura e confiante, capaz de transitar entre mundos e de transformar outras pessoas, assim como a si mesma).

A única maneira de ter acesso às tradições secretas era se candidatar, comparecer e passar pela iniciação de nove dias. Pessoas de todos os estratos sociais eram autorizadas a participar, contanto que entendessem e falassem grego (para poderem compreender o que acontecia), e não tivessem matado ninguém. Se você cumprisse esses requisitos, iria a Atenas em dado período que, hoje, corresponde ao nosso mês de setembro. Passaria os primeiros dias recebendo orientações e preparando-se para o que viria a seguir, além de participar de celebrações atenienses e sacrifícios a vários deuses gregos. Alguém que já tivesse passado pela iniciação poderia ser seu mentor para prepará-lo para a experiência de nove dias, e/ou você poderia ter participado de uma cerimônia mais curta e introdutória feita no mês de fevereiro anterior, que incluía um rito de purificação para quem tivesse matado outra pessoa, semelhante à ideia de redenção, na qual pecados podem ser perdoados. Essas preparações lhe providenciariam informações gerais importantes.

Se você decidisse que queria ser um iniciado, como muita gente decidia, entraria em um grupo com mais de duas mil pessoas, muitas das quais normalmente não fariam parte de seu convívio, pois escravos participavam ao lado de reis e rainhas, e mulheres ao lado de homens. Se você fosse membro da elite, seria desafiado a ficar ao lado de pessoas subalternas. Se na escala de *status* sua posição fosse inferior, provavelmente se sentiria pouco à vontade em tratar como iguais pessoas hierarquicamente superiores. Como qualquer participante, você teria levado um leitão consigo. (Nesses eventos cheios de gente, escolhiam-se porcos porque qualquer pessoa podia comprar um.) Em determinado momento, todos os porcos seriam sacrificados. No mundo atual, podemos imaginar que isso significaria sacrificar ritualisticamente nossas imundícies (isto é, ganância e luxúria desmedidas, gula, consumismo e todos os tipos de excesso). Na época, você e todos os outros comeriam a carne; as partes não comestíveis continuariam queimando, e a fumaça produzida era um presente para os deuses.[1]

Em algum ponto, alguém gritaria "ao mar", e você e toda a horda correriam e pulariam na água para um tipo de batizado de renovação, o que acontecia com muito ânimo e alegria. Ao longo dos dias seguintes, você se juntaria a um cortejo de 20 quilômetros ou mais até Elêusis. No meio do caminho, você andaria sobre uma ponte em fila única, e, se alguém o achasse arrogante e prepotente, pessoas encapuzadas gritariam, em tom jocoso, coisas embaraçosas que seria melhor manter em segredo, porque ninguém deveria passar por essa iniciação sem ter a humildade adequada. Na primeira noite do cortejo, você ficaria em um templo, onde dormiria enrolado como um bebê numa manta, antecipando um sonho que lhe ofereceria orientação para cura e seus próximos passos na vida.

Ao chegar a Elêusis, haveria uma boa quantidade de perambulação, um período de jejum, e danças desvairadas noite adentro. Ainda que no início você pudesse ficar um pouco impressionado em fazer parte de um grupo tão enorme de iniciados, a essa altura provavelmente já teria criado vínculos com as pessoas e se sentiria apoiado por elas. Depois de todas essas atividades, você estaria exausto; então, haveria um tempo para descansar antes do evento principal, embora talvez o excesso de ansiedade ou empolgação o impedisse de cair no sono de imediato.

Na noite seguinte, em algum momento você entraria no Telesterion, uma construção grande o bastante para comportar todos ou a maioria das pessoas, para a última experiência de transformação. Talvez você soubesse, ou não, que esse evento aconteceria de madrugada, com todo esse povaréu, no breu total, o que sem dúvida era assustador.

Você vivenciaria "coisas mostradas", "coisas feitas" e "coisas ditas", ou seja, o ritual incluía formas de comunicação apropriadas para aprendizes visuais, sinestésicos e auditivos.

Alguns acadêmicos acreditam que uma ou mais dessas histórias sagradas seriam comemoradas com uma dança coreografada que todos faziam juntos, e que seria celebrado o nascimento de uma criança (muito provavelmente Dionísio, mas alguns dizem que era Perséfone), ocorreriam experiências visionárias e, em dado momento, de repente surgiria uma luz brilhante que cegaria e assustaria o participante por um instante até os olhos dele se adaptarem. Quando você saísse à luz do dia, a impressão seria a de ter morrido e renascido, de modo que, a morte não mais seria um motivo de temor. Depois que os celebrantes saíssem do Telesterion, uma sacerdotisa seguraria dois feixes de cevada, libações seriam derramadas no solo, e você, assim como os outros iniciados, olhariam o céu acima e gritariam, bem alto, "Chuva!", voltando em seguida os olhos para a terra e gritando, "Conceba!", em comemoração ao casamento da terra com o céu e à fecundidade engendrada.

A evidência da história nos informa que, no final dessa iniciação transformadora, você iria realizar a promessa dela. Mesmo hoje, investir nove dias para ser mais feliz, mais próspero e livre do medo não seria tão ruim. Fazer isso com tanta gente também teria instilado uma percepção de que essa experiência marcante não era só para o próprio bem. Sua renovação pessoal serviria à renovação coletiva da sociedade. Sua felicidade, prosperidade e libertação do medo apoiariam esses resultados para todos.

Antes de continuar examinando o poder das histórias eleusinas, é importante oferecer um pouco mais de contexto histórico. Esses ritos foram primeiramente praticados em comunidades pré-históricas por mulheres mais velhas, que iniciavam suas filhas, e mais tarde por homens e mulheres em todas as fases da vida. Hugh Bowden, estudioso dos clássicos e palestrante sênior do King's College London, escreve em *Mystery Cults of the Ancient World*: "Os Mistérios de Elêusis eram os mais reverenciados entre todos os antigos cultos de mistérios".[2] A notável historiadora de arte Elinor W. Gadon observa que o poder dos Mistérios aumentou o prestígio de Atenas, à medida que "homens e mulheres de todo o mundo Mediterrâneo iam testemunhar os ritos e participar dos segredos".[3]

Em *The Once and Future Goddess*, Gadon enfatiza não apenas o poder permanente e a influência regional desses mitos, como também seu impacto pessoal e profundidade psicológica, destacando que os Mistérios em Elêusis foram praticados "até a queda do Império Romano. Homens e mulheres, filósofos e reis provinham de todo o mundo conhecido para serem iniciados nos mistérios [de Deméter]. Isso colocava o neófito em uma relação direta e pessoal com o sagrado. Consolidados por volta do século VII ou VI a.C., os Mistérios de Elêusis passaram mil anos no centro da vida interna religiosa". Gadon continua: "A literatura clássica está cheia de narrativas extasiantes sobre a transformação dos iniciados em Elêusis. Homero nos informa, 'Feliz é aquele entre os homens na terra que presenciaram os mistérios'", e Sófocles credita aos Mistérios a promoção da felicidade pessoal e comunitária.[4]

Os Mistérios atraíam homens e mulheres de todos os lugares e foram uma grande força influente importante em Atenas enquanto incubava, para depois originar, a democracia, o teatro, a filosofia e a ciência baseadas no empirismo – todos cruciais para o desenvolvimento do pensamento ocidental e de atitudes e comportamentos que hoje em dia nem percebemos. Muita coisa da Grécia antiga foi extraída como parte de nosso legado cultural, e muitos de nós aprendemos na escola sobre filósofos gregos, como Sócrates, Platão e Aristóteles; cientistas, como Pitágoras; e teatrólogos, como Sófocles – ou então encontramos os mitos gregos, inclusive a história de Deméter e Perséfone, em *A Mitologia*, de Edith Hamilton, ou em outra compilação. Entretanto, é improvável que até então você tenha ouvido falar nos Mistérios de Elêusis, a menos que seja estudioso de mitos. Na melhor das hipóteses, a maioria das pessoas hoje só sabe os rudimentos da história de Deméter e Perséfone, e a consideram uma descrição bem pitoresca do motivo pelo qual as estações do ano existem. É uma importante peça que falta em nossa herança coletiva.

Evidências arqueológicas sugerem que os ritos eram praticados de alguma maneira já no começo do século V a.C., mas algumas fontes afirmam que eles já existiam bem antes disso, e evidências históricas indicam que invasores Godos destruíram o templo de Deméter por volta de 395 d.C. A história que inicia este livro é livremente baseada no *Hino Homérico a Deméter*, considerada a versão mais confiável e escrita em algum momento entre 650 e 550 a.C.[5] A prática dos Mistérios estava no auge quando os antigos atenienses desenvolviam com força total as inovações já mencionadas: democracia (do 5º ao 3º séculos a.C.), filosofia (do 4º ao 3º séculos a.C.), medicina (do 4º ao 3º séculos a.C.) e a ciência empírica (3º século a.C.). Os Mistérios podem ter influenciado todos esses empreendimentos, e também ter sido influenciado por eles.

Manly P. Hall, acadêmico e fundador da Philosophical Research Society em Los Angeles, relatou em sua clássica obra *The Secret Teachings of All Ages* pesquisas que demonstraram como os ensinamentos dos Mistérios de Elêusis chegaram a nós por meio de muitas tradições esotéricas metafísicas e continuaram cruciais para a Maçonaria, que manteve viva uma interpretação espiritual da história de Deméter e Perséfone, juntamente com o sonho da democracia. Pelo fato de a maioria dos fundadores dos Estados Unidos serem maçons, assim como Hall, ele sugere que há uma relação direta entre o caráter inclusivo desses Mistérios, tal como o sonho de um mundo mais igualitário, e a formação da democracia norte-americana.

Em minha versão, a referência do mito de Deméter e Perséfone a Creta não está no poema de Homero, mas ela é histórica. Originalmente, Deméter, Perséfone, Zeus e Dionísio eram deuses cretenses. É provável que, quando Deméter afirma que piratas a sequestraram de Creta, os atenienses saberiam que ela estava se referindo à tomada grega da ilha e de muitos de seus deuses, incluindo os cultuados nos Mistérios de Elêusis. Quer as pessoas acreditassem ou não na existência literal dessas épocas, a história foi preservada em narrativas que infundiram sua cultura com o significado delas. A Creta ideal atuava como o Éden mítico ou histórico nos Mistérios, com muita coisa em comum com nosso sonho moderno utópico de atingir a paz sustentável, a justiça social, a liberdade e o direito de se buscar a própria felicidade à nossa própria maneira.

Em seu revolucionário livro *O Cálice e a Espada: Nossa História, Nosso Futuro*, Riane Eisler apresenta um argumento convincente segundo o qual, antes do estabelecimento do patriarcado, sociedades de parceria existiram de verdade, nas quais homens e mulheres eram igualmente respeitados, e que a Creta minoica era um local que preservava uma sociedade como essa em uma civilização avançada e próspera em termos culturais – embora a cultura de parceria tenha sido surrupiada, provavelmente por invasores gregos, em algum momento entre os séculos XV e XI a.C., período correspondente aos primeiros registros dos Mistérios de Elêusis.

Até mesmo no período clássico da história dos gregos (480-323 a.C.), a mitologia grega preservou a memória de períodos pré-patriarcais e a consolidação do patriarcado. Por exemplo, o mito sobre o Templo de Apolo em Delfos, que recebeu o crédito por ter ajudado a tornar a Grécia civilizada, narra sem nenhum constrangimento de que maneira, no início, esse templo era dedicado à deusa Gaia, a Mãe Terra, e vigiado pelo dragão da terra, Píton, representado como uma serpente, um símbolo antigo da regeneração (assim como cobras trocando de pele). O deus grego Apolo derrotou Píton em batalha e se apropriou do templo, bem como da sacerdotisa que era seu oráculo. Os precursores dos Jogos Olímpicos atuais aconteciam perto desse templo, que fazia parte de um local mais amplo dedicado a Apolo. Vencedores eram homenageados com uma coroa de louros, cortados de uma árvore por um garoto que fazia uma reconstituição de Apolo matando Píton.

Embora os Mistérios atraíssem principalmente pessoas em busca de mais felicidade e sucesso, eles também continham uma função social de menor destaque. Quando os Mistérios de Elêusis estavam no ápice, as mulheres tinham muitas ideias sobre como melhorar a sociedade e seus próprios papéis. As mulheres sagazes e grupos familiares que expandiram os Mistérios complementaram (alguns diriam que sobrepujaram) a sociedade hierárquica ateniense que era definida por papéis, por franquearem os ritos a todo mundo – homens, mulheres, reis e outros membros da elite, concubinas, escravos e assim por diante – e pela natureza de seus ensinamentos, que honravam mulheres. Com isso em mente, os ritos eram elaborados como um evento coletivo, compondo uma ampla rede de pessoas reunidas por uma experiência comum a fim de apoiar valores igualitários. Em certos aspectos, a iniciação eleusina pré-configurou estratégias modernas de mudanças sociais – o movimento feminino de 1970, o movimento por direitos civis, o movimento pelos direitos dos homossexuais, o movimento ambiental, o movimento pela paz e o movimento Nova Era – enquanto, ao mesmo tempo, era mais festivo e prazeroso que a maioria. Também podemos considerá-lo um precursor dos movimentos de autoajuda atuais, prometendo aos iniciados que eles obterão os segredos de uma vida melhor.

Os Mistérios de Elêusis eram transmitidos oralmente e por meio de experiências iniciatórias, mas não continham nenhum texto ou escritos sagrados. Talvez isso acontecesse porque nem todos os envolvidos sabiam ler e escrever. Não obstante, o impacto positivo foi permitir que a tradição evoluísse naturalmente de acordo com a necessidade dos novos tempos. Ao focar no desejo de Deméter de que os mortais aprendessem por meio da experiência a amadurecer e se desenvolver, a tradição evitou dogmas e não se baseou em regras. Ela não continha nenhum preceito definido sobre o que se poderia ou não se poderia fazer (exceto matar). Assim, os ensinamentos podiam mudar conforme as pessoas mudavam.

Essa atitude também protegia os ritos da censura, já que não havia nenhuma crença publicamente descrita para criticarem ou proibirem. Hoje, sabemos sobre os Mistérios por meio de variadas fontes literárias e comentários paralelos de filósofos famosos e outros que citavam a importância dos ritos (e, muitas vezes, sua própria participação neles). Com essas pessoas, ficamos sabendo que alguém passaria pelos ritos uma vez, ou talvez duas, como uma iniciação aprofundada, mas que depois disso não havia práticas ou serviços obrigatórios para frequentar.

Pelo fato de os segredos mais profundos dos Mistérios nunca terem sido escritos e de os iniciados serem proibidos de compartilhá-los – e historiadores dizem que eles nunca o fizeram –, não sabemos ao certo o que acontecia. Além disso, quase todos os relatos são de homens de destaque, que talvez tenham interpretado os Mistérios pelas lentes de suas próprias percepções sobre gênero e mulheres. Felizmente, antropólogos encontraram vestígios de materiais do local da iniciação, acadêmicos interligaram referências aos Mistérios nos principais escritos literários e filosóficos daquela era, e as histórias eleusinas são tão arquetípicas que aparecem na poesia e na ficção em prosa de nossa própria época. Com base nessas fontes, minha tentativa foi fazer decodificações suficientes sobre quais eram os prováveis segredos revelados nos Mistérios, a fim de fornecer a você uma iniciação virtual com a leitura deste livro e fazendo os exercícios contidos nele.

As histórias eleusinas, quando atualizadas para a era moderna, proporcionam modelos e práticas que podem nos ajudar a encontrar nosso verdadeiro eu e a sermos leais a ele, enquanto vivemos num mundo em transição. Por todos esses motivos, escrevi este livro para mulheres como vocês – heroínas – que desejam maximizar seu potencial, não seguindo um roteiro pré-elaborado sobre o que devem ser, mas, ao contrário, descobrindo e seguindo os próprios desejos, vivendo de acordo com valores autênticos, desenvolvendo forças inatas e se sentindo cem por cento vivas no momento presente, respaldadas por uma corrente silenciosa de alegria. Também escrevi para homens que querem compreender e empoderar as mulheres de suas vidas – irmãs, esposas, filhas, amigas, colegas, funcionárias, clientes, freguesas etc. – e sobretudo para a grande quantidade de pessoas do sexo masculino que já estão comprometidos em ser parceiros das mulheres em pé de igualdade, em casa e no trabalho. Pode ser difícil negociar os solavancos na estrada na ausência de normas claras sobre como fazer isso ou de estruturas de suporte social.

Por acreditar que ninguém deve ensinar aos outros o que não aprendeu, a próxima seção deste capítulo começa com uma nota pessoal, explicando como a história de Deméter e Perséfone chamou minha atenção e acabou me motivando a escrever este livro. Esta seção também contém uma breve abordagem sobre personagens arquetípicos e mitos, e como usar esse conhecimento para compreender as histórias dos Mistérios de Elêusis e aplicá-las em sua vida.

Por Que Eu? Como Esta Tradição Mudou Minha Vida

Em muitas tradições indígenas, uma pessoa em busca de respostas a questionamentos procuraria um(a) xamã sentado(a) perto da fogueira e perguntaria o que deveria fazer para resolver seu dilema. A resposta clássica que esse(a) xamã daria começaria com "Vou lhe contar uma história". Mães, pais, mentores e amigos podem fazer isso também. Contar a história certa para a pessoa, a situação ou o momento exigia grande compreensão da psique, empatia e inteligência narrativa. Em situações novas, muitas vezes o necessário é uma nova história que possa ajudar a fornecer um mapa para a nova jornada, além de um apoio quando a sensação nessa jornada é a de estar subindo uma montanha íngreme e perigosa.

Hoje em dia, muitos psicanalistas respondem de maneira semelhante aos pacientes, conectando a angústia deles a um mito que ofereça perspectivas. Frequentemente, as narrativas que escolhem tratam de deuses ou deusas antigos de várias tradições culturais. O analista James Hillman, por exemplo, acreditava que nossas patologias eram uma maneira de os deuses chamarem nossa atenção, e por "deuses" ele queria dizer "arquétipos", uma crença que desenvolveu em sua inspiradora obra *Re-vendo a Psicologia*. O psiquiatra C. G. Jung cunhou o termo "arquétipo" para significar um padrão psicológico que, por ser universal, inclui suas expressões em todas as pessoas, épocas e lugares. Quando um deles desperta dentro de você, a parte relevante para você e para o seu caminho compõem uma subpersonalidade (um aspecto de sua psique que expressa a motivação desse arquétipo, seus afetos, pontos fortes e narrativa). Ao invocar um arquétipo, você não está pedindo a uma criatura externa que entre em você. Em vez disso, está convocando uma força adormecida, que sempre esteve com você, para acordar e ficar à sua disposição – o que não é diferente de iniciar um novo programa de exercícios e depois reparar em músculos que você nunca percebeu que tinha. Arquétipos podem ser vistos na arte, na literatura, em sonhos, quimeras e criações humanas. Portanto, vincular nossos desafios e problemas individuais a uma história arquetípica é um modo de nos conectarmos com padrões universais na consciência humana. De onde eles vêm? Jung dizia que eles emergiam do inconsciente coletivo da espécie. Outros profissionais postularam que eles poderiam estar em nosso DNA.[1]

Vez ou outra, mesmo sem tal guia para ajudar, damos de cara com uma história que ressoa tão fortemente conosco que ela permanece em nosso inconsciente por muito tempo e, de certa maneira, nos orienta. Talvez você tenha presenciado isso com um texto sagrado, um livro de ficção ou uma biografia, um filme, ou mesmo uma anedota que alguém acabou compartilhando com você. A narrativa de Deméter e Perséfone teve esse papel na minha vida, e compartilho um pouco de minha história pessoal como modo de ilustrar como tais histórias míticas e arquetípicas podem servir como guia em sua jornada rumo a mais felicidade, abundância e liberdade.

A história de Deméter e Perséfone chamou minha atenção numa época em que eu me sentia no topo do mundo, mas então tive uma experiência que me deixou em estado de choque. Aos vinte e tantos anos, eu estava animada por entrar no corpo docente da Universidade do Colorado. Felizmente, eu recebera o título de doutorado na mesma época em que o mercado acadêmico se abriu para mulheres. Na universidade, me ofereceram um escritório lindo de morrer, com portas deslizantes que davam para uma sacada com vista para as *Flatirons*, as imponentes formações rochosas ao pé das Montanhas Rochosas, cenário que, na minha visão, era o paraíso. O escritório também era ocupado por um homem tão atraente que, na primeira vez em que o vi, tive uma premonição de que devia sair de lá – perigo à vista! Naturalmente, logo me lembrei de que eu era uma profissional séria e precisava agir como tal: nesse caso, trabalhar no espaço que me foi designado. Então, reorganizei os móveis naquele escritório grande para evitar vê-lo, e me instalei.

Tudo estava a meu favor. Morava em um lugar maravilhoso, tinha o emprego dos meus sonhos e, dentro de poucos meses, iniciei uma amizade estimulante com o homem que eu tentava evitar: meu colega de escritório, David. Pai de três garotinhos, David se divorciara recentemente da esposa, que tinha ido passar o ano no exterior, e ele criava os três meninos sozinho. Eles eram amorosos e bagunceiros. Logo começamos a namorar.

Naquela época, Boulder, no Colorado, era um berço do novo pensamento que questionava atitudes racistas, papéis de gênero tradicionais, a guerra do Vietnã e o complexo militar-industrial sobre o qual o presidente Eisenhower nos alertava. Havia drogas aos montes, embora não fossem a minha praia, mas relatos de algumas pessoas experimentando LSD fizeram surgir questões sobre a natureza da realidade. Eu estava desabrochando de várias maneiras, inclusive saindo com uma pessoa de Nova York de família judaica, e expandindo minhas ideias, muitas das quais desenvolvi durante a infância em Houston e quando frequentava a igreja presbiteriana. Todos os pensamentos revolucionários me circulavam, e a sensação era de estar vivenciando minha própria versão de uma revolução, em que tudo parecia possível.

No entanto, às vezes o destino nos joga em uma história que não teríamos escolhido. Um dia, depois que David e eu começamos a namorar por tempo suficiente a ponto de me tornar íntima de seus filhos, ele e eu estávamos no escritório trabalhando quando ficamos sabendo que Douglas, o filho mais novo de David, havia desaparecido enquanto sob os cuidados de uma babá que sempre fora de confiança. Foi um desses momentos na vida em que se perde o chão. Mais tarde naquela noite, seu corpo foi encontrado, e soubemos que se afogara em um riacho próximo que, em geral, era bem raso, mas pelas chuvas da primavera estava cheio e turbulento. Fiquei desolada pela perda de uma criança que eu já amava, e também pelo choque com que a vida pode mudar num piscar de olhos. Passei da sensação de estar no topo do mundo para uma de total desconsolo. Aprendi que não há caminho de ouro para evitar traumas, tragédias e perdas da vida, ou mesmo decepções irritantes. David ficou devastado, como qualquer pai ficaria. E, é claro, seus outros filhos se viram em um nível de experiência traumática que eram jovens demais para compreender, bem num período em que começavam a compreender o fato de que o casamento de seus pais acabara. Mas David é um homem forte, e ele se mobilizou para focar em fazer o necessário para cuidar dos filhos e continuar trabalhando.

Ao longo dos anos seguintes, David e eu fomos morar juntos (com os meninos), nos casamos, pedimos transferência do Colorado para Maryland, e tivemos uma filha. No início, eu era a pessoa menos desolada em minha nova família portanto, adequadamente me concentrei em apoiar David e os meninos em seu processo de luto e dar continuidade à minha carreira. No entanto, eu continuava bem desorientada e cheia de perguntas – sobre a vida, perdas e como extrair o melhor de uma situação difícil. Precisava de uma história que fosse mais complexa do que "Tenha fé, Deus escreve certo por linhas tortas" ou "Pense positivo e a felicidade virá ao seu encontro", por mais que elas possam ser úteis.

Precisava de uma história mais profunda para me guiar.

Durante esse período desorientador, me lembrei de repente de um mito grego – sim, esse de que o livro trata – em que a deusa Deméter descobre que a filha adolescente, Perséfone, desaparecera de uma hora para outra. Eu me identifiquei totalmente com o sofrimento de Deméter por causa da ansiedade e do medo que David e eu sentimos quando nos disseram que Doug havia desaparecido, e a tristeza profunda que nós, e a mãe de Doug, sentimos quando seu corpo foi encontrado e percebemos o caráter definitivo do que ocorrera.

De alguma maneira, ao me lembrar da história de Deméter e Perséfone, me senti consolada ao me identificar, na imaginação, com Deméter, que havia tido uma experiência análoga à minha, embora o retorno de Perséfone à mãe não tenha sido registrado de um jeito marcante em minha mente. Para mim, o fato de ela estar no Submundo queria dizer que estava morta. Assim, a existência dessa história me ajudou a ser solidária com outras pessoas, incluindo minha própria e querida mãe, que sofrera perdas como essa, o que me capacitou a reconhecer que a perda faz parte da condição humana e de meu legado familiar. Quando eu era criança, minha mãe sofreu dois abortos e teve dois gêmeos natimortos, um de seus irmãos morreu de ataque cardíaco, e a irmã por afogamento.

Reconhecer padrões arquetípicos em histórias também pode ajudar a nos estabilizarmos em uma crise, porque eles nos informam qual narrativa humana fundamental estamos vivenciando e o que ela exige de nós, de modo que, temos uma pista sobre o que fazer. A experiência da perda de um ente querido é um desafio típico em uma história de amor, motivo por que muitos de nós hesitam em amar. Tememos não conseguir sobreviver à perda de alguém que tanto consideramos.

Às vezes, um legado familiar facilita reconhecer a história mais profunda quando fazemos parte dela. Meus pais me ensinaram a amar e a demonstrar esse amor aos meus vizinhos ajudando-os quando necessário, a demonstrar amor por meus filhos cuidando deles, ao meu parceiro de vida apoiando-o na alegria e na tristeza, e a reconhecer que o amor é uma janela da alma que nos conecta com o que temos de melhor (o que eles chamam de voz interior de Deus). A língua inglesa tem somente uma palavra para amor (*love*), mas os gregos cunharam muitas mais; no entanto, não preciso usar palavras gregas complicadas para reconhecer as várias formas de amor importantes na minha vida. Ler Joseph Campbell durante a graduação me ensinou a "seguir minha bem-aventurança", o que me ajudaria a perceber minha trajetória heroica, e depois o movimento das mulheres acrescentou a compreensão de que eu também deveria amar a mim mesma. Portanto, eu já tinha linguagem e conceitos para me ajudar a compreender e vivenciar seis dimensões do amor, várias das quais são ilustradas na história de Deméter e Perséfone.

Quando falamos de "amor" ou "amar", estamos nos referindo a um conceito ou processo que pode parecer bastante abstrato. Deméter e Perséfone incorporam elementos arquetípicos relacionados ao processo de amar. Contar uma história ou criar uma reprodução artística de Deméter ou Perséfone traz à vida uma expressão particular do amor, de modo que ele se torna real para nós e oferece um encontro imaginativo que facilita descobrir a qualidade em nós mesmos, reconhecê-la em nossa experiência passada e presente, e verificar como ela pode servir a nossa integridade futura.

Olhando minha vida em retrospecto, percebi que, embora me identificasse com a preocupação e a perda de Deméter, ao mesmo tempo estava vivendo a história de Perséfone sem saber. Apaixonar-me por David me fez adentrar uma história de amor, e os desafios de ser esposa, madrasta, mãe e professora de alunos e colegas que contavam comigo me forçou a "colocar calças compridas de menina grande" e crescer. Se quisesse ser fiel ao meu amor por David e seus filhos, precisava abandonar meu narcisismo juvenil, aprender a estar presente – para ele e para os meninos – não somente quando era fácil, mas também nas dificuldades. A partir disso, aprendi como histórias arquetípicas também nos ajudam a amadurecer como seres humanos, fornecendo roteiros que nos orientam.

Os primeiros anos com Jeffrey, Stephen e depois nossa filha, Shanna, foram, de certo modo, um período estimulante para mim e para David – em nossas carreiras, no nosso amor apaixonado que sentíamos um pelo outro, e na criação de uma nova família. Em outros aspectos, no entanto, sempre havia uma recaída de tristeza. Embora Deméter tenha conseguido recuperar Perséfone, *nós* tínhamos de aceitar o caráter definitivo da morte de Doug. O desafio do arquétipo de Deméter requer que cada um de nós, mas sobretudo quem vivenciou perdas, resista ao retrocesso por medo de confiar no amor que temos um pelo outro e, em vez disso, amar com mais força e plenitude. Contanto que tenhamos coragem de fazer isso a maior parte do tempo, a preciosidade de um casamento e uma família felizes virá ao nosso encontro. David, os garotos maravilhosos e nossa filha também maravilhosa são minha bênção, assim como meus queridos netos e o trabalho que tenho o privilégio de fazer.

Arquétipos que emergem dentro de nós são aliados de nossos chamados vocacionais, uma vez que a necessidade de trabalhar é tão primária quanto a de amar. Seres humanos têm de trabalhar para sobreviver – pelo menos, muitos de nós –, e a prosperidade é catapultada à medida que cada vez mais gente trabalha no que é certo para as próprias habilidades, interesses e motivações. Porém, mais profundo que isso é um trabalho instintivo energizado por arquétipos. Quando eu era garotinha, as pessoas me davam bonecas para brincar e eu as organizava em fila para lhes dar aula; portanto, parecia claro que meu futuro seria na educação.

Quando minha filha nasceu, além de lecionar, fui encarregada de dirigir um programa de estudos sobre mulheres, responsabilidade que fez surgir em mim um arquétipo adormecido; nesse caso, algo que fui convocada a fazer, e não que eu sabia que faria. Nessa função e em meus subsequentes cargos administrativos, sempre fui uma agente de mudança, trazendo novas ideias às organizações. Ou seja, tive de lidar com retaliações quando membros da velha guarda, muitas vezes ao estilo de Zeus, se sentiam ameaçados. Portanto, pessoalmente sou bem familiarizada com a encenação eleusina arquetípica de Deméter confrontando Zeus para proteger aqueles aos quais ela amava e com os quais se importava. Sempre tive a impressão de que minhas iniciativas eram feitas com graça e em prol do cuidado e da inclusão, mas suspeito que não era assim que quem gostava das coisas à moda antiga enxergava essas iniciativas. Na verdade, sei que não era. Para ser bem-sucedida no trabalho, precisei integrar Zeus à minha psique, em vez de ficar em pé de guerra com ele. E, como muitas mulheres hoje em dia, quando me sentia drenada e exausta, era Dionísio quem vinha ao resgate, me incentivando a aprender a dançar.

Minha obra mais importante foi motivada pela minha parte Perséfone interior que sempre almeja por mais sabedoria sobre a vida interior das pessoas e grupos sociais, e sobre como o autoconhecimento aumenta a capacidade de ser profundo e autêntico. Percebo que a função dessa divindade em minha vida foi nutrida por eu ser proveniente de uma família tão devotamente espiritualizada, que me incentivava a orar quando tinha um problema para receber orientações, e mais tarde por meu estudo da psicologia junguiana e outras linhas aprofundadas da psicologia durante a graduação e a pós-graduação. Também foi o arquétipo de Perséfone dentro de mim que me motivou a buscar formação em tradições psicoespirituais ecumênicas, o que me levou, na meia-idade, a me inscrever em um programa de doutorado em ministério e obter um diploma de doutora nessa área. E, embora tenha sido o chamado de Deméter que trouxe à minha atenção as histórias eleusinas, foi Perséfone quem me solicitou a escrita deste livro. Não sou propensa a ouvir vozes, mas alguns anos atrás, quando Shanna e eu estávamos explorando as antigas ruínas minoicas em Creta (em Cnossos, que datam da época em que os deuses e deusas neste livro eram conhecidos em suas formas mais primitivas), tive uma sincera impressão de que uma voz interior dizia: "Traga os Mistérios de volta".

(Sim, é claro que sei que que essa voz podia ser mero fruto da imaginação, o que não a torna um chamado menos verdadeiro.)

Com o tempo, reconhecendo como essas energias arquetípicas poderiam ser úteis a outras pessoas além de mim, me envolvi em pesquisas mais aprofundadas sobre a história, e em seguida sobre a tradição misteriosa a que ela deu origem. Nesse processo, descobri que muitas outras mulheres e homens que a conhecem se identificam com ela com a mesma força que eu, ainda que os detalhes das perdas, desafios e desejos dessas pessoas sejam diferentes dos meus. Essa pesquisa também ofereceu contexto para reconhecer a interdependência em minha vida de padrões de mudanças históricas em tempos recentes que traçam paralelos com os que são simbolicamente contados nas histórias e ritos eleusinos, em que, de maneira semelhante, as mulheres desafiavam os poderes em vigor. Se as oportunidades não tivessem se aberto às mulheres como se abriram, é improvável que eu tivesse liderado institutos e me graduado, que tivesse livros publicados, e, ao mesmo tempo, sido esposa e mãe. Com base nisso, percebi que roteiros arquetípicos que emergem em nossa vida estão interligados aos que são ativos na sociedade mais ampla que nos rodeia. Os padrões mais amplos nos afetam, e nossas escolhas também os afetam.

Meu desafio ao escrever este livro foi ser fiel ao significado das histórias sobre os Mistérios de Elêusis no contexto da época, ao mesmo tempo destacando sua relevância para mulheres de hoje. A versão do mito de Deméter e Perséfone que dá início a este capítulo usa a narrativa de Homero como texto básico, mas fiz pequenas alterações que pareceram mais fiéis aos prováveis ensinamentos das mulheres do que aos escritos de homens. Como preparação à escrita desta obra e de minha versão, mergulhei em inúmeros relatos antigos sobre a história e em postulados de acadêmicos modernos sobre elas e as partes secretas dos ritos. Também usei minha formação em narrativas e psicologia humana para reconhecer partes da trama em fontes modernas e antigas que, simplesmente, não faziam sentido na narrativa mais ampla.

Ao proceder assim, adotei a mentalidade de um juiz ouvindo testemunhas, prestando bastante atenção a contradições interiores e conjunturas que estão em desacordo com fatos conhecidos. Também me lembrei de que, originalmente, foram mulheres que criaram esses ritos. Em seguida, meditei sobre a história, sabendo que meu próprio filtro mental refletiria o ponto de vista de uma mulher moderna que, naturalmente, destacaria sua relevância para nossa época, embora idealmente sem falsificar a história. Como complemento, prestei atenção em até que ponto arquétipos mais profundos das histórias têm sido visíveis na época atual, e teci essas manifestações dentro da discussão das histórias de cada deus e deusa.

À medida que você der continuidade à leitura deste livro, convido-o a classificar arquétipos dentro de si que sejam legados familiares, aliados apoiadores de seus dons individuais, ou que são necessários apenas como resposta a uma situação específica. Em termos mais genéricos, essas histórias também confrontam qualquer pessoa com perguntas que nos ajudam a descobrirmos nós mesmos e o nosso propósito. Deméter pergunta: "Com quem e com o que você se importa, e o que isso exige de você?". Zeus: "Quais são seus talentos e pontos fortes, e como você precisa desenvolvê-los para ocupar seu lugar no mundo?". Dionísio: "O que você ama fazer e quais são seus verdadeiros interesses?". E Perséfone: "O que seu senso intuitivo de orientação lhe diz sobre essa pessoa e/ou esse caminho serem os certos ou os errados para você?".

As histórias dessas divindades também podem ajudá-lo a encontrar as respostas a essas perguntas e, então, a agir com eficácia com base no que aprendeu. Essas histórias instrutivas, que fornecem o fundamento das Partes 1 a 4, ilustram como é possível desenvolver os dons desses deuses e deusas arquetípicos, evitar ser desviado por suas tentações contraproducentes e retomar um caminho que seja positivo e autêntico para si mesmo caso você se pegue expressando os aspectos menos desejáveis dessas divindades. Se aplicar essas lições à sua vida, é possível que o resultado lhe cause a agradável sensação de ser como uma peça de quebra-cabeça colocada no lugar certo, onde você pode ser feliz, vivenciar abundância e ser (relativamente, pelo menos) livre do medo.

Para facilitar esse resultado, a seção a seguir contextualiza tudo isso, explorando o poder do mito em expressar um arquétipo em uma estrutura cultural, sendo sobretudo útil em determinada época e lugar, e também a natureza primitiva dos quatro arquétipos eleusinos e como eles nascem da interseção da fisiologia humana, da psicologia e da natureza da vida na Terra.

Por Que Você?
Despertando suas Capacidades
e seu Potencial

Arquétipos que ilustram maneiras humanas de ser e aspectos de nossa experiência são mais arraigados que a cultura, mas sua expressão particular em imagens, personagens e narrativas inevitavelmente reflete mentalidades culturais e situações específicas. Logo, se por um lado a forma mais universal do arquétipo persiste ao longo do tempo, suas expressões evoluem e regridem, dependendo da consciência de determinada cultura em um momento particular, que também pode variar de acordo com subgrupos e indivíduos. Assim, as histórias arquetípicas eleusinas espelham a consciência da Grécia antiga, mas as verdades universais mais profundas que reluzem por trás de adornos culturais são percebidas em minha vida e, provavelmente, na sua. A maneira como as vivenciamos necessariamente refletirá nossa própria época, bem como a subcultura e a cultura mais ampla em que vivemos.

Compreensões modernas sobre ecologia adicionam perspectivas extras sobre o poder de histórias arquetípicas na vida humana, que me parecem particularmente importantes em um livro que começa com a história de Deméter como a Mãe Terra. Em seu estudo sobre a evolução natural e humana, o ecologista Duane Elgin conclui que nossa constituição replica padrões no universo mais amplo, de modo que, aprender sobre esse contexto imenso em nossa vida nos ajuda a crescer e nos desenvolver: "Nosso universo aparenta ser um organismo vivo de projeto extremamente inteligente[1] e capaz de desempenhar múltiplas funções ao mesmo tempo", escreve ele. "A mesma geometria dimensional que estrutura a realidade física também estrutura nossas percepções, criando os ambientes em que pessoas e civilizações passam por um processo de aprendizado. Embora seu universo não venha com nenhum 'manual de instruções' explícito, você não precisa de um, já que o tecido da realidade incorporou dentro dele os *insights* evolutivos que você busca".[2] O fato de sermos feitos de poeira estelar pode nos poupar de nos sentirmos separados do universo maior, por mais maravilhoso e imenso que ele pareça. Arquétipos oferecem estrutura às nossas percepções sobre a realidade física, e narrativas humanas sobre estes proporcionam um tipo de manual de instruções que pode nos ajudar a nos sentirmos mais à vontade no mundo, à medida que vamos nos tornando mais autênticos.

Há muitos arquétipos que nos motivam e guiam nossos caminhos, mas passei a acreditar que o poder especial desses quatro (Deméter, Zeus, Perséfone e Dionísio) provém de seu caráter primal, ajudando as pessoas a se conectarem com os desafios mais profundos da essência humana.

As histórias rasas e sem alma que predominam em nossa sociedade materialista (e implicam que o segredo para ser feliz é ganhar dinheiro, *status* e coisas) levaram à boa parte do tédio da vida atual. Para recuperar a habilidade de uma vida plena, precisamos voltar às bases. Nossa trajetória evolutiva está incorporada em nossos organismos, sendo aprimorada por histórias arquetípicas que nos ajudam a perceber nosso potencial de levar uma vida plena e essencial. Se você já teve a sensação de viver na superfície da vida e almeja algo mais real e autêntico, esses arquétipos podem ajudá-lo a voltar às bases humanas que podem cumprir esse desejo. Como sugere o pensamento de Elgin, nossa natureza primal e trajetória evolutiva estão inseridas em nossa fisiologia, em interação dinâmica com as condições na vida terrena. Por exemplo, para sobreviver precisamos de água, comida, roupas e abrigo, além de aprender maneiras de adiar nossa inevitável mortalidade o máximo possível. Uma boa parte de nós precisa se reproduzir para sobrevivermos como espécie. E nossa biologia também predetermina muitas outras coisas.

Humanos nascem com cérebro grande; portanto, obviamente, devemos pensar. Isso inclui entender consequências lógicas (se não tomarmos cuidado, podemos ficar doentes, provocar violência retaliativa, afastar as pessoas com quem podemos contar etc.). De posse desse cérebro e seu potencial criativo, assim como de nossos polegares opositores, somos projetados para inventar coisas e usar nossa inteligência para observar se estas tornam ou não o mundo melhor – e, se não tornam, nós as reinventamos. Também somos programados para compreender as consequências lógicas de nosso comportamento. Por exemplo, se esgotarmos os suprimentos alimentícios em nossa região, precisaremos nos mudar para um território que pode ser mais hostil ou então morrer de fome; portanto, é melhor prevenir a fome logo no início.

Por causa de nossa cabeça grande, tivemos de nascer antes de nos desenvolvermos o bastante para sobreviver sem os cuidados contínuos e duradouros de nossos pais; ou seja, tivemos de aprender a agradá-los, o que por sua vez exige desenvolvermos a capacidade de rastrear as histórias em suas mentes que estão guiando o que eles fazem – trocando em miúdos, extrapolar padrões de significado de comportamentos alheios. Além disso, nossa mente adora coisas que fazem sentido, e fica confusa quando não consegue descobrir o porquê isso ou aquilo está acontecendo e o que fazer a respeito, o que gera pensamentos narrativos: "Tem alguma coisa acontecendo, e preciso fazer algo. O que é esse algo? O que provavelmente vai acontecer se eu fizer isso? E depois, o quê?". E assim por diante. É a partir de uma construção inicial de significado que uma história arquetípica começa a guiar nossas ações,

como a de Deméter fez no meu caso, considerando os valores e prioridades dos meus pais.

Mas aí nós crescemos e temos de dar conta de necessidades básicas
de sobrevivência, encontrar comida, abrigo e plenitude, ou seja, precisamos trabalhar, elaborar e atingir objetivos, e compreender contextos.
Na era da caça e da coleta, as pessoas devem ter precisado saber onde
ficavam as plantas e animais comestíveis, e, após a invenção da agricultura, saber quais plantações cresceriam e não cresceriam em determinado lugar. Por ser muito desafiador sobreviver sozinho, e ainda
mais cumprir nosso potencial, também precisamos nos relacionar com
outras pessoas e sermos úteis ao grupo.

Em épocas primitivas, Zeus e Deméter dividiam tarefas. Por procederem conforme definido por papéis sexuais, a mente humana passou
a associar a gêneros a capacidade de fazer certas tarefas e a ver as configurações arquetípicas que nos permitem ter êxito nessas tarefas de
formato feminino ou masculino.

Ao contrário da maioria dos outros primatas (com exceção do bo-
nobo), seres humanos têm impulsos sexuais a maior parte do tempo,
não só durante a época de acasalamento. Esse potencial para atividades
sexuais frequentes pode gerar muito mais proles que precisarão de
muitos anos de cuidado; portanto, nossa biologia é configurada para
aprender a cuidar dos outros. Humanos são animais de bando, e sobre-
vivem melhor quando não cuidam só de crianças, mas uns dos outros;
desse modo, o altruísmo também é importante para a sobrevivência.
Na vida em comum dos seres humanos primitivos, todo mundo teria
de estar envolvido na proteção, alimentação e educação das crianças e
em todas as outras prováveis atividades principais relacionadas a sobrevivência grupal, embora em algumas os homens pudessem assumir a
liderança e em outras, seriam as mulheres as responsáveis.

Com a introdução da agricultura, que é atribuída a Deméter pelos
Mistérios de Elêusis, as pessoas tiveram de aprender a cuidar e a ser
parceiras do solo. Esse setor de atividades ajuda a pensar sobre como

Deméter se associa à terra, à maternidade, ao altruísmo, ao funcionamento do grupo colaborativo necessário para colheitas, e a todos os elementos do cuidado com o outro, incluindo a preparação dos alimentos e dos artefatos domésticos, entre outros, que produziam uma sensação de lar. Hoje, o arquétipo de Deméter nos ajuda a nos sentirmos plenos e, que nossa vida é cheia de sentido quando fazemos essas tarefas, bem como a resistir à tendência social de subvalorizar a importância da compaixão, da bondade e da generosidade. Percebemos a influência de Deméter no mundo das ONGs e outras instituições, nos movimentos pelo meio ambiente e pela paz, assim como na esfera doméstica.

Pelo fato de os homens, em média, serem fisicamente mais fortes que as mulheres e não ficarem sobrecarregados pela gravidez e pela amamentação, eles eram responsáveis por caçar e afastar invasores, evitar a violência por meio de negociações e ajudar a organizar coletivos sociais maiores, em que grupos menores da mesma região se reuniam. Como parte disso, eles também tiveram de assumir a liderança em barganhar e comercializar bens enquanto viajavam por aí. Naturalmente, eles se responsabilizaram por fabricar armas e outras ferramentas relacionadas ao seu trabalho e por construir projetos que exigiam força física e trabalho ininterrupto.

Hoje, o arquétipo de Zeus ajuda a nos sentirmos vivos e imprescindíveis quando formamos equipes hierárquicas, fazemos listas e tarefas, evitamos conflitos e competições e nos envolvemos neles, gerenciamos relações de poder entre grupos potencialmente rivais, e protegemos a quem amamos. As prioridades dessa divindade se refletem nos negócios, na política, no militarismo, na maioria das religiões organizadas com base em dogmas e na teoria e na prática da gestão tradicional.

Na vida humana, o sexo não serve somente para reprodução. Nossa constituição é tal que somos capazes de ter relações enquanto olhamos nos olhos de alguém e nosso coração fica bem junto ao da outra pessoa, isso sem mencionar os longos beijos demorados e cheios de alma. Claramente, somos feitos para buscar romance e intimidade, e alguns de nós se comprometem em relacionamentos duradouros. Essa união também satisfaz um desejo humano profundo por intimidade durante um período extenso e incentiva os homens a se envolverem na criação dos filhos.

Pelo fato do cuidado com as crianças consumir uma boa quantidade de tempo, sociedades primitivas precisavam de algumas pessoas que não mantivessem laços com essas responsabilidades familiares. A natureza garante que uma certa porcentagem de nós será *gay* e lésbica, talvez para assegurar que nem toda atividade sexual gerará descendentes. Em algum momento, nossa biologia encerra a reprodução na vida da mulher, liberando-a para outras tarefas. A natureza também reduz a capacidade feminina de se reproduzir em tempos de fome, mas mesmo os antigos sabiam que podia haver modos melhores do que a fome em massa para conseguir isso. Aquelas que tinham o dom para serem curandeiras ou xamãs de uma aldeia teriam muitas responsabilidades trabalhosas com saúde, cura e rituais, de modo que poderiam ter optado por uma vida com poucos filhos ou com nenhum.

As questões de Perséfone parecem se referir aos vários aspectos relacionados a se tornar consciente o suficiente para o livre-arbítrio entrar em cena. Essas questões incluiriam o amor romântico, em que o compromisso se torna um ato de escolha, autoconsciência e autodescoberta, a escolha de uma vocação e sua própria conexão com um mundo numinoso e invisível. Perséfone é uma deusa que incentiva o livre-arbítrio, já que ela própria faz escolhas não convencionais, como viver com o marido metade do ano e perto da mãe na outra metade, e se tornar a preceptora dos vivos e dos mortos. Hoje em dia, Perséfone ajuda a nos sentirmos vivos e firmes em nossa identidade quando nos encontramos, participamos da intimidade romântica e relações de amizade, e buscamos um sentido mais profundo para nossa vida. E percebemos sua influência em histórias de amor, na indústria de autoajuda, movimentos espirituais e o movimento da Nova Era.

Em grupos indígenas, pessoas que não tinham responsabilidades com filhos muitas vezes se tornavam os brincalhões, gozadores e trapaceiros que agitavam as coisas; então, podemos extrapolar que, no início da humanidade, eles também podem ter existido. Se observarmos crianças pequenas, poderemos ver que é natural sermos brincalhões, rebeldes e quebrarmos regras – uma evidência de que o livre-arbítrio está arraigado à nossa natureza. Além disso, nossos corpos são bem flexíveis comparados com o de muitas outras espécies, permitindo-nos brincar, dançar e experienciar a vitalidade primal em movimentos extasiados e esportes que exigem vigor físico. Pelo fato de os seres humanos serem agraciados com criatividade e humor, também criamos e desfrutamos da arte, e rimos juntos. Como arquétipo, Dionísio estimula atividades que nos tornam felizes como indivíduos, mas é ainda mais importante para aquelas que nos permitem vivenciar a alegria coletiva.

Hoje, o arquétipo de Dionísio nos ajuda a sair de nosso estilo de vida orientado a fim de relaxarmos e nos divertirmos. Isso inclui encontrar meios de amar todos os aspectos de nossa vida: família e o lar, nosso trabalho, lutas e até nossos anseios, e isso fornece a oportunidade de sermos joviais em qualquer coisa que fizermos, em vez de sermos apenas atormentados pelas tarefas de nossa lista de afazeres. Na tradição eleusina, esse deus não é retratado como uma personagem da mesma maneira que Deméter, Zeus e Perséfone. Ao contrário, ele é a personificação da felicidade obtida no final das histórias dessas divindades, acrescentando o tipo de alegria que um novo bebê pode trazer a uma família. Assim, o capítulo dedicado a ele serve como um resumo que mostra como todos os quatro arquétipos se complementam.

Há um protótipo para ele vincular os dons desses deuses à nossa capacidade física humana, já que ele é um deus que celebra o bem-estar. Somos programados com substâncias químicas no corpo – dopamina, ocitocina e serotonina – que recompensam comportamentos desejados proporcionando prazer e nos importunam quando não nos envolvemos com elas, sentindo que falta alguma coisa. É até mesmo possível ficar viciado em uma ou mais delas se não houver um bom equilíbrio entre todas. Em *Meet Your Happy Chemicals*, Loretta Graziano Breuning discute como essas substâncias químicas ativadas pelo cérebro reforçam comportamentos, enfatizando como eles estimulam a sobrevivência individual e em grupo, e também como elas promovem a capacidade de prosperar. Entretanto, essas substâncias são tipicamente produzidas em jatos – e, quando baixam, voltamos ao estado neutro mais uma vez, o que nos estimula a prosseguir o que estávamos fazendo, de modo que continuaremos produzindo-as.

A partir da descrição de Breuning sobre os comportamentos estimulados por substâncias químicas, é fácil perceber quais dons e histórias arquetípicas elas respaldam. A dopamina estimula metas e o processo de atingi-las, sendo, portanto, a substância interna de Zeus. A ocitocina fortalece vínculos sociais por meio do cuidado e de todas as facetas do amor; assim, é a recompensa que obtemos ao viver as histórias de Deméter e Perséfone, bem como dançando com outras pessoas, como Dionísio quer que façamos. A serotonina é liberada quando fazemos coisas que nos conferem respeito e *status*, e também outras recompensas que permitem nos sentirmos em segurança e como membros valorizados em nossa comunidade. Qualquer um dos arquétipos pode nos ajudar nesse aspecto, pois todos contribuem para a saúde e a plenitude de um grupo. Muitos antidepressivos populares comercializados hoje aliviam o déficit de serotonina. Sabemos que mulheres tomam esses remédios com mais frequência que os homens, mas não sabemos se essas pessoas que se sentem em posição inferior às outras também são propensas a aumentar a serotonina tomando algo externo. Talvez espelhar um ao outro de maneira mais positiva ou trabalhar em nossa própria autoestima, fazendo uma contribuição que valorizemos e com a qual nos sentimos bem, pode aumentar a serotonina interna. Vale a pena tentar fazer uso de terapias arquetípicas para estimular o corpo a produzir substâncias químicas que nos deixem felizes ao nos ocupar com as atividades que elas reforçam.

Uma categoria diferente de substância química também cumpre a função de aliviar a dor. Breuning observa que a função primária das endorfinas é entorpecer dores emocionais e físicas por um período curto de tempo, o que respalda a noção de que a natureza tem um lado compassivo, como a história de Deméter nos mostra.

O conhecimento de que nossa natureza física também reforça positivamente o que devemos fazer por meio do prazer e, negativamente o que não devemos fazer com a dor, pode fazer parte do manual de uma heroína, permitindo que ela reconheça, no nível dos sentimentos, quando seu corpo está dizendo sim, que ela está no caminho certo, ou quando deve prestar atenção, já que o perigo está à espreita e ela pode precisar mudar de direção. A adrenalina gera a resposta de luta, fuga ou congelamento para uma ação rápida ao escapar do perigo. Novas pesquisas descobriram que a adrenalina também estimula a capacidade de "cuidar e fazer amizade" nas mulheres, o que é muito útil se você for, digamos, um trabalhador humanitário em um centro de evacuação sofrendo uma inundação ou em um campo de refugiados sem nenhuma perspectiva de haver mais ajuda a caminho.

Substâncias químicas desagradáveis emitem um alerta de que há um problema menos urgente ao qual devemos prestar atenção – na maioria das vezes, o cortisol, que em pequenas quantidades causa estresse e, em grandes quantidades, medo. Por questões de sobrevivência, esses sentimentos desagradáveis duram mais no corpo do que aqueles que nos fazem felizes, e não conseguir lidar com o que está causando a liberação do cortisol resulta em cada vez mais infelicidade, além de estresse e ganho de peso, principalmente em torno da cintura. Nosso corpo continua produzindo essas substâncias químicas até encararmos a origem do problema.

De todas essas maneiras e muitas mais, as narrativas dos Mistérios de Elêusis podem ajudar você a despertar e desenvolver aspectos de sua psique essenciais para a jornada da heroína. A maioria de nós está tentando seguir seu caminho na vida sem utilizar todas as capacidades com as quais nascemos e se perguntando por que as coisas não funcionam bem. É como ter todos os tipos de programas de software em seu *laptop* que você nunca usa, mesmo que eles o ajudem a ter maior facilidade no que você está tentando realizar. Nosso ego existe para nos ajudar a sobreviver; nosso coração para cuidarmos uns dos outros; nosso eu mais profundo, ou alma, para aspirar por significado e entrar em contato com experiências que vão além da mera sobrevivência, como o amor verdadeiro; e nosso corpo, para desfrutar dos prazeres da vida. A história de Deméter oferece orientação para abrir o coração, a de Zeus para desenvolver a força saudável do ego, a de Perséfone para conectar-se com seu eu mais profundo (ou alma), e a de Dionísio para explorar a sabedoria de seu corpo.

Viver essas quatro histórias, mesmo que indiretamente por lê-las, ativa esses recursos psicológicos interiores, fornecendo a você uma iniciação simulada. E cada uma dessas histórias também apoia seu crescimento e seu desenvolvimento contínuos, em que essas capacidades, por sua vez, desenvolvem uma melhor conexão com o poder da mente, resultando no amadurecimento de sua capacidade de pensar e tomar decisões. Essas histórias também nos ajudam como utilizar essas capacidades para que sejam assimiladas, permitindo que você evite a paralisia que ataca quando o ego, o coração, a alma e o corpo estão lhe puxando para tantas direções distintas que você não consegue encontrar uma maneira de seguir em frente.

A última seção deste capítulo introdutório diferencia mitos e arquétipos, e descreve como a compreensão das narrativas arquetípicas pode fornecer contexto para viver em uma época de mudanças rápidas e incessantes.

Por Que Agora?
Prosperando em uma
Revolução Inacabada

Aspectos de verdades arquetípicas expressos em determinada cultura podem se perder por um tempo e, depois, reaparecer em outra como peças faltantes de um quebra-cabeças que, de uma hora para outra, se tornam disponíveis quando necessárias. Em períodos em que as pessoas passam dificuldades por suas vidas parecerem inexoravelmente complicadas, essas verdades podem ajudar indivíduos e sociedades inteiras a readquirir as capacidades de que precisam para perceber o próprio potencial. Este período é agora, mas para compreender isso, é importante reconhecer que as verdades arquetípicas abordadas no presente foram originalmente filtradas pelas suposições da antiga mitologia grega: para serem úteis às heroínas de hoje, detalhes de mitos antigos devem ser atualizados, para serem relevantes aos desafios específicos que enfrentamos.

Os termos mito e mitologia se referem a expressões de histórias arquetípicas em épocas e lugares específicos.[1] Tais histórias nos oferecem uma visão de como eram esses arquétipos, e se manifestam em diferentes culturas. As histórias eleusinas fazem parte de um todo maior da mitologia grega, e, como todas as mitologias, talvez tenham sido interpretadas ao pé da letra, especialmente por pessoas sem instrução formal (por exemplo: realmente existiu uma Deméter e tudo na história aconteceu de fato, e foi aí que as estações do ano começaram a existir). Contudo, as verdades espirituais em tradições de sabedoria geralmente são reveladas por meio de parábolas, metáforas ou símbolos, enquanto verdades políticas e econômicas são normalmente comunicadas por meio de narrativas que fornecem exemplos de princípios ou ideias abrangentes.

Nossa época e lugar têm suas próprias mitologias que comunicam valores culturais e também refletem verdades universais. A história da descoberta dos Estados Unidos, por exemplo, bem como os relatos que reafirmam o sonho norte-americano de oportunidades para todos, são aspectos da mitologia nacional do meu país. Embora hoje os Estados Unidos sejam uma nação religiosa e eticamente diversificada, sua mitologia e ideias inconscientes continuam fortemente influenciadas por valores cristãos protestantes. Assim, mesmo pessoas com crenças seculares normalmente assumem, por exemplo, a primazia da ética no trabalho.

Em períodos de transição, muitas vezes eclodem guerras culturais. Nos Estados Unidos hoje, a política está atolada em mitologias conflitantes que divergem profundamente quanto a se as mudanças culturais recentes são ou não ameaças a serem restringidas ou avanços a serem apoiados e incentivados. Em uma eleição recente, um dos grupos usou *slogans* sobre mudanças nas quais podemos acreditar e o outro, sobre retomar a América. O impasse contínuo em nossa política reflete uma profunda divisão ideológica sobre se o governo e os negócios devem ser todos Zeus, com ênfase na defesa e na competição econômica, ou Zeus equilibrado com a preocupação de Deméter em cuidar das pessoas. No Oriente Médio, neste exato momento mitologias antagônicas se vinculam a diferentes tradições no Islã e também à tensão entre grupos que querem se juntar ao restante do mundo e outros que desejam preservar (ou se retirar para) um estilo antigo de vida.

Os Mistérios de Elêusis foram uma mitologia de mudança de sua época. Portanto, estamos diante de uma das oportunidades culturais mais importantes, em que o presente tem muito a aprender com o legado até então perdido de um passado remoto. As histórias eleusinas repercutiam entre os cidadãos de Atenas numa época em que se incubava um novo futuro, assim como nossa sociedade hoje; praticamente tudo parece estar no fluxo, o que tem sido verdadeiro para nós desde os anos de 1960. Até tivemos nossa própria versão de um período de fome: mudanças climáticas e outros elementos de devastação ambiental.

Na década de 1970, mulheres se reuniam em grupos sobre o despertar da consciência, nos quais conversavam sobre suas vidas e aspirações. Com base na lacuna explícita entre o que elas vivenciavam e o que sonhavam ter, nasceu um movimento em massa que não foi diferente dos antigos Mistérios em termos de abertura a diferentes percepções do significado de participação. Esse movimento ganhou uma força tão poderosa que mudou radicalmente as leis e as normas sociais.

Recentemente, outra nova geração de mulheres voltou a reconhecer uma desconexão entre suas ambições e suas realidades. Tal como nas décadas de 1960 e 1970, tudo começou com uma conversa entre mulheres, com a vantagem extra de que, na era digital, essas conversas se expandiriam pelas redes sociais. Logo mulheres estavam escrevendo em blogs sobre a lacuna entre a igualdade na teoria e na prática. Enquanto surgiu uma enxurrada de novos artigos e livros, as preocupações de mulheres contemporâneas estão sendo discutidas dentro da estrutura de tendências e assuntos atuais mais amplos. Mulheres não constituem um grupo de interesses especiais em competição com outros grupos historicamente sub-representados ou com os homens. Ao contrário, elas apresentam as questões femininas como parte de uma iniciativa maior por uma sociedade mais justa e igualitária para todos – uma sociedade de parceria, que as mulheres da antiga Grécia também queriam.

Embora nossas vidas sejam radicalmente diferentes das dos antigos atenienses, os Mistérios de Elêusis têm muito *insight* a nos oferecer. Ao longo das eras, as mulheres tradicionalmente têm sido responsáveis pela manutenção de quatro atividades humanas principais – cuidado, amor, vida social e vida espiritual (representadas pelas personagens de Deméter, Perséfone e Dionísio nas narrativas eleusinas) –, o que deixou os homens concentrados sobretudo no sucesso das esferas econômica e pública, proteção do lar, segurança pública e nacional, e a criação de políticas e leis para administrar áreas das quais, na prática, as mulheres cuidavam (representadas por Zeus nos Mistérios).

O grande desafio de nossa época é um produto colateral da oportunidade que homens e mulheres agora têm de escapar de definições de papéis com base em gênero e outras limitações. Hoje em dia, a maioria de nós quer expressar a plenitude de quem somos, do que podemos e do que desejamos fazer. Essa realidade era apenas um sonho para os iniciados nos Mistérios. Não obstante, tentar trazer à realidade esse sonho numa sociedade ainda projetada como se as mulheres ficassem em casa e os homens trabalhassem o dia todo pode ser estressante. É especialmente difícil gerenciar tudo isso quando ainda se espera que as mulheres sejam "boazinhas" e os homens, "durões", em um mundo que exige que tenhamos flexibilidade para reagir conforme as situações exigirem.

Além disso, ainda que as mulheres tenham acesso a vários papéis, setores pelos quais elas tradicionalmente vêm se responsabilizando tendem a ser desvalorizados em comparação com os que, historicamente, têm sido atribuídos aos homens. Como consequência, homens e mulheres hoje em dia adquirem *status* ao priorizar a competitividade e a realização na esfera pública, em detrimento do cuidado, da intimidade, da profundidade espiritual ou do prazer, resultando em uma sociedade e em vidas individuais extremamente desequilibradas. Não obstante, essas atividades humanas subvalorizadas continuam importantes para o sucesso e a felicidade individuais e coletivos. Esse é o motivo por que tanta gente hoje em dia, sobretudo mulheres, descobre que seus múltiplos papéis exigem mais de vinte e quatro horas por dia para serem concluídos.

Nos meus livros anteriores sobre a jornada do herói (*The Hero Within* e *Awakening the Heroes Within*)*, em que usei o termo herói no sentido genérico a fim de incluir ambos os sexos, as potencialidades e valores que tipicamente foram alimentados por mulheres são por demais cruciais se quisermos atingir um equilíbrio entre o feminino e o masculino em nossa sociedade. Uso o termo *heroína* para enfatizar isso, embora o caminho de desenvolvimento descrito neste livro seja, nas raízes, uma jornada humana disponível a todos e a qualquer um de nós.

Ainda que este período seja animador para as mulheres, considerando-se a liberdade e as opções à nossa disposição (pelo menos em nações mais desenvolvidas), implementar essas opções em tempo real é complicado. Pode ser um alívio reconhecer que essa sensação de sobrecarga e excesso de trabalho provavelmente *não vai* continuar para sempre. Uma vez que mudanças revolucionárias em expectativas relacionadas a gênero que abalaram a sociedade tiverem assumido as rédeas, novas estruturas e normas se estabilizarão, e a vida, mais cedo ou mais tarde, será mais simples. Imagine como seria mais fácil se horários escolares e de trabalho fossem modificados para atender às necessidades do novo normal, ou de casais com dupla jornada e de muitos pais e mães solo. Mas por ora, *O Despertar da Heroína Interior* pode ajudar você a florescer em meio a uma revolução ainda inacabada.

Os Mistérios de Elêusis apareceram em uma época em que o patriarcado estava solidificando seu controle sobre a consciência humana. Se considerarmos um período extremamente longo, podemos comemorar que o legado, que os fundadores eleusinos estavam trabalhando para manter, retornou em uma forma atualizada por causa dos esforços de muitas mulheres corajosas ao longo do tempo e pode ser realizado completamente em um futuro próximo. A vantagem de períodos caóticos em uma era digital – em que quase tudo está acelerado,

---

* *O Herói Interior* e *O Despertar do Herói Interior*, publicados pela Cultrix: São Paulo, 2ª edição, 2023.

a interdependência é real e tudo está no fluxo – é que, nesse caos, a mudança pode acontecer (e acontece) bem rápido. A direção pode ser difícil de prever, e isso porque cada país, empresa e pessoa influencia essa mudança. É por isso que com tanta frequência até os eventos importantes vêm de surpresa, como quando a Cortina de Ferro* veio abaixo, o *apartheid*** acabou, os ataques do 11 de Setembro aconteceram e a economia afundou em 2008.

O simples fato de nos atermos a um conceito de revolução inacabada pode nos manter com os pés no chão e, ao mesmo tempo, otimistas. Muitas mulheres contemporâneas, mesmo em cargos elevados, foram criadas por mães que lhes disseram que elas poderiam ser o que quisessem. Na verdade, muitas dessas mães diziam isso com os dedos cruzados nas costas, esperando ou rezando que suas filhas navegassem por mares mais tranquilos na vida. É claro que essas mensagens ajudaram as filhas a ter o otimismo e a confiança suficientes para conseguir grandes feitos, mas o efeito colateral era que, quando os barcos atingiam as ondas turbulentas do retrocesso ou outras violências de gênero, essas filhas muitas vezes se sentiam enganadas ou, mesmo, passadas para trás, o que logo poderia acontecer às suas netas. É mais fácil navegar em meio à tempestade se você prevê que ela pode ocorrer e está preparado.

Este é um momento que nos convoca a ser heroínas – às vezes, só para sobreviver ao dia, ou para evitar a tentação de fazer coisas que não são certas, pelo menos não para nós, para agradar aos outros. Como uma pessoa que quer ser feliz, assim como espero que você queira, observei quanta gente pensa que o heroísmo é inerentemente

---

* A Cortina de Ferro foi uma separação física e ideológica estabelecida na Europa pós-Segunda Guerra, entre a área de influência soviética ao leste e os países ocidentais ao oeste. Em 1989, essa barreira (a "Cortina") ruiu, juntamente com o Muro de Berlim. (N. da T.)

** Regime segregacionista racial implementado na África do Sul em 1948 e encerrado em 1994, com as eleições multirraciais e democráticas vencidas pelo Congresso Nacional Africano e lideradas por Nelson Mandela. (N. da T.)

sacrificial, exigindo que homens e mulheres façam algo grandioso para salvar o mundo. As narrativas eleusinas provêm de uma tradição alternativa – que mostra a heróis e heroínas como eles podem fazer a diferença sem sacrificar a própria satisfação e bem-estar.

É verdade que alguns de nós são convocados para missões heroicas bem desafiadoras, e descobrimos alegria nelas quando nos identificamos de corpo e alma. Mas também é verdade que, por vivermos interconectados uns com os outros, fazer nossa parte de uma maneira que nos é autêntica, mesmo se essa parte parece pequena para os padrões sociais, também é heroísmo. Esses atos geram um efeito cascata que, em termos coletivos, fazem enorme diferença, ao mesmo tempo sendo tão certos para nós que nos sentimos profundamente plenos. Uma de minhas personagens literárias favoritas é Bonanza Jellybean, do romance de Tom Robbins *Até as Vaqueiras Ficam Tristes*, que afirma que o paraíso e o inferno são reais, e, quer exista ou não um pós-vida, nós os vivenciamos bem aqui, na Terra. "Paraíso é viver seus sonhos", diz ela, "inferno é viver seus medos."

Quando evoluímos e atingimos nosso potencial como indivíduos, nosso desafio é preencher a lacuna entre nossos sonhos e as experiências atuais. No entanto, nossa capacidade de fazer isso se interconecta com a consciência e potenciais de nossa época. Em termos coletivos, continuamos a agir de maneiras que resultam em conseguir o que não queremos, como guerra, injustiça social e devastação ambiental, bem como em vidas que parecem mais difíceis do que deveriam ser. Quando atitudes e comportamentos suficientes mudam, o mundo que vivenciamos também mudará. Assim, a heroína desperta se torna o melhor que pode ser, não para triunfar sobre outrem, mas para contribuir com o que apenas ela pode, a fim de cumprir nosso potencial humano.

Para ser bem-sucedido nessa empreitada, é preciso expandir as virtudes femininas mais tradicionais de Deméter, aplicando-as na esfera pública e na particular e abrindo-se para perceber a sabedoria feminina, agora mais profunda, surgindo do inconsciente e tornando-se disponível para nossa consciência desperta. Em conjunto, isso cura a arrogância de Zeus, ajudando-o a gostar de colaborações em vez de tentar controlar tudo e todos. O fruto dessa parceria entre forças historicamente masculina e feminina nos dá acesso a aspectos mais profundos e arcaicos da alegria dionisíaca.

À medida que começar a explorar as histórias de Deméter, Perséfone, Zeus e Dionísio nos próximos capítulos, você verá como os quatro incorporam qualidades humanas necessárias para a integridade hoje. Cada narrativa transfere seus personagens de um estado relativamente inconsciente para uma expressão mais consciente de seus dons essenciais, e oferece desafios que os forçam a crescer e a se desenvolver. Entretanto, o final feliz dessas histórias provém da interação entre eles, assim como hoje, em um mundo radicalmente interdependente, em que nossos finais felizes não provêm somente de conseguirmos o que quisermos, mas de como os nossos desejos e os desejos alheios – e o acaso imprevisível – se juntam.

A Conclusão oferece um *kit* de ferramentas para ajudá-lo a aplicar a inteligência narrativa que você adquiriu ao ler este livro. Ele o ajudará a proteger a si mesmo e a outros de interiorizar narrativas nocivas ou limitantes, a elaborar histórias que destaquem o que é real e significativo na vida, e a reformular histórias para transformar atitudes e situações.

PARTE UM

DEMÉTER

Deméter e o Caminho do Coração

Desde a Antiguidade, a maioria dos homens possuía vantagem física quando se tratava de força, e se destacavam na caça, na guerra e em outras maneiras de resolver problemas com o vigor físico. Os pontos fortes das mulheres tradicionalmente floresceram nas áreas da união, da comunicação e da compreensão de crianças, homens e outras mulheres, para que pudessem trazer para fora o melhor de si. Ainda hoje, pesquisas sobre estilos de comunicação nos informam que, em geral, a comunicação das mulheres tem como objetivo conectar e se relacionar de maneira mais igualitária, enquanto a dos homens é mais competitiva e motivada por um desejo de impressionar.

Não estou sugerindo aqui que um dos sexos seja melhor que o outro. Está claro que o mundo precisa de ambos, porque a sobrevivência das espécies depende disso e, na verdade, homens e mulheres fazem felizes um ao outro e a outras pessoas ao viverem em parceria amorosa. Complementam bem os pontos fortes um do outro. No entanto, quando a perspectiva de um homem domina a de uma mulher, o mundo acaba vivendo narrativas que podem ser bem-sucedidas em algumas situações, mas, em outras, não conseguem nos trazer os resultados desejados. Por exemplo, se queremos paz, por que continuamos contando histórias de guerra? Por que não nos voltamos para a metade da raça humana que promoveu outros meios de resolver conflitos? A força pode interromper comportamentos violentos temporariamente, mas a partilha autêntica por meio de histórias, que muitas vezes foi nutrida por mulheres, pode levar os antagonistas a se entenderem e a construir a confiança que leva à paz duradoura. De maneira semelhante, em nossa política a competição do tipo guerreira prevalece quando os candidatos concorrem a um cargo, mas para governar com sucesso precisam utilizar modos mais femininos, aproximando-se da oposição para resolverem os problemas juntos.

Todas as principais religiões do mundo nos instruem a amarmos uns aos outros como um caminho para uma melhor qualidade de vida coletiva e pessoal.

- Jesus fez esta afirmação várias e várias vezes, usando palavras ligeiramente diferentes: "Um novo mandamento vos dou: que vos ameis uns aos outros; assim como eu vos amei a vós, que também vós vos ameis uns aos outros" (João 13:34). "Se me amam, alimentem minhas ovelhas" (adaptado de João 21:17). E, citando a Torá, "Amarás ao teu próximo como a ti mesmo" (Lev. 19:18; Mateus 22:39). Essa era sua principal mensagem.
- O rabino Sefer Baal Shem Tov, fundador do judaísmo chassídico, falou sobre as raízes profundas do amor na fé judaica: "'Amarás o teu próximo como a ti mesmo'. Por quê? Porque todo ser humano tem uma raiz na Unidade, e rejeitar a menor partícula da Unidade é rejeitá-la por inteiro".[1]
- As palavras de Maomé, selecionadas e traduzidas pelo sufi Kabir Helminski, incluem a forte afirmação: "Vocês não entrarão no paraíso até que acreditem e não acreditarão até que amem uns aos outros".[2] Rumi, o místico e poeta sufi do século XIII, proclamou: "É o Amor que une todas as coisas".[3]
- O Buda nos ordenou a "irradiar amor sem limites para o mundo inteiro – acima, abaixo e além – sem impedimentos, sem má

vontade, sem inimizade".[4] A bondade amorosa continua sendo uma prática fundamental do budismo moderno.

◆ Na tradição hindu, o amor também é a doutrina central da religião. Swami Sivananda resume essa afirmação nestas palavras: "Seu dever é tratar a todos com amor como uma manifestação do Senhor".[5]

Dentre os vários aspectos do amor, esses preceitos espirituais promovem bondade pessoal e altruísmo, que fazem parte do caráter arquetípico de Deméter. Contudo, aprender a amar uns aos outros continua sendo um desafio evolucionário para nós como espécie e para cada um de nós individualmente.

Se tantas religiões nos dizem que aprender a amar é a tarefa fundamental para o ser humano, por que é tão difícil fazê-lo, às vezes até para as próprias organizações religiosas que afirmam incorporar esse ensinamento – algumas das quais foram responsáveis por grandes atrocidades, e em muitos casos ainda são? À medida que o patriarcado se estabeleceu no Mediterrâneo, valores masculinos e atividades tradicionais se transformaram em normas sociais; as virtudes do equilíbrio, como o cuidado, passaram a parecer muito menos importantes. Na época dos grandes filósofos gregos, a racionalidade, a lógica e a objetividade tinham mais valor que as emoções. Na verdade, a capacidade de reprimir as emoções para ter pensamentos claros passou a ser um ideal social.

Mara Lynn Keller, professora da California Institute of Integral Studies, observa que os Mistérios de Elêusis foram cruciais para incentivar o amor, a reciprocidade e o senso de comunidade na Grécia antiga, sobretudo em uma época em que se desenvolveu uma forte estrutura patriarcal e de classe. Ela ressalta: "Os ritos em Elêusis eram considerados essenciais para a sobrevivência dos seres humanos". Ela cita o historiador grego Duris de Samos, que, ao escrever sobre os Mistérios de Elêusis, afirmou: "'A vida dos gregos seria inviável se eles tivessem sido impedidos de observar da maneira apropriada os Mistérios mais sagrados, que unem a raça humana'".[6] Cícero, que discorre sobre sua iniciação nos Mistérios de Elêusis como uma situação que lhe dá motivos para viver em alegria e morrer com esperança, concluiu que eles eram a instituição mais divina de Atenas que contribuía com a vida humana.[7]

Acredito que os Mistérios de Elêusis tinham esse poder todo porque a Grécia antiga, tal como o mundo atual, estava desequilibrada, dando mais valor às atitudes e aos comportamentos associados aos homens do que aos associados às mulheres. Os Mistérios compensavam isso proporcionando experiências que evocavam empatia nos iniciados pelo amor feroz de Deméter e o instinto protetor dispensado à sua filha, e pela possível infelicidade de Perséfone por ter sido forçada a se casar com alguém que ela sequer conhecia. Essa tradição reforçava a sabedoria do coração em sentir empatia por alguém antes de tão somente se fazer uso de leis ou da lógica para determinar o destino de uma pessoa. A história de Deméter, que você já conhece, oferece uma narrativa que pode ser considerada uma substituta para muitas situações análogas, incentivando pessoas a defender o que (ou a quem) amam e com que(m) se importam, mesmo que isso signifique enfrentar as estruturas de poder e desafiar leis que tratam pessoas como objetos ou recursos, como se seus sentimentos não importassem. Nos séculos mais recentes, com o triunfo do racionalismo, o poder do coração tem sido desvalorizado em comparação com o poder da mente. Isso leva muita gente a desconsiderar quase totalmente os desejos do coração, o que lhes dificulta encontrar a felicidade.

A ciência contemporânea demonstra que a ênfase da maioria das religiões (e em boa parte da literatura) em fazer escolhas seguindo o coração não é só uma metáfora bonitinha. O coração não é só um músculo, como antigamente se pensava. Hoje, neurocardiologistas modernos veem o coração como um órgão que contém um pequeno cérebro com cerca de 40 mil neurônios que conduzem um fluxo de informações pelo corpo todo, o que estimula a inteligência emocional e a empatia. O Instituto HearthMath[8] revelou que pessoas que demostram amorosidade e outras emoções positivas promovem "coordenação positiva" entre mente e coração: o mero fato de pensar no que você ama e o torna feliz, influencia seu coração, o que, por sua vez, influencia seu corpo. Os resultados são mais felicidade e saúde, com muito menos estresse e cansaço.[9]

Muitas emoções são sentidas no corpo, motivo pelo qual temos expressões como "coração quente", "coração mole" ou "coração de pedra". Independentemente de nosso coração ficar ou não mole ou duro, essas metáforas correspondem ao que se sente no peito. Digamos que você esteja olhando para uma criança a quem ama e que ela esteja dormindo como um anjinho. Se prestar atenção, você pode sentir uma sensação real de calor no peito, na área do coração. Também é possível sentir um relaxamento nos músculos e tendões. Se você continuar assim por um tempo, talvez note que o corpo todo começará a relaxar. E não é só isso: talvez você descubra que o mero fato de se lembrar da criança dormindo pode causar o mesmo efeito. Em uma situação oposta, você pode vivenciar um momento em que alguém faz alguma coisa que o deixa furioso e você sente uma tensão subindo pelo peito, à medida que deixa de ter empatia por essa pessoa agora percebida como ameaça. De repente, seu corpo todo pode se retesar. De maneira semelhante, mesmo que nosso coração não seja capaz de se partir literalmente, é provável que uma pessoa sinta dor física na região cardíaca quando está muito magoada com algo dito por alguém ou quando vivencia o luto. No entanto, muitos de nós reprimem as sensações internas e ao redor do coração porque ouvimos uma história – a de que as expressões mencionadas são apenas metáforas – e acreditamos na narrativa, e não na experiência sensorial.

Pesquisadores em geral tentaram filtrar esses sentimentos tão viscerais que carregam informações sobre emoções, mas hoje cientistas sociais também reconhecem que a pretensão da objetividade pode, simplesmente, cegá-los à própria subjetividade. Cada vez mais se considera prudente entrar em contato com os valores e sentimentos que se tem em relação ao tema, e especialmente sobre o resultado que se deseja. Quanto mais consciência se tem dos próprios sentimentos, inclusive daqueles em seu corpo, mais provavelmente se evitarão resultados conscientemente enviesados. Hoje em dia, muitos profissionais explicitam tais assuntos em relatórios de pesquisas. De modo semelhante, especialistas em desenvolvimento organizacional como Daniel Goleman (autor de *Inteligência Emocional: A Teoria Revolucionária Que Redefine o Que é Ser Inteligente*) estão incitando líderes empresariais a desenvolver inteligência emocional e social, que inclui conectar coração, mente e corpo, para que realmente saibam o que estão sentindo e possam interpretar de maneira correta os sentimentos alheios e reagir a eles.

Papéis femininos tradicionais nos fizeram desenvolver inteligência emocional e social. Por exemplo, cuidar de crianças pequenas antes de elas conseguirem articular as próprias necessidades constrói a capacidade de ter sintonia empática a pistas corporais, assim como tentar descobrir do que os homens, socializados para serem mais estoicos, necessitam, bem como o que querem. E, mesmo quando passamos para papéis menos tradicionais, essas habilidades ainda são esperadas de nós – e elas são úteis, ainda que muitas vezes subvalorizadas.

Dimensões do Arquétipo de Deméter

Deméter é uma deusa que incorpora o coração aberto, ou seja, alguém que trata os outros com acolhimento e generosidade. A história de Deméter ilustra sua jornada para ser cuidadosa e generosa também consigo mesma, além de sê-lo com outras pessoas, e para equilibrar um coração aberto com uma mente aberta e sagaz. O impulso de cuidar dos outros pode explicar por que nossa espécie sobreviveu, e os Neandertais e outros hominídeos não. Antropólogos descobriram restos fósseis que revelam que, bem no início do desenvolvimento humano, nossos ancestrais cuidavam uns dos outros, mesmo dos muito doentes a ponto de precisarem de cuidados prolongados. Acredita-se que essa bondade aprimorou nossas chances de sobreviver (à medida que menos de nós morríamos e o cuidado cimentava a lealdade), tal como aprender a resolver conflitos de maneira pacífica e ser capazes de nutrirmos uns aos outros como a terra o faz. Na época atual, pessoas são menos propensas a ficar sem casa ou afundar na depressão se fizerem parte de uma comunidade que cuida. Igualmente importante, amar e ser amado traz felicidade.

Deméter personifica a energia vital que faz as coisas crescerem e cura os corpos quando feridos, e também o amor materno e, por extensão, qualquer amor puro e incondicional. Ela nos ajuda a nos lembrar de nossa interdependência com a terra e uns com os outros. Como deusa dos grãos, muitas vezes é representada em antigas artes gregas segurando, com magnificência, um ramo de trigo. No momento crucial em que o rito de iniciação nos Mistérios de Elêusis é encerrado, uma sacerdotisa, incorporando a presença de Deméter, ergueria o símbolo que a evoca. Quando ela assim procedia, o ramo de trigo atingia tamanha relevância – simbolizando a essência dos ensinamentos de Deméter – que o simples fato de vê-lo causava profundo impacto nos participantes. Os ensinamentos de Deméter enfatizavam amor, cuidado e conexão com o mundo natural e com outras pessoas. Como deusa da agricultura, confere-se a ela o crédito de ensinar os seres humanos a cultivar seus alimentos, em vez de apenas caçar e coletar para gerar mais prosperidade.

Durante um longo período da história em que homens e mulheres pareciam viver em esferas distintas, ela assumiu as rédeas do mundo familiar privativo e criou vínculos sociais e o cuidado dos filhos, dos mais velhos de outros que necessitavam de auxílio, e tudo isso era da alçada das mulheres. Por conta da disposição em se sacrificar pelo bem dos próprios rebentos, tipicamente as mães serviram como modelo de amor altruísta. Como já mencionado, o nome de Deméter provém da raiz da palavra grega *mater*, que significa "mãe".

O fato de que os bebês nascem de corpos femininos, são dependentes e geralmente fofos, desperta um vínculo afetivo que faz a maioria das mães amarem seus filhos tanto quanto a si mesmas (e, muitas vezes, até mais). Para algumas, a vulnerabilidade de amar outra pessoa com tanta intensidade faz surgir a empatia que pode, então, levá-las a amar os outros tanto quanto a si próprias. Deméter incorpora o poder desse amor, não apenas no que sente por Perséfone, mas da maneira definitiva com que expande seu amor e cuidado à humanidade por meio da criação dos Mistérios.

Hoje, na vida real, pais e mães compartilham o cuidado dos filhos, papéis de gênero nem sempre se dividem com tanta clareza entre homens e mulheres, e psicanalistas frequentemente enfatizam como o amor paterno pode ser importante para uma criança desenvolver autoestima e construir a confiança de que meninos e meninas precisam para conseguir ter vidas bem-sucedidas. Um pai cuidadoso é importante para meninos como modelo masculino sem ser machão ou estoico, e para meninas para que seja menos propensas a cair nas mãos de um abusador e mais propensas a buscar mentores positivos do sexo masculino que possam ajudá-las a ter sucesso na carreira.[10] O pai cuidadoso que vem à mente quando se usa o termo *papai* incorpora as forças de Deméter refletidas em formas masculinas.[11]

Todos os arquétipos têm suas sombras, que não são lá muito agradáveis. Nos recônditos profundos de imagens arquetípicas de mães há uma deusa-mãe mais primitiva que Deméter e que é associada, assim como a deusa Kali ou Ísis, ao ceifador ou à cegonha. Psicanalistas falam sobre a mãe "devoradora", cujo ventre também é uma tumba, porque sua nutrição pode estimular a dependência paralisante e enfraquecer quem a recebe. Uma descendente desse arquétipo é a madrasta malvada que muito provavelmente se livraria dos enteados, talvez mandando-os para a floresta e esperando que eles se perdessem.

Na vida moderna, a mãe negativa aparece em mártires que usam a culpa como modo de controle; que vivem por meio dos filhos, sobrecarregando-os de cuidado e atenção, sufocando a alma autêntica das crianças; ou, ainda, que se preocupam tanto com os filhos que não param de criticar tudo o que eles fazem para tentar corrigi-los, e, agindo assim, minam sua autoestima. A sombra de Deméter também se faz presente quando homens ou mulheres são tão extremosos que se esquecem de cuidar de si mesmos e se transformam em mártires, pouco a pouco se tornando tão vazios que secam e se consomem de amargura.[12]

A História de Deméter: Ontem e Hoje

A história de abertura deste livro *é* a história de Deméter, de modo que, não vou repeti-la aqui. Em sabedorias tradicionais, histórias contêm camadas múltiplas de sentido. A de Deméter explicou a origem das estações (como para crianças) e dos Mistérios de Elêusis, semelhante à maneira atual de contar histórias sobre o início de uma nação ou uma empresa.

Ao ler a narrativa, o que imediatamente salta aos olhos é uma história de amor, mas em vez de um amor entre homem e mulher, trata-se da afeição profunda entre mães e filhas. Meu elo pessoal com Deméter, o qual já compartilhei, veio da realidade primal humana de que uma vida plena de amor e cuidado nos deixa vulneráveis à perda de pessoas e coisas importantes para nós. Em um nível metafísico, a história pode ser interpretada como um confronto materno com a morte da filha, em que o retorno desta indica ressurreição, reencarnação, ou mãe e filha novamente unidas no pós-vida. Em um nível psicológico, pode-se considerar contextualmente o mito como o grande desafio que pais e mães vivenciam após investirem tanto na criação de um filho que, depois, cresce e vai embora. Nesse sentido, o fato de Perséfone dividir seu tempo entre Hades e Deméter poderia traçar um paralelo entre uma moça crescendo e se casando ou, sob outro aspecto, envolvendo-se na vida adulta mas permanecendo muito ligada à mãe.

Esse nível da história se relaciona a uma realidade primal humana, enquanto o impasse de Deméter e Zeus e seu significado político para papéis de gênero na antiga Atenas e hoje em dia reflete dificuldades constantes no poder relativo masculino/feminino que, não obstante, é específico de uma cultura e reparável. A trama da narrativa primária de Deméter segue o padrão básico de uma história de mistério, com uma reviravolta. Começa com uma mãe cuja filha adolescente desaparece, e Deméter é a detetive em busca de resolver o mistério de seu paradeiro e como consegui-la de volta. A narrativa começa com a descoberta de que a menina sumiu; então o primeiro mistério a ser resolvido é: onde ela está?. Depois, Deméter fica sabendo por Hécate e Apolo que sua filha foi raptada por um homem que está de conluio com o pai da menina, e que agora ela está presa em algum lugar sob a terra. No formato comum de histórias de mistério, ela acionaria a lei para encontrar a filha e prender o pai e o sequestrador. Mas o pai é a lei! E agora? O novo mistério a ser resolvido é como conseguir Koré de volta, mediante essas circunstâncias.

A reviravolta é, ao mesmo tempo, radical e moderna. Vivemos em uma época em que sabemos que certos líderes nossos são corruptos e indignos de confiança, e muitos de nossos heróis, como Deméter, os enfrentam. No início dos anos 1950, vimos surgirem, um após o outro, movimentos libertários abordando um dilema semelhante ao de Deméter. O resultado desejado não era subjugar os poderes constituídos (como em revoluções violentas), mas persuadi-los. Nessa tradição não violenta, movimentos são construídos organizando-se eventos públicos (p. ex., marchas, vigílias ou greves) elaborados para despertar a consciência quanto à injustiça, engendrando em seguida a empatia de um público maior. Mais cedo ou mais tarde, o crescente consenso, em uma democracia, fica potente o bastante para fazer as pessoas que ocupam o poder mudarem de ideia, ou pelo menos de comportamento.

Assim como na tradição da revolução não violenta, a reviravolta radical na história de Deméter exige mudança de atitude da parte dos mortais, dos deuses e de Zeus. Deméter não é somente uma mãe solitária tentando recuperar a filha; ela está enfrentando o direito paterno de decidir unilateralmente com quem a filha se casará. Quando Deméter se lembra de que é uma deusa, vem-lhe à mente usar seu verdadeiro poder. Só é preciso que todos se lembrem de que ela o tem – daí o período de fome. Não há como sabermos, mas eu apostaria que, ao longo dos anos, cada vez mais mães e filhas iniciadas na antiga Grécia usavam a história para convencer os pais a consultá-las ao arranjarem um casamento.[13] Iniciados do sexo masculino talvez tenham captado a mensagem também, prestando atenção às implicações da história sobre como eles deveriam e não deveriam tratar as mulheres que faziam parte de suas vidas. Se nos lembrarmos de que a história de Deméter alimentou um movimento (os Mistérios), poderemos ver como seu exemplo pode ter motivado rebeliões individuais – versões contemporâneas de Rosa Parks* se recusando a ceder seu assento no ônibus.

Na Grécia antiga, o teatro tinha dois formatos principais: as tragédias, que terminam de maneira trágica, e as comédias, que têm final feliz, sejam ou não humorísticas. O clássico final feliz é a restauração da comunidade, o que ocorre na trama de Deméter quando Perséfone volta para ela e ambas voltam a fazer parte do grupo dos deuses olimpianos. Presenciamos esse estado de espírito hoje não somente na

---

* Nascida Rosa Louise McCauley (1913-2005), ativista negra norte-americana famosa pelo ato de desobediência civil (a recusa a ceder seu assento no ônibus a um homem branco) que catapultou uma série de movimentos de protestos de afro-americanos pelos próprios direitos. (N. da T.)

tradição da revolução não violenta, mas também no uso crescente de justiça restaurativa em nosso sistema legal.[14]

As seções seguintes deste capítulo examinam os variados episódios na trama de Deméter que levam ao final feliz e nos fornecem lições para esta época. Elas ilustram como você pode

- ser fortalecido por uma forma conectada de consciência;
- aprender a lidar com a perda e o medo, e a se tornar mais resiliente;
- resistir à desvalorização das qualidades de Deméter em si mesmo e no mundo;
- abandonar circunstâncias nas quais você ou outras pessoas sejam diminuídas, maltratadas ou subvalorizadas; e
- reivindicar o poder para defender a si e aos próprios valores.

O Arquétipo de Deméter
Deméter Mitológica: a deusa-mãe, a Mãe Terra e deusa dos grãos
Lição Primordial da Heroína: a habilidade de levar uma vida conectada de mutualidade e cuidado recíproco
Progressão Narrativa: passa de servir aos outros para o cuidado recíproco
Dons: compaixão, altruísmo, generosidade, autocuidado e cuidado com os outros
Associação Histórica de Gênero: com o feminino em homens e mulheres
Modo de Tomada de Decisões: o coração com informações de uma mente consciente
Capacidade Interior Desenvolvida: um coração desperto, sábio e conectado
Forma Contraproducente: o mártir amargo que nunca consegue o que quer

Deméter e a Promessa Eleusiana
Prática Primordial da Felicidade: demonstrar bondade e investir em relações sociais
Contribuição para a Prosperidade: cuidado com pessoas e recursos, parcerias e generosidade
Contribuição para a Liberdade: sentir-se uno com o mundo, sem medo dos ciclos da vida

PERGUNTAS DE APLICAÇÃO:

Com base no que você sabe até agora sobre Deméter,

Você tem esse arquétipo de modo insuficiente, excessivo ou quase nulo?

Se ele está presente em sua vida, foi legado familiar (ou seja, você aprendeu a ser assim e o é), é vocação ou faz parte do seu eu profundo e autêntico?

Alguém ensinou esse arquétipo a você ou ele é algo que você aprendeu que "deveria" ou "não deveria" fazer?

Você gosta de pessoas que refletem a postura de Deméter no mundo? Por quê? Ou por que não?

Primeira Lição de Deméter:

Levando uma Vida de Consciência Conectada

A sabedoria de Deméter vê a vida inteira como um todo, em que cada um de nós é um microcosmo de um macrocosmo maior. Quando as mulheres eram coletoras e os homens, caçadores, a terra era vista como uma mãe, e os seres humanos, como seus filhos. A visão de uma coletora é diferente da de um caçador. O caçador precisa de atenção focada para mirar possíveis presas e reagir ao perigo. A coletora vasculha o território em busca de múltiplos tesouros, entre eles comida e outras matérias-primas que possam ser usadas para tornar a vida melhor para todos.

As primeiras versões dos Mistérios de Elêusis foram cultos de fertilidade feminina que valorizavam os ciclos da vida natural e humana. A influência dessas crenças se manifesta na história de Deméter e Perséfone, com ênfase na criação das estações do ano, garantindo às pessoas que a primavera realmente viria após o inverno, e, sim, os grãos e outros plantios brotariam a tempo de evitar a fome. Essa tradição também cultuava o ciclo reprodutivo como igualmente sagrado – menstruação, sexualidade, nascimento, crescimento e morte.

A conexão com a natureza era sentida de maneira visceral na vida das mulheres. Elas aprendiam a observar seu ciclo menstrual de acordo com as fases da lua como um sinal de sua unicidade com o mundo.

Conectavam o aspecto reprodutivo da concepção ao plantio de sementes na terra, e o nascimento a novas plantas brotando, e valorizavam o papel do homem no sexo, na proteção e no cuidado por uma parceira grávida e com os filhos. A morte e os funerais também se conectavam metaforicamente com o plantio, num contexto que presumia que, assim como sementes assumem novas formas, as pessoas também voltariam a crescer em corpos novos – na terra ou em outros lugares –, suscitando a esperança de que a morte não era o fim.

Em Deméter, descobrimos uma deusa com um combo de qualidades: cuidado com a terra, visão geral e ensinamentos sobre agricultura, e demonstração de amor como cuidado e compaixão dispensados a outros e a si mesma. A essência da consciência de Deméter é a capacidade de se centrar integralmente em si – sabendo quem ela é e o que quer – e de se conectar com outras pessoas e com o mundo, e isso requer dar e receber como parte corriqueira da vida. Quando você obtém isso, é possível vivenciar o fim do afastamento e começar a perceber uma noção radical de pertencimento e conexão.

A consciência de Deméter também é afetada pela responsabilidade histórica primordial da mulher (a qual ocorre ainda hoje) em cuidar de bebês e crianças pequenas. Você pode pensar em mulheres que, ao longo do tempo e hoje em dia, tentam ao mesmo tempo trabalhar e saber o que os filhos estão fazendo, assegurando que não estejam em perigo ou, então, fazendo o que não deveriam. Isso exige uma habilidade multitarefas, que pode ser o motivo pelo qual, em média, mulheres possuem mais tecidos conectivos entre os hemisférios cerebrais do que os homens.

Ser capaz de rastrear várias coisas acontecendo ao redor estimula o desenvolvimento do tipo de complexidade cognitiva que o pesquisador Robert Kegan (autor do livro *In Over Our Heads: The Mental Demands of Modern Life*) afirma ser necessária para lidar com a complexidade da vida moderna – individual, corporativa ou intergovernamental. Educadores definiram algumas crianças como independentes do campo, ou seja, capazes de ignorar o que está acontecendo ao redor, ou dependentes do campo, isto é, que não são capazes disso. Quando perceberam que meninos frequentemente se encaixavam na primeira categoria e meninas, na segunda, eles reformularam a expressão "dependente do campo", por presumir dependência, e começaram a usar a expressão mais precisa "sensível ao campo". Muitas mulheres com um arquétipo desperto de Deméter também possuem habilidades empáticas fortemente desenvolvidas; portanto elas sentem, e não apenas observam, o que está acontecendo ao redor, e essa sensação é o que motiva a reação de auxílio.

Quando nosso coração está aberto, parece natural querer prosperar em conjunto. Vemos nossas necessidades e desejos em um contexto mais amplo das necessidades e desejos alheios. Isso muda o foco de nosso cérebro, e nos permite ver as necessidades interligadas de pessoas de nossa família, comunidades, país e, cada vez mais, do planeta. Quando analisamos a natureza, observamos ecossistemas interdependentes, e, a partir daí, adquirimos a capacidade de entender os universos econômico e social como sistemas humanos interdependentes, em que coisas que afetam nosso bem pessoal também acontecem com e para os outros. Vemos essa capacidade de sentir e pensar de modo cognitivamente complexo no foco atual sobre o meio ambiente, discussões sobre problemas femininos, questões referentes à eficácia das escolas em educar os jovens, debates políticos sobre nossa responsabilidade de cuidar de nós mesmos *versus* cuidar de outros, e no ressurgimento da espiritualidade em religiões e vidas humanas individuais.

Os exemplos na lição a seguir revelam como a visão conectada de Deméter permanece conosco – no comportamento humano, na literatura, na teoria do desenvolvimento ético e em estilos contemporâneos de liderança – e oferece exemplos para experimentar isso na própria vida.

Muitas vezes, os arquétipos constituem a base para empreender obras literárias, como o romance *Ao Farol*, de Virginia Woolf. A personagem principal, sra. Ramsay, é retratada de modo muito belo com um caráter semelhante ao de Deméter, visto pela perspectiva de uma escritora do início do século XX e o qual muitos acreditam ter sido inspirado na mãe de Woolf. A sra. Ramsay é mãe de oito filhos, casada com um filósofo acadêmico mais preocupado com a própria reputação na área do que com a família. A personagem secundária, Lily Briscoe, é uma artista que pinta um retrato da sra. Ramsay com seu filho mais novo, James. Lily vê a sra. Ramsay como uma figura arquetípica, e pinta os modelos como um tipo de Madona e filho modernos.

O retrato literário de Woolf é seu tributo às qualidades que mulheres em papéis tradicionais continuaram a incorporar. O objetivo de Lily é fugir desses papéis para se concentrar na arte, mas mesmo assim ela ainda os valoriza. Lily sente imensa admiração pela sra. Ramsay, e se preocupa com ela. Como observa, as figuras masculinas no livro estão presas ao próprio ego, e vão consultar a sra. Ramsay como se ela fosse uma fonte da qual beber, a fim de se abastecerem com sua energia vital. O leitor percebe com o que Lily está preocupada, mas também que, quando a energia da sra. Ramsay se esgota, ela sabe como recarregá-la – e é aí que podemos aprender com essa personagem. Ela transfere sua atenção para o externo e se renova absorvendo a beleza da natureza ou sentindo seu amor pelos outros. Em uma cena, ela está esgotada e triste, pensando na vida sem sentido, mas então dispensa toda a atenção à luz sobre a água projetada pelo farol. De uma hora para outra, ela sente tamanha unicidade com isso que vivencia o júbilo extasiante. Porém, isso não é a fuga da transcendência. Em vez disso, a sra. Ramsay descobre uma conexão com uma noção mais ampla de unicidade que emana de seu coração, uma experiência que a centraliza em si mesma. Na verdade, o que Woolf retrata como dádiva feminina pode agir como um antídoto poderoso para sentimentos de alienação tanto em homens quanto em mulheres – e, potencialmente, também em mim e em você.

A magia particular da sra. Ramsay não provém somente de sua habilidade de se reenergizar por meio da conexão com a beleza do mundo, mas também de sua capacidade de ajudar homens e mulheres a fugir das próprias inseguranças egoístas e se conectar verdadeiramente com o outro, e, desse modo, obter um pouco de sua consciência conectada. Em uma famosa cena de jantar, Woolf conduz o leitor para dentro da mente de cada um dos convidados. Todos estão alienados e afastados, muitos temem que seus esforços não serão recebidos e valorizados, sobretudo Lily em relação à sua arte e o sr. Ramsay em relação à sua decadente reputação acadêmica. A sra. Ramsay parece desatenta ao desconforto ao redor, conversando sobre aparentes assuntos banais de uma mulher da sua época. Não obstante, ela sabe que o palco está montado: a comida está uma delícia, e seu jeito de conversar anima a todos e os convida a participar. Ela e outros estavam preocupados com um casal jovem que ainda não havia voltado de um passeio, mas enfim eles aparecem, tendo claramente declarado seu amor um ao outro.

O aparecimento do casal cria um quadro vivo, ou imagem de amor, que tem o potencial para ajudar todos a deixarem de estar autocentrados e a formarem uma comunidade. À medida que o sol se põe, a sra. Ramsay sabe que chegou a hora e diz aos filhos para acenderem as velas. Desse ato ritual, de repente "uma mudança aconteceu de uma só vez com todos eles... e se tornaram conscientes de fazer uma festa juntos em um vale, numa ilha".[1] Nesse momento, o sr. Carmichael, um convidado particularmente rabugento, vira-se para sra. Ramsay e faz uma reverência, um claro reconhecimento da magia no que ela realizou.

Que dom maravilhoso de se ter, seja para receber convidados para jantar, liderar uma equipe de trabalho, dar uma aula ou fazer uma palestra, ajudar nossa família a se dar bem ou fazer membros do Congresso trabalharem juntos![2] Um ato ritual de beleza pode transformar a energia à mesa e, assim, fazer com que as histórias interiores vivenciadas pelas pessoas passem de narrativas "é tudo eu, eu, eu" para "sou parte de um nós".

O belo exemplo de Woolf nos mostra como a qualidade de Deméter da consciência conectada fornece um antídoto ao alienamento, depressão e ansiedade, para que possamos nos sentir à vontade no mundo. Vivenciar esse nível de conforto com os outros e no mundo requer encontrar a combinação entre o lugar dentro de si em que "sua alegria profunda e a fome mais profunda do mundo se encontram", como tão elegantemente afirma Frederick Buechner em *Beyond Words: Daily Readings in the ABC's of Faith*.[3] Para conseguir isso, precisamos desenvolver uma boa dose da empatia e do altruísmo de Deméter para distinguir o que as pessoas talvez queiram e nos motivarmos a dar isso a elas. Essa condição centrada, mas conectada, de florescimento que Buechner evoca não é egoísta nem altruísta. Pessoas egoístas raramente prosperam, pois perdem o senso de significado e propósito, bem como o da felicidade incrível que surge quando sabemos que nossa vida está fazendo diferença para outros. Pessoas altruístas podem ser as famosas codependentes – a pessoa que afunda quando vê a vida alheia passando diante dos olhos dela.

Descobrir sua correspondência ideal com as necessidades do mundo é bem diferente de se desdobrar tentando ser o que não é para se encaixar em um ideal cultural ou papel preexistente, como as meias-irmãs de Cinderela lutando para fazer seus dedos dos pés caberem no sapatinho de cristal. Em vez disso, o ideal é encontrar uma carreira que sirva para nós, como os pés de Cinderela deslizando sem esforço dentro do sapato que a mão do príncipe segura.

Obter uma noção de propósito requer uma jornada de descoberta com momentos em que você percebe com o que e com quem se importa. Às vezes, ajuda pensar que você é uma peça do quebra-cabeça em busca de seu lugar no todo, e depois sentir alegria por estar justamente onde deveria – não buscando ou almejando algo, mas no seu lugar certo. Quando você age da maneira mais autêntica possível, pode se encaixar no espaço disponível para você, em que seus pontos fortes e interesses preenchem uma necessidade preexistente. Talvez você tenha vivenciado uma satisfação imensa que ocorre nesses momentos maravilhosos, ou até mesmo períodos mais longos da vida, em que você se sente uma perfeição da natureza – a pessoa certa, no lugar certo, no momento certo para fazer algo que ajude alguém ou fazer a diferença para um grupo ou o mundo.

Tal consciência vai além de uma maneira "nós-eles" de pensar, levando a uma abordagem da moralidade que é bem diferente de sistemas baseados em leis e também da ética mais moderna e pós-convencional em que permanece a polaridade "nós-eles". A acadêmica e professora Carol Gilligan começou sua pesquisa na década de 1970, depois que suas alunas contaram a ela que, embora entendessem a teoria amplamente respeitada de Lawrence Kohlberg sobre a razão moral (*The Philosophy of Moral Development*), e fossem capazes de passar numa prova sobre o tema, essa teoria não representava como elas lidavam com questões morais na vida real. O livro de Gillian, hoje um clássico, *Uma Voz Diferente: Teoria Psicológica e o Desenvolvimento Feminino*, e suas obras subsequentes causaram um impacto importante no ramo do desenvolvimento moral, invertendo muitas suposições.

Kohlberg ficou famoso por determinar níveis de desenvolvimento moral nos seus sujeitos de pesquisa entrevistando-os sobre o "dilema de Heinz", um cenário em que um homem chamado Heinz rouba um medicamento para salvar sua esposa gravemente doente, pois ele não tem condições de comprá-lo. Em seguida, Kohlberg perguntou aos entrevistados: Heinz deveria ter roubado o medicamento? Por quê? A pesquisa de Kohlberg, feita primeiramente com alunos de Harvard, postulava que aqueles que possuíam níveis mais sofisticados de desenvolvimento moral justificariam seu ponto de vista com base em suas crenças de que a vida humana era mais importante que direitos de propriedade, ou o contrário.

Gilligan descobriu que as mulheres que ela estudou não imaginavam os dilemas morais como princípios antagônicos, mas como valores existentes em redes de relacionamentos e na complexidade do mundo real. Logo, elas sugeriram que restabelecer a comunidade por meio da comunicação – como buscando ajuda de pessoas que pudessem fazer empréstimos ou doações – poderia fazer Heinz conseguir o auxílio de que precisava para salvar a esposa sem transgredir a lei. De fato, a preocupação das mulheres era a seguinte: se ele roubasse o medicamento e fosse para a cadeia, quem conseguiria o remédio para a esposa se ela precisasse de mais?

Nesse processo, as mulheres basicamente criticaram a premissa do dilema de Heinz ao (1) tirar o foco da questão do roubo como a única intervenção possível, expandindo, assim, o contexto em que considerar o problema; (2) presumindo que Heinz salvaria sua esposa em vez de deixar isso em aberto; e (3) fazer troca de ideias de coisas que ele poderia ter feito além de escolher uma das opções apresentadas. Embora eu creia que Gilligan não tenha mencionado isso, observo que as mulheres estavam utilizando raciocínio narrativo em vez de lógica dualista: se ele fizer isso, o que vai acontecer, e depois, o quê? Essas perguntas definiram a estrutura que geraram histórias alternativas.

Gilligan foi uma das várias mulheres pesquisadoras que questionaram um viés masculino inconsciente em pesquisas. Em muitos casos, pesquisas eram feitas com homens e, depois, apenas se presumia que valia o mesmo para mulheres. A equipe de Kohlberg realmente entrevistou mulheres além de homens, mas, ao se decidir quais eram os níveis de desenvolvimento moral, os resultados naturalmente refletiram as crenças e valores do próprio Kohlberg. A parte mais triste das descobertas de Gilligan veio de transcrições das entrevistas originais de Kohlberg, que, de maneira consistente, pontuaram mais baixo o raciocínio moral de mulheres que o de homens, e até presumiram que as respostas das mulheres revelaram certa falha em compreender a pergunta. Gilligan revisou as entrevistas, e observou que as entrevistadas começariam a hesitar e parecer inseguras à medida que se sentissem incompreendidas e achassem que suas ideias estavam sendo desvalorizadas.

Revisando os estudos de Kohlberg e fazendo pesquisas próprias, Gilligan descobriu que a maioria dos homens (nem todos) tendia à ética da justiça descrita por Kohlberg como a base de seu raciocínio moral, enquanto a maioria das mulheres (nem todas) descrevia ser mais atraída por uma ética do cuidado. No entanto, quando Gilligan articulou como esse raciocínio moral funcionava, muitos homens disseram que era assim que eles também resolviam dilemas morais.

Gilligan presumiu três etapas principais do desenvolvimento moral, assim como Kohlberg, mas o que ela descobriu como etapas de desenvolvimento na ética do cuidado foi diferente de suas descobertas na ética da justiça. Em um nível pré-convencional, mulheres e homens são mais preocupados consigo mesmos e com a própria sobrevivência. Em um nível convencional, eles acreditam que a bondade é autossacrifício, como as mulheres foram socializadas para acreditar já faz uma eternidade, de modo que, o valor é fazer aquilo de que outros ou a sociedade necessitam. Em um nível pós-convencional, questões morais são resolvidas encontrando-se soluções que equilibram cuidar de si mesmo e cuidar de outras pessoas, comprometendo-se de maneira subjacente com o princípio da não violência – não causar danos a si mesmo ou a outras pessoas.[4]

Para nossos propósitos, podemos pensar na ética do cuidado como o reino do arquétipo de Deméter, e sua história dramatiza sua passagem da ética feminina convencional à pós-convencional, uma transição de enxergar a moralidade como considerar necessidades alheias em detrimento das próprias para reconhecer que as próprias necessidades têm o mesmo valor. Deméter passa de uma suposição de autossacrifício de que precisa continuar fazendo as plantações crescerem, mesmo quando Hades sequestrou Koré, a pessoa que ela mais ama, para o reconhecimento de que as próprias necessidades também são importantes, organizando a primeira greve de braços cruzados já registrada.

Gilligan apresenta a ética do cuidado como complementar, não como concorrente, para o modelo de Kohlberg. Isso me levou a observar que, ainda hoje, muitos acadêmicos distorcem o trabalho de Gilligan, vendo-o através do próprio filtro interior "nós-eles". Assim, eles tomam os modelos de Kohlberg e Gilligan como histórias antagônicas, argumentando que o jeito de as mulheres fazerem as coisas é melhor que o dos homens, ou o contrário. No mundo acadêmico atual, com muita frequência os profissionais ganham fama atacando outras teorias e afirmando superioridade de opinião; resultado: a academia se transforma em um campo de batalha de ideias rivais. O trabalho de Gilligan também nos lembra de que ainda podemos ter comunidades intelectuais em que o conhecimento humano evolui à medida que compartilhamos ideias e aprendemos uns com os outros. Isso fica mais fácil quando reconhecemos que a ética da justiça reflete uma visão arquetípica de Zeus do mundo e a ética do cuidado reflete a de Deméter – e precisamos de ambas.

Na minha vida pessoal, descobri que resolvo dilemas morais com a ética do cuidado, mas quando penso em problemas sociais maiores, parece natural fazer uso dos dois modelos. O primeiro me ajuda a entender múltiplas perspectivas, e o segundo, quando no limite, a tomar decisões difíceis sobre minhas prioridades. Dito isso, a suposição inconsciente cultural de que os homens, em geral de um grupo de elite, são as normas que ditam o que as mulheres (e outros homens) devem fazer e pensar contêm violência emocional, como uma espada cortando a confiança dos que não se encaixam no molde.

O procedimento-padrão no desenvolvimento de carreira é decidir sobre uma trajetória que seja certa para nós, elaborar um plano para obtê-la e buscá-la com determinação e persistência, método que talvez ignore o contexto das necessidades alheias em nossa rede pessoal de conexões. Em *Composing a Life*, Mary Catherine Bateson argumenta que essa abordagem mais centrada no eu era tradicionalmente masculina, sobretudo em épocas em que os homens apenas presumiam que suas esposas iriam (e deveriam) se ajustar para apoiar a carreira do provedor (ou daquele cujo trabalho remunera melhor). Bateson chamou a atenção para uma carreira feminina complementar que surgiu dessas suposições. Por necessidade, mulheres precisam cuidar de demandas familiares mais amplas e, depois, descobrir como ir em busca de suas carreiras com base nas limitações do mundo real com deveres de esposa, necessidades dos filhos e de outros membros da família que requerem cuidados. A imagem da "orquestra", como na música, destaca como Bateson via esse modo de desenvolvimento de carreira como uma forma de arte que exigia enorme criatividade.

Como a renda do trabalho feminino se tornou mais crucial para as finanças familiares (ou em circunstâncias em que seus salários sempre foram) e que as mulheres se tornaram mais voltadas para a carreira, esperamos que nosso trabalho seja levado tanto em conta quanto o do parceiro para o planejamento da carreira. Hoje, é cada vez mais comum casais considerarem como cada pessoa da família pode se dar conta do próprio potencial para o bem de todo o lar, e como todos podem cumprir suas responsabilidades como estudantes, trabalhadores e cidadãos para as estruturas mais amplas que dependem deles. Muitas vezes, ouço mulheres usando metáforas musicais para descrever seus esforços para conciliar vida e trabalho (e não para "equilibrar" vida e trabalho, o que parece impossível de conseguir), e para orquestrar os acontecimentos a fim de que outros familiares também possam encontrar essa harmonia.

Um problema que gera muita discussão hoje em dia para mulheres líderes motivadas por valores de Deméter é seu trabalho ser frequentemente avaliado pela maioria dos homens parecidos com Zeus. Assim como o deus, esses homens dão como certo seu modo de pensar e julgam mulheres com base nisso, sem reconhecer o valor de uma história e pontos de vista que complementem os deles. Em *The Female Advantage: Women's Ways of Leadership*, um estudo inédito sobre mulheres líderes bem-sucedidas, Sally Helgesen, escritora e consultora extremamente influente, identificou uma forma majoritariamente feminina de liderança que eu consideraria parecida com a de Deméter: a partir do centro, inspirando, e não obrigando; constituindo uma matriz de suporte a uma missão central; e complementando hierarquias organizacionais com mutualidade e colaboração.

Se você é uma pessoa que lê livros de gestão, talvez pense logo de cara: "Espere aí, é isso o que gurus do sexo masculino e feminino andam defendendo, pois estamos vivendo em um mundo globalmente interdependente". Os estudos de caso mais recentes de Helgesen de mulheres que adotam práticas de liderança bem-sucedidas – na Intel; Beth Israel Deaconess Medical Center, em Boston; *The Miami Herald*; Nickelodeon, o canal infantil de TV; e Anixter, fornecedor de estruturas para telecomunicações – concluíram que tais empresas representam a onda do futuro (veja *The Web of Inclusion: A New Architecture for Building Great Organizations*, de Helgesen). Extrapolando como essas empresas contemporâneas bem-sucedidas são administradas, Helgesen prevê que

> grandes empresas vão operar como teias de inclusão no futuro. Teias permitem que organizações façam uso da base mais ampla possível de talentos, uma vantagem imensa em uma economia baseada em conhecimento. Elas permitem que os recursos vão para onde são necessários, e reduzem a tendência da hierarquização. Colocam as organizações em contato mais direto com aqueles a quem servem, e tornam mais fácil conseguir parcerias. Talvez o mais importante, elas rompem a divisão da antiga era industrial entre os líderes das organizações e os funcionários – quem tem ideias e quem as executa. Procedendo assim, elas conferem alegria, criatividade e um firme senso de participação ao trabalho executado em todos os níveis.[5]

O Leadership for Transformational Change, um projeto que lidero em conjunto com a acadêmica e consultora Judy Brown, em parceria com o Fetzer Institute, a University of Maryland School of Public Policy, e a International Leadership Association, chegou a conclusões semelhantes sobre o que está em funcionamento hoje que resulte em uma mudança transformadora positiva. O projeto reuniu líderes, acadêmicos da área de liderança e educadores durante três anos com a tarefa de determinar quais métodos de liderança são mais bem-sucedidos no ambiente atual. Conforme relatado no *The Transforming Leader: New Approaches to Leadership for the Twenty-First Century*, concluímos que a liderança efetiva é colaborativa e capaz de cultivar por inteiro a inteligência de todos os envolvidos, mas não conseguimos notar que, pelo menos por ora, muitas mulheres são mais naturalmente propensas que seus colegas do sexo masculino a ter a qualidade da consciência conectada que sinaliza tais estilos de liderança contemporâneos.[6] Claro, mulheres só têm essa vantagem no sentido de que sua maneira de atuar é parcialmente instruída pelo arquétipo de Deméter. Essa compreensão esclarece como muitos homens também podem liderar assim, motivados pelas próprias qualidades interiores de Deméter.

Reconhecendo essa afirmação, uma resenha recente de Alice H. Eagly e Linda. L. Carli de um índice de pesquisa compilado pelo InPower Women fundamenta a existência contínua da vantagem da liderança de uma mulher: "Estilos femininos de liderança combinam mais com as visões contemporâneas de liderança buscadas, como relacionamentos sólidos e colaborativos, trabalho em equipe, e habilidade de empoderar e motivar funcionários. O estudo revela que a liderança feminina é tipicamente mais comunitária e envolve mais comunicação. Descobriu-se que estilos de liderança são sobretudo específicos de acordo com o gênero. Mulheres são mais interpessoais e democráticas, enquanto os homens são mais orientados para tarefas e autocráticos".[7]

Entretanto, essa vantagem pode trazer mágoa aos que possuem um arquétipo desperto de Deméter. Mulheres e homens que têm coração aberto sentem as coisas com profundidade; portanto, podem ficar ainda mais arrasados com a perda de alguém a quem amam do que os mais estoicos (como Zeus) ou mais capazes de esquecer as coisas depressa e seguir em frente (como Perséfone e Dionísio). Além disso, se nós, como Deméter, vivemos em uma teia interconectada, podemos sentir a dor do que está acontecendo com outras pessoas que sequer conhecemos e tender a lacrimejar ao assistir ao telejornal da noite ou ler o jornal.

A próxima seção mostra como uma consciência conectada, aliada a um coração aberto, também pode impulsionar nossa capacidade de resiliência, proporcionando a coragem para encarar o que quer que aconteça. Antes de prosseguir, talvez você queira reforçar as próprias reservas experimentando meditar de maneira semelhante a Deméter.

PRÁTICA CONSCIENTE:
Vivenciando um Coração Conectado

Sente-se em uma posição confortável, respire fundo, e imagine sua respiração descendo pelos seus pés e pelo chão (como raízes) para se conectar amorosamente com a terra, agradecendo a tudo o que ela nos traz. Imagine que você pode inspirar a energia da terra, que preenche seu corpo e sai por sua cabeça como galhos em direção ao céu, enquanto você vivencia com amor a gratidão pela beleza e sabedoria da terra e dos céus. Em seguida, deixe toda a energia celeste, como a luz do sol, preencher seu corpo, misturando-se com a energia da terra. Quando o processo parecer concluído, concentre-se no seu coração, colocando as mãos sobre ele, respirando nele, sentindo apreço e amor por si mesmo.

Então, quando estiver pronto, visualize devagar sua energia se conectando com o exterior, primeiro com quem você ama, depois com todas as pessoas que você conhece, e vá aumentando até englobar o mundo. Envie seu amor ao mundo, e abra seu coração para receber, permitindo que a energia volte fluindo até você. Ao fazer isso, é possível imaginar o amor chegando até você enquanto inspira, e saindo para o mundo quando expira.

Por fim, dê à terra qualquer energia que é mais do que você precisa, colocando as mãos no chão ou no solo, ou o mais próximo que fique confortável para você.

Segunda Lição de Deméter:

Demonstrando Resiliência Corajosa

Esta seção explora a sabedoria arquetípica de Deméter sobre como uma consciência amorosa e conectada estimula a resiliência, mesmo em períodos muito difíceis tais como uma grande perda. No processo, a seção examina a tendência de nos preocuparmos que o arquétipo de Deméter nos dá, e mostra como usar a vigilância da história pode ajudar você a passar de uma narrativa interior ansiosa para uma esperançosa e confiante.

Ter o coração aberto e a consciência conectada deixa Deméter realista em relação aos perigos que ameaçam seus entes queridos. A partir disso, ela inevitavelmente fica sobrecarregada, com uma tendência à preocupação. Embora essa angústia possa ajudá-la a antecipar e prever perdas e mais problemas cotidianos, algumas coisas sempre vão escapar ao seu controle. Já comentei com você como a morte de Doug me devastou, mas me senti menos sozinha quando li sobre como Deméter, ao descobrir que a filha desapareceu, fica extremamente preocupada e triste, como qualquer mãe amorosa ficaria, e começa a procurar por ela. A deusa está arrasada demais até para comer e tomar banho. Ao que tudo indica, alguns deuses e deusas sabem o que aconteceu, mas nenhum vai contar a ela até o décimo dia da busca, quando a deusa Hécate sente pena de Deméter e revela que

Hades sequestrou Koré, e que então ela estava na terra dos mortos, um lugar em que a deusa dos grãos não podia ir. Levou menos de um dia para David e eu sabermos o que tinha acontecido com o Doug, mas aquelas horas pareceram ser muito mais longas.

Mitos gregos, assim como boa parte das histórias de sabedoria tradicional, nos contam o que aconteceu, mas não mergulham na vida interior de seus personagens para nos informar no que eles estavam pensando. Não sabemos, na verdade, quais recursos interiores fizeram Deméter seguir em frente durante sua difícil busca, mas podemos extrapolar para o que se sabe hoje em dia sobre o que sustenta as experiências de perda que as pessoas sofrem. Conforme mencionado na Introdução, tirei forças projetando uma mãe estilo Deméter que permanecia de coração aberto diante de tantas perdas. Além disso, fui consolada por um sonho em que Doug aparecia para mim cercado por uma luz brilhante, dizendo que eu avisasse seu pai que ele ainda existia e estava bem.

Um sonho como esse, ou crenças sobre reencontrar um ente querido após a morte – no céu, reencarnados juntos ou, de acordo com testemunhos de quase-morte, passar por um túnel, ver uma luz e seres amados que morreram antes de você – dão um consolo que nos permite seguir em frente. Às vezes, o consolo vem menos de uma crença e mais do sentimento de se permanecer conectado com os que partiram. Algumas pessoas, por exemplo, continuam falando com eles e, vez ou outra, chegam a sentir que recebem respostas. Para outras, o conforto vem simplesmente de sentir gratidão constante pelo tempo que passou com o ente querido nesta terra. David e eu nos comprometemos a honrar Doug extraindo entusiasmo da vida que fazia parte de seu próprio modo de viver, sempre lembrando que a palavra favorita de Doug, expressada com fervor, era "Mais!". De certo modo, saber que uma parte dele está viva em nós foi um consolo.

Em retrospecto, também percebi que a necessidade que senti em ser multitarefas para manter a vida em andamento após essa tragédia foi de grande ajuda. Valendo-se das descobertas da neurociência, Ginette Paris, notável colega e acadêmica da área da mitologia, descreve (em *Heartbreak: New Approaches to Healing; Recovering from Lost Love and Mourning*) como o mapeamento cerebral demonstra que o amor é necessário para bebês e crianças desenvolverem saúde emocional e capacidades cognitivas. A falta de amor, mesmo na idade adulta, compromete o funcionamento emocional e cognitivo até o cérebro se reprogramar. Citando a teoria do cérebro trino (reptiliano, límbico e neocórtex), Paris explica que a perda de um ente querido – pela morte ou, mesmo, por ele ter abandonado você – pode fazer o cérebro límbico vivenciar um desespero prolongado e uma disposição para fazer qualquer coisa, até mesmo implorar ou apaziguar, para ter o ser amado de volta. Se o amor da sua vida o abandona, você pode implorar para tê-lo de volta; se alguém morre, você pode implorar a Deus que faça disso apenas uma ilusão, não a realidade.

Enquanto isso, Paris continua o cérebro reptiliano, está furioso e quer atacar, o que, no caso de Deméter, é estimulado pela insultante e despreocupada falta de atenção de Zeus para com os desejos e sentimentos de Perséfone e da própria deusa. Isso gera uma tensão dentro do cérebro que é muito dolorosa e que exerce pressão para que seja resolvida. Paris argumenta que a tensão entre essas duas partes do cérebro pode ser resolvida apenas pelo córtex, a parte cerebral distintamente humana, e por uma enorme reestruturação do órgão, o que requer buscar novas experiências de maneira consciente.

Se você já passou por uma perda significativa, talvez se lembre de como foi difícil no começo o mero fato de pensar no que faria no dia seguinte, em como se sentia solitário, e como foi importante quando alguém – ou, idealmente, várias pessoas – estava(m) ao seu lado lhe dando apoio. O que talvez você não tenha notado é como organizar velórios e funerais, avisar as autoridades e entes queridos sobre o ocorrido e, depois, voltar ao trabalho, pagar contas e voltar a ter vida social começou a restaurar suas próprias capacidades emocionais e cognitivas. Como aconselha Paris, um ótimo segredo é continuar em frente em vez de ceder à tentação de cair em desespero. Talvez tenha sido isso o que aconteceu quando Deméter começou a vagar em busca de Koré. Ela passou por experiências novas que ativaram novas facetas em seu cérebro.

O maior impedimento a permanecer aberto para a vida é o medo de que, se fizermos isso e perdermos aqueles a quem amamos, não conseguiremos dar conta de um nível de sofrimento que tememos ser insuportável. Porém, ficar controlando o amor não impede que as perdas aconteçam. Entretanto, o medo de sofrer pode impedir você de estar cem por cento vivo e presente, e também de expressar seu amor. Saber que você é capaz de sobreviver ao inimaginável pode levá-lo a passar menos tempo se preocupando e mais tempo aproveitando o que tem. Ainda assim, é natural que mães se preocupem com os filhos, não importa o quão resilientes elas tenham se tornado.

Durante o período em que os Mistérios de Elêusis estavam no auge, comumente os pais arranjavam casamento para filhas na puberdade. Em geral, os noivos eram homens na casa dos vinte e tantos anos, ou mesmo trinta e tantos, que haviam tido tempo para se consolidarem financeiramente antes de constituir família. É claro que essas meninas de catorze ou quinze anos, assim como as de hoje, emocionalmente ainda são crianças. Você pode imaginar como muitas mães se sentiam quando suas garotinhas eram levadas embora de repente para morar em outra casa, fazer sexo com um homem muito mais velho e sentir a sobrecarga de uma mudança abrupta de vida. Se um casamento levasse uma criança para longe, sua família não conseguia mais vê-la, com exceção de raras vezes – e lembre-se, não havia carros, trens ou aviões, nem telefones, celulares ou mensagens instantâneas – e não havia nenhum recurso imediato para elas saberem como sua filha estava.

Mesmo hoje, ser pai ou mãe causa uma sensação enorme de impotência. Não é possível estar por perto o tempo todo, e, quando se deixa os filhos na porta da melhor creche, pré-escola ou escola fundamental, sobretudo quando eles choram com a sua partida, sempre fica aquela sensação de incômodo: "Será que eles ficarão bem?". Na adolescência, meninos e meninas tendem à rebeldia, já que seu senso de moralidade ainda não aflorou. Pode ser assustador quando eles tiram carta de motorista, tornam-se sexualmente ativos ou vão estudar fora, trabalhar, alistam-se no exército ou, ainda, fazem escolhas imprudentes na vida adulta. E em seguida vem a síndrome do ninho vazio, que tanto mães quanto pais podem vivenciar. Dedicamos tanto amor e esforço para criar os filhos, mas a tarefa deles é se diferenciar de nós e viver a própria vida. Isso deixa um espaço vago que precisa ser preenchido.

A dor é ainda pior quando filhos adultos ficam doentes, são mental ou fisicamente incapazes, não conseguem arrumar emprego ou cometem um erro grave, vão para a cadeia e, então, não podem trabalhar ou adquirir imóveis por terem ficha criminal. Tais situações nos forçam a nos perguntarmos até que ponto devemos oferecer cuidado e supervisão. A preocupação constante é um impedimento à felicidade, e pode gerar interferências. Também pode nos levar a perguntar "Onde foi que eu errei?". Se virmos algo preocupante que nosso filho esteja fazendo (ou que o esteja afetando), é melhor perguntar o que podemos fazer para ajudar, e se devemos fazê-lo, do que ficar ruminando nossas inadequações.

A perda de Deméter também pode ser interpretada para se referir aos filhos *metafóricos* – arte, produtos, serviços, organizações e inovações de todos os tipos de que você se orgulhe tanto quanto se orgulha dos filhos (se tiver algum). Se suas criações são desvalorizadas ou os ventos do destino acabam destruindo-as, ou deixando-as ultrapassadas e, portanto, irrelevantes, a sensação de luto pode ser real. Mais cedo ou mais tarde, pessoas que escrevem livros devem mostrá-los ao mundo, o que pode fazê-las cair depressa no anonimato, obter críticas corrosivas ou, mesmo, ficarem "faladas" na cidade por um pouco de tempo antes de serem esquecidas. Mesmo que elas cheguem a ser veneradas como clássicos, provavelmente não estaremos aqui para ver. No setor de ONGs, pessoas dão tudo o que têm para desenvolver uma instituição próspera, mas um novo quadro de diretores pode decidir que é preciso sangue novo e as mandam embora. No setor empresarial, o fundador de uma companhia pode obter bons resultados financeiros, mas ainda assim precisa seguir em frente quando a diretoria diz que chegou a hora de passar as rédeas. Ou, então, o fundador pode descobrir em determinado momento que os produtos ou serviços da firma estão ultrapassados, e o negócio empaca. Até o presidente dos Estados Unidos fica no máximo oito anos no poder, e aí o mundo muda. O desapego faz parte da vida, e desapegar pode ser difícil.

Homens e mulheres com a natureza de Deméter também podem ter sentimentos parentais em funções como professores ou gerentes que exigem ter responsabilidade por outras pessoas. Quando não conseguem proteger aqueles dos quais se encarregam, podem sentir uma tristeza profunda, assim como uma sensação de fracasso. Minha querida tia Harriet, missionária que não tinha filhos, vivenciou o luto quando ficou tão doente a ponto de ser afastada das crianças africanas às quais estava lecionando e voltou para os Estados Unidos. Conheci gerentes que sentiram muita impotência e tristeza quando não conseguiram proteger seus supervisionados de demissões, fechamento de fábricas ou políticas desumanas que eles não podiam mudar, mas tiveram de implementar. Certas pessoas ficam desiludidas quando perdem a habilidade de trabalhar em sua área de vocação, ou quando uma empresa que inauguraram vai à falência (foi o caso do meu pai), ou precisam "dispensar" funcionários que precisam do emprego para viver. Não obstante, é a dor emocional enfrentada que abre nosso coração para pessoas que passaram por desilusões semelhantes ou preocupações, e que nos permite apoiá-las quando necessário.

Pessoas de consciência conectada geralmente rastreiam todos os perigos possíveis corridos por aqueles a quem amam, o que explica por que elas são tão propensas à preocupação. Isso também é um sinal de que relativamente bem cedo na vida elas aceitaram que a morte é real. O que essas pessoas geralmente têm de melhor é essa característica de focar no que faz a maior diferença para os outros e para o mundo maior enquanto estão por aqui. Isso lhes confere a resiliência para seguir em frente, independentemente das perdas e decepções que elas vivenciam, e ver de que outra maneira podem fazer a diferença. Quando minha tia Harriet estava mais idosa e morando em uma casa de repouso, ela encontrou sentido na descoberta de maneiras com que poderia confortar outros residentes e ajudar os funcionários.

O coração não é apenas a sede do amor; também é nele que mora a verdadeira coragem. Você pode amar uma pessoa, um animal de estimação, uma paisagem, uma casa, uma missão, uma organização, uma comunidade ou um chamado vocacional. Quando você encara a vulnerabilidade de saber que todos eles podem ser tirados de você em um instante, obtém clareza sobre que coisas e pessoas são importantes na sua vida. É por isso que é bom nos imaginarmos no leito de morte, olhando para trás a fim de definir o que realmente importa. De posse dessa descoberta, muitas decisões podem ser tomadas mais depressa, e mais provável será priorizarmos um tempo com pessoas e coisas a quem amamos e que importam para nós. Se fizermos isso, também podemos passar pelo menos tanto tempo pensando em coisas para agradecer quanto com o que nos preocupa. Essa clareza de prioridades também torna menos provável vivenciarmos arrependimento ou remorso, no caso de uma perda, por não termos dado valor ao que tínhamos.

Dentro de cada um de nós, afirmam os psicólogos, há uma criança (como Koré, a donzela), um adulto (como Deméter) e uma mulher mais velha sábia (como Hécate). Uma parte de nós pode se sentir tão vulnerável como quando éramos pequenos; também é essa parte que fica prendendo os filhos por tempo demais. Se a criança interior de alguém se sente abandonada e largada, é provável que projete esse sentimento em outras pessoas, que serão percebidas como frágeis e necessitadas, permitindo ao auxiliador que se sinta mais fortalecido. Nosso lado Deméter pode se tornar mais resiliente à medida que fortalecemos e curamos a criança interior, o que fazemos ao reconhecermos até que ponto nos sentimos vulneráveis e buscando ajuda quando necessário. Também conseguimos confiar mais na força e na sabedoria dos outros, de modo a não acreditarmos que sempre temos de ajudá-los.

O premiado filme *Indomável Sonhadora* (*Beasts of the Southern Wild*, 2012), mostra como a sabedoria de Deméter pode ajudar até uma criança a se tornar resiliente, um exemplo que também pode fortalecer a criança interior em nós, como adultos. A protagonista é uma menina de seis anos chamada Hushpuppy, que mora em uma faixa estreita de terra cercada por lagos de ambos os lados, em uma região não tão longe de Nova Orleans a que seus moradores carinhosamente chamam de Bathtub (*banheira*, em português). Assim como em Veneza, eles são cercados por águas, que servem como estradas para eles, mas, ao contrário da cidade italiana, a vida em Bathtub é bem simples.

Esse universo reflete uma comunidade antiga e amante da natureza, reminiscente da vida natural em períodos de fartura, mas pobres de acordo com padrões modernos. De certo modo, parece ser uma sociedade idílica: diferentes etnias vivem juntas em harmonia, e os moradores fazem celebrações festivas frequentes, acreditando que a natureza proverá suas necessidades básicas. A pesca é abundante, eles cuidam da horta, caçam um pouco e levam uma vida simples. Na primeira cena, as pessoas estão dando uma grande festa, com fogos de artifício e um sem-número de frutos do mar, que pescaram e cozinharam. Então, ouve-se a voz de Hushpuppy dizendo como a vida é melhor em Bathtub que do outro lado do dique, onde as pessoas raramente fazem festas, enquanto seu povo festeja o tempo todo.

Uma tempestade repentina e forte, semelhante ao furacão Katrina, inunda a paisagem, e depois as águas recuam um pouco. Os moradores que não foram embora ficam aliviados por um momento, até perceberem que a água salgada matou as plantações, bem como a vida animal, tornando a área inabitável. Ao mesmo tempo, Hushpuppy, cuja mãe foi embora assim que ela nasceu, reconhece que o pai, Wink, está morrendo e que logo ela ficará órfã. Hushpuppy conta a si mesma uma história assustadora sobre ficar sozinha, ter de morar na floresta, comer grama e, em suas palavras, "roubar roupas de baixo". Com o desdobrar da narrativa, vemos como Hushpuppy passa da história de medo para uma com mais empoderamento, mas primeiro ela depara com outro relato assustador.

Sua professora havia explicado aos alunos que as calotas polares estão derretendo, o que faz aumentar as inundações, levando o espectador a conectar o fato à mudança climática e consequentes intempéries severas. O psicólogo James Hillman e Michael Ventura (na obra *Cem Anos de Psicoterapia – E o Mundo Está Cada Vez Pior*) afirmam que o principal motivo pelo qual as pessoas estão deprimidas é porque devemos estar. Vemos sinais de destruição ambiental por todos os lados, e pessoas vivendo nas ruas. Na terapia, a maioria de nós vai se concentrar apenas em problemas pessoais e no impacto de nossas famílias de origem. Em si, isso não vai ajudar, enfatizam os autores. Mesmo que nossa mente consciente esteja ocupada focando em obter mais daquilo que queremos, nosso eu inconsciente lamenta pela triste condição do planeta. Só nos sentiremos melhor quando sairmos da negação e abordarmos os problemas reais que vemos ao redor e contarmos a nós mesmos uma história sobre o que podemos e vamos fazer para consertar isso.

A professora de Hushpuppy também contou às crianças uma história sobre feras monstruosas selvagens congeladas que serão libertadas quando o gelo derreter. Para enfatizar ainda mais que falava a sério, ela diz que as feras comem criancinhas no café da manhã e não têm a menor piedade. É por isso que as crianças precisam aprender a ser fortes. Fica claro que ela está preocupada com o futuro das crianças e quer muni-las de coragem. Sabendo que tem pouco tempo, Wink está apavorado em deixar Hushpuppy para trás. Assim como a professora, ele se concentra em ajudar a filha a se fortalecer, esforçando-se para lhe ensinar maneiras mais duronas de sobreviver, relevantes para o cenário moribundo de Bathtub – como pescar usando só as mãos.

Mas a coisa mais importante que ele lhe dá é uma noção de poder para viver a história de uma heroína, fazendo-a, inclusive, repetir "Eu sou o cara" enquanto mostra os músculos. A professora e o pai estão oferecendo um suporte masculino importante, à maneira de Zeus, para os próximos passos de Hushpuppy. Contudo, ele não faz o que Deméter faria – arranjar alguém para cuidar dela quando ele se for. Afinal, ela tem só seis anos, não dezesseis.

Próximo ao fim do filme, Hushpuppy percebe que Wink está para morrer. Ele está no processo de morte, não mais cedo ou mais tarde, mas logo. E isso acontece enquanto todos reconhecem que Bathtub está se tornando uma terra improdutiva, de modo que, o tão esperado retorno à normalidade é impossível. Hushpuppy está perdendo tudo e não sabe como encarar esse fato. Além disso, ensinaram à menina (e ela acredita nisto) que era sua responsabilidade cuidar de quem a criou, que foi o pai. Entretanto, sua primeira reação é fugir de toda essa dor, e a jornada que ela toma ao longo de um dia a conecta, simbólica e emocionalmente, com a tão necessária energia feminina.

Primeiro, Hushpuppy e seus amigos vão para o mar, o mesmo mar que no início lhes deu o sustento de que eles necessitavam e, depois, destruiu seu lar. Nesse momento, ele oferece um pouco de cura. Em termos ritualísticos, trata-se de voltar ao ventre original da mãe de toda a vida, que também é um dos primeiros passos dos ritos de Mistérios Maiores de Elêusis. A menina e os amigos pegam carona em um barco, na esperança de encontrar a mãe dela. O piloto os deixa em um bordel, onde uma mulher trata Hushpuppy com gentileza, cozinha para ela e dança em sua companhia, abraçando-a contra o corpo de um jeito maternal e acolhedor. É até possível que essa mulher seja sua mãe, mas ela não deixa Hushpuppy ficar. Enquanto é abraçada, a menina se lembra das raras vezes em que sentiu tanto conforto, mas essa pequena dose de energia de Deméter a revigora o bastante para fazer o que ela crê que necessita realizar.

Segundo, embora o filme não nos informe onde foi que ela aprendeu a pensar como pensa, durante esse período Hushpuppy é fortalecida por uma narrativa conectada e visão de mundo, à maneira de Deméter, bem como por uma sensação de que, não importa como sua vida pareça sem sentido, ela e a garota são importantes. Pelo fato de uma visão de mundo implícita acontecer de modo tão natural a tantas mulheres, é possível que a nova história chegue a surgir na mente inconsciente da própria Hushpuppy. No filme, sua locução compartilha conosco o que ela pensa, e ficamos sabendo que ela acredita ser uma pequena fagulha no universo, mas essa percepção não é desanimadora. Na verdade, ela fica maravilhada com as dimensões do universo e por sentir uma conexão mística com o todo. Além disso, ela acredita, no universo interconectado, que pode interferir no todo pelo efeito cascata de algo feito por ela, e, portanto, sua responsabilidade é acertar as coisas.

Assumir responsabilidades pessoais é um resquício de uma noção judaica de que o mundo foi criado quebrado, ou foi despedaçado pouco tempo depois da criação. Então, Deus criou as pessoas para aperfeiçoar o mundo por meio de atos de bondade, capazes de restaurar uma ordem bela e perfeita. Independentemente de como nossa vida possa parecer insignificante, esse continua sendo nosso propósito. Hushpuppy acredita que interferiu no universo ao prejudicar o pai quando, com raiva, bateu nele e ele caiu. Ele a deixara sozinha vários dias, e não lhe contara que o motivo era por ter estado no hospital. Ela temia a ira dele e o que se passava na cabeça dela diante das expectativas sobre até que ponto ela podia ser independente aos seis anos de idade. Mas ele é seu pai, e ela é responsável por consertar o que foi rompido, e por cuidar de "quem a fez". Na jornada empreendida, Hushpuppy adquiriu força suficiente para voltar e cuidar de Wink em suas últimas horas, muito embora continue aterrorizada com o que acontecerá depois que ele morrer.

Para esse fim, ela tem de enfrentar seus piores medos. Ao longo do filme, Hushpuppy imaginou as feras correndo atrás dela. Quando ela volta para ficar com Wink, os animais bloqueiam sua passagem. Ela se vira e os encara, chamando-os de "seus mais ou menos amigos". Eles são seus auxiliares, pois a assustaram tanto que ela conseguiu reunir coragem suficiente para encarar a realidade da situação. Sentando-se ao lado da cama de Wink, ela lhe oferece a comida que trouxe da mulher que a tratou com tanta gentileza. Ele dá uma mordida e diz "Boa", e então, com seu jeito típico, "Nada de choro". Mas ambos choram, e a intimidade e o amor entre ambos é palpável. Com a morte do pai, ela acende pessoalmente sua pira funerária flutuante e a envia ao mar, como ele havia lhe pedido que fizesse.

Na cena de encerramento, Hushpuppy sai de Bathtub, deixando o lugar com os últimos vizinhos, rumo ao desconhecido. Mais uma vez, ouvimos sua voz: "Quando tudo fica quieto por trás de meus olhos, vejo todas as coisas que me fizeram cair em pedaços invisíveis. Quando olho fixo, elas vão embora. E, quando tudo se aquieta, vejo que estão bem aqui. Vejo que sou um pedacinho de um universo muito, muito grande. E está tudo certo".

No fim, Hushpuppy não parece mais assustada. Ela descobriu uma história que lhe dá poder para enfrentar o que quer que aconteça. Na verdade, ela até parece um pouco triunfante, segura do valor de sua condição como parte ínfima, mas importante, de um universo gigantesco. Ao vê-la sair de Bathtub para adentrar um mundo que foi ensinada a desprezar, já sabemos que ela vai florescer por ter como respaldo uma visão de mundo tão empoderada.

A filosofia de vida de Hushpuppy é a de Démeter, e uma narrativa de informação que pode nos ajudar a sobreviver às tragédias pessoais e encarar as mudanças imensas que ocorrem no mundo hoje. O que a heroína extrai dessa lição é explorar como é se sentir totalmente ancorada na própria unicidade e também conectada com as pessoas ao redor, a sociedade em que se vive, a terra e o cosmos. Dessa maneira, você nunca ficará tentado a calar a própria voz e sabedoria interiores, repudiar a si mesmo como se fosse um forasteiro na periferia, ou deixará outras pessoas reivindicarem o direito de serem a norma pela qual você se avalia.

EXERCÍCIO DE APLICAÇÃO:
Uma Fagulha Pequena, mas Vital no Universo Grandioso

Reserve alguns instantes para a contemplação, voltando-se para a consciência conectada que você vivenciou no fim da seção anterior – no caso de ter feito o exercício. Se não, concentre-se no coração e imagine, ou sinta, sua conexão com o mundo ao redor e o grande cosmos. Então, pondere sobre as seguintes perguntas, talvez fazendo algumas anotações para ajudar a lembrar: Qual, ou quais, perda(s) você está enfrentando ou teme enfrentar? Quais são as feras que você precisa encarar? O que está quebrado ao seu redor, e como consertar? De posse das respostas, tome consciência da história que você contaria de modo natural sobre esses problemas, e sinta como é ouvir e acreditar nela. Por fim, imagine-se com a filosofia de Hushpuppy, a saber, independentemente do quanto sua vida possa parecer sem sentido, agora você se vê como parte essencial de uma incrível inspiração, em que suas escolhas importam para o modo como ela evolui. Vá percebendo as sensações que a história causa no seu corpo, ao redor do coração e na sua mente.

Terceira Lição de Deméter:

Valorizando o Coração Generoso

Mesmo que a maioria das pessoas nos Estados Unidos diga acreditar em igualdade para mulheres (e para todo mundo), atitudes e estruturas profundamente enraizadas comprometem essas crenças declaradas, tornando a vida mais difícil para as mulheres do que seria se a situação fosse outra, sobretudo se a maneira como somos tratadas nos diz e deixa subentendido que nossa importância é secundária, e não primária. Uma pesquisa recente da Harvard Business School revelou que, mesmo que homens e mulheres tivessem altas aspirações de carreira de modo semelhante, os homens tinham mais habilidade para concretizar as suas. Os principais motivos citados foram os expedientes intensos exigidos pelas empresas a seus gerentes e executivos, e uma discrepância entre expectativas depositadas sobre homens e mulheres em relação a papéis de gênero. As mulheres esperavam que seus maridos seriam cem por cento parceiros integrais na vida doméstica. Não obstante, uma boa porcentagem dos homens via as próprias metas como prioridade, e as das esposas, como secundárias, e presumiam que as mulheres assumiriam as principais responsabilidades em cuidar dos filhos. As expectativas masculinas também prevaleciam no ambiente de trabalho, resultando em uma relutância em promover mães. Além disso, aparentemente muitas das mulheres cediam às expectativas dos maridos, talvez para preservar o casamento.[1]

Um sinal de que estamos vivendo em uma revolução inacabada é a persistência de estruturas sociais ultrapassadas. Os horários das empresas e escolas continuaram os mesmos na maioria dos lugares, como se os papéis sociais não tivessem mudado, o que exige muitos malabarismos para cobrir horários em que as crianças estão fora da escola e ambos os pais estão trabalhando e se deslocando. A lacuna entre as aspirações e as atitudes das mulheres que ficam para trás *pode*, é claro, ser transposta, já que há novas normas tecnológicas e familiares e as estruturas sociais acompanham as mudanças necessárias para apoiar famílias, funcionários e cidadãos felizes, saudáveis e bem-ajustados. No entanto, nesse ínterim mulheres deparam com sinais de que o mundo não foi criado pensando em nós e que, se quisermos ser bem-sucedidas, precisamos nos enquadrar na ordem existente. E a maioria das pessoas presume que "é assim mesmo".

Essa é uma reminiscência da experiência de Deméter tentando descobrir o que aconteceu com Koré. Felizmente, existe uma mulher mais velha com quem ela faz amizade, o que ajuda muito. Hécate sugere que elas conversem com Apolo, que, como deus do sol, olhando do alto para o que acontece embaixo, talvez saiba mais sobre o ocorrido. Apolo as recebe com alegria, feliz em explicar como as coisas funcionam e que elas não precisam se preocupar. O pai de Koré, Zeus, havia consentido que Hades sequestrasse sua filha e se casasse com ela, revela Apolo, e continua explicando os motivos de Zeus. Basicamente, ele diz a Deméter para não se preocupar demais, e sim para relaxar e ficar contente sabendo que Zeus encontrou um bom partido para Koré. Ao ouvir isso, Deméter começa a sentir uma raiva impotente por essa decisão ter sido tomada sem que mãe ou filha fossem consultadas. Ela fica tão furiosa e deprimida que despreza a companhia dos deuses, escolhendo viver entre os mortais. Mas não há nenhum sinal de que ela retruca a Apolo para defender o próprio posicionamento. É como se ela encolhesse.

De outro mito, sabemos que Reia, mãe de Deméter, permitiu que Cronos (pai da deusa) engolisse Deméter e todos os seus irmãos, com exceção de Zeus, que é seu irmão e pai de Perséfone (o incesto não era considerado tabu para os deuses, mas para os mortais, sim). Mais tarde, Zeus a salva juntamente com os outros deuses de seu infortúnio. Podemos perceber por que Deméter pode se dar conta de não ser tão importante quanto Zeus, ativando sua reação inicial de sofrimento passivo em resposta à decisão unilateral do deus quanto ao destino de Perséfone. Sua mãe era tão passiva que aceitou que Cronos devorasse seus filhos, salvando um às escondidas e nunca se opondo ao marido. E, por Deméter ter sido resgatada por Zeus, ela também está em dívida com ele.

Em comunidades e ambientes de trabalho contemporâneos, homens e mulheres Deméter mantêm as coisas em andamento, construindo a comunidade e vendo que o trabalho é feito e as pessoas são cuidadas, enquanto outros desfrutam das atenções, frequentemente levando o crédito, mas executando uma parte menor do trabalho. Em casa, pessoas Deméter são atentas às crianças e a outros membros da família, e também ao cuidado com o lar. No ambiente de trabalho, elas compartilham esses dons como cuidadores e auxiliares de pessoas e coisas. Além disso, com frequência prestam serviços como voluntárias ou ativistas, auxiliando os mais necessitados – pessoas pobres, deficientes ou que sofrem algum tipo de discriminação – ou trabalham nas áreas de proteção ambiental, plantações orgânicas, ou de cuidado e proteção animal.

Assim como Deméter, que mantém as plantações crescendo enquanto a filha continua desaparecida, mulheres e homens Deméter fazem o trabalho duro diário que mantém o mundo unido, mas o lado negativo é que esse trabalho é tido como garantido. Os que o executam sacrificam boa parte das próprias vontades tentando suprir uma sociedade com imenso déficit de cuidados. Enquanto nossas partes Zeus buscam brilhar, nossos lados Deméter procuram maneiras de ajudar ou trabalhar juntos por uma missão altruísta, pois muitas vezes eles se preocupam mais com os outros do que com os próprios interesses. Mulheres que interiorizaram a mensagem de que são menos importantes que seus pares do sexo masculino, e/ou enxergam a si mesmas como carentes de opções, podem sofrer em silêncio quando são objetificadas ou preteridas em promoções que claramente mereceram, mas isso não quer dizer que sua dor e sentimento de afronta não sejam reais.

Além disso, quanto mais aquilo que fazem é desvalorizado, mais elas trabalham duro para fazer a diferença, tanto por altruísmo quanto por um senso de orgulho pelo que sabem terem conseguido, ainda que mais ninguém pareça notar. Thomas Merton descreveu essa situação como um tipo de violência moderna que prejudica não somente os motivados pela ganância e cobiça por poder, mas também ativistas cujo altruísmo chega a tal ponto que continuam ajudando os outros, ainda que eles próprios estejam exaustos e esgotados, potencialmente prejudicando sua saúde física e emocional. Ele atribuiu essa ideia ao ecumênico quacre e professor de filosofia Douglas Steere, que afirmou: "Querer ajudar a tudo e a todos é sucumbir à violência. Mais que isso, é cooperar com a violência"[2] contra si mesmo. Logo, se Deméter é dominante em sua consciência, você corre mais risco de trabalhar em excesso do que pessoas mais parecidas com Zeus, além do perigo extra de se esquecer do seu caminho autêntico para fazer o que os outros pedem. Pessoas cuidadoras ficam satisfeitas em ajudar os outros, mas elas também esperam que, pelo menos vez ou outra, outras pessoas as ajudem. Quando sua generosidade não é retribuída, elas podem se sentir terrivelmente traídas; nesse caso, elas se sentem ultrajadas e tristes.

Mas agora vamos refletir sobre o que o intercâmbio entre Apolo, Hécate e Deméter pode significar em termos psicológicos. No sentido metafórico, podemos ver Hécate e Apolo representando os aliados interiores de Deméter. Em geral, Hécate é representada como uma velha sábia em uma encruzilhada; logo, ela é a deusa da capacidade de tomar decisões sensatas (qual caminho escolher), o que Deméter precisa fazer. Como conselheira interior, Hécate seria a parte mais profunda e mais sábia de Deméter. Além de ser o deus do sol, Apolo é o deus das artes, da profecia e da verdade oracular. Um de seus templos perto de

Atenas, o Templo de Delfos, era o lugar em que o Oráculo de Delfos dava conselhos aos cidadãos de Atenas, conselhos que levaram o crédito pela civilização da cidade-estado. Ali, a sacerdotisa inalava fumaças da terra, que aumentavam seu poder psíquico, a fim de dar orientações úteis e poderosas a homens e mulheres que chegavam com suas questões. Os sacerdotes de Apolo traduziam o que a sacerdotisa dizia. Talvez você se lembre da Introdução que, originalmente, as sacerdotisas falavam por si mesmas antes de Apolo subjugar o templo de Gaia. Portanto, Apolo equivaleria à voz interior que faz Deméter duvidar de si mesma e da própria sabedoria.

Podemos pensar nos dois papéis – o da sacerdotisa e o do tradutor – acontecendo dentro de você. Talvez você tenha confiado em alguém, mas, em seguida, tenha sido tratado com indiferença de uma maneira que tirou seu fôlego e o deixou gaguejando. Muitas vezes, leva um tempo para formular uma resposta articulada e apropriada, sobretudo quando alguém ao estilo de Apolo lhe diz como você deve se sentir. Com frequência mulheres param de falar diante de argumentos que, na superfície, parecem racionais e lógicos, pelo menos enquanto estão sendo expostos, mas algo dentro delas diz "Soa certo. Parece errado". Talvez tenha acontecido com você. No começo, você não sabe como responder. Em seguida, sente as ideias rondando, mas ainda não consegue articular o que quer dizer. Para muitas mulheres, mesmo hoje em dia, esse processo é desacelerado ao terem primeiro de reconhecer o que elas realmente querem dizer e, em seguida, traduzir para qualquer linguagem que acreditamos propensa a ser ouvida. Frequentemente, esse tradutor interior tem voz masculina (como o sacerdote tradutor), mas quase sempre reflete a visão de pessoas ao redor em posição de autoridade.

Nesse caso, até mesmo Deméter, uma deusa, demora para encontrar sua voz autêntica a fim de defender a si e a Koré, embora Hécate esteja ao seu lado. De modo bem misterioso, conforme Deméter vai perdendo a confiança, Hécate desaparece da história, reaparecendo apenas quando Koré volta do submundo. Simbolicamente, isso pode significar que Deméter perde a conexão com sua voz mais profunda e mais sábia durante esse período, daí seu desespero.

Deméter não é a única a reagir com raiva à presunção de Zeus do privilégio patriarcal. Mitos gregos são repletos de exemplos de deusas se rebelando contra a indignidade da desigualdade de gênero, incluindo Gaia, a Mãe Terra que cria Tifão para subjugar Zeus, e as guerreiras Amazonas. Hera, esposa de Zeus, dá à luz um filho por partenogênese (sem um pai), na esperança de que ele desafie a supremacia de Zeus, mas Hefesto nasce coxo e incapaz de enfrentar o pai (embora se torne um bom artesão e, por fim, esposo de Afrodite).[3] O teatro grego também está cheio de enredos em que homens desprezam mulheres, o que leva à ruína de todos os envolvidos.[4]

A tradição dos Mistérios de Elêusis apresenta outra história de como uma mulher enganada gera catástrofe (a fome), mas essa é diferente da maioria por revelar um caminho para um resultado positivo. Quando Deméter perambula, perturbada, sem saber o que fazer, ela ainda não sabe que sua história terá um final feliz. Seu disfarce de velha camponesa mortal diz muito sobre como ela interiorizou as visões de Zeus, Apolo e de muitos outros deuses; portanto, é provável que a deusa esteja presa em um conflito entre o que ela mesma acredita e o que a sociedade e a hierarquia do Olimpo respaldam. No teatro grego, os atores usavam máscaras não para esconder quem eram, mas para revelar a identidade e a verdade interior. Assim, podemos considerar que a condição disfarçada de Deméter nos informa que ela se sente uma pessoa menos poderosa do que de fato é. Sermos tratados várias vezes como inferiores ao que realmente somos se torna uma profecia autocumprida que interiorizamos. Talvez seja por isso que estudos revelam de modo consistente que mulheres são tão competentes quanto os homens, mas menos confiantes e, como consequência, muitas vezes menos bem-sucedidas (veja *The Confidence Code*, de Katty Kay e Claire Shipman).

De maneira semelhante, homens podem parar de ouvir sua sabedoria interior feminina se a sociedade a desvaloriza e, portanto, eles se tornam inferiores ao que poderiam ter sido. A trilogia Édipo, de Sófocles, começa com o tema de um pai ao estilo de Cronos que ordenou à esposa matar seu filho, para que este não o matasse, como previsto por uma profecia. Ela olha para o bebê e não consegue fazer isso, e então o dá a um criado para que ele resolva o problema. O criado leva o bebê ao topo de uma montanha e o deixa ali, mas um pastor o encontra e sente pena dele, levando-o para um país estrangeiro, onde é criado por uma gentil família real sem saber quem são seus pais. Assim, se não fosse por um ato de bondade, Édipo não teria sobrevivido.

Quando adulto, ele volta à sua terra natal, mata o pai sem saber, com quem duelara pelo direito de atravessar uma estrada, e, após se tornar rei, casa-se com a mãe, embora nenhum deles saiba que são parentes. Quando enfim ele fica sabendo o que fez, arranca os olhos e, por remorso, vai para o exílio. Em sentido literal (com base nas crenças dos antigos gregos), a interpretação dessa história geralmente é sobre destino, incesto e uma inevitável tragédia. Sigmund Freud a via como uma ilustração do desafio que os rapazes tinham de enfrentar para se distanciar do primeiro amor – suas mães, que cuidavam deles – a fim de identificar e se alinhar com os pais e adentrar um domínio masculino. Escrevendo no contexto de sua época, Freud argumentava que eles faziam isso por temerem que, se não o fizessem, seus pais os castrariam e eles ficariam sem poder, como as mulheres.

Se a história é interpretada simbolicamente como literatura sapiencial e em todas as três partes, o parricídio cometido por Édipo pode sugerir uma rejeição à severidade do pai, e o casamento com a mãe pode ser uma maneira de afirmar um estilo mais amável, à maneira de Deméter, de fazer parte do mundo. A interpretação de Freud pode nos ajudar a entender como as expectativas sociais pressionariam um rapaz a agir feito homem e talvez, até mesmo, rebaixar garotas a fracotes, mas Freud estava errado em relação à parte do corpo mutilada: na história de Édipo, são seus olhos, e não o pênis, que estão em jogo.

Em geral, a verdadeira moral da história vem no fim. Como um velho prestes a morrer (em *Édipo em Colono*, a terceira peça da sequência), Édipo rejeita os filhos, que estão lutando uns contra os outros por poder, mas abençoa suas filhas, afirmando explicitamente que faz isso por elas terem cuidado dele. Isso demonstra sua percepção tardia de que amor e cuidado devem ser valorizados, e que o poder desprovido de cuidado divide famílias e comunidades.[5] Na doença ou na velhice, tipos Zeus outrora poderosos precisam de cuidados, e é aí que muitas vezes eles valorizam essa característica, embora seja tarde demais para eles afetarem a dinâmica do poder de sua época.

Édipo desconhecia a identidade de seus pais e a crueldade do pai, que o queria morto. Ao arrancar os olhos, ele aceita as atitudes de uma sociedade que o culpava, e não ao pai, pelo que acontecera, embora o resultado tivesse sido previsto e profetizado. Essa trilogia também fornece contexto adicional à cegueira de Zeus em relação a suas atitudes para com Deméter. Claramente, filhos prejudicados e filhas desvalorizadas eram um problema social na antiga Grécia que os Mistérios de Elêusis estavam tentando reparar.

Mesmo hoje em dia, as pessoas enxergam erros do passado aos quais ficam cegas no presente. Por exemplo, não muito tempo atrás na história norte-americana, sob a escravidão e, subsequentemente, durante cem anos de segregação, o tratamento cruel dispensado a homens e mulheres afro-americanos era respaldado pela lei, pelos hábitos e, até mesmo, pela religião. Em qualquer período, as pessoas tendem a presumir que, se todo mundo acha que a situação atual está certa, então ela deve estar. Mesmo agora, em que a maioria das barreiras legais e políticas à plena igualdade de raça ou gênero foram erguidas, muita gente continua sem querer enxergar os efeitos da história sobre oportunidades econômicas e sociais disponíveis a muitas pessoas e o impacto do acúmulo de microiniquidades sobre mulheres e homens de grupos historicamente sub-representados.

Mudanças históricas em papéis de gênero levam tempo por esses motivos e, também porque boa parte das coisas que as mulheres realizaram é invisível aos governantes e, em certo nível, ao restante de nós. Em parte, isso pode ser atribuído ao fato de mulheres terem sido deixadas de fora dos currículos escolares, nos quais muitas vezes os homens são os personagens em primeiro plano, os heróis que explicam nossa cultura e história, e as mulheres, os personagens de fundo ou de apoio. Até pouco tempo atrás, a história escrita abarcava sobretudo guerras e política – tradicionalmente, domínios masculinos. Na escola, aprendemos sobre os soldados, políticos e empreendedores do sexo masculino que levam o crédito por terem tornado os Estados Unidos grandioso. No entanto, raramente ouvimos falar do impacto feminino ao longo da história, por exemplo, de que modo, dos anos 1880 até os anos 1920, mulheres que trabalhavam principalmente em casa ou em empregos mal remunerados criaram o movimento de assentamento; deram-nos a coleta de lixo, parques e bibliotecas; e disponibilizaram serviços a pessoas pobres. Ou como as mulheres, no século XIX, adquiriram o direito a ter propriedades e lideraram a luta contra a escravidão.

Em geral, a teoria econômica desconsidera os papéis tradicionais femininos, e nossos sistemas de mensuração possuem um viés semelhante. A economista evolutiva Hazel Henderson, em um discurso na International Conference on Business and Consciousness em 1999, observou que nossas teorias econômicas básicas são parciais, porque se baseiam somente na motivação e participação econômica dos homens. Historicamente, e ainda hoje em muitos lugares do mundo, mulheres trabalham principalmente em casa, "por amor e dever", nas palavras de Henderson, e não por dinheiro. Mesmo nos países mais industrializados, mulheres recebem menos pelo mesmo trabalho, mas não porque o que elas fazem é menos valioso ou necessário. Mulheres também são maioria em trabalhos voluntários. O produto interno bruto (PIB), a medida que economistas e governantes usam como indicador de prosperidade e saúde social, baseia-se somente em transações financeiras. Henderson teorizou* que mulheres podem contribuir mais para a saúde do mundo que os homens, mas a maioria do trabalho que elas executam ou não aparece de modo algum ou é subvalorizado nos cálculos do PIB.[6]

Em nossa sociedade centrada no dinheiro, trabalhos que não envolvem transferência de dinheiro ou crédito são vistos como uma atividade paralela que pode ser feita no tempo livre. Esforços não reportados são invisíveis, não apenas para os governantes, mas também para os empregadores, e, portanto, o tempo que leva para executar essas tarefas é subestimado. Sob a perspectiva do PIB, cuidar de idosos ou ensinar crianças é considerado menos valorizado que comercializar remédios para combater ansiedade e depressão, fabricar ou vender revólveres ou produzir armas de destruição em massa. Já que donas de casa não são remuneradas, fica fácil resvalar para uma situação em que a mãe se apresente como "apenas" mãe e dona de casa, diminuindo, sem querer, seu valor pelo acréscimo de uma palavra.

Embora a subvalorização do trabalho de Deméter valha para homens e mulheres, essa questão atinge as mulheres com muito mais força simplesmente porque cuidar dos outros ainda é considerado um trabalho de toda mulher (não importa o que mais elas façam), mas especialmente de mulheres com filhos. Eu me identifico completamente com o ponto de vista de Sheryl Sandberg em *Faça Acontecer: Mulheres, Trabalho e a Vontade de Liderar*, em que ela compara o progresso na carreira de homens e mulheres com uma maratona, na qual as pessoas nas laterais gritam mensagens de incentivo aos homens

---

* Movimento reformista social que ocorreu na Inglaterra e nos Estados Unidos, cujo objetivo era diminuir o abismo entre as classes sociais mais abastadas e as menos favorecidas. (N. da T.)

do tipo "você consegue", enquanto as corredoras do sexo feminino ouvem espectadores questionando o que elas fazem com os filhos ou sugerindo que não precisam exigir tanto de si mesmas. Sem dúvida já senti isso na pele, como suspeito que muitas mulheres sentiram; portanto, minha primeira reação foi que isso acertou na mosca a injustiça da situação das mulheres. Minha segunda resposta, que complementou, mas não substituiu a primeira, foi sim; contudo, não seria mais sensato se perguntassem também aos homens "E seus filhos?" e "Você realmente quer levar uma vida tão direcionada?".

De fato, o desequilíbrio entre o valor social de Zeus e o de Deméter hoje em dia pressiona homens e mulheres a colocar o interesse próprio, a competição, o avanço na carreira e o consumo material antes de questões como amor, família e comunidade, e, portanto, da fidelidade ao eu autêntico das pessoas. Homens e mulheres internalizam naturalmente a visão que a sociedade tem do *status* do trabalho que eles executam. Pode-se concluir que trabalhos não remunerados não são importantes e tentar mudar para outros de maior prestígio e compensação. Mas o que aconteceria se todos parassem de se preocupar com a próxima geração, ou uns com os outros? Como o mundo empresarial prosperaria? E a sociedade? Como seria o mundo? Se questões referentes ao cuidado fossem totalmente ignoradas, os resultados seriam insustentáveis para os negócios e a economia, bem como para as crianças, as famílias, a saúde e a felicidade coletivas.

Ademais, o desaparecimento repentino de Hécate da história transmite outra mensagem, que eu teria deixado passar batido se não tivessem me pedido para explicá-la. Se Deméter disfarçada de mãe é desvalorizada, muitas vezes Hécate é ignorada, como se fosse invisível. Quando minha mãe era idosa, eu me lembro de garçons e vendedores perguntando para mim o que ela queria, e eu tinha de sinalizar para que eles perguntassem a ela. Minha mãe se queixava de ter se tornado invisível. O etarismo da cultura moderna significa que o conhecimento de mulheres mais velhas raramente é filtrado na consciência coletiva de nossa época. Por não serem ouvidas, essas mulheres tipicamente se concentram em maneiras variadas de parecerem mais jovens, a fim de continuarem a ser levadas a sério.

Recentemente, encontrei o romance de mistério *Invisible*, de Lorena McCourtney, sobre uma mulher que me fez lembrar de minha mãe. A personagem principal começa a perceber que envelheceu, as pessoas pararam de notá-la. No início, ela fica aborrecida. Como uma LOL (sua abreviação para "little old lady", *senhorinha*), ela é muito curiosa em relação às pessoas, mas não quer parecer o estereótipo da intrometida. Contudo, certo dia, ela acorda animada com uma nova história que contou a si mesma: ela pode usar sua invisibilidade para resolver mistérios – e é isso que ela faz.

Em um episódio da comédia *Grace and Frankie*, da Netflix, as personagens-título, mulheres mais velhas interpretadas por Jane Fonda e Lily Tomlin, percebem que o funcionário que deveria estar no caixa para receber o dinheiro delas não as nota, mas uma jovem atraente imediatamente chama a atenção dele. Elas saem enojadas, mas do lado de fora Frankie anuncia que descobriu seu superpoder e tira um cigarro de um maço que ela roubou, garantindo que ninguém a viu roubando porque ninguém a viu. Essa atitude travessa a ajuda a reconhecer que ela não precisa mais se preocupar com o que as pessoas pensam a seu respeito; o que ela precisa é se enxergar e descobrir do que necessita para viver como quiser nessa nova circunstância de sua vida.

A geração de mulheres ousadas que encabeçaram o movimento feminino do fim dos anos 1960 e 1970 são, hoje, a geração Hécate de nossa época. Algumas, como Fonda e Tomlin, ainda estão criando novos fundamentos em maneiras que não passam despercebidas. Outras defendem abertamente causas variadas, redefinindo o sentido de aposentadoria, ou fazendo discretamente o que mulheres velhas e sábias sempre fizeram: avaliando o panorama geral, analisando onde estamos e definindo o que precisa acontecer em seguida, e então alertando os jovens sobre o que elas estão vendo. Em Hécate, a sabedoria conectada de Deméter acrescenta uma dimensão mais madura à presença de uma consciência resiliente. Quando tivermos vivido por um bom tempo, se, e somente se, tivermos permanecido alertas e vivas, sem ceder ao protesto contra a modernidade, poderemos perceber padrões na história e na duração da vida humana. Essa perspectiva pode nos ajudar a prever e antecipar perigos na vida individual e coletiva – por exemplo, em termos individuais, o perigo de desperdiçar anos preciosos com buscas superficiais, ou, em termos de coletividade, o risco de não reconhecer como atitudes humanas estão gerando fome econômica e ambiental a pessoas pelo mundo, a qual tende a piorar, afetando muito mais gente de futuras gerações. Acima de tudo, o que essa geração sabe é que uma mudança social importante pode ser obtida.

Por mais subvalorizadas que pessoas que expressam visões de mundo de Hécate e Deméter continuem ainda hoje, a solução para todos esses problemas é que mais de nós possamos abrir o coração uns aos outros e nossa consciência para reconhecer nossa conexão com a sociedade e a vida como um todo. Também podemos verbalizar nossas reais preocupações sobre a situação do cuidado em nossos países e no mundo sem sentir que temos de traduzir para termos financeiros o que estamos dizendo, desse modo reforçando a noção de que o único motivo para cuidar das pessoas é que fazer isso gera lucro e prosperidade social. Isso acontece, mas agir assim é silenciar o sacerdote interior de Apolo ou distorcer a voz autêntica de Deméter.

A moral dessa parte da história, e uma lição poderosa da heroína, é lembrar de ouvir e escutar as vozes interior e exterior de Deméter e Hécate, e usar imagens inclusivas e acolhedoras para as histórias que você conta e vive.

EXERCÍCIO DE APLICAÇÃO:
Dando Voz e Visibilidade a Deméter

Nos próximos dias, use o *mindfulness* (atenção plena) para observar quando estiver relutante para dizer o que realmente pensa, ou para deixar sua verdade ser vista. Preste atenção a pessoas, causas, valores e ideias com as quais você realmente se importa, e reserve um pouco de tempo para pensar sobre como é possível dar voz ao que é mais importante para você e agir de maneira a revelar as prioridades do seu coração. No processo, demonstre apreciação e respeito pelas pessoas ao seu redor que estão contribuindo de maneiras que podem ser invisíveis para muitos e que, talvez, também precisem ser reconhecidas, a fim de obter ou manter uma noção do próprio valor.

QUARTA LIÇÃO DE DEMÉTER:

Manifestando sua Insatisfação

A sabedoria de Deméter muitas vezes impele as pessoas a abandonar sua versão do Olimpo e vagar como a deusa, mesmo quando não sabem onde encontrarão um próximo lar. Migrações sociais são menos óbvias quando as pessoas não partem de uma região para outra, mas deixam relacionamentos, empregos e atitudes que são ruins para elas, para a sociedade em geral e para o planeta. Quando pessoas abandonam, uma de cada vez, lugares de práticas religiosas, partidos políticos e redes de amizades nos quais sentem-se tratadas como cidadãs de segunda classe, ou suas necessidades, valores e interesses não recebem apoio, talvez ninguém note até que se faça um estudo quantitativo que reporte a situação.

À medida que cada vez mais pessoas seguem a própria missão e vivem os próprios valores, uma migração imensa, embora amplamente invisível, acontece. No entanto, até que essas tendências sejam observadas e mensuradas, o impacto de ações individuais não é considerado em políticas sociais ou decisões empresariais. Não obstante, esses padrões migratórios invisíveis são o que fazem eclodir as revoluções inacabadas. Manifestamos nossa insatisfação abandonando o que não queremos e passando a fazer o que queremos, no processo de reconfiguração da sociedade. Esta lição explora a jornada do cuidado à custa do sacrifício pessoal à valorização de si como parte de uma teia de conexão, uma transição que começa com o abandono de um cenário e/ou mentalidade e assumindo-se uma jornada real ou metafórica de algum tipo.

Não consigo deixar de traçar um paralelo entre a extensa perambulação de Deméter e a saída de mulheres de posições em altos cargos, o que já começou a ser rastreado, pelo menos até certo ponto. Sandberg e outras expressaram preocupação pelo fato de mulheres na linha de frente de cargos executivos importantes estarem saindo das corporações. Mas podemos optar por encarar isso como um desastre ou uma reação saudável para o que está acontecendo nessas organizações. Há um sem-número de publicações sobre esse assunto, mas o consenso crescente é de que o fenômeno é real: muitas mulheres estão de fato deixando bons trabalhos ou dispensando promoções, sobretudo em organizações em que suas contribuições são subvalorizadas e suas responsabilidades familiares são tidas como um empecilho.[1] O fato de isso sugerir progresso ou retrocesso pode diferir de situação para situação e de mulher para mulher.

Kathleen Gerson (em *Hard Choices: How Women Decide About Work, Career, and Motherhood*) argumenta que mulheres enfrentam duras decisões em um contexto no qual é difícil permanecer saudável e cuidar dos filhos e de outros membros da família, sobretudo em circunstâncias em que também são mal remuneradas, suas opiniões não são ouvidas e seus problemas não são levados em conta. Há vários dados de mulheres que deixaram o mundo corporativo documentando os motivos por terem feito isso, sendo os principais a violência de gênero, pagamento desigual e não ter flexibilidade para cuidar dos filhos de maneira adequada. Os dados sobre por que mulheres abandonam disciplinas científicas, tecnológicas, de engenharia e matemática (ou nem chegam a entrar nelas) incluem esses fatores, mas focam principalmente no impacto negativo de culturas masculinizadas.[2]

É claro que os homens também abandonam empregos se seus valores são ignorados, seus potenciais desvalorizados, suas oportunidades de avançar são quase inexistentes e se eles são maltratados. A clássica canção *country* de David Allan Coe "Take This Job and Shove It", de 1977, continua popular porque muitas pessoas se identificam com o sonho de dizer isso a um chefe e sair pela porta, independentemente da possibilidade de concretizá-lo ou não. Minha observação é que, quando mulheres saem de empregos, elas o fazem com muita educação, sem mencionar sua insatisfação com um ambiente de trabalho e garantindo que possam obter uma referência positiva quando precisarem – o que torna mais difícil as empresas saberem quais mudanças fazer para mantê-las, a menos que sigam descobertas de pesquisas mais gerais.

Entretanto, minha experiência me diz que muitas pessoas optam por sair por não terem estômago para as práticas cruéis de seus patrões. Tenho alguns exemplos reais de mulheres (e um homem) que compartilharam suas histórias comigo (excluí quaisquer informações que revelariam a outros quem são eles). Uma das mulheres decidiu ir embora da empresa quando a equipe executiva fez uma análise de custo-benefício e definiu que era mais barato reembolsar as famílias de funcionários que morreram ou ficaram deficientes do que deixar a fábrica mais segura; portanto, eles disseram não à melhoria na segurança. Outra mulher saiu quando os executivos de sua firma se fizeram de desentendidos quando ela os alertou de que eles estavam violando regulamentações ambientais. Outra ainda, saiu da empresa depois de concederem gordos bônus aos executivos e, a seguir, chamarem leais e dedicados funcionários até uma sala, anunciarem que estavam sendo demitidos por motivos financeiros e fazerem a polícia acompanhá-los até seus carros. Outra mulher saiu porque o dono estava ganhando milhões, e ela, seu braço-direito, era encarregada de dizer aos funcionários que não havia dinheiro para aumentar os salários. Uma médica abandonou dois grupos de planos de saúde porque eles pressionavam os médicos a ver tantos pacientes que era impossível fazer um bom trabalho. Seu medo era que, se ficasse, veria pacientes morrerem por falta de cuidados adequados. Ela saiu e depressa encontrou um novo cargo, em um lugar cujas políticas respeitava. E o homem que saiu por motivos Deméter, o fez quando a companhia estava vendendo lanches sem valores nutricionais em regiões do mundo em que pessoas em situação de pobreza têm dificuldades para suprir necessidades nutricionais básicas. Em todas essas situações, as pessoas valorizaram sua integridade o bastante para arriscar perder um salário muito bom.

Em tempos de recesso econômico e crescente desigualdade, muitas mulheres e homens sentem que não podem se dar ao luxo de deixar o emprego, mesmo quando tratados de maneira desumana ou sofrendo por não poderem ser leais a si mesmos. Assim, muitas vezes as pessoas concluem que apenas mulheres privilegiadas saem de situações ruins. Porém, o que ouvi diretamente de algumas mulheres me diz o contrário, e a coragem delas me inspira. Exemplos: uma estudante do ensino médio deixa a escola em que sofre *bullying* dos colegas e suas necessidades são ignoradas pelos professores, muito embora isso seja um grande risco para o seu futuro, mas obtém o diploma e, por fim, vai para a faculdade. Uma estudante com diploma do ensino médio abandona um trabalho estressante em um *call center* e consegue outro, que pressiona minorias pobres a fazer empréstimos a juros altos para ir à faculdade. Ela sabe que, mesmo que essas pessoas se formem, é improvável que tenham uma vida decente, e então, abandona também esse emprego. Depois, ela entra em uma escola de massagem terapêutica em que, de repente, se sente "em casa" e adentra um campo que não a deixará rica, mas a fará feliz. Uma mulher vítima de violência doméstica sai de casa na calada da noite com os dois filhos pequenos, sem saber para onde ir e como vai se sustentar. Na verdade, conheci várias mulheres que largaram casamentos ruins, embora soubessem que isso baixaria demais seu padrão de vida e dificultaria o sustento dos filhos.

A tendência dos tipos Deméter é permanecer em situações muito difíceis durante o tempo que acham necessário para fazer diferença às pessoas, mas, quando percebem que não podem fazer essa diferença, elas vão embora. De maneira semelhante, descubro que muitos homens e mulheres ficarão em um casamento infeliz por causa dos filhos, mas se percebem que o parceiro ou a volatilidade do relacionamento está prejudicando as crianças, vão embora com elas.

Não é preciso ter um Prêmio Nobel de inteligência para descobrir que, se uma empresa quer manter funcionárias hábeis do sexo feminino, ela deveria começar a escutar as questões levantadas pelas mulheres e solucioná-las, tal como maridos e esposas são mais propensos a continuar com os(as) parceiros(as) se ouvem os problemas uns dos outros e tomam uma atitude. No entanto, muitos países e empresas mantêm o mesmo esquema que tinham no passado, digamos, quando as pessoas no poder eram praticamente todas do sexo masculino, mesmo após uma mudança de situação. O resultado da discrepância entre a cultura organizacional e quem trabalha lá é que todo mundo começa a se sentir estressado e infeliz. Não seria difícil uma boa parte de nossas instituições sociais atualizar as próprias atitudes, políticas e estruturas para atender às realidades de uma força de trabalho diversa e reconhecer que famílias saudáveis são de interesse geral da nação. Cada vez mais organizações e empresas estão reunindo coragem para abandonar antigos históricos e atitudes, tornando-se, portanto, terras prometidas para mulheres que se recusam a permanecer em estabelecimentos cujos valores são incapazes de apoiar.

O ato de abandonar uma situação ruim ou opressora é, em si, um processo arquetípico. A ceia Seder judaica é um ritual de celebração dos antigos hebreus fugindo da escravidão no Egito e, por extensão, de outros povos que escaparam da opressão. Quando (e se) possível, pessoas saudáveis abandonam ambientes em que não conseguem prosperar, partindo rumo à própria visão da Terra Prometida, uma a uma e família por família. Hoje, no mundo inteiro pessoas migram de lugares em que não prosperam, tentando encontrar algum local em que possam fazê-lo.

Nos Estados Unidos, temos uma tradição como essa, longa e impressionante. Os Estados Unidos foram fundados por imigrantes que vieram em busca de uma vida melhor, alguns porque morriam de fome, outros para ter liberdade de praticar a própria religião; outros, ainda, por maiores oportunidades econômicas. Nossa cultura tem tudo a ver com prosseguir em busca de nossos sonhos, mesmo na adversidade. Quando os assentamentos na Costa Leste não ofereceram oportunidade de realizar esses sonhos, as pessoas foram para o oeste e se estabeleceram na fronteira.[3]

Anos atrás, participei de uma entrevista na National Public Radio com o romancista Tom Robbins, na qual ele compartilhou um momento crucial de sua vida. Na época, ele era repórter de um jornal, e, conforme descreveu, estava correndo para o escritório em uma tarde de sexta-feira, tentando chegar lá às 17h para pegar seu pagamento, sentindo-se exausto e estressado. Então, ele viu um sem-teto descendo a rua, com aparência feliz, cantando com alegria a plenos pulmões. Robbins concluiu que esse homem tinha "tudo", e ele, "nada". Portanto, foi até o escritório, pegou o pagamento, e em seguida disse que "estava voltando para casa" – deixando o emprego e seguindo em frente, tornando-se um escritor de sucesso.[4] Ele não saiu porque o jornal o diminuía ou o tratava mal; ele saiu de um emprego muito bom para ir em busca de seu propósito e dom verdadeiros.

Em seu romance *Até as Vaqueiras Ficam Tristes*, ele explicou: "Você já ouviu falar de pessoas que telefonaram dizendo que estavam doentes. Talvez você mesmo tenha feito isso algumas vezes. Mas você alguma vez já pensou em telefonar dizendo que estava bem? Seria algo do tipo: seu chefe atende o telefone e você diz, 'Então, andei doente desde que comecei a trabalhar aí, mas hoje estou bem e não vou mais prestar serviços para vocês'. Ligue dizendo que está bem".[5] Estar bem, segundo Robin, é prosperar, não apenas fazer o que precisa para sobreviver. Fazer essa escolha libera energia e alegria.

Há um paradoxo interessante no cortejo eleusino de dois dias de Atenas para Elêusis, e que é relevante aqui. Supostamente, o cortejo era feito em homenagem à caminhada de Deméter em busca da filha, mas não replicava seu estado depressivo. O cortejo incluía canto, dança e alegria geral. E é muito provável que ele fosse um modelo para como fazer transições. Nossos movimentos por liberdade também incluem ir às ruas e fazer marchas. Os participantes se sentem revigorados em saber que não são os únicos descontentes e ávidos por igualdade.

Portanto, vamos analisar quando e como Deméter começa a recobrar sua energia e vitalidade após se despedir e começar a vagar por aí. Ela acaba parando para descansar, sentando-se à beira-mar em Elêusis, e é tratada com gentileza. Até esse ponto, é provável que Deméter estivesse se vendo em uma história com uma vítima (Koré), um vilão (Zeus) e uma salvadora (ela mesma). Sua estadia no palácio da rainha Metanira e sua família é uma cura, e começa a oferecer alguma perspectiva. A gentileza com que a rainha trata a deusa penetra sua tristeza o bastante para ela concordar em beber alguma coisa, e, aparentemente, comer. O humor sexual de Iambe não apenas a faz rir, mas também elimina sua ansiedade pelo fato de a jovem filha ser sexual, oferecendo a perspectiva de que esse desenvolvimento é natural.

Concordando em cuidar de Demofonte, o novo filho da família, Deméter talvez esteja tentando arranjar alguma válvula de escape para seus talentos maternos, bem como demonstrar gentileza tornando-o imortal. Mas é claro que Demofonte não poderia ocupar o lugar da filha no seu coração, e, por natureza, Deméter é uma deusa, não uma babá. Hoje, algumas mulheres deixam um local de trabalho para ir a outro que as receba de maneira acolhedora, assim como a família real de Elêusis recebeu Deméter. A nova contratada tenta demonstrar gratidão fazendo o que é capaz de fazer de maneira exclusiva, que corresponde claramente às necessidades da organização, mas acaba descobrindo, ao recobrar seus poderes, que ela fazia a coisa certa na teoria, mas que as pessoas não a entendiam nem valorizavam. É aí que ela decide abrir a própria empresa.

A maior mudança de Deméter acontece quando a rainha, Metanira, aparece e descobre Deméter colocando Demofonte na fogueira, e surta. A reação imediata de Deméter à atitude de Metanira é a raiva, muitas vezes o necessário para romper a tristeza causada pela impotência. A essa altura, Deméter está prestes a reivindicar seu poder. Enquanto reflete, provavelmente também percebe que o horror de Metanira reflete seu próprio horror pelo sequestro de Koré, adicionando perspectivas à sua situação. Ela reconhece a própria história na reação de Metanira, uma vez que a rainha vê Deméter como a vilã e a si mesma como a salvadora. Então, Deméter pode contar a si mesma uma história diferente.

Sabendo que seu ato não causa mal a Demofonte, Deméter fica ciente de que Zeus também pode não ter tido a intenção de ferir Koré. Ele realmente achava que o casamento podia ser bom para ela, e agiu tão somente com a arrogância dos patriarcas de sua época, assim como ela (com Metanira) agiu com a arrogância de uma deusa. Afinal, ela não perguntou à rainha se ela desejava que seu filho fosse imortal. Isso diz muito em relação à crescente inteligência narrativa de Deméter. Ela começa a mudar sua história. Mesmo continuando preocupada com Koré, seu objetivo passa de recuperar a filha e sua vida para querer vê-la a fim de saber se está tudo bem e descobrir o que *ela* quer.

Vivenciei uma reviravolta sincrônica semelhante, relacionada à história revolucionária que geralmente se esconde no fundo de minha consciência e emerge de maneira bem específica quando lido com figuras de autoridade intransigentes. No início da vida adulta, eu era o tipo de membro do corpo docente júnior que frequentemente desafiava os administradores da universidade em questões referentes a consciência ou para incentivar ideias de vanguarda na minha área e na governança acadêmica. Quando atingi um nível executivo de autoridade, continuei fazendo pressão por mudanças, mas, como passei a acreditar, com uma abordagem mais gradual, prática e orgânica. Entretanto, vez ou outra eu tinha de encarar membros da faculdade que chegavam cheios de fervor arquetípico revolucionário, reivindicando isso e aquilo. Sentia-me ultrajada por ser pressionada contra a parede, uma vez que acreditava estar fazendo tudo o que podia, considerando-se a situação com que eu estava lidando.

De repente, minha ficha caiu e percebi: "Ah, eles são como eu anos atrás, e agora estou descobrindo como é ser o reitor nessa época diante de minha versão jovem e irada". Essa consciência – a de que isso foi um exemplo dos pequenos eventos cármicos da vida – me libertou de meu ranço com os reitores do passado e membros da faculdade agindo exatamente como eu agira. Como resultado, eu (geralmente) me lembrava do que queria em reuniões: uma boa relação profissional com professores e acadêmicos muito qualificados, a fim de que pudéssemos trabalhar em parceria para melhorar a instituição. Não teria conseguido isso sem ouvi-los e sem demonstrar empatia por eles.

A sequência de acontecimentos na casa da Rainha Metanira ajuda Deméter a readquirir empatia (consequência da gentileza com que fora tratada) e senso de perspectiva (vendo o paralelo entre o incômodo da rainha e o próprio). Ela conclui que Metanira a impediu de tornar seu filho imortal não por ser má pessoa, mas ignorante. Assim, Deméter decide que precisa fazer algo em relação à ignorância humana, e se compromete a criar os Mistérios. Paradoxalmente, como resultado de toda a dor e do risco de deixar o Olimpo, ela descobriu um novo chamado e expandiu seus horizontes.

Vamos voltar um pouco para a explicação de Ginette Paris (em *Heartbreak*) sobre como seguir em frente após uma perda ou um trauma nos proporciona novas experiências que ativam a plasticidade cerebral e reconfiguram nosso cérebro. Quando permanecemos em uma situação infeliz, podemos ficar bem travados e não ter mais consciência de outras coisas que nos seriam possíveis. Nem toda mulher no estágio Deméter-andarilha da vida vai embora literalmente. Muitas apenas começam a ler autoajuda e outros gêneros literários, vão a palestras, viajam ou buscam novas experiências onde estão. Todas essas estratégias nos ajudam a enxergar a vida e situações de modo um tanto diferente, e assim, o que serve para nós muda. Muitas vezes, esse é o momento em que encontramos a combinação entre quem somos agora e nosso lar adequado.

No Seder de Páscoa da tia de meu marido, Nina, é tradição dizer "No próximo ano em Jerusalém", não porque alguém à mesa pretenda emigrar, mas porque Jerusalém serve como símbolo tradicional de todas as nossas terras prometidas pessoais. Diz a tradição que os antigos hebreus tiveram de vagar pelo deserto durante quarenta anos (ou seja, o tempo que fosse necessário) para abandonarem a mentalidade de escravos e se prepararem para viver como homens e mulheres livres. Isso sugere que o aspecto mais crucial para irmos embora são as histórias negativas e autodestrutivas que nos mantêm presos. Quando as substituirmos por outras que nos empoderam mais, saberemos se precisamos sair de determinada situação em que nos encontramos, ou apenas vê-la com outro olhar.

O propósito da jornada é como crescemos por meio das experiências. Pessoas percorrem jornadas de maneiras diferentes; no entanto, certos indivíduos muito sábios afirmam que, quando estamos prontos para o paraíso, ele aparece. Aprendi que isso não significa que teremos uma vida perfeita e sem preocupações. Em vez disso, podemos muito bem descobrir uma vida satisfatória que ofereça a próxima lição para a qual estamos preparados – embora em melhor companhia do que antes.

EXERCÍCIO DE APLICAÇÃO:
A Jornada como Caminho para a Transformação

Reserve um tempo para refletir sobre períodos de sua vida em que você fez uma jornada (física, emocional, intelectual ou espiritualmente etc.) para longe de determinada coisa ou situação e depois encontrou algo mais satisfatório, quer tenha desejado isso ou tenha sido uma surpresa. Em seguida, pense se observar o comportamento alheio fez você se perguntar "É assim que ajo?" e o levou a mudar.

Reconhecer essa projeção lhe permite ver a si mesmo em uma situação passada ou atual de maneira diferente, e, talvez, dá abertura a opções que não estavam disponíveis antes? Se isso nunca aconteceu com você, fique alerta para poder observar uma inversão de papéis no futuro e usar essa oportunidade para descobrir o que ela está ensinando sobre você mesmo. Por fim, considere se, a esta altura da vida, você poderia extrair benefícios se abandonasse uma velha história, um relacionamento ou uma situação, transformando sua vida ao modificar o enredo que você está contando a si mesmo e, quem sabe, também, o esteja vivendo.

QUINTA LIÇÃO DE DEMÉTER:

Defendendo o Que é Importante
Para Você

No clímax de qualquer história emocionante, o herói ou a heroína geralmente deparam com o desafio mais difícil até o momento. A essa altura, a persistência é o que torna possível o final feliz. Se a heroína cede, a jornada continua até ela encarar seus piores medos. Aqui, a sabedoria de Deméter oferece um modelo de insistência segundo o qual você é tão importante quanto os outros. Esse é um passo essencial para encontrar soluções em que todos saem ganhando, que possam restaurar o senso de comunidade e seu lugar certo nela.

Até esse ponto, o fruto da jornada de Deméter é o abandono do disfarce de indefesa, tanto nos sentimentos como nas atitudes. Ela está disposta a ser vista como a deusa que é e a habitar seu próprio quinhão pessoal de paraíso, o seu templo. Revelando-se em plena glória como uma deusa bela e poderosa, ela pediu que um templo fosse construído em sua honra, onde pudesse ensinar às pessoas o que elas precisam saber para serem felizes, prósperas e livres do medo da morte. Dessa maneira, ela encontrou um lugar físico onde parar, pensar e reorganizar-se, e reivindicar sua nova vocação, a maneira como muitos de nós nos recuperamos de perdas e dificuldades. Esse templo acaba se tornando o local onde se realizam os Mistérios de Elêusis.

A partir do encontro com mortais acolhedores e cuidadores como Metanira e sua família, Deméter passou da antiga história olimpiana, que afirma que é preciso dizer às pessoas o que fazer e puni-las se elas não conseguirem, para uma nova que proclama que, mesmo sendo gentis e bons, os mortais são extremamente ignorantes, e só precisam aprender como as coisas funcionam. Deméter recebeu um novo chamado para fazer algo a respeito. Nossa expectativa é que ela queira ensinar aos mortais coisas que aprendeu na própria jornada. Suspeito que sua profunda tristeza se deve em parte à autorrecriminação por não ter estado por perto quando Koré foi sequestrada, e por não ter sido capaz de dizer a coisa certa para conseguir a ajuda de Apolo para recuperar a filha. Como a maioria de nós, provavelmente ela estava dizendo a si mesma "eu deveria ter feito/dito...", o que, de maneira implícita, a torna culpada pela filha ter permanecido no Submundo. Seu desafio é passar da autocensura para a percepção de que vivenciou um processo educativo que a prepara para a próxima etapa.

Koré ainda está no Submundo e tornando-se Perséfone, e Deméter não tem como saber onde ela está, ou se ela quer permanecer lá ou não. Deméter se muda para seu templo, mas ainda não toma nenhuma atitude para fazer as plantações crescerem. Há várias considerações a se fazer a respeito.

Quem não tem empatia a considera vilã, porque as consequências de seus atos são graves. No entanto, outra explicação, como ocorre com muitas mulheres hoje em dia, é que sua tristeza profunda drenou toda a vida ao redor, de modo que, ela não tinha energia alguma para manter as plantações vivas. Já era difícil o bastante seguir em frente. Vejo isso acontecer com frequência a mulheres que carregam nas costas várias funções difíceis, em casa e no trabalho, e constantemente dizendo a si mesmas, ou ouvindo de outras pessoas, que não estão fazendo o suficiente ou do jeito certo. Quando nos vemos refletidos como indignos e nossa estima passa a ser reduzida, é um progresso maravilhoso quando voltamos a escutar nossa autêntica voz interior, e então começamos a falar e agir em alinhamento com elas. Ao procedermos assim, de repente o que vemos, e o que outras pessoas enxergam, é como se tivéssemos crescido e ficado mais poderosos. Com Deméter, isso pode ocorrer como consequência de uma série de acontecimentos: gentileza acolhedora (como quando as filhas da família real gentilmente abordaram Deméter e lhe deram abrigo), uma afronta que atua como a gota d'água (como a injúria feita à deusa pela rainha), e estar em um lugar onde se sente segura (como Deméter deve ter se sentido no próprio templo).

Após o luto e a ira, geralmente vem a sensação de vazio, de não ter energia alguma. Você se lembra, quando deprimido ou desanimado, de como até levantar-se da cadeira é difícil, mas, ao primeiro sinal de algo que o atrai ou anima, você se levanta em um segundo? Entretanto, às vezes a drenagem de energia é muito alta, e tudo o que se consegue fazer é o mínimo necessário para comer, dormir, tomar banho, manter o emprego e cuidar dos filhos (caso os tenha). É possível perceber essa depressão em ambientes de trabalho em que as pessoas desistiram de tentar mudar as coisas ou, até mesmo estejam apenas fazendo um bom trabalho. Em minha prática de consultório, já alertei diversas organizações sobre como se recuperar após a gerência ter feito algo que alienou tanto os funcionários que, de empolgados com o trabalho e altamente produtivos, eles passaram a adotar uma atitude do tipo "Eu só trabalho aqui". Isso gera uma espécie de fome, já que a produtividade cai quando o moral afunda. Se esse padrão é predominante em setores inteiros, o resultado possível é uma economia em depressão, porque a prosperidade coletiva aumenta na esperança, nos investimentos e nos gastos, que vão além das capacidades de pessoas desesperadas e empresas doentes.

Às vezes, esse período de tristeza profunda e vazio não pode ser tolerado por mais tempo. Enquanto se recuperava no templo, Deméter talvez também tenha percebido que continuar fazendo a plantação crescer era, de fato, estar em conluio com leis e costumes que permitiam aos pais decidir com quem suas filhas se casariam, bem como com muitos outros procedimentos que homens no poder tomam decisões pelas mulheres sem sequer perguntar o que elas querem. A essa altura, ela pode compreender que não é impotente como vinha se sentindo. A única maneira de Zeus e dos outros deuses entenderem isso é ela deixar a fome continuar.

A greve então consciente de Deméter é um protótipo mítico das corajosas greves de rua feitas por trabalhadores no início do movimento trabalhista, as manifestações pacíficas dos afro-americanos durante o movimento por direitos civis, os variados movimentos femininos ao longo dos séculos, o movimento pelo direito dos homossexuais e outros do tipo. O que diziam era isto: "Não seremos cúmplices de leis e costumes opressores e que nos desonram. Enfrentaremos o poder e teremos coragem para aceitar as consequências de nossas ações".

Esses eventos, é claro, são macrocósmicos. Nossas ações microcósmicas seguem o mesmo padrão, mas não são, necessariamente, visíveis o bastante para o mundo conhecer. Provavelmente você já passou por momentos em que decidiu "chega" e defendeu a si mesmo e aquilo que acreditava ser o correto. É possível que mesmo agora você esteja farto de agir como se fosse inferior ao que é e pronto para tomar uma atitude corajosa a fim de mudar as circunstâncias que o têm deixado cansado ou triste.

Entretanto, Deméter quer ser gentil, e não causar dor ou rompimentos, e também deseja que as pessoas a vejam dessa maneira. O que precisamos ter em mente é que essa é uma história mitológica com ensinamento, não um fato literal; portanto, ninguém está morrendo de verdade. No entanto, sua disposição em deixar os mortais morrerem ressalta uma lição crucial para todos nós hoje. Ela tem de agir de maneira atípica para enfrentar seu desafio mais duro, e precisa se tornar mais como Zeus, que não tem a menor dificuldade em causar dor ou matar qualquer um que atravesse seu caminho.

Muitas vezes, mulheres permanecem em situações horríveis porque sabem que, sem elas, as coisas entrariam em colapso. Recentemente, conheci uma mulher que me contou sua história: ela trabalhava para um chefe (e dono de uma empresa) que chegava, habitualmente, às 10h, era visto em uma reunião, depois tirava um horário estendido para almoçar, geria uma coisinha aqui, outra ali andando e conversando, e por volta das 15h ia embora para jogar golfe ou malhar, deixando o rojão para ela segurar. Ela aceitava a situação, e trabalhava duro e com afinco porque se importava com a empresa e os colegas funcionários. Porém, quando o chefe lhe deu uma nota mais baixa na análise de desempenho porque ela teve de tirar alguns dias para ficar com os filhos doentes e usou isso como motivo para lhe negar um aumento, ela foi embora e o deixou para se virar sozinho. A empresa seria prejudicada? E os outros funcionários? Ela tinha o direito de sair? O que você acha? Talvez, você fique contente em saber que, tão logo correu a notícia de que ela havia saído, um concorrente que conhecia sua competência lhe ofereceu um cargo mais bem remunerado onde seu trabalho era apreciado.

Deméter não sabe como os fatos vão se desenrolar quando dá continuidade ao seu plano de ação ao adentrar o clímax da história, quando as coisas esquentam e ela encara seu teste mais árduo. Como você já sabe, Zeus culpa Deméter por gerar a fome e faz outros deuses a enxergarem como culpada também. Zeus envia um deus após o outro para argumentar com Deméter a fim de que ela encerre a fome, alertando-a de que, se não fizesse isso, não haverira mais mortais para cultuá-lo e aos outros deuses, ou para fazer os sacrifícios necessários. Ou seja, ele a pinta como uma mulher horrível e insensível, que sacrificaria toda a humanidade só para conseguir o que quer.

Em geral, pessoas que ocupam posições de poder trabalham muito duro quando desafiadas por indivíduos e grupos a quem elas prejudicaram ou passaram para trás, a fim de garantir que os outros não os vejam como maçãs podres, subversivos, reclamões e pessoas desagradáveis de modo geral que deveriam ser colocadas nos seus lugares. O mesmo acontece com quem denuncia irregularidades, já que pessoas no poder muitas vezes temem que suas próprias ações danosas e insensíveis venham a público. Mesmo em situações como as que mencionei, em que os chefes sabem que mulheres ou homens estão saindo à francesa por conta das práticas deploráveis da companhia ou, mesmo, de suas próprias, geralmente eles exigem que a pessoa se demitindo assine um acordo mediante o qual não revelarão nada sobre eles ou a companhia, a fim de obterem um pacote mínimo de seguro a que têm direito e viverem disso até que encontrem um novo emprego. Esse comportamento de quem ocupa posições de poder é apenas uma postura humana natural de defesa para evitar ser desmascarado.

Mas mesmo com toda essa pressão e a reputação maculada, Deméter continua firme e forte, dizendo, basicamente, "Ninguém come até que eu veja minha filha diante de mim e saiba que está tudo bem com ela". Seu exemplo oferece uma lição muito importante às mulheres de hoje. Independentemente de nossa vontade de sermos gentis e vistas dessa maneira, às vezes heroínas precisam ser duras a serviço das pessoas e coisas que amam.

Ao perceber que ela não cederá à pressão, Zeus recua, pois ela venceu o impasse de poderes, e ele reconhece como foi ingênuo ao pensar que seu poder sobre a organização social era maior que o poder dela sobre a natureza. Deméter e a filha têm um feliz reencontro, e Hécate retorna após sua ausência misteriosa.

Quando Perséfone retorna, ela parece não apenas ilesa, mas animada, o que torna mais fácil para Deméter aceitar o compromisso sazonal (de Perséfone ficar com a mãe durante parte do ano e com Hades na outra parte). Quando Zeus convida Deméter e Perséfone para voltar à família dos deuses olimpianos, e Perséfone também continua sendo a deusa do Submundo, Deméter concorda, assim como a filha, reestabelecendo-se um senso de comunidade, um final feliz para os deuses e a humanidade. Essa situação também reflete maturidade e crescimento da parte de Zeus. Em seguida, Deméter e Perséfone gerenciam uma organização (os Mistérios) – como mulheres modernas abrindo um negócio juntas. Em todos os registros visuais que restam em Elêusis, ambas parecem bem felizes, e Perséfone também parece contente no Submundo.

Pensando por um momento sobre esse final no contexto de uma história de amor entre mãe e filha, podemos concluir que Deméter, como muitos de nós, fez a transição de uma mãe potencialmente controladora e preocupada, para ser amiga e colega da filha, que cresceu e se tornou uma deusa poderosa. Essa transição é importante para mães e filhas (e pais e filhos, de maneira mais geral). A cena que mostra o retorno de Perséfone, com a mãe e a filha adulta colocando os assuntos em dia, sugere que elas estão fazendo essa transição. Se você é pai ou mãe de um filho adulto, talvez tenha encontrado meios de reconhecer e, possivelmente, até ritualizar com seu filho ou filha essa transição da infância para a idade adulta, porventura na época do ensino médio ou da formatura na faculdade, e sabe como isso pode gerar satisfação. Lembro-me com carinho de estar com minha filha de dezoito anos em um terraço em Atenas, inventando espontaneamente um ritual como esse enquanto conversávamos sobre a mudança em nossa relação e, então, passamos por uma soleira de braços dados.

Ao longo de sua história (e em todos os níveis), Deméter demonstrou como a independência pode abarcar a interdependência. Passar por um período difícil e solitário acabou levando-a de volta para a teia de conexões da humanidade – mas, dessa vez, como uma igual, que teria de ser tratada com respeito por Zeus e pelos outros deuses, não como uma deusa menor cujas contribuições poderiam ser tidas como certas. A moral dessa história é que podemos proceder de maneira semelhante. À medida que cada vez mais mulheres retiram sua energia de apoiar o que não querem e defender o que de fato querem, a revolução inacabada fica próxima da completude. Podemos fomentar esse progresso espalhando notícias sobre lugares nos quais partes dele já foram realizadas.

Há miniparaísos em todos os lugares no mundo. No fim da Parte 2, os capítulos sobre Zeus, incluirei exemplos de parceria entre gêneros e seus resultados nas organizações, mas ao que tudo indica, é melhor encerrar a Parte 1, os capítulos sobre Deméter, com um exemplo social mais amplo. Um estudo recente sobre mulheres em cargos de liderança em vários lugares do mundo fez uma revelação surpreendente: a de que mulheres líderes suecas *não* estão sempre exaustas, parecem extremamente felizes e relatam satisfação com o equilíbrio entre vida e trabalho. Por que é assim? A Suécia adotou políticas sociais que incentivam as mulheres a trabalhar e lhes possibilita ter e criar os filhos bem ajustados e educados, e também ter tempo para si mesmas. Licenças-maternidade e paternidade adequadas são obrigatórias, a pré-escola é subsidiada, e um tempo generoso para férias em família e resistência a horas extras que minam a saúde do funcionário e da família são políticas nacionais. De acordo com esse estudo, os homens também são mais felizes, pois têm horas livres razoáveis e passam um tempo real com aqueles aos quais amam. As empresas também têm melhor desempenho, uma vez que os funcionários são mais eficientes, produtivos e menos onerosos, já que estão menos estressados.

Quando os resultados desse estudo foram reportados em uma sessão de uma reunião da International Leadership Association de que participei, eles causaram um eufórico alvoroço em um salão cheio de profissionais maravilhados de vários países, a maioria mulheres, empolgados em ouvir que tais êxitos não só eram possíveis como estavam acontecendo de verdade. Pessoas levantavam as mãos enquanto faziam perguntas, querendo ter certeza de que os resultados eram precisos. Seguiu-se uma discussão sobre como atingir êxitos semelhantes, em outros lugares. A conclusão foi que seria o caso nos Estados Unidos e em outros países se as seguintes questões fizessem parte da agenda nacional: já que é grande o número de mulheres que adentraram os ambientes de trabalho, o que precisa mudar para tornar possível esse desenvolvimento para mulheres, homens, crianças, empresas e sociedades? De que maneira todas as crianças poderiam ser amadas, instruídas e bem cuidadas? Como as empresas podem manter funcionários produtivos, capazes e talentosos?[1]

Sociedades felizes incentivam autossuficiência, ambição e liberdades pessoais, ao mesmo tempo cuidando da qualidade de vida de seus cidadãos, e revisando suas narrativas quando o mundo muda, talvez o motivo pelo qual países escandinavos ocupam os primeiros lugares do Índice Mundial de Felicidade das Nações Unidas.[2] Elas também promovem um equilíbrio entre Zeus e Deméter adotando políticas sociais que protegem a concorrência e direitos individuais e, simultaneamente, permitem mais tempo para a vida familiar e criam uma rede de segurança mais sólida. Em meu país, os Estados Unidos, provavelmente já teríamos realizado isso se não fosse por narrativas culturais que nos tolhem. Duas que vêm à mente são os mitos (no sentido de falsidades sem dados reais que as respaldem) de que as forças do mercado cuidarão de todos os problemas, e que políticas que exigem cuidar das pessoas representam o "comunismo sem deus" ou o "socialismo", termo frequentemente usado sem distinção entre seus formatos democráticos e ditatoriais. Há pessoas que vivem para demonizar palavras (como *liberal*, *feminista* ou *o 1%*), de modo que novos termos tenham de ser inventados continuamente para o mesmo grupo ou conjunto de crenças. A inteligência narrativa pode nos ajudar a permanecermos conscientes e a reconhecermos quando estamos sendo manipulados para desgostar de palavras codificadas de ideias que poderíamos apoiar se o significado delas fosse claro, ou criticar com maior clareza se não as apoiássemos. E o pensamento crítico que a inteligência narrativa estimula também pode nos ajudar a reconhecer quando estamos sendo incentivados a estereotipar membros de determinado grupo, em vez de tratá-los como indivíduos.

Heroínas contemporâneas podem ser como detetives em histórias de mistérios, mas, nesse caso, resolvendo o mistério de quem são essas pessoas que estão mutilando e matando os valores de Deméter e quais são suas motivações, para que suas atividades sejam reveladas e cerceadas. No entanto, como muitas mulheres têm demais de Deméter, e não muito pouco dela é hora de passar a explorar os outros arquétipos igualmente importantes se quisermos obter a promessa eleusiana de felicidade, prosperidade e libertação do medo que nos impede de vivenciar nosso bem maior.

EXERCÍCIO DE APLICAÇÃO:
Imaginando e Reforçando Miniparaísos

Reflita por um momento se você já vivenciou, ou está vivenciando, um miniparaíso que estaria disposto a defender e proteger. Como você imagina um miniparaíso otimizado? Após identificá-lo, descubra como manter essa visualização na mente e no coração. Você pode escrever uma breve descrição ou desenhar uma imagem ou um símbolo, ou fazer um trabalho de colagem que o traga para perto. Coloque esse registro em algum lugar que o faça se lembrar de como seria esse paraíso para você, a fim de que possa observar aspectos que aparecem no seu caminho e tecê-los em conjunto à medida que vai elaborando a tapeçaria de sua vida.

Em seguida, considere até onde você está disposto a ter coragem para buscar uma vida tão boa para si e para quem você influencia. Como prática sequencial consciente, esteja atento às histórias que você conta a si mesmo que desvalorizam seu miniparaíso e as reformule em narrativas que o deixam mais próximo da realização do que você visualizou.

EXERCÍCIO DE CONCLUSÃO:
Diálogo com Deméter

Em um diário ou no computador, elabore um diálogo entre você e Deméter como você imagina que ela seja. Comece agradecendo à deusa pelas melhorias que ela fez na sua vida e, em seguida, pergunte como Deméter gostaria de ser expressa em você. Depois, você pode dizer o que gostaria que ela lhe desse, afirmando como você pensa que ela ajudaria, mas também como não ajudaria. Permita que um diálogo espontâneo se desenrole, por meio do qual você chegue a um acordo sobre o futuro papel de Deméter na sua vida. Termine com uma nota de agradecimento.

PARTE DOIS

ZEUS

Zeus e o Caminho do Poder

O arquétipo de Zeus é importante para qualquer um de nós que queira descobrir o próprio potencial. Também é crucial para o sucesso e o bem-estar de organizações sociais. Para que famílias, ambientes de trabalho e governos sejam funcionais, precisamos reivindicar nosso poder de analisar o que precisa ser feito, tomar decisões e agir com energia e eficácia. Na família, se pais e mães não assumem a responsabilidade pelo sustento e criação dos filhos, a geração seguinte não vai ser lá muito boa. Nas empresas, se os funcionários não são bons no que fazem e não almejam a constante melhoria, eles e as organizações não serão bem-sucedidos. Em uma democracia, se os cidadãos não se mantêm informados e ativos, seus interesses não serão atendidos, e pode ser que sonhos coletivos importantes nunca se realizem. A história de Zeus nos ajuda a reconhecer que o poder compartilhado é uma coisa boa, mas funciona apenas se fizermos a nossa parte. Isso exige desenvolvermos nossas próprias capacidades para apoiar o bem coletivo.

Em todas as épocas e lugares, a prosperidade geral dependeu do desenvolvimento de capacidades e habilidades individuais, para que contribuições concretas para as comunidades fossem possíveis. Frequentemente, era esperado que a maioria das pessoas desse continuidade a uma vocação familiar, ou, se isso não funcionava para elas, que fossem aprendizes de um vizinho, a fim de conhecerem outro ofício necessário. Em muitas comunidades nativas, adolescentes eram enviados a jornadas espirituais para descobrir suas vocações. Embora há muito tempo algumas pessoas da cultura ocidental moderna se sintam atraídas pelo sacerdócio ou pelas artes, a maioria se concentrou principalmente em arrumar empregos correspondentes às suas habilidades e que lhes proporcionassem uma vida boa. Entretanto, em épocas mais recentes, mais pessoas vêm almejando encontrar um trabalho que se relacione com um senso de propósito alinhado com as próprias habilidades.

Vivemos em uma sociedade competitiva, que exige aprimorarmos nossas habilidades se quisermos ser bem-sucedidos, e é principalmente por meio do esforço e da realização que desenvolvemos um ego fortalecido e saudável. A força do ego nos permite definir limites claros, defender-nos quando ocorrem conflitos e atingir a independência necessária para administrar nosso lar e negócios profissionais e financeiros. Embora ainda se espere que as mulheres façam o papel de mais gentis do que os homens, é preciso que nos percebam como competentes e duronas para termos êxito, e, se quisermos ser leais a nós mesmas, temos de estar dispostas a lutar pelos nossos valores e direitos.

Para enfrentar a decisão de Zeus em permitir que Hades sequestrasse Koré e se casasse com ela, Deméter teve de se tornar mais semelhante a ele e defender o que era importante para ela, mesmo que essa atitude trouxesse consequências para outros. Em nossa época, pessoas muito cuidadosas e generosas que incorporam os dons principais de Deméter podem ter dificuldade para focar o suficiente nos próprios interesses para se saírem bem em termos materiais ou cumprir outros objetivos pessoais sem ter acesso ao que o Zeus interior pode oferecer como equilíbrio.

Assim como Zeus é o deus responsável pela organização social na esfera pública, mulheres que adentram domínios predominantemente masculinos são mais bem preparadas para prosperar quando compreendem a mentalidade de Zeus e exploram seus pontos fortes. O acesso a Zeus passa a ser ainda mais crucial para mulheres que trabalham em parceria com homens no lar, no trabalho e na comunidade e à medida que vamos nos tornando cada vez mais bem-sucedidas na carreira, em atividades cívicas e nossas responsabilidades e zonas de influência aumentam – às vezes, em grandes saltos (como em uma promoção significativa ou um novo negócio).

Atualmente, o arquétipo de Zeus está passando por metamorfoses importantes, e não apenas porque as mulheres estão adentrando setores que no passado eram considerados domínios masculinos. A vantagem masculina da maior força física e a superioridade do homem para pensar com lógica e objetividade, que surgiu durante períodos em que as mulheres não recebiam esse tipo de instrução, são coisas do passado. Hoje, no mundo, máquinas fazem a maior parte do trabalho de erguer cargas pesadas, e computadores são capazes de "pensar" sem interferência de sentimentos. Em lugares em que as mulheres têm acesso à educação física e mental, bem como a métodos contraceptivos seguros e de preço acessível, os principais fatores que nos detinham foram eliminados.

Em conjunto, essas mudanças requerem que os homens evoluam para além das expressões masculinizadas do arquétipo de Zeus, a fim de reformularem a masculinidade no contexto da parceria entre os gêneros, assim como novas oportunidades desafiam mulheres a integrar as virtudes de Zeus à compreensão do que significa ser mulher hoje em dia.

O ARQUÉTIPO DE ZEUS

Zeus é uma expressão do arquétipo do rei ou da rainha, ou, em tempos modernos, do CEO ou presidente. Nossa parte Zeus nos capacita a reivindicar nosso poder e a exercitar nossa responsabilidade na família, no ambiente de trabalho, engajamento cívico e organização social – ou seja, assegurar que todos os setores do mundo funcionem bem. Zeus proporciona a consciência de que todos nós somos o CEO de nossa vida, e precisamos nos encarregar de nossos próprios afazeres e ser capazes de administrá-los.

Exemplo que exala confiança, na mitologia grega Zeus é retratado como carismático e encantador, e suas rédeas são curtas. Ele é o comandante do céu e da terra, e, como deus do céu, ele tem a vantagem de ver o panorama geral. Isso lhe permite aprender, com o tempo, a governar com uma perspectiva de sistemas, entendendo como as partes se encaixam no todo. Imagem incorporada do poder, muitas vezes ele é representado lançando raios do céu. Hoje em dia, é possível vê-lo em pais e mães que dizem, com autoridade, "Vão para o seu quarto", e os filhos interrompem o mau comportamento e correm para chegar lá sem que seja necessário fazer ameaças, ou no chefe que não tem nenhum problema em apresentar uma meta, deixando claras as atribuições de cada um e obtendo aquiescência. Todos nós (mesmo as crianças) precisamos de um pouco de Zeus, do contrário provavelmente os valentões vão nos empurrar.

Uma boa dose de energia de Zeus ajuda você a definir limites sólidos, ter coragem para se defender, e ser bem-sucedido na carreira e na vida. Um Zeus interior desperto empodera empreendedores para criar empresas novas e bem-sucedidas, políticos para concorrer em eleições e vencer, líderes para elaborar e vender visões para o futuro, e qualquer um de nós para deixar claras nossas ambições e realizá-las. Ao optar por valorizar esse arquétipo e aprender com ele, você pode conseguir um aliado interior que o ajude a desenvolver seus pontos fortes, provar seu valor e obter a atenção que merece – ao mesmo tempo protegendo sua individualidade. Como se não bastasse, ele o capacita para se defender ao deparar com violências de gênero em casa, no trabalho ou na esfera pública.

Assim como todos os personagens arquetípicos deste livro, o Zeus interior pode ser expresso em épocas e lugares diferentes. As imagens de um Zeus bem autocrata provêm de períodos em que se esperava que os comandantes governassem com mão de ferro e punissem as pessoas para mantê-las na linha. A sombra desse arquétipo se revela no comportamento inicialmente demonstrado por Zeus que estabelece seu poder por meio de violência e punições severas. A visão negativa que muitos de nós têm do poder vem da observação dos danos causados pelas qualidades mais negativas de Zeus que persistem, na nossa cultura, nos valentões, nos autocratas, nos sovinas convictos, nos ditadores, torturadores e nos Francis Underwoods do mundo (o político cínico e manipulador da série *House of Cards*).

Embora o Zeus que conhecemos da mitologia tenha certos comportamentos que hoje seriam considerados inapropriados ou até cruéis, ele está sempre aprendendo, e, portanto, é um modelo de aprendizado e evolução para nós, a fim de que não fiquemos restritos a jeitos de ser que nos impeçam de encarar problemas contemporâneos. Seu crescimento na narrativa eleusiana que começa neste livro traça um paralelo com a mudança de consciência em uma Atenas que então rumava para um experimento excelente, embora limitado, na democracia. Considerando nossa época, a perspectiva da fome que Zeus teve de confrontar permite antever descobertas científicas que geram novos desafios de liderança. A humanidade não pode subjugar a natureza como se fosse separada dela, como narrativas culturais primitivas afirmavam que podíamos. A ameaça representada pela mudança climática nos lembra de que somos parte da natureza, de modo que, nossas ações podem desequilibrar o sistema ecológico, com efeitos desastrosos. Entretanto, a ciência e, consequentemente, nossas histórias culturais, estão evoluindo depressa; então, é possível analisarmos o que está acontecendo e, talvez, evitar o desastre. É o arquétipo de Zeus que pode ajudar a desenvolver o consenso social e político que será necessário para transformar esse novo conhecimento em políticas públicas.

A História de Zeus

À medida que eu reconstituía a história de Zeus com base em mitos variados sobre ele, fui percebendo que esse deus passou por um ciclo de aprendizados que pode nos ajudar a prosperar nesses tempos desafiadores, mas temos de interpretá-lo metaforicamente para compreender seu significado. Esta é a versão curta, que as lições a seguir desenvolverão com mais detalhes: assim como muitos de nossos problemas pessoais podem remontar a traumas de histórias familiares, a visão mais profunda dos Mistérios de Elêusis é a história de Cronos, que engole todos os filhos, exceto Zeus. Na mitologia grega, Cronos era o rei dos Titãs, a raça de deuses que governou antes dos olimpianos. Com medo de uma profecia de que um filho tomaria seu lugar, Cronos devorou cinco de seis filhos tão logo nasciam. Para cometer tamanha atrocidade, ele precisou ser tomado (diríamos "engolido") por um complexo de poder, em que preservar o próprio poder era mais importante para ele que os filhos.

Quando Zeus nasceu, sua mãe tão sofrida, Reia, a Mãe Terra original, finalmente ficou farta. Podemos imaginar sua dor ao perder tantos filhos, e aplaudi-la por ter tido coragem de salvar Zeus. Ela embrulha uma pedra em roupas de bebê e a dá para Cronos comer e então envia Zeus para Creta, escondendo-o. Lá, ele mora sozinho em uma caverna, e é possível imaginar que ele deve ter se sentido rejeitado pelo pai e abandonado pela mãe.

Por mais que o começo da vida tenha sido de privações, Zeus consegue ter sucesso. Ele tem clarividência para aprender tudo o que pode sobre a sabedoria da sociedade cretense, avançada e igualitária, que mais tarde lhe servirá muito bem. Zeus decide que substituirá Cronos como deus principal e governará com mais justiça que o pai. Já adulto, ele volta para casa e, com ajuda de outros, resgata os irmãos dando a Cronos uma erva que o faz regurgitá-los. Eles se juntam a Zeus numa rebelião contra Cronos.

Muitos deuses e deusas se sentiam oprimidos pelas leis de Cronos, e ajudam Zeus a subjugar o pai. No entanto, outros continuaram apegados ao *modus operandi* de quando Cronos estava no poder, bem como ao *status* que recebiam de sua afiliação com o deus; portanto, eles lutam contra a rebelião. Não obstante, Zeus prova sua força e vigor para governar ao liderar as forças rebeldes rumo à vitória, e, em termos gerais, ele é um monarca melhor e mais sábio que o pai. Ele se casa com uma Titã – Hera – para selar a paz com os derrotados, mas o casamento não é feliz. Ele trai Hera várias vezes, e ela muitas vezes é representada ou como uma mulher chorona, ou louca de ciúmes e punitiva. A filha de Zeus, Koré, é fruto de uma escapadela com Deméter, mas não há registros de ele ter sido um pai presente até Hades lhe pedir a bênção para se casar com ela e Zeus concordar. Porém, quando o deus se vê diante de uma fome que ameaça ceifar a humanidade e privar os deuses dos sacrifícios que são essenciais ao seu bem-estar, ele vivencia um enorme chamado para despertar, reconhecendo que seu estilo de governo precisa acomodar muito mais variáveis do que antes.

Purificado por essa percepção, ele envia Hermes para trazer sua filha, agora Perséfone, de volta para o Mundo Superior, convida Perséfone e Deméter para voltar a fazer parte dos deuses olimpianos, e apoia plenamente a criação dos Mistérios de Elêusis, pois quer que os seres humanos entendam o que ele aprendeu. Mas acima de tudo, ele deseja garantir a fertilidade da terra em longo prazo como chave para prosperidade, sucesso e felicidade para mortais e deuses.

Nessa história, podemos traçar a evolução política da aristocracia (o pai de Zeus) e da meritocracia (Zeus fez o próprio caminho, começando como filho rejeitado) para uma democracia maior, com o reconhecimento de que todos os deuses e deusas devem ter voz própria e gerir assuntos humanos. Em vez de pensar que ele é superior porque seu trabalho é comandar as coisas, Zeus passa a entender que sua função é apenas uma de tantas outras importantes que precisam ser executadas.

Cronos incorpora a onda primitiva do arquétipo de Zeus – frequentemente descrita como um complexo de poder, em que a necessidade de ter poder sobre os outros toma conta das pessoas, muitas vezes de maneira inconsciente. O fato de Cronos engolir os filhos pode ser interpretado como uma metáfora para pais e mães – ou qualquer um em posição de controle sobre outros – que afirmam o que os filhos, ou outras pessoas que estejam sob seu comando, devem pensar e fazer, e que impõem obediência pelo medo. Cronos é a presença arquetípica em todos os regimes opressores. Se as pessoas de sua empresa têm medo de fazer coisas que desagradam o chefe, a energia dele está presente. Reconhecer Cronos no trabalho desenvolve sua capacidade de captar o complexo de poder quando ele emerge em você ou ao seu redor, a fim de ser possível evitar o custo que isso acarreta para todos os envolvidos. Isso também explora o quanto somos, inevitavelmente, engolidos pelo sistema em que vivemos, e como reconhecer e escapar dos elementos-sombra em uma meritocracia.

As lições a seguir traçam a história de Zeus para ilustrar como o desenvolvimento de uma estrutura saudável do ego pode complementar a sabedoria do coração. As lições orientam você pelo processo de desconstrução de quaisquer histórias que o estiverem mantendo preso em padrões limitantes, a fim de conseguir se distinguir de maneira mais completa dos outros, reivindicar suas forças autênticas e seguir seus verdadeiros interesses. Elas também ajudarão sua parte Zeus a desenvolver limites saudáveis e objetivos claros, assumir responsabilidades pelos seus erros ou limitações sem precisar culpar os outros, ter resiliência para usar o fracasso como uma oportunidade para recomeçar e prosperar em um novo nível, e não ter mais de ficar por cima de ninguém para se sentir seguro na própria identidade e no mundo.

Além disso, as lições fazem um paralelo entre a evolução de uma meritocracia para um equilíbrio mais verdadeiro com a democracia, que hoje está em andamento, mas ainda sob ataque. Todos os movimentos por liberdade de nossa época, ao lado da crescente expectativa de que as pessoas serão tratadas como indivíduos que merecem realização, e não apenas recursos a serem usados, estão nos movendo na direção certa. Ao mesmo tempo, entretanto, a influência cada vez maior dos poucos que acumularam poder econômico e buscam manter e aumentar suas vantagens está diminuindo essa progressão substancialmente. Neste exato instante, democracias ocidentais estão num impasse com histórias conflitantes: uma que vê a prosperidade econômica como fruto inevitável de uma competição que define perdedores e vencedores, e outra que contém uma promessa de que uma abundância ainda maior resulta quando cada pessoa pode desenvolver o próprio potencial e, assim, contribui para o todo. Na história de Zeus, cada uma dessas narrativas predomina em uma etapa de sua jornada.

Na minha vida, quando passei a assumir funções maternais e administrativas, tive de alavancar Zeus, já que esse arquétipo andava reduzido em comparação com os valores de Deméter incentivados em minha criação gentil e bondosa, o que me fazia confiar demais nos outros. Em todos esses papéis, para mim foi importante confiar, porém verificando, aprendendo a ser realista na escola da vida. Levei algum tempo para reconhecer quantas pessoas movidas a avareza existem por aí, muitas vezes camuflando a própria ganância por trás de uma afetação virtuosa e cuidadosa ou políticas sociais projetadas para beneficiá--las, explorando medos e preconceitos alheios. O arquétipo de Zeus pode nos ajudar a reconhecer esses perigos e nos proteger deles, pois são o polo negativo pela própria natureza. Não podemos enxergar o que está inconsciente no nosso interior.

Mas além de ser menos ingênua, precisei desenvolver os muitos pontos fortes reais de Zeus que poderiam me ajudar a ter sucesso, sobretudo no trabalho. Meu marido, David, me orientou, me incentivando a "fazer acontecer" muito antes de Sheryl Sandberg tornar famosa essa expressão, e eu o incentivei a pegar um pouco mais leve como pai. Um de meus primeiros mentores, que era o reitor da faculdade quando eu era uma jovem professora e administradora, foi maravilhoso em contar histórias que me ajudaram, e a outros também, a entender o mundo acadêmico e como ele funciona na prática.

Em meu trabalho de consultoria e orientação, descobri que mulheres que tiveram experiências com pais, mães, professores ou chefes autocratas muitas vezes tinham dificuldade para afirmar sua autoridade. Em algum momento, elas contaram a si mesmas uma história que dizia: "Odeio ser magoada dessa maneira; portanto, nunca vou me portar desse jeito mandão", o que as levou a suprimir não apenas o lado negativo do arquétipo, mas também a confiança e disposição para assumir o comando e exercer a liderança. Essa narrativa interior se tornaria problemática quando elas fossem promovidas à gerência no trabalho, mas fossem consideradas resistentes a liderar, ou quando, no papel de mães, não conseguissem ser enérgicas para dizer aos filhos o que fazer com autoridade suficiente para serem obedecidas. Equiparar poder com suas sombras faz com que muita gente reprima a autoconfiança a ponto de ficar impotente e deixar os valentões passarem por cima de delas.

A solução é despertar o arquétipo de Zeus dentro de nós para ficarmos mais duronas, mas também equilibrá-lo com a consciência conectada de Deméter a fim de permanecermos focadas no bem maior. Enquanto muitas mulheres podem se beneficiar da habilidade de Zeus de colocar os próprios interesses em primeiro lugar, o lado sombra desse deus o faz de uma maneira indiferente, ou explicitamente implacável, ao que isso significa para os outros. A trajetória da heroína equilibra interesse próprio com a consciência da interdependência das pessoas. Em nossa economia moderna, por exemplo, pouquíssimos de nós estão protegidos do impacto de uma grande recessão. Se as mudanças climáticas continuarem sem trégua e mais desastres "naturais" seguirem acontecendo, o desafio à nossa sobrevivência aumentará consideravelmente. Além disso, em um mundo globalmente interconectado, todos somos afetados pelo sofrimento dos outros, pela depressão e ansiedade, e por ameaças internacionais como terrorismo e doenças. Você pode considerar este livro uma medicina homeopática, em que a manifestação evoluída do arquétipo de Zeus é a cura para os danos ainda causados por suas expressões menos progressistas.

Zeus é o deus do poder, e todos nós precisamos de poder em seus formatos variados – *poder pessoal, poder para, poder de* e *poder com* – que podem nos ajudar a construir as próprias potencialidades, obter o que desejamos, tomar iniciativas corajosas para o bem maior, e ser membros fortes e colaborativos de uma equipe. Certas pessoas têm vocação natural para liderar ou gerenciar, e precisam de níveis mais altos das habilidades de Zeus, mas todos nós necessitamos das capacidades desse deus para assumir as rédeas da própria vida. As lições a seguir exploram como você pode

- vencer o medo e a ansiedade que alimentam uma vida direcionada;
- declarar sua independência de viver segundo regras alheias;
- revelar sua paixão e focar nas suas ações;
- reorganizar-se e repensar à medida que passa a saber mais; e
- parar de ter relacionamentos de *poder sobre alguém* e passar a ter *poder com alguém*.

O Arquétipo de Zeus
Zeus Mitológico: deus principal, deus das divindades olimpianas, deus do céu
Lição Primordial da Heroína: a habilidade de assumir as rédeas da própria vida e afazeres
Progressão Narrativa: passa de arrogância ansiosa para colaboração agradecida
Dons: força, disciplina, determinação, confiança e pensamento estratégico
Associação Histórica a Gênero: com o masculino em homens e mulheres
Modo de Tomar Decisões: confia nos instintos e na inteligência estratégica
Capacidade Interior Desenvolvida: um ego forte e saudável
Formas Contraproducentes: tirano implacável, autocrata por direito, narcisista

Zeus e a Promessa Eleusiana
Prática Primordial da Felicidade: ter um senso de propósito e comprometimento com objetivos
Contribuição para a Prosperidade: aspiração, planejamento, perseverança e trabalho duro
Contribuição para a Liberdade: desenvolver força, confiança e determinação

PERGUNTAS DE APLICAÇÃO:

Com base no que você sabe até agora sobre Zeus,

Você tem esse arquétipo de modo insuficiente, excessivo ou quase nulo?

Se ele está presente em sua vida, foi legado familiar (ou seja, você aprendeu a ser assim e o é), é vocação ou faz parte do seu eu profundo e autêntico?

Você gosta de pessoas que refletem o exemplo de Zeus no mundo?

Por quê? Ou por que não?

PRIMEIRA LIÇÃO DE ZEUS:

Superando o Medo que Alimenta uma Vida Orientada

Algumas pessoas que têm êxito em atingir o topo em sua área de atuação ficam tão apegadas em permanecer ali que o medo de perder poder, *status* e dinheiro acaba lhes causando problemas. O mesmo pode acontecer com especialistas e outros formadores de opinião, e também com líderes empresariais e políticos. Pode, também, acontecer com qualquer um de nós que se descobrir apegado demais a vantagens econômicas ou de *status*, com medo de escorregar ladeira abaixo em termos econômicos. Em vez de desfrutarmos o que possuímos e termos orgulho de nossas realizações, podemos ficar receosos, tentando expandir o poder que temos ou nos apegando a ele.

O primeiro passo para evitar essa situação é compreendê-la como um complexo de poder se manifestando, que é o tema desta lição. Qualquer arquétipo se torna um complexo quando toma conta de nós, geralmente na sua forma sombra. Por exemplo, o complexo de cuidadora de Deméter pode nos sobrecarregar, fazendo com que fiquemos controladores de uma maneira codependente. (Nesse sentido, ela também poderia emular Cronos, que também era seu pai.)

Quando o complexo de poder nos acomete, e é fácil que isso aconteça, uma possível sensação é que qualquer nível de *status* que tivermos atingido é essencial, não apenas para quem somos, mas também para a sobrevivência de qualquer empreendimento em que estejamos envolvidos. Reconhecer esse aspecto pode ajudar você a compreender os comportamentos das pessoas quando elas não lidam bem com a perda do controle sobre os filhos (que se rebelam ou crescem), diretores ou chefes (que as despedem), funcionários (que não dão conta do trabalho ou vão para outro emprego), clientes (que escolhem outro produto), colegas (que as excluem) ou a população (que elegem outro candidato). Essa perda de controle pode causar desorientação, depressão ou atitudes desesperadas para readquiri-la. Ainda pior, ditadores podem torturar e executar outras pessoas para manter o poder. A maioria de nós, sob influência de Cronos, tortura apenas a nós mesmos.

O que você precisa fazer para adentrar os mistérios do poder, e se proteger contra seus reveses, é revelado na literatura e nos mitos antigos. *O Ramo de Ouro*, livro essencial de *Sir* James George Frazer sobre mitologia, explora mitos que retratam o reino de um rei como frágil e dependente de sua conexão com a terra e suas proezas físicas. No mito do Ramo de Ouro, o rei tinha de guardar um galho de uma árvore, que representava a força física e a fertilidade desse monarca. Se um desafiante tentasse roubá-lo, ocorreria uma luta mortal, em que o vencedor permaneceria, ou se tornaria, o rei. Consequentemente, o rei estava sempre ansioso e com medo até de dormir, com receio de que alguém surrupiasse o galho da tal árvore.

Outros mitos do mundo todo vinculam a permanência de um rei no cargo com sua habilidade de demonstrar força em batalha e sua capacidade sexual, fornecendo contexto para a repugnante agressividade e proezas sexuais de Zeus. A primeira mostra que o rei é capaz de proteger a comunidade de danos externos, e a segunda provém de uma antiga crença de que a fecundidade da terra depende da virilidade do rei. O divertido romance *Henderson, o Rei da Chuva*, de Saul Bellow, dá uma ideia sobre o que é ser um rei sujeito a tais expectativas. Na obra, um rei tribal africano explica ao protagonista do romance que sua vida será sacrificada quando ele não puder mais satisfazer todas as mulheres do seu harém e gerar mais filhos. Ainda que atualmente isso não seja esperado de nossos líderes (preferindo-se que eles tenham casamentos monogâmicos e sejam exemplos de valores familiares), atitudes emocionais masculinizadas persistem nos vestiários (e ambientes de trabalho), com histórias de façanhas sexuais e vitórias agressivas. Essa sensação persiste na ansiedade mais geral que muitos de nós vivenciam quando nossas responsabilidades são grandes a ponto de temermos não dar conta delas ao longo do tempo.

No entanto, o impacto negativo de Cronos se reflete de maneiras diferentes em épocas históricas distintas e conforme diferenças de classes sociais e econômicas. Historicamente, o padrão do macho alfa ansioso voltou a aparecer em senhores e senhoras feudais (comandando servos), reis e rainhas, e em aristocratas de maneira mais geral que afirmavam que sua superioridade era inata por ter sido herdada. Nos enredos de histórias como as de Robin Hood, o herói subjuga uma má classe governante (Rei John) que roubava dos pobres para que os ricos tivessem ainda mais riqueza, luxo e poder do que antes. Em seguida, o herói ajuda a reestabelecer um governo (nesse caso, sob o comando do Rei Richard) que se importa com o povo e dá origem a um reino mais próspero e harmonioso.

Pode-se observar um fenômeno semelhante em nossa própria época, economia e política, nas pessoas que cada vez mais gerenciam as coisas em virtude de sua riqueza e consequente poder. A transmissão de pai para filho de recursos, conexões e acesso à educação gera na prática uma aristocracia, e os investimentos que fazem aumentam exponencialmente suas fortunas. Na pior das hipóteses, a linhagem familiar engole obsessivamente mais e mais dos recursos disponíveis e depois os acumula, contribuindo para uma desigualdade econômica cada vez maior.

De acordo com noções tão antigas quanto Homero e que persistem ainda hoje, o dever moral de aristocratas, e o modo como conseguem escapar de serem engolidos por qualidades Cronos menos desejáveis, é reconhecer que *noblesse oblige*, que, em essência, significa: "A quem muito se dá, muito se exige". O fato de ser uma expressão francesa nos lembra de que a Revolução Francesa ocorreu porque a aristocracia estava negligenciando suas responsabilidades. Até um primata macho alfa cumpre seus deveres, cujo papel é definido pela natureza, mas seres humanos possuem livre-arbítrio. Alguns cidadãos ricos mais esclarecidos hoje usam a própria fortuna para tentar abordar questões sociais e problemas sanitários, e para dar uma ajuda aos menos afortunados. Em termos coletivos, os maiores bilionários do mundo abarcaram uma porcentagem tão grande do PIB global que poderiam resolver muitos dos problemas mundiais atuais se apenas tomassem a iniciativa. Por exemplo, um relatório de 2014 da Oxfam, *Working for the Few: Political Capture and Economic Inequality*, revelou que "Quase metade da riqueza do mundo é de propriedade de apenas um por cento da população".[1]

Além de mudanças na cobrança de impostos, herança e outras políticas governamentais, abordar essa discrepância exigiria mudar as histórias que muita gente rica conta a si mesma, das quais provém sua autoestima, de "Quanto mais rico eu for, melhor serei" para "Quanto mais generoso eu for, melhor serei". Tal modificação narrativa traria o equilíbrio entre o poder de Zeus e a generosidade de Deméter.

Entretanto, seria um equívoco deixar a solução para os problemas do mundo somente nas mãos dos menos cientes da extensão do sofrimento humano e da degradação ambiental. Subjugar Cronos é um trabalho interior de todos nós. No início da vida humana tribal, quando a sobrevivência era uma questão frequente, cada pessoa que tivesse um dom ou uma habilidade que contribuísse para o sucesso do grupo teria estatura e importância. Hoje, os problemas que enfrentamos são grandes demais para supor que somente os poucos considerados "melhores e mais brilhantes" de nossos líderes governamentais possam resolvê-los. Ao contrário, todos precisamos nos tornar o melhor que pudermos e contribuir com o que conseguirmos para construir uma sociedade mais justa e próspera.

Vivendo no que se considera uma meritocracia, em que (na teoria) qualquer um pode alcançar o sucesso por meio de trabalho duro e competência, o arquétipo de Zeus aparece em homens e mulheres que se tornam soberanos da própria vida e que provam ter capacidade de influenciar ou liderar outras pessoas mediante suas próprias realizações. O lado negativo de uma meritocracia é que ela pode incentivar atitudes de valorizar somente as pessoas que chegam ao topo, ao mesmo tempo culpando pela própria situação quem não consegue chegar, o que é considerado uma consequência natural de preguiça ou incapacidade. Essa mentalidade pode levar os vencedores a se acharem merecedores, os que estão no meio a sacrificar suas jornadas autênticas em prol de uma luta constante para obter cada vez mais coisas, e os que batalham financeiramente a aceitar a impotência e a pobreza como "sina".

No entanto, o ideal é que uma sociedade capitalista competitiva motivasse cada um de nós a aprimorar pontos fortes naturais, a fim de fazermos contribuições valiosas para o coletivo e termos os recursos de que necessitamos para perceber nosso potencial e aproveitar a vida. Porém, se acreditarmos que nosso valor vem do lugar que ocupamos na escada de uma hierarquia socioeconômica, nossa motivação em obter mais *status* será cada vez maior, muitas vezes igualado a mais dinheiro e poder. Essas aspirações econômicas começam a nos consumir, assim como Cronos consumiu seus rebentos, e vamos passar a desvalorizar ou enfraquecer qualquer pessoa ou coisa que ameace nosso contínuo engolir dos recursos mundiais. Quando nos atemos a essas mensurações artificiais de valor em vez de seguirmos nosso propósito de evolução, começamos a sentir um vazio, sempre precisando de mais para preencher o buraco no qual nosso verdadeiro eu deveria estar.

Se não tivermos consciência de nossos valores e pontos fortes inatos, podemos escolher um parceiro ou parceira para aumentar nosso *status* do mesmo modo que uma pessoa pode adquirir um carro ou uma casa para impressionar, e não porque eles atendem às necessidades atuais e combinem com seu senso estético e, portanto, a agrada. Isso pode gerar uma sensação de insatisfação e vazio, com que algumas pessoas lidam tentando preenchê-la de outras maneiras, desejando avidamente mais coisas – mais dinheiro; mais casas; um cônjuge novo, mais bonito; experiências mais intensas, e assim por diante. Aprendi que pessoas que adquirem *status* elevado, riquezas e fama podem se sentir tão perdidas e vazias quanto o restante de nós se sente uma vez ou outra – talvez, ainda mais.

Um despertar precoce me ocorreu pouco tempo depois que me formei na faculdade, estava recém-casada, havia encontrado um apartamento com piscina e lecionava inglês no ensino médio, fazendo praticamente tudo o que eu esperava e até mesmo que sabia que queria. Eu achava que tudo estava bem até certo dia quando cheguei em casa, fiz um bolo de farinha de aveia e devorei a maior parte dele. Nem isso aplacou o vazio que eu sentia. Para atenuar a fome, que na verdade não era por comida, tive de começar a descobrir quem eu era, e o que queria ser e fazer. Sou grata por ter recebido essa mensagem cedo na vida. Como Joseph Campbell alertava, muitas pessoas fazem tudo o que podem para galgar a escada do sucesso, mas, uma vez no topo, elas percebem que não era bem aquilo que queriam. No entanto, nunca é tarde parar, reorganizar-se e entrar em contato com quem se é de verdade e o que se quer da vida, afinal.

O arquétipo de Zeus está evoluindo ao lado de padrões de pensamento humanos. Estamos saindo de uma fase em que as pessoas observavam a natureza e notavam "a sobrevivência dos mais aptos", tomando isso como uma metáfora para o funcionamento do capitalismo e concluindo que a chave para o sucesso organizacional viria da existência de líderes que lutassem para chegar no topo, talvez até mesmo sem escrúpulos. Quando sua narrativa de sucesso muda, o objetivo é encontrar não *o* caminho certo, mas o caminho certo para *você* ser o melhor que conseguir. Hoje, cientistas percebem a necessidade do equilíbrio em sistemas ecológicos, e economistas estão investigando o significado da interdependência financeira global para o funcionamento da economia e como a crescente desigualdade de renda diminui a prosperidade da sociedade inteira.

Ao mesmo tempo, muitas pessoas nos Estados Unidos estão começando a perceber a urgência de incorporar mais integralmente a promessa igualitária da democracia para equilibrar melhor o ideal meritocrático. Isso pode reduzir os obstáculos de ambas. Em termos individuais, a crença de que nosso valor provém da posição que ocupamos na hierarquia social, e a ansiedade que isso causa, pode fazer com que nos sintamos engolidos pela impressão de que nunca temos tempo suficiente para fazer tudo o que deveríamos estar fazendo para viver segundo os padrões sociais de excelência. Durante a antiguidade, de acordo com Plutarco, os gregos acreditavam que Cronos era um nome alegórico para Chronos, o deus do tempo. A história de Cronos devorando os filhos pode ser interpretada como uma representação da maneira como o passado às vezes consome o futuro, como a geração mais antiga suprime a seguinte, e como poucos de nós têm horas suficientes para fazer tudo o que queremos, seja em um dia ou na vida toda.

Todos somos engolidos pelo tempo linear, que gera uma consciência da inevitabilidade de nossa mortalidade e de um desejo de sermos eternos. Do desejo de fugir da mortalidade vem a urgência, pelo menos para alguns, de criar uma empresa, um prédio, um monumento, ou uma arte atemporal com a ideia de que algo de nós pode continuar vivendo. Nossos genes vivem nos nossos filhos, se os tivermos, e nossas ideias, nas pessoas que influenciamos. A maioria de nós deseja que os filhos sejam felizes, mas também gostaríamos que eles mantivessem nossos hábitos e crenças. E isso não é somente porque achamos que eles são a melhor maneira de viver, mas também porque, quando outras pessoas os mantêm, elas carregam um pouco de nós consigo.

Quando o arquétipo de Zeus está ativo em nós, o desejo de controle pode fazer surgir uma vontade de parar o fluxo do tempo e as mudanças. A solução para isso acaba chegando ao se descobrir um bom equilíbrio com as sabedorias de Deméter, Perséfone e Dionísio, mas inicia ao se reconhecerem os perigos dentro do próprio arquétipo de Zeus. Aquilo que não nomeamos pode facilmente tomar conta de nós, sem que nos demos conta do motivo por nos sentirmos tão estressados.

Na vida pessoal ou no trabalho, podemos fantasiar a possibilidade de passar a tocha para outras pessoas e que elas não mudarão nada. Talvez você tenha presenciado essa situação em brigas entre fundadores de programas e organizações que permanecem no cargo mesmo quando, na verdade, eles não desejam continuar tendo esse nível de responsabilidade. No meu caso, nos períodos em que Zeus estava aflorando em mim, eu continuava sendo recrutada para cargos de liderança administrativa. Em várias ocasiões, fui a fundadora de um programa. Em um caso específico, deixei um cargo de diretora de um programa acadêmico para me tornar reitora de outra instituição, e passei dias escrevendo anotações sobre tudo o que minha sucessora deveria fazer. Mais tarde, soube que ela nunca sequer as leu – mas mesmo assim se saiu muito bem! Em duas situações posteriores, sucedi um fundador ainda influente e atuante, e minha experiência anterior me ajudou a ter empatia com a dificuldade que havia em abandonar o que se construiu.

Nas famílias de hoje, há uma geração de pais e mães-helicóptero que se precipitam em ajudar os filhos muito depois de eles já precisarem se virar sozinhos, um problema que dá desgosto em muitos chefes e diretores de RH, que se perguntam por que uma mãe está telefonando para saber os resultados de avaliação de desempenho dos funcionários adultos. É natural querer que o próprio legado siga adiante e, de maneira consciente ou inconsciente, ficar ansioso com um futuro que progride de modo diferente do que se acha desejável. Entretanto, é assim que a vida funciona, e aceitar esse padrão arquetípico pode nos ajudar a obter um senso de valor pessoal mais aprofundado que nossos papéis e realizações, para que possamos aproveitar e vivenciar de verdade onde estamos sem ter muito medo do futuro. Quanto mais jovens nos dermos conta disso, mais felizes seremos.

O tempo linear também é escasso. Todos temos vinte e quatro horas por dia, e, para muitos de nós, nunca parece ser tempo suficiente para fazer tudo o que gostaríamos ou, até mesmo, aquilo cuja execução é da nossa responsabilidade. Os gregos tinham outra palavra para tempo, *kairós*, que é o tempo eterno. Eles sabiam que havia momentos em que rompíamos com a realidade comum e tínhamos uma epifania ou reconhecíamos uma oportunidade. Sonhos emergem de momentos *kairós* de epifania, mas depois precisam ser vividos no tempo cronológico com pessoas que podem ser resistentes à mudança.

Ainda que esta lição tenha se concentrado em obter a habilidade de nomear os aspectos negativos de Cronos e Zeus para que eles não o engulam, as próximas lições vão explorar como os lados positivos desse arquétipo de poder podem ajudá-lo a desenvolver a força do ego necessária para utilizar os arquétipos, inclusive este, como aliados, mas sem que eles comandem o seu *show*. Quando integrado às lições de Perséfone, o arquétipo de Zeus também pode ajudar você a vivenciar momentos kairós sem ser subjugado por eles, e então fazer o trabalho duro e exaustivo de transformar as visões que eles lhe apresentaram em realidades lineares.

EXERCÍCIO DE APLICAÇÃO:
Criando um Inventário de Expectativas Interiorizadas

Em um diário, mentalmente ou conversando com um amigo ou amiga, faça um inventário de todas as formas que podem engolir você em termos de expectativas familiares, da sociedade ao seu redor, grupos de que você faz parte, ou suas próprias crenças sobre o que precisa ter e ser para ser uma pessoa de valor. Você pode fazer isso em formato de lista, resumindo-a no fim com este ponto de partida: "O que eu vejo me direcionando e me fazendo sentir vazio por dentro é..."

SEGUNDA LIÇÃO DE ZEUS:

Declarando sua Independência

Lendo a história de Zeus como uma parábola, podemos reconhecer que a ameaça de ser engolido é uma metáfora para ser tragado pela visão de mundo, desejos e preceitos da família. O exílio de Zeus em Creta acontece durante seus anos de amadurecimento, quando ele precisa se separar e elucidar seus próprios sonhos, crenças e legado desejado. Sua vida solitária em uma caverna se refere à parte que é só nossa, em que incubamos sonhos e aspirações. Esta lição foca como descartar narrativas prejudiciais e limitantes que impedem você de saber o que quer fazer e como chegar lá.

Uma recente série de romances de Jean M. Auel, *Os Filhos da Terra*, ambientada no período Cro-Magnon, retrata esse processo. A heroína é Ayla, a filha do primitivo *Homo sapiens*, que é a única sobrevivente de seu grupo. Ela é levada pelo Clã, Neandertais que não falam, riem ou choram, mas que se comunicam por uma linguagem de sinais. Seus papéis sociais têm divisões rígidas de gênero. Mulheres são proibidas até de tocar nas armas usadas para caçar, e devem estar disponíveis para o sexo com qualquer membro do Clã que sinalizar seu desejo. Ayla tem habilidades que vão além das dos membros do Clã, mas também algumas desvantagens. Uma delas é ser fisicamente menos forte que muitos deles.

Ela também sente urgência em usar os próprios dons, e, observando caçadores, percebe que esse é um modo de contribuir mais para o grupo; logo, ela aprende sozinha a caçar e se torna bem proficiente nessa atividade. Ela fica grávida depois que Broud, o filho do líder do Clã, a força a fazer sexo com ele por ódio, provavelmente alimentado pela inveja de seu leque de habilidades e por um desejo de humilhá-la e deixá-la no chão. Os membros do Clã consideram que seu filho híbrido tem defeitos de nascença e querem matá-lo, mas ela consegue salvá-lo. Eles também descobrem que ela está caçando, desse modo quebrando um importante tabu do Clã. No fim das contas, o Clã acaba condenando-a ao exílio, onde ela sobrevive com o filho por meio de suas habilidades caçadoras e acaba conhecendo um andarilho *Homo sapiens* que se torna seu companheiro por toda a vida. O desafio dela é desaprender muitas atitudes do Clã, para fazer parte da sociedade humana e não ser considerada estranha demais. Felizmente, a xamã do Clã a treinou em artes curativas, de modo que seu dom tem procura, embora ela use de habilidades com que os seres humanos não estão habituados, acabando por complementar métodos do Clã com os dos humanos.

Em dado momento, a maioria dos adolescentes de hoje considera pessoas mais velhas os Neandertais de sua geração, e têm dificuldades para descobrir como se dar conta, diante dessa gente antiquada e "do passado", de toda a gama das próprias habilidades. Durante esse período, o fortalecimento provém do vínculo com outras pessoas da idade deles que estejam enfrentando desafios semelhantes. Na verdade, podemos vivenciar esse dilema em qualquer momento da vida em que temos a sensação de levar os dons de que o futuro precisa a territórios inóspitos que nos parecem desesperadamente perdidos no passado – daí a permanente popularidade da série *Os Filhos da Terra*.

Em *The Hero with a Thousand Faces**, Joseph Campbell definiu Gancho, o dragão, como o poder do passado que aprisionava o presente, e pros-

---

* *O Herói de Mil Faces*. São Paulo: Cultrix, 1989.

seguiu destacando de que modo a tarefa do herói ou da heroína – ou seja, a minha e a sua – é dar vida a uma cultura que está morrendo. Fazer isso requer inteligência narrativa para saber quais histórias ou camadas de histórias se tornaram anacrônicas. Em seu *best-seller* *O Código da Alma*, James Hillman descreve como cada um de nós nasce com a semente do potencial, assim como a bolota carrega o potencial de um carvalho gigantesco. Dessa semente provém o roteiro ideal de sua vida.

Entretanto, às vezes é difícil encontrar essa semente entre tantas ervas daninhas que a esconde. Ervas daninhas não são, necessariamente, plantas ruins; são apenas plantas que não deveriam crescer em determinado lugar. Em nossa psique, as ervas daninhas são ideias interiorizadas de familiares, amigos e da cultura que não nos servem. Elas também são a voz da autocrítica interior que a maioria de nós possui e nos compara com os outros, não importa se o fato de sermos ou não parecidos com eles é o certo para nós ou nos traz mais felicidade. Nossa tarefa é descobrir as sementes de nosso potencial, cultivá-las para que floresçam e arrancar as plantas indesejadas que consomem luz e nutrição.

A necessidade de descobrir singularidades é inata em nossa espécie. Quando crianças, queremos que nossos pais e outras pessoas nos notem e nos elogiem ao adquirirmos novos talentos e habilidades (por exemplo, "Olhe, mamãe, sem as mãos!"), e nos valemos dos outros para refletir nossos pontos fortes de volta para nós. Se nós, como Zeus, não temos acesso a esse tipo de incentivo parental, na idade adulta podemos ter uma necessidade ainda maior de obter coisas espetacularmente notáveis do que as pessoas cujos pais ficaram contentes ao vê-las realizadas; sem isso, podemos nos tornar carentes ou problemáticos em excesso. Em qualquer caso, vamos querer ser o centro das atenções, de modo que, o melhor é fazer isso de maneira consciente.

No processo de diferenciação, é normal ficarmos cientes das situações em que não concordamos com nossos pais e outras figuras de autoridade e em que suas ideias podem não ser congruentes com as nossas. Se nossos pais querem que sejamos verdadeiros conosco, é improvável que traçarmos o próprio caminho crie um rompimento na relação; mas mesmo assim, podemos hesitar em compartilhar honestamente essas diferenças se acharmos que elas podem deixá-los infelizes. Se nossos pais, com excesso de cuidado de Deméter, têm dificuldades para nos deixar resolver nossos próprios problemas, podemos começar a acreditar que somos incapazes de fazê-lo. Já que é papel de cada geração dar nova vida à cultura, é inevitável que tenhamos de nos virar sozinhos, mesmo quando – ou sobretudo nesse caso – temos medo de fazer isso. É por esse motivo que devemos educar pais, mães e outros a compreender que estamos fazendo, de modo consciente, uma escolha diferente da que eles teriam feito por nós – e por uma boa razão.

Os jovens, ao lado de pessoas historicamente sub-representadas de qualquer idade, compartilham o processo arquetípico da necessidade de se esforçar para ter os próprios dons reconhecidos. Uma cultura com normas baseadas em uma classe privilegiada, no entanto, nos pressiona a provar nosso valor segundo os padrões do grupo de poder dominante – que, no caso dos Estados Unidos, ainda é amplamente mais velho, branco, masculino, heterossexual e assim por diante. Por mais que esses padrões possam ser ultrapassados e, às vezes, preconceituosos, é importante respeitar e absorver o conhecimento que pessoas mais experientes em gerir as coisas possuem.

Muitas leis religiosas oferecem orientações para compreender as consequências lógicas dessa afirmação. Por exemplo, os Dez Mandamentos (da Torá e do Antigo Testamento cristão) começam com uma ordem para honrar pai e mãe para que nosso tempo na terra seja longo. Não se trata apenas de um ditame moral; é uma consequência lógica, implicando que, para sobreviver, você e sua geração precisam da sabedoria e da experiência dos mais velhos, trazendo também a ameaça implícita de que, se você não cuidar dos seus pais, talvez eles não estejam por perto para cuidar de você. Podemos estender essa afirmação à noção prática atual de honrar o chefe, o CEO e os mentores para que permaneçamos um longo tempo na empresa – a menos até que estejamos prontos para ir embora.

Todos estamos sobre os ombros de nossos ancestrais; portanto, ser diferente não deveria significar que não honramos o que nos trouxe ao lugar onde estamos. Porém, uma sensação robótica de morte em vida, sem nenhuma energia ou impulso vital, pode ser um sinal de que uma ideia ou juramento ultrapassados estão tolhendo você, ou então de que há uma ferida que é preciso confrontar e curar. Diferenciar-se dos seus pais e tornar-se uma pessoa de personalidade própria é uma tarefa essencial ao se tornar um adulto. Para isso, é preciso questionar suposições que outros tomam como garantidas. Pergunte-se: "Dinheiro para quê? De quanto eu preciso para cumprir minha vocação e aproveitar a vida? Poder para quê? Quanto poder, e de qual tipo, preciso para cumprir meu propósito? *Status* para quê? Até que ponto o *status* é importante para a minha vida? Quem desejo que pense bem de mim? Bem-estar para quê? Quais qualidades preciso incorporar e de quais experiências preciso para desenvolver as capacidades necessárias para viver minha vida ideal?".

Não são só as exigências alheias que nos engolem em todas as idades; emocionalmente, estamos sempre inalando o que é dito e feito ao redor. Nossa psique é porosa. Absorver atitudes sociais faz parte da condição humana. De acordo com o psicólogo Abraham Maslow, o desejo humano por pertencimento é tão forte que vem logo depois da necessidade de proteção e segurança.[1] No entanto, nossa habilidade de pensar por nós mesmos e descobrir nossa autenticidade requer que nos tornemos cientes de nossa programação inconsciente e, uma vez ou outra, nos afastemos das normas de pessoas a quem amamos e com quem nos importamos. Todo grupo ou organização de que participamos contém regras escritas e não escritas que são elementos de uma trama implícita que pode ou não ser a certa para nós. O segredo de um pertencimento saudável é conseguir ser parte integral de um grupo e, não obstante, ser autêntico em relação à própria natureza e valores. Isso significa que precisamos dizer não ao grupo quando ele incentiva comportamentos e atitudes nocivas. Caso contrário, acabamos nos tornando presas do que Jung denominava participação mística, em que nossa autenticidade é engolida pelas opiniões e ações do grupo. Muitas vezes, aprender a expressar verdades distintas pode poupar a equipes o trabalho de pensamentos grupais ineficazes, em que as pessoas fingem concordar para serem aceitas. Quando nem todas as opiniões são ouvidas, grupos podem tomar decisões muito ruins.

À medida que crescemos, somos constantemente expostos a narrativas culturais, políticas e familiares. Até adquirirmos a inteligência narrativa para reorganizar quais histórias estamos assimilando, contando e vivendo, elas nos governam e, na maior parte do tempo, sequer notamos. Esse processo continua ao longo da vida, já que sempre somos socializados pelas pessoas ao redor de nós e pela cultura mais ampla. Quando desenvolvemos nosso senso crítico, começamos a conseguir questionar orientações de pais, professores, religiosos, amigos e chefes, e até nosso próprio pensamento. E, por fazermos isso com base no nível de autocompreensão e do mundo que possuímos em dado momento, às vezes erramos, mas em seguida (idealmente) aprendemos com nossos erros.

É bem provável que você esteja ciente do impacto que a propaganda causa em nossa consciência, e talvez você esteja se esforçando para ser um consumidor consciente. É importante reconhecer que, ao lhe vender coisas, os profissionais do marketing também estão influenciando ideias culturais sobre o que é necessário para ser bem-sucedido. Podemos ficar esgotados tentando corresponder às pressões para sermos pais ou mães perfeitos, estarmos em ótima forma física, sermos atraentes em qualquer idade, profissionalmente bem-sucedidos, voluntários sociais conscientes, antenados em relação aos principais problemas sociais e políticos, e assim por diante.

As ideias e histórias que engolimos também podem nos causar dor de estômago ou alguma doença. Em *Sacred Choices: Thinking Outside the Tribe to Heal Your Spirit*, a enfermeira e médica intuitiva Christel Nani revela como descobriu que se apegar ao que ela chama de "crenças tribais" que não contribuem para o desenvolvimento autêntico causa doenças.[2] Ela relata casos inspiradores em que abandonar tais crenças e ser mais verdadeiro consigo mesmo contribuiu para a cura. Nem sei dizer quantas pessoas conheci que adoeceram enquanto presas em um casamento, emprego ou outra situação que lhes roubavam seu eu criativo e, depois, vivenciaram uma recuperação milagrosa quando fizeram o que realmente queriam.

Um exemplo de crença tribal nociva ilustrado por Nani é a máxima de que uma boa mulher cuida dos outros – especialmente da família – antes de si mesma, reconhecidamente uma armadilha de Deméter. Essa crença tribal comum pode fazer uma mulher perder consideravelmente a saúde até ela reformulá-la e cuidar primeiro de si. Uma ideia semelhante que um homem ou uma mulher controlados de modo inconsciente por suas partes Cronos podem ter é "Sempre preciso estar no controle, do contrário, eu ou os outros podemos nos prejudicar", gerando estresse crônico e um colapso semelhante da saúde.

Independentemente da história que estiver tolhendo você, sua tarefa é mudar para uma que mais empodere você, embora nem sempre isso seja fácil. A maneira mais desafiadora de narrativa *mindfulness* requer ser capaz de observar e criticar as histórias que você está contando em silêncio a si mesmo em seus pensamentos mais íntimos.

Mesmo famílias que parecem ideais para quem vê de fora podem ferir seus filhos sem querer, e a maioria de nós tem um ou outro arranhão psicológico com que lidar. Sei que muitas garotinhas querem ser princesas, mas nem sempre a realidade de ser rico ou da realeza é como imaginamos. O filme vencedor do Oscar *O Discurso do Rei* (*The King's Speech*, 2010) é baseado na história verdadeira do Rei George VI da Inglaterra. Antes de se tornar rei, George (conhecido como Bertie) não parece um bom candidato para o trono, e por um motivo: ele tem uma gagueira severa. (Curiosamente, essa situação faz um paralelo com a história bíblica arquetípica em que Moisés, que cresceu na casa do Faraó, pediu a Deus que não o enviasse para resgatar os israelitas porque era gago, mas Deus o escolheu mesmo assim, por causa da gentileza com que Moisés tratava as ovelhas que pastoreava.)

Bertie, que era o segundo na sucessão, é encarregado de assumir o título alguns anos antes de a Segunda Guerra Mundial eclodir, quando seu irmão mais velho abdica do trono para se casar com uma norte-americana divorciada. Imagine que você não consegue sequer fazer um pronunciamento sem gaguejar e seu papel é inspirar um povo inteiro falando em público. Bertie se desespera em relação à sua habilidade de fazê-lo, mas sua esposa, Elizabeth (mais tarde, tão amada quanto a rainha mãe), arranja um técnico em dicção excêntrico, mas eficiente, para trabalhar com ele.

Trabalhando de modo muito semelhante à de um psicoterapeuta, o técnico, Lionel Logue, conduz Bertie à dor de sua infância – quando era habitualmente maltratado por uma governanta, ridicularizado pelo pai e pelo irmão, e agoniado porque suas pernas ficavam amarradas dia e noite para que ficassem retas. Como se não bastasse, um irmão mais novo, a quem ele amava e que morrera muito jovem, era mantido longe da vista do público por ser epilético. A dor da família real vinha do desejo de manter a imagem de como a realeza devia ser percebida, situação bem conhecida por qualquer pessoa oriunda de uma família que sentia necessidade de aparecer de alguma maneira.

Aliviando seu sofrimento, Bertie começa a entender por que perdeu a "voz", uma vez que sua própria individualidade foi suprimida para corresponder ao roteiro que a família lhe deu. Ao reconhecer a mágoa e o ultraje sentidos pelo seu eu criança, ele começa a se descobrir pela primeira vez. Adquirir empatia por si mesmo abre sua capacidade de sentir empatia pelo medo e dor dos cidadãos britânicos que enfrentam os perigos e privações da guerra. Sua dignidade e cuidado se revelam em sua voz e palavras, tanto que seus discursos ainda são lembrados, embora ele sempre tenha lutado para falar sem gaguejar.

A intervenção de Lionel também ajuda Bertie a reivindicar sua herança real. Lionel deixa Bertie nervoso ao se sentar com informalidade no trono que ele ocupará após sua coroação. Quando Bertie lhe diz para não se sentar lá, Lionel pergunta, de maneira muito insolente, por que ele deveria lhe dar ouvidos. Bertie se revolta, gritando que ele deve ser ouvido por ter uma voz. Nesse poderoso momento de cisão, ele fala com a voz de um rei, não de uma criança gaga.[3]

Isso também vale para nós. Quaisquer que sejam nossos traumas de infância – grandes ou pequenos –, o processo de cura por meio do enfrentamento desperta empatia por outras pessoas e abre caminho para um senso renovado de propósito. Com frequência, esse propósito une nossos pontos fortes inatos com um legado familiar. Eu me lembro de uma mulher que participou de um treinamento que conduzi e que vinha de uma família muito disfuncional, com uma mãe mentalmente doente. Em termos psicológicos, Claire tinha feridas, mas caminhava feito uma rainha. A despeito dos defeitos, que eram muitos, essa família tinha muito prestígio, e a partir daí Claire adquirira um senso de merecimento que a ajudava a acreditar que conseguiria qualquer coisa que quisesse realizar no mundo. Ao mesmo tempo, suas feridas a motivavam a seguir uma trajetória de agente de cura, e, portanto, ela se tornou uma curandeira ferida capaz de ajudar a curar outros.

Reivindicar independência nos torna monarcas de nossa própria vida, mas esse feito traz deveres e responsabilidades. Não se trata de fazermos o que sentimos que gostamos de fazer, e sim de fazer o que sabemos que devemos, porque é nosso propósito fazê-lo. O arquétipo de Deméter ajuda na tarefa de encontrar seu propósito, já que essa jornada começa descobrindo as pessoas e coisas com as quais você se importa. O arquétipo de Zeus o ajuda a elaborar essa descoberta e localizar seus pontos fortes, para que você possa ser um membro colaborativo e responsável da sociedade.

Descobrir o que se quer parece simples, mas na verdade pode ser muito difícil. O desafio é se conhecer bem o suficiente para reconhecer quando conselhos bem-intencionados não são adequados para você. Em retrospecto, muitos de nós percebemos que passamos um bom tempo estudando o que outra pessoa quis que estudássemos ou nos envolvendo em atividades só para agradar professores ou amigos – não importa o quanto as consideremos estressantes, já que não correspondem a nossas habilidades inatas. Os riscos são ainda maiores quando uma decisão envolve um compromisso com um parceiro de vida ou ter discernimento sobre a própria vocação. (Meu orientador escolar no ensino médio me inscreveu no ramo clerical administrativo, até que meu professor de inglês interferiu e me disse que eu deveria fazer faculdade, salvando-me de uma profissão em que eu teria sido horrível – mas, olhe só, como escritora, até que foi bom ter aprendido a datilografar depressa.)

Desafios pessoais de se declarar independência refletem os sociais. Leva tempo para sonhos serem realizados, seja para você, para mim ou para todo um país. A promessa da fundação dos Estados Unidos é um exemplo. Os fundadores do país afirmaram, na Declaração da Independência de 1776:

> Consideramos estas verdades evidentes por si mesmas: a de que todos os homens são criados igualmente, que eles são dotados por seu Criador de Direitos inalienáveis, entre eles, a Vida, a Liberdade e a Busca da Felicidade.

Antes de assinar a Declaração, Benjamin Franklin alertou seus colegas delegados ao Segundo Congresso Continental: "Devemos todos ficar juntos, do contrário, sem dúvida seremos todos enforcados separadamente". Não obstante, esses homens corajosos (e as mulheres que os apoiaram) prometeram "nossas Vidas, nossos Destinos e nossa sagrada Honra" para transformar a promessa em realidade, e mesmo assim muitos de nós ainda hoje estamos nos esforçando para cumpri-la – felizmente, na maioria dos casos, sem consequências tão drásticas pairando sobre nossas cabeças. Quando vivemos histórias alheias, podemos nos sentir uma colônia e também ter medo de declarar nossa independência. Muito embora a consequência provável não seja a morte, para romper pode ser necessário uma quantidade imensa de coragem.

Quando penso em pessoas ao longo da história que arregaçaram as mangas para fazer a diferença, Martinho Lutero vem à mente de imediato. Ele seguiu sua consciência e incitou a Revolução Protestante. Adoro o fato de, supostamente, ele ter declarado, ao quebrar regras para ser coerente com as próprias crenças, "Peque com bravura para que a graça seja abundante" – embora seja provável que ele nunca tenha dito essas palavras exatas. Também me sinto inspirada pelo seu xará, Martin Luther King. Jr., cuja habilidade de compartilhar seu sonho de um país em que as pessoas são julgadas pela qualidade do caráter, não pela cor da pele, galvanizou amplo apoio para o movimento pelos direitos civis.

Essa ousadia também funcionou no mundo dos negócios, evocando conotações míticas. Você deve ter ouvido falar ou visto o anúncio de 1984 que colocou a Apple no mapa. No anúncio, uma paródia do romance *1984*, de George Orwell, um homem com aparência ameaçadora numa tela em frente a um auditório (representando a IBM como o Grande Irmão) está dizendo a pessoas robotizadas do público o que fazer. Uma jovem atlética (a heroína) entra correndo e atira uma marreta, espatifando a tela e libertando as pessoas, que tornam-se vivas e cem por cento humanas. A locução diz que é por isso que 1984 não será como o *1984* de Orwell. Em seguida, o logo da Apple, com a mordida usual, aparece, estabelecendo uma conotação mítica com a maçã do Jardim do Éden. Esse logo, com a legenda "Think Different" (Pense Diferente, em tradução livre), invoca de modo implícito a doutrina teológica da "queda dos afortunados", que nos desafia a nos rebelarmos contra os ditames das autoridades (sendo Deus a mais alta delas) e, em vez disso, exercer o livre-arbítrio comandado pela consciência, com seu conhecimento do bem e do mal. Em termos evolutivos, a queda dos afortunados pode ser reformulada como a humanidade tornando-se consciente, não guiada apenas pelo instinto. Mas naturalmente, no nível literal do mundo comercial, no anúncio a Apple compara seus produtos bons para o usuário com os da IBM, representados como se forçassem o usuário a padrões predefinidos pelo Grande Irmão.

Com base nesta lição, que o incentivou a declarar sua independência, a próxima seção examina como você pode desenvolver as forças e capacidades que lhe permitam ser bem-sucedido à sua maneira exclusiva.

EXERCÍCIO DE APLICAÇÃO:
Declarando Minha Independência

Como prática vital para aplicar quando as expectativas alheias – de familiares, amigos, colegas de trabalho – tolherem sua autenticidade, primeiro defina de que maneiras elas não servem para você. Então, declare sua independência, talvez prometendo à sua vida, ao seu destino e à sua honra sagrada que você será verdadeiro consigo mesmo: "Eu, (seu nome), declaro que estas verdades são evidentes, que *todas* as pessoas são criadas igualmente, e, como *eu* sou uma pessoa, *tenho* o direito inalienável à minha própria vida, bem como a liberdade de fazer escolhas próprias e buscar a felicidade à minha maneira".

Terceira Lição de Zeus:

Liberando sua Paixão, Focando nas suas Ações

Esta lição examina como liberar o poder de sua verdadeira paixão e lançar mão da inteligência e bom senso para focar suas energias numa direção positiva, ao mesmo tempo evitando ações impulsivas quando um movimento mais prudente seria passar para uma história ou camada de história diferentes. Mas primeiro, para nos conectarmos com Zeus como modelo mítico, vamos considerar alguns detalhes adicionais da vida desse deus quando jovem adulto. Quando Zeus vai à Creta, ele é um exilado, uma criança sem poder. Ao voltar para o Olimpo, está tão poderoso que frequentemente é retratado como ou com um touro. Na Antiguidade, o touro indicava um ímpeto positivo, e ainda indica: um "bull market" [mercado em alta, ou "mercado de touro", literalmente] significa que o preço das ações está na crista da onda. Um touro também incorpora a fertilidade e a ferocidade do rei fértil arquetípico descrito por *Sir* James George Frazer em *O Ramo de Ouro*. Nesse aspecto, Zeus se compromete em subjugar Cronos e se tornar o líder dos deuses.

Muitas pessoas que estão começando ou recomeçando sentem-se como Zeus em sua caverna, exiladas do centro de poder, sobretudo se voltaram a morar com os pais porque está difícil arrumar emprego, estão presos em um trabalho que não teriam escolhido, ou apenas perderam o emprego, o dinheiro ou os meios de sustento. No entanto, períodos como esses apresentam uma oportunidade para elucidar objetivos, desenvolver força física por meio de exercícios e afiar o foco mental usando-se afirmações para reforçar uma atitude de "Eu posso e vou!". Também é uma fase para fazer contatos, identificar opções e avaliar a viabilidade destas.

Mesmo quando muito envolvidos no mundo, também precisamos de um lugar para nos retirarmos, a caverna em que readquirimos clareza e recobramos a energia. Acredito que a história que ajudou Zeus a fazer isso pode ajudar você também. A história do Minotauro era um mito minoico primitivo que ninguém daquela época conhecia. Ela começa com o Rei Minos e a Rainha Pasífae de Creta pedindo a Poseidon (o deus dos mares) um touro branco para mostrá-lo ao povo como um sinal de que os deuses abençoavam seu reinado. No entanto, quando receberam o touro, eles se esqueceram de agradecer ao deus. Poseidon convocou Afrodite para ajudá-lo a punir o casal real pela falta de gratidão e humildade, e eles fizeram a Rainha Pasífae sentir atração sexual pelo touro. Ceder a essa potente atração fez a rainha dar à luz uma criança, um Minotauro, que tinha corpo de homem e cabeça de touro. Ele era tão feroz, implacável e perigoso que um labirinto (na verdade, um labirinto de múltiplos caminhos) foi projetado para mantê-lo aprisionado sob o solo. Quando o Minotauro exigiu que pessoas lhe fossem dadas em sacrifício, Teseu, um herói guerreiro e rei de Atenas, o matou (com ajuda de Ariadne, que mais tarde se casou com Dionísio).

É provável que Zeus tenha acabado por compreender que o problema do Minotauro era que, com corpo humano e cabeça de touro, sua parte errada era tomar decisões. Nosso touro interior, sentido como o poder em nossas entranhas ou impulsos impensados, é cercado por órgãos e um sistema digestório semelhante a um labirinto que faz paralelo com a imagem do touro no labirinto da história. Esse conhecimento oferece uma metáfora para nos lembrarmos de assimilar e integrar impulsos animalescos antes de agir e, então, verificar o que nosso cérebro aconselharia. Podemos imaginar esse touro interior como a fonte de energia para nossos superpoderes, mas não como seu sistema-guia.

Contudo, o que acontece se abafamos nossos superpoderes? Seria como ficar preso como o alter ego de qualquer super-herói moderno. Esse dilema é retratado de maneira bem-humorada no filme de animação *Os Incríveis* (*The Incredibles*, 2004), em que a sociedade se virou contra os super-heróis e deseja que eles ajam naturalmente. No primeiro aparecimento do senhor Incrível – um homem com força impressionante –, ele está sentado a uma mesa pequena demais para seu porte, atendendo a reclamações de corretoras de seguro e se sentindo desanimado. Ele foi reduzido a uma peça na engrenagem de uma ampla companhia de seguros que nega a senhorinhas seus direitos. À medida que o filme continua, ficamos sabendo que isso ocorre em detrimento dele como indivíduo, da sociedade como um todo e dos outros membros de sua família, todos eles igualmente infelizes por terem de reprimir seus superpoderes. O que os libera para revelar seus poderes e boa disposição é a necessidade de proteger a cidade da destruição total.

Sua parte Zeus deseja que você libere seus superpoderes – ou seja, seus dons e sabedoria – para enfrentar os problemas que vê no mundo ou perceber o sonho que você tem de como a vida poderia ser, para si e para os outros. Mas para certas pessoas, esse sonho paira sobre a cabeça como uma ideia, sem o ímpeto que é necessário para elas se levantarem e continuarem até alcançá-lo. Anos atrás, trabalhei em colaboração com um psicólogo e imigrante iraniano, Chris Saade, que dramaticamente – com uma voz estrondosa surgindo com força de sua barriga – instruía as pessoas a encontrar seu "de-se-jo", como diria ele, estendendo a palavra em três longas sílabas. Com seu charmoso sotaque, aliado à intensidade de seu modo de falar e se mexer, ele modelou o que significa saber o que se quer a partir de um lugar muito central e primordial. Seu exemplo nos ajudava a abandonar a ambivalência

("Tipo, eu meio que quero... sei lá") e reivindicar por completo o poder de nossos desejos. Perceber quando você se sente energizado pode ajudá-lo a identificar seus pontos fortes e propósito de vida.

Especialistas como Mihaly Csikszentmihalyi (*Flow: A Psicologia do Alto Desempenho e da Felicidade*) pesquisaram experiências de progresso, capacitando-nos a reconhecer melhor os momentos daquilo a que ele chama de "flow" (fluxo, em tradução livre). Por exemplo, em um estado de *flow*, você adquire energia com o que está fazendo e perde a noção do tempo. Você se sente cem por cento "na experiência".

Então, o que você deseja neste momento da sua vida? É provável que já saiba muita coisa a respeito. Por exemplo, talvez você se lembre de como às vezes fica sentado, sentindo-se letárgico ao pensar em algo que deveria fazer. Você diz a si mesmo que se levante, mas não se mexe, ou, se o faz, é de má vontade. Mas se aparece a oportunidade de fazer algo que você realmente *quer* fazer, você se percebe pulando da cadeira e pondo mãos à obra. Talvez você também vivencie um pico ou uma queda semelhante de energia no seu íntimo em resposta a sinais para o "caminho certo" e o "caminho errado".

Se o seu Zeus está alinhado com Deméter, o compromisso e a determinação fornecem energia para continuar tentando fazer a diferença mesmo quando for difícil. Uma alta executiva do Departamento de Saúde e Serviços Humanos dos EUA me contou como ela mantinha o alto-astral – seu e da equipe – sempre voltando àquilo com que todos se importavam: ajudar crianças pobres (claramente fundamentado pelo arquétipo de Deméter). Eu conhecia seu trabalho bem o bastante para saber que esse chamado de Deméter era respaldado por habilidades administrativas muito boas ao estilo Zeus. Ela era capaz de manter a equipe inteira focada e eficaz em ajudar crianças mesmo quando o gerenciamento do tempo e seus compromissos políticos definiam objetivos e políticas que pareciam bons para seus constituintes, mas conhecidos por serem ineficazes ou, mesmo, irrelevantes.

Com muita frequência, responder a um verdadeiro chamado nos dá uma injeção de ânimo, seja sutil ou intensa. O truque é distinguir entre essa sacudida e a pancada que recebemos da ansiedade, da ganância, da luxúria ou do medo. Sinais de perigo estimulam a amídala cerebral; portanto, a ameaça nos chama a atenção. Nosso cérebro é assim programado para que, na natureza, pudéssemos nos aprontar para correr do tigre, ou agora, em ambientes urbanos, possamos sair do caminho de um trem ou ônibus vindo em nossa direção. Podemos nos encher de empolgação acreditando que encontramos nosso amor verdadeiro – mas, na verdade, a explosão de energia pode ser a adrenalina ativada por uma parte mais profunda de nós que nos alerta sobre o perigo: "Esse cara ou essa garota é a réplica de um relacionamento difícil do passado com minha mãe ou meu pai, ou alguma outra figura marcante". Ou "Essa nova situação de trabalho vai replicar o trauma daquele do qual acabei de sair". Por outro lado, você pode se sentir ansioso antes de dar uma palestra, mas, a adrenalina pode ser útil se você disser a si mesmo que se trata de uma corrente de antecipação para mobilizar sua atenção dizendo, "Sim, eu posso, e vou, fazer um ótimo trabalho! A adrenalina está me deixando pronto", em vez de pensar "Estou tão ansioso que vou estragar tudo e me sentir humilhado".

Muito do que vemos na mídia é forjado para aumentar a audiência, não para nos ajudar a entender a complexidade do mundo de hoje. Ser continuamente bombardeado com notícias de perigos de todos os cantos estimula o touro dentro de nós e aumenta nossa sensação de ansiedade, ultraje e, por fim, ceticismo. Heroínas sábias aplacam sua energia touro improdutiva escolhendo novas válvulas de escape que promovem o jornalismo investigativo que ativa o córtex cerebral, analisa situações e avalia soluções capazes de apoiar boas decisões relacionadas a políticas públicas. Quando o bombardeio constante de más notícias continua nos atingindo de um modo feito para nos entreter e irritar, sempre é bom lembrar de respirar fundo, acalmar-se e tomar atitude em relação aos problemas que nos convocam, ainda que apenas para escrever aos nossos representantes no Congresso.

As coisas que mais nos incomodam podem se tornar uma indicação da nossa missão. Nossa paixão por essa missão serve como combustível em nossas entranhas, mas também precisamos parar, nos acalmar e pensar, se quisermos agir com sabedoria para atingir nossos objetivos. A questão não é se deixar levar pela negatividade, mas passar do reconhecimento de um problema para a descoberta do que podemos fazer para sermos parte da solução.

A história do Minotauro é um conto moral sobre a necessidade de refrear o potencial do touro feroz e lascivo que temos dentro de nós a fim de evitar atitudes impulsivas e contraproducentes. É importante que montemos no touro, e não o contrário, mas também é crucial não reprimi-lo totalmente.[1] Um touro interior refreado oferece o combustível para nossa jornada, mas ainda é necessário que nossa mente defina para onde ir.

Ao adquirir a habilidade de agir de acordo com seu desejo para subjugar o pai e se tornar o líder dos deuses, Zeus também consegue focar suas energias bem o bastante para vencer a batalha contra os Titãs, que são a geração mais velha e alinhada com Cronos. Mas o resultado da guerra é um reino desorganizado. Fica claro que Zeus ainda tem muito que aprender, de modo que sua estratégia é cultivar conselheiros sábios que possam auxiliá-lo em seu aprendizado contínuo. Com eles, Zeus adquire os talentos e perspectivas necessárias para comandar com sucesso, começando com Métis, que o ajudou na guerra, e depois Atena, que o auxilia a governar Atenas como uma cidade-estado que se torna o berço da democracia.

Embora tenha subjugado Cronos por fora, por dentro Zeus ainda age como ele. Por exemplo, Zeus engole a deusa Métis, a conselheira que o ajudou a obter a vitória sobre os Titãs (e que, por medo, se transformara em uma mosca para fugir dele). Ele também condena Prometeu a suportar um tormento eterno por roubar o fogo dos deuses e dá-lo à humanidade, aparentando, assim, ser um tirano e perdendo importante capital político (embora Hércules tenha resgatado Prometeu depois de Zeus se acalmar). Seu desafio iminente é se tornar um comandante mais benevolente e, desse modo, consolidar a lealdade por meio do respeito, e não pelo medo. Nessa situação ele recebe auxílio de Atena, sua filha com Métis.

Um risco para conselheiros é as pessoas buscarem sua ajuda na esperança de que eles resolvam os problemas por elas e sejam demitidos caso eles não façam isso. Na literatura, pode-se encontrar um exemplo do que poderia acontecer em vez disso em *O Mágico de Oz* (*The Wizard of Oz*, 1939), em que Dorothy espera que seus ajudantes a levem ao grande Mágico, que ela acredita que resolverá o problema de fazê-la voltar para casa. Cada um dos personagens simboliza as deficiências que ela acredita possuir e as forças reais por trás dessas. O covarde Leão salva o dia; o Homem de Lata, que não tem coração, está sempre chorando de tocante empatia; e o Espantalho, que não tem cérebro, faz os planos. Quando encontram o Mágico, ele não pode resolver os problemas deles, mas apenas validar essas diversas forças. Finalmente, Dorothy aprende com a Bruxa Boa (no romance, do Sul, e no filme, do Norte) que o importante foi o que ela extraiu das lições de que precisava na jornada, e então ela pode bater os saltos dos sapatos e ir para casa, como uma pessoa nova, mais competente e grata. De maneira semelhante, bons *coachs* pessoais e profissionais de hoje não podem resolver nossos problemas; eles nos ajudam a aprender a fazer isso por conta própria.

Atena é a deusa da sabedoria, da qual a cidade de Atenas recebeu seu nome. Quando Zeus engoliu Métis, ele também engoliu Atena, um feto na barriga de sua mãe. Então, ele a incubou em sua cabeça, o que sugere, metaforicamente, que ela é parte do deus, bem como uma deusa distinta que lhe dá a pior dor de cabeça que ele já teve. Quando ela sai de sua cabeça, já está crescida e com armadura. Compreendendo as estratégias necessárias para proteger Atenas de invasores, ela alia intenção clara e perseverança, coragem e esperteza para aconselhar

Zeus sobre como governar melhor a cidade-estado. Ela é a deusa dos veículos de transporte, como carruagem e navio, e leva o crédito pela invenção das rédeas, que permitem domar cavalos para que se possa montar neles, e, simbolicamente, domar a parte animal (touro, cervo, cavalo) do arquétipo de Zeus. Portanto, ela é capaz de ajudar Zeus a usar sua inteligência para aplacar os excessos relacionados à hiper-sexualidade e à agressividade, a fim de poder gerenciar os negócios do Estado com habilidade.

Muitas pessoas ficam irritadas com coisas que gostariam de mudar ou fantasiam com o que querem da vida, mas não têm estrutura ou apoio que as auxiliem a atingir seus objetivos. Então, elas não se me-xem de verdade para resolver problemas e viver a vida com que so-nham. A sabedoria de Atenas, útil para Zeus e para nós, inclui a inteligência narrativa para visualizar o que queremos da vida, como podemos chegar lá e como podemos obter o apoio de que precisamos para persistir na realização de nossas metas.

Anos atrás, um amigo e eu nos comprometemos a compartilhar nossa intenção para o ano seguinte a cada mês de janeiro e fazer veri-ficações mensais para ver como estávamos nos saindo. Nosso objetivo era obter consciência de nossos desejos e agir com base neles. Enten-demos que isso era diferente das resoluções de Ano-Novo, que, em geral, se referem a coisas que as pessoas acham que *devem* fazer – per-der peso, começar um programa de exercícios, ser mais organizado e assim por diante – e podem conseguir com boa vontade e disciplina.

Porque nosso propósito era alimentar esse tipo de sucesso por meio do desejo autêntico, e não da força de vontade, demos permissão a nós mesmos para mudar nossas intenções. Muitas vezes, nossa falta de energia para de fato realizar nossa visão era uma pista de que nossas palavras não correspondiam de fato ao que queríamos fazer. Então, refinaríamos nossas intenções para alinhá-las com nossos desejos, para que nossas ações pudessem respaldá-las naturalmente. Compartilhar essas intenções com outra pessoa nos ajudou a antecipar potenciais problemas, e, se alguns imprevistos acontecessem, verificar estratégias para lidar com essas coisas. Acima de tudo, funcionou para focarmos nossas energias, de modo a não nos distrairmos demais por desejos transitórios ou o ímpeto de crises imediatas. Fizemos isso durante anos, com o resultado de que nos tornamos profissionalmente mais bem-sucedidos e pessoalmente mais plenos.

O apoio a intenções claras é notadamente eficaz. Pessoas com doenças graves que participam de grupos de apoio tendem a ter melhores resultados que as que não participam, e grupos de doze passos ajudam as pessoas a se libertar de vários vícios. Um projeto da Prisão Estatal de San Quentin (*Guiding Rage into Power* – Guiando a Raiva para o Poder, literalmente) revelou que compartilhamentos em grupo podem ajudar até mesmo condenados à prisão perpétua a encontrar paz com o que fizeram, de modo a formar vínculos com colegas detentos e transformar sua experiência de encarceramento. Nesse processo, eles deixam de culpar os outros pelos próprios delitos, passando a assumir a responsabilidade, sentir remorso e comprometer-se a ser um tipo melhor e diferente de pessoa.

A transformação real acontece com nosso Zeus interior quando deixamos de focar no que precisa mudar nos outros e passamos a focar no que precisamos mudar em nós mesmos. Ao nos tornarmos monarcas de nossa vida, é fácil pensar na vida em termos hierárquicos e ser implacável com alguém que parece desafiar nossas decisões ou ideias. Portanto, monarcas menos evoluídos muitas vezes veem seus desafiantes como inimigos a serem silenciados ou massacrados. A primeira reação de Zeus à greve de braços cruzados de Deméter foi presumir que ele estava certo e ela, errada, e a solução era a deusa tomar jeito. Um potencial erro de nossa parte Zeus é a tendência de projetar inadequação e até culpar os outros, enxergando a nós mesmos e ao próprio grupo como superiores, até mesmo sem culpa. É assim que fortalecemos nosso ego e nos recusamos a ver o que não queremos ver em nós mesmos.

É famosa a frase do advogado e escritor Louis Nizer: "Quando apontamos um dedo para outra pessoa, é bom lembrar que quatro dedos estão apontados para nós mesmos". Quando você se pegar julgando outra pessoa, vale a pena examinar se ela pode estar refletindo algo em você a que devia prestar atenção. Na minha vida, percebi que sou mais propensa a refletir sobre erros alheios quando me sinto culpada, com vergonha ou insegura. Também aprendi a parar e pensar quando me percebo julgando alguém que está violando um valor que é meu. Em geral, isso é um chamado para despertar para que eu viva mais plenamente por meus valores ou saiba que não posso aprovar o que estou vendo. Essa última opção às vezes exige uma saída tipo Deméter da situação, mas também pode começar por abandonar do meu julgamento da pessoa ou grupo em questão, percebendo que não sou perfeita e não sei o que é estar na pele do outro. Assim, fica mais fácil adotar uma maneira mais racional e respeitosa para lidar com o conflito de valores.

Zeus acaba reconhecendo que pode descarregar toda a raiva que quiser em Deméter e isso não resolverá a situação. A fome cessa quando *ele* muda. Grandes seres humanos demonstraram habilidade ao encerrar o ciclo de atrocidade e vingança decidindo que este acaba em si mesmo, e fizeram isso em épocas e lugares em que foram terrivelmente oprimidos e abusados. Nelson Mandela, após passar vinte e seis anos encarcerado, optou por não manter vivo o ciclo de vingança. Como ele disse a Hillary Clinton, "Quando saí pela porta em direção ao portão que me levaria à liberdade, eu sabia que, se não deixasse o ódio e a amargura para trás, ainda estaria na prisão".[2] Essa decisão o tornou apto para ser o presidente da África do Sul e superintender o fim oficial do *apartheid*. O que eu ou você seríamos capazes de fazer se abandonássemos todo o ressentimento justificado e focássemos mais totalmente em ser a mudança que desejamos ver? Até que ponto, inclusive, seríamos mais produtivos em resolver os problemas reais que causaram nosso sofrimento e o alheio?

Após explorarmos como melhor reivindicar o poder de comandar nossa vida e aprender a direcioná-la de maneira mais estratégica, na seção a seguir analisaremos como podemos continuar a aprender mais à medida que avançamos, refinando, assim, nosso senso de direção para os próximos passos que precisamos dar.

EXERCÍCIO DE APLICAÇÃO:
Tornando-me Minha Melhor Versão

Sente-se numa posição confortável, inspirando e expirando lenta e profundamente; em seguida, imagine que você "chegou lá". Você alcançou suas ambições. Para tornar esse processo concreto, visualize-se um dia daqui a cinco anos em que agiu de acordo com sua intenção clara para viver a vida perfeita para você: imagine onde está, quem está por perto, o que está fazendo, e até que ponto se sente alegre e cheio de energia. Depois, pense na história que o levou a esse final feliz, considerando as seguintes perguntas: Quais desafios você acha que vai enfrentar? De quais talentos e habilidades você vai precisar lançar mão para encarar de maneira bem-sucedida esses desafios? De quais conselheiros, *coachs* ou modelos você vai precisar, e como você pode receber o que eles oferecem de uma maneira que desperte as habilidades deles em você? Quais tentações você enfrenta que o fazem querer ser resgatado ou encontrar outra pessoa para culpar, e como resistir a elas? Qual trauma ou tristeza você precisa abandonar? Quais práticas de excelência pessoal ajudarão você a chegar aonde quer ir? (Esses são os tipos de pensamento que você pode manter vivos na mente enquanto reflete e atinge uma clareza maior; portanto, não se preocupe se parecer difícil concluir depressa esse exercício.)

QUARTA LIÇÃO DE ZEUS:

Reorganizando-se e Repensando à Medida que Você Adquire Mais Conhecimento

Esta lição explora como, quando os desafios se intensificam, é normal empacar no início e se perceber repetindo velhos comportamentos de modo que a situação só piora. Assim que dominamos viver uma história, esta tipicamente para de funcionar para nós, deixando-nos com a necessidade de reorganizar-nos, repensar e viver uma nova.

Para Zeus, vencer a guerra contra os Titãs e expulsar o pai não foi o fim de sua contenda. Vários mitos nos informam que o reinado de Zeus foi repetidamente vilipendiado pela constante ira dos Titãs, que nunca aceitaram por inteiro a derrota, sobretudo quando Zeus ainda era um comandante novato. Foram eles que criaram Tifão, o monstro mais pavoroso de todos os tempos. Alguns mitos afirmam que esse monstro nasceu de Gaia, a Mãe Terra primitiva, talvez para salvar o mundo da exploração humana. Alguns dizem que foi Hera, esposa de Zeus, em seu formato minoico imensamente poderoso, que o criou para punir o deus tanto por derrotar os Titãs quanto pelas suas infidelidades.

Tifão, cujo nome é a base da palavra "tufão", era um deus da tempestade que tinha o poder de mexer com as condições climáticas e criar situações caóticas. Em seu primeiro encontro, Tifão derrota Zeus, removendo ou destruindo os tendões de suas mãos e pés, deixando-o sem poder. Mas Hermes, o deus do comércio e da comunicação, substitui os tendões e salva Zeus. Curado, o deus pensa rápido e invoca o raio e o trovão, organizando a tempestade caótica de Tifão e direcionando-a para a cabeça deste, que então pega fogo. A terra se abre e Tifão fica aprisionado sob o Monte Etna, onde ele se torna um vulcão.

Ao encarar esse desafio, Zeus deixa de viver uma história de guerra para reivindicar seu poder como deus do céu e comandante do Olimpo, como qualquer um de nós faz ao passar da luta para chegar à posição que desejamos para fazer o que ela exige de fato. A função do rei, da rainha ou do chefe é conduzir tudo e todos a um lugar em que eles possam ser mais úteis, ou, no mínimo, em que causem menos danos, como no caso de Tifão. O fato de Hermes, o deus da comunicação, ter curado Zeus sugere que esse deus aprendeu a confiar no poder da comunicação para inspirar os outros em vez de recorrer à violência. Dessa maneira, ele mudou a história central que definiu as lentes pelas quais via o mundo. Comunicação e negociação são os talentos de um comandante, não de um combatente.

Depois de ajudar a derrotar os Titãs, os dois irmãos mais velhos de Zeus, Poseidon e Hades, poderiam ter desafiado seu reino, mas Zeus ascendeu como o líder dos deuses por saber negociar e compreender a política do poder. Em vez de declarar guerra, os irmãos decidiram tirar a sorte. Zeus ganhou o direito de comandar a terra e o céu, enquanto Poseidon se contentou em governar os mares, e Hades, o Submundo. As irmãs mais velhas de Zeus, Hera, Deméter e Héstia, lideraram funções de suporte tradicionalmente femininas: esposa, mãe e dona de casa, respectivamente. Ao resolver esses problemas, Zeus usou de negociação e estratégia para elucidar funções e responsabilidades por meio de uma liderança transacional e instrumental.

Pensar em Tifão como a origem dos tufões pode nos fazer lembrar de períodos em que nossa vida parecia tão atribulada, caótica ou difícil que nos sentíamos sobrecarregados e não dávamos conta. Tais ocasiões muitas vezes acontecem quando abandonamos a narrativa da supermulher e permitimos que outra história faça parte de nós. Ou, então, podemos ser parados no meio do caminho ao lidar com reveses na carreira ou na vida e reconhecer que o aprendizado dessas experiências nos fez crescer de uma maneira que nunca teríamos crescido se a situação fosse outra.

O *poder para* atingir objetivos e criar resultados novos e mais desejáveis muitas vezes requer que, no início, lutemos por direitos e mostremos que somos fortes o bastante para que não mexam conosco – isto é, que vivenciemos um enredo de guerra. Isso pode ser apropriado quando nos falta acesso ao que queremos e precisamos lutar para conseguir, ou quando vamos socorrer outras pessoas que estão sendo maltratadas e precisam de nosso apoio, e no processo revelamos nossa força. De posse do êxito, podemos passar de uma história de guerra para uma de comandante, encontrando um meio de curar a cisão e voltar a aproximar as pessoas.

Isso vale para países e para indivíduos. Nosso contexto atual (nos Estados Unidos e na Europa) começou com a Segunda Guerra Mundial, quando os Estados Unidos e seus aliados provaram sua força e decidiram derrotar a Alemanha e o Japão. Após a guerra, o Plano Marshall reconstruiu a Europa Ocidental, beneficiando nossos inimigos de guerra e nossos aliados (mas não o Bloco Soviético, que rejeitou o auxílio). Esse ato sábio e generoso interrompeu o ciclo de vingança na Europa. Tendo demonstrado força militar e generosidade moral, os Estados Unidos se tornaram uma superpotência. Mas em seguida, inevitavelmente, surgiram novos desafios.

Depois da Segunda Guerra Mundial, a União Soviética, nossa ex-aliada, tornou-se nossa maior inimiga, e o mundo se dividiu. Uma estratégia para manter a paz foi a corrida nuclear, que fez com que outra guerra mundial se tornasse impensável. Então, depois que a Guerra Fria abrandou, houve uma breve trégua até o 11 de Setembro, quando o terrorismo se tornou o maior problema mundial. Com o terrorismo veio a dificuldade cada vez maior de se rastrear até mesmo potenciais ameaças, já que terroristas não respeitam fronteiras nacionais e podem se misturar com a população civil. Além disso, a corrida por armas que fez parte da Guerra Fria, e pode ter ajudado a encerrá-la, gerou a ameaça da proliferação nuclear e fez com que armas de destruição em massa fossem parar nas mãos de terroristas.

Quando não sabemos como encarar uma realidade nova e desafiadora, a maioria de nós volta para o que já sabe até conseguir decidir como reagir. Em minha prática de consultoria, observei como muitos líderes inteligentes entendem que suas organizações precisam inovar mais depressa, mas não conseguem descobrir como vencer a batalha política interna para mudar as estruturas que inibem a criatividade e mantêm as coisas se arrastando devagar. Esse é outro motivo por estarmos tão sobrecarregados e exaustos. Vivemos em múltiplos sistemas que, embora novas histórias sejam necessárias, continuam a vivenciar os velhos roteiros, fazendo o que sempre fizeram, só que por mais tempo e com mais dificuldade. O resultado é meio semelhante a correr numa esteira. Gasta-se muita energia, mas não se chega a lugar nenhum.

Nossa parte Zeus parece apegada a histórias na qual somos os mocinhos vitimizados pelos vilões; portanto, nos concentramos em derrotá-los em vez de obtermos o que realmente desejamos, que é o caso sobretudo quando problemas reais desafiam respostas fáceis. Quando comentaristas midiáticos e partidos políticos ainda não sabem o que fazer, eles lutam uns contra os outros, criando a ilusão de que estão realizando algo. Essa tendência pode levar a uma incapacidade de captar perigos reais – um dos motivos por que o 11 de Setembro e a Grande Recessão de 2007-2009 foram uma surpresa. Ainda que a mudança climática não seja surpreendente, as batalhas políticas decorrentes dela são um sinal de que, pelo menos de acordo com um relatório das Nações Unidas, provavelmente ela não será abordada até que seja tarde demais.[1] De maneira semelhante, empresas podem estar tão concentradas em serem melhores que a concorrência ou em disputas territoriais internas que sequer notam uma invenção em andamento que tornará obsoleto todo o seu ramo de atuação ou este estará batalhando para sobreviver. Por exemplo, fábricas de máquinas de escrever e máquinas comerciais continuaram a lutar uma contra a outra por fatias de mercado mesmo com o uso cada vez mais comum de computadores. Mais tarde, a IBM, que abriu caminho para a comercialização de computadores (a companhia adotou as iniciais para escapar da estreita conotação de seu nome completo, a International Business Machines Corporation – tradução literal: Corporação de Negócios Internacionais de Máquinas), ignorou a noção de computador pessoal, acreditando que computadores centrais continuariam a dominar o mercado. É claro que parte da genialidade da Apple, no momento da escrita deste livro a empresa mais valiosa do mundo, e de seu cofundador, o falecido Steve Jobs, é seu constante foco no *próximo* produto inovador, mesmo enquanto continua aprimorando sua linha atual de produtos.

Em nível individual, muita gente continua apegada a ressentimentos contra o pai, a mãe ou o ex-cônjuge em vez de seguir adiante rumo à vida que deseja ter. Hoje em dia, membros da geração Millenial muitas vezes reclamam dos procedimentos irracionalmente lentos e onerosos mantidos por gerentes da velha guarda, enquanto estes criticam a ignorância de funcionários mais jovens em fazer as coisas do jeito "certo". Na verdade, se cada um desses grupos parasse para pensar, eles perceberiam que precisam um do outro. A velha guarda precisa da criatividade, da facilidade tecnológica e energia da geração mais jovem. E funcionários mais jovens precisam de pessoas mais experientes como mentores. Se eles unirem os cérebros, a organização pode otimizar seu sucesso.

De maneira semelhante, às vezes só precisamos lutar por nossos direitos em curto prazo, mas isso raramente resolve problemas de longo prazo. Movimentos por liberdade tiveram êxito em mudar muitas atitudes e leis, mas atitudes preconceituosas racistas, sexistas, homofóbicas e outras persistem e ganham mais força à medida que as pessoas reagem com medo de mudanças. Individualmente, podemos vencer uma disputa contra nosso chefe e mais tarde descobrir que passamos para uma guerra fria. O sucesso duradouro requer uma postura firme seguida de escuta ativa para obter a paz. Esse é o motivo pelo qual as mulheres precisam viver mais uma história de comando que de guerra, já que basicamente nosso objetivo é trabalhar em parceria com os homens, não derrotá-los ou viver em eterno pé de guerra com eles. O mesmo vale para divisões de classes. Uma estratégia bem-sucedida é uma que gere soluções em que todos ganhem e considerem os interesses de todas as classes.

Entretanto, o objetivo não é apenas vencer ou se comprometer. Em vez disso, é descobrir uma terceira história que conduza todos os envolvidos para além de uma "minha história *versus* sua história", e/ou impasse. Quando Zeus percebeu que Deméter estava furiosa e transtornada, ele poderia ter ouvido e aprendido, reconectando-a mais cedo com a filha e evitado uma fome que quase dizimou a população mortal. Jung afirmava que, mesmo em nossa vida interior, quando estamos empacados querendo duas coisas divergentes, devemos manter a tensão até que uma imagem ou um sonho revele uma terceira opção. Em situações de grupo, pode ser ainda mais importante manter essa tensão até que outro caminho seja revelado.

Em minhas funções de liderança, também vivenciei uma tensão constante entre o desejo de tomar decisões por consenso grupal e estruturas de prestação de contas que mantêm o líder como o único responsável pelos resultados. Alguns lugares tentaram tornar o grupo todo responsável, mas isso também é problemático. Se na escola você já teve de fazer um projeto coletivo em que você executou a maior parte do trabalho e os folgados do grupo tiraram a mesma nota, o motivo pelo qual isso quase nunca funciona será óbvio para você. Uma potencial dádiva do arquétipo de Zeus é a habilidade de empoderar outras pessoas e cultivar a inteligência delas assumindo, ao mesmo tempo, o nível de responsabilidade apropriado para o próprio cargo, e exigindo que os outros também façam isso. Outra dádiva é a facilidade de corresponder talentos notáveis a necessidades em qualquer organização, para que cada funcionário possa contribuir de modo ideal para o todo.

Uma parte frequentemente ignorada de assumir a responsabilidade em uma história de comandante do arquétipo Zeus é continuar desenvolvendo suas próprias capacidades de autoavaliação, a fim de reconhecer o próprio ajuste em evolução com as necessidades do seu ambiente. Mesmo as pessoas mais realizadas vivenciam obstáculos ou fracassos significativos em pontos diferentes da vida, o que pode nos estimular a desenvolver novas capacidades e a redefinir objetivos. Se reconhecemos que reveses são normais, podemos perder menos tempo inseguros e nos abrir a novas ideias que nos aproximem cada vez mais de nossas melhores realizações. Lembre-se de que quando Deméter, sobrecarregada de tristeza e frustração, descansou no templo e aguardou, uma solução para o seu dilema apareceu.

Quando encaramos desafios cada vez maiores, alguns dos quais nos confundem, a sensação pode ser parecida com a de um escultor cinzelando as partes da rocha que não nos são autênticas para revelar nossas melhores versões, um processo que pode ser doloroso, porém mais fácil quando não lutamos contra ele. Em um dos meus *workshops*, uma mulher compartilhou sua ideia de que as peças que a vida esculpe em nós moldam a peça do quebra-cabeça que somos. Com base nisso, reconhecemos que somos parciais e como precisamos dos outros; portanto, vamos procurar peças de formas complementares que se encaixem na nossa. Ainda que no início reivindiquemos nosso poder diferenciando-nos dos outros, acabamos por perceber que esse poder aumenta à medida que vamos encontrando quem melhor complementa nossas forças com as próprias. Quando apoiamos suas forças, beneficiamos-nos delas e elas se beneficiam das nossas. Logo, juntos podemos mover montanhas.

Um de meus heróis pessoais favoritos é Parker J. Palmer, um escritor, palestrante, professor e ativista extremamente respeitado. Sua vida foi repleta de realizações, mas também conteve alguns períodos de depressão, os quais ele descreve como um desejo de ficar só repousando, o que, metaforicamente, poderia ser o equivalente de Zeus perdendo a utilidade de suas mãos e pés. Enquanto frequentemente ouço de pessoas muito ilustres que elas vivenciaram fracassos que as deixaram emocionalmente claudicantes por um tempo, psicanalistas veem esses períodos como potencialmente generativos, já que muitas vezes eles levam a descobertas. Em geral, é quando não conseguimos fazer uma pausa para reorganizar e repensar que nossos corpo, psique ou circunstâncias entram em cena para nos parar.

Parker tem um sólido comprometimento em viver uma vida autêntica alimentada por sua fé quacre. Sua autobiografia, *Let Your Life Speak: Listening for the Voice of Vocation*, revela, com ternura e coragem, algumas das dificuldades reais desse compromisso. Ele foi criado acreditando que qualquer um poderia se tornar presidente dos Estados Unidos. (No livro, ele confessa, um tanto acanhado, que só mais tarde notou que "qualquer um", naquela época, significava apenas homens brancos.) Assim, ele presumiu que em algum momento da vida seria presidente de alguma coisa, e logo cedo demonstrou habilidades de um líder.

Um valor fundamental para Palmer é seu comprometimento em desenvolver o senso de comunidade – valor que é a chave de sua vocação. Embora pudesse ter tido uma carreira acadêmica de sucesso (ele tem doutorado pela Universidade da Califórnia, Berkeley, e no início da vida adulta recebeu uma oferta de trabalho para lecionar na Universidade Georgetown), ele decidiu trabalhar com projetos focados em questões comunitárias, que pareciam se encaixar melhor em seus valores. No entanto, como muitos profissionais de hoje, logo ele percebeu que o que pensava querer não era a escolha certa para ele. Após descobrir que era sensível demais para o universo conturbado das questões comunitárias, ele não soube de imediato o que fazer. Mas logo a energia para mudar retornou, quando um novo sonho surgiu: reconhecendo que precisava de tempo para aprender o que era, de fato, viver em uma comunidade verdadeiramente incentivadora e interdependente, e como quacre praticante, ele aceitou uma indicação como diretor de estudos em Pendle Hill, uma comunidade quacre. Lá, passou dez anos aprimorando seu conhecimento e dons vivendo em uma comunidade cuja base era desenvolver a própria vocação autêntica e a "luz interior".

Por fim, ele sentiu que estava afastado demais do mundo e quase aceitou um cargo de presidente de uma faculdade. Nesse exato momento, ele convocou um Comitê de Clareza, um processo quacre no qual um grupo de pessoas que se importam com você faz perguntas abertas para avaliar sua vida e decisões, sem dar nenhum conselho. Com grande entusiasmo, Palmer descreveu a esse comitê seus maravilhosos planos, mas, quando lhe perguntaram o que realmente gostaria de fazer no trabalho do dia a dia, ele começou a recitar uma ladainha do que não gostaria de fazer: usar terno, arrecadar dinheiro, aparecer todos os dias em horários que não eram os seus, e assim por diante. Finalmente, ficou claro para Parker que, mesmo que o trabalho fosse perfeito na teoria, não correspondia à maneira como ele realmente gostaria de viver. Porém, ao abrir mão dessa oportunidade, ele também teve de abrir mão do tão acalentado sonho de gerir toda uma organização.

Enquanto tentava descobrir o que fazer, Parker contou a uma sábia amiga que andava pensando quando a "via" (termo quacre para "caminho certo") se abriria para ele, e perguntou quando havia se aberto para ela. A amiga explicou que nunca tinha se aberto, mas que "a via às vezes se fechava", e sorriu enquanto assegurava que isso funcionava tão bem quanto para elucidar o que era para ela fazer – e não fazer. Para Palmer, a "via" realmente se abriu, com um impacto que transformou o mundo. À medida que o roteiro da vida de Palmer era refinado por sua experiência de vida, ele começou a se concentrar na educação baseada em valores, e depois estendeu os limites a fim de alcançar líderes de maneira mais ampla. Seu trabalho acabou se expandindo tanto que ele começou a liderar um movimento – o *Courage to Teach* (Coragem para Ensinar) e *Courage to Lead* (Coragem para Liderar), cujos efeitos causaram um impacto muito maior do que ele teria alcançado caso tivesse seguido sua aspiração original de ser presidente de faculdade.

Outra colega e heroína pessoal minha, é uma líder incrível que obteve cada vez mais clareza por ter sido injustamente feita de bode expiatório, o que também gerou uma situação em que ela precisou se afastar e se reorganizar a fim de refinar opções para os próximos passos. Martha Johnson foi a primeira indicada da administração Obama para liderar a General Services Administration (GSA) no governo dos Estados Unidos, um cargo que parecia a cereja do bolo de uma distinta carreira na meia-idade. Um ano depois de assumir a função, ela obteve anuência para fazer com que essa agência colossal, a qual, entre outras atribuições, se encarrega de todos os edifícios governamentais e procurações, adotasse uma política para zerar a pegada ambiental. Além disso, ela implementou processos para que as decisões pudessem ser tomadas mais depressa e para assegurar que os novos edifícios do governo fossem mais amigáveis e flexíveis que as estruturas sem rosto e de corredores compridos e idênticos do passado. Johnson também era popular entre a equipe da GSA e entre a administração.

Porém, em uma pequena conferência, quando irrompeu um escândalo relacionado a gastos exorbitantes dos quais ela nada sabia, Johnson reconheceu, consultando a administração, que precisava fazer um sacrifício e renunciar, embora a administração e seu partido político no Congresso amplamente soubessem que ela não tinha culpa de nada. Como muitas vezes acontece (ambos os lados fazem isso), o outro partido estava usando o evento para descredibilizar a gestão. Johnson tinha inteligência Zeus o bastante para compreender que não havia nada de pessoal nessa situação; era tão somente o modo como a política funciona agora. E ela tinha energia Deméter suficiente para, apesar de tudo, se preocupar com a GSA, que lhe permitiu testemunhar diante do Congresso de maneira digna e eficaz, com o objetivo de garantir que os legisladores e o povo norte-americano soubessem como a agência era boa. O resultado foi que ela ganhou maior respeito dos colegas no governo e dos que estão por dentro das coisas na mídia.

Mesmo com tudo isso, o que ela passou foi excruciante. Em primeiro lugar, a experiência de ter sido feita de bode expiatório traz consigo medos bem arquetípicos de ser exilado da tribo, e, em segundo lugar, em geral ela libera uma dose maciça de cortisol, que pode produzir um medo cego, ainda que não haja nenhuma ameaça real à vida e à integridade física. Além disso, o ponto principal foi ela ter saído de um trabalho que adorava, e uma agência federal importante perdeu uma excelente líder.

Enquanto eu assistia ao desenrolar das ações, percebi que provavelmente havia outro fator envolvido que eu já percebera em muitos líderes inovadores e eficazes. Seus colegas são ameaçados pelas habilidades que eles possuem, tão brilhantes que fazem os outros se sentirem mal, embora não seja essa a intenção. Isso deixa vulnerável a pessoa realizada, já que, mesmo que os outros não a persigam, também não vão arriscar nada para defendê-la. Obter resultados rápidos em um governo conhecido por processos lentos e deliberados pode ser visto como uma ruptura do "como proceder aqui", tal como pode acontecer em outras organizações hierárquicas e burocráticas. Portanto, quando cabeças precisam rolar, é fácil achar que a cabeça nova e cheia de realizações está ameaçando as dos colegas e é leal o bastante para não entrar com um processo, podendo, assim, ser cortada sem grande alarde.

Mais tarde, Johnson teve coragem para escrever com franqueza sobre sua experiência. Seu livro, *On My Watch: Leadership, Innovation, and Personal Resilience*, foi concebido não somente para descrever sua provação, mas também para ajudar outras pessoas a integrar experiências dolorosas e seguir em frente. Hoje, Johnson é consultora, ajudando agências governamentais, empresas e organizações sem fins lucrativos a funcionar conforme necessidades do século XXI.

Muitos líderes que estão à frente de seu tempo o suficiente para gerar repercussão passam a dar consultoria e treinamento após terem ocupado cargos seniores de gerência em lugares resistentes a mudanças. Nessas novas funções, eles podem ajudar vários líderes e equipes de liderança a obter talentos de primeira categoria. Como o analista junguiano e consultor Arthur Colman argumenta (em *Up from Scapegoating*), um consultor pode ajudar uma organização a ver o que é preciso mudar, uma realidade que, por sua vez, gera repercussão em que muitas pessoas querem alguma coisa a que culpar pelo desconforto sentido ao terem de fazer as coisas de um jeito diferente. Assim, o consultor pode, conscientemente, fazer o papel de bode expiatório ritual ao deixar a organização, liberando os líderes para fazer, com o tempo e discrição, as mudanças necessárias, enquanto a culpa oficial recai sobre alguém que não está mais entre eles.

O que Parker e Johnson têm em comum é que ambos sabem quem são e não trocam suas identidades por um cargo, e os dois possuem valores mais profundos que mudar de funções e circunstâncias. Ainda que ambos tenham sólidas raízes espirituais, seus valores e princípios são exclusivos. Todos podemos nos beneficiar ao reservarmos um tempo para elucidar os nossos. Certa vez, deparei com um exemplar desgastado de um livro encantador de Joan Brady, chamado *Deus numa Harley*. Na obra, Deus decide que os Dez Mandamentos bíblicos são genéricos demais para funcionar para tantas pessoas, conforme demonstrado pela incapacidade delas de cumpri-los. Então, ele aparece para as pessoas disfarçado de alguém a quem elas dariam abertura e as ajuda a adaptar os mandamentos de forma específica para elas. Em um exemplo, ele aparece como um motociclista para chamar a atenção de uma jovem que busca um namorado. O exercício a seguir é inspirado nesse livro e elaborado para ajudá-lo a descobrir quais princípios são tão nucleares para você que são capazes de auxiliá-lo a superar quaisquer desafios que a vida traz e aprimorar seu senso de eu e propósito, mesmo quando esse processo parece doloroso.

Tendo explorado como desafios cada vez maiores podem exigir habilidades mais complexas e um senso de propósito mais refinado, é hora de continuar explorando como e por que Zeus aprende a ser um líder mais colaborativo e como isso aumenta seu poder, ao mesmo tempo possibilitando que ele governe com maior facilidade.

EXERCÍCIO DE APLICAÇÃO:
Princípios Fundamentais que Guiam Minha Vida

Você pode começar imaginando alguém aparecendo para ajudá-lo nesta tarefa, e como essa pessoa teria de ser para chamar sua atenção. Em seguida, pense em uma conversa-fantasia com essa divindade, esse arquétipo ou pessoa sobre como você pode começar para criar suas regras customizadas para a vida. Divirta-se elaborando sua própria lista separada em itens, talvez incluindo algumas regras que você acredita que devem se aplicar a todo mundo e, ao mesmo tempo, pertencentes apenas a você e a suas forças e propósito. Para incentivar a elaboração dessa tarefa em clima de brincadeira, coloque alguns itens leves, bem como outros mais sérios. Se sua religião tem mandamentos, você pode optar por incluir alguns ou todos eles, traduzidos para uma linguagem sob medida para você e sua situação. De posse da lista, pense em períodos da vida em que a experiência desbastou partes suas e você conseguiu se enxergar com maior clareza. Quais princípios-base o sustentaram nesses períodos? Quais princípios o sustentariam nas decisões que você enfrenta atualmente ou se elas voltassem a acontecer?

Quinta Lição de Zeus:

Deixando de Ter Poder *Sobre* e Passando a Ter Poder *Com*

Esta última lição de Zeus é proposta para aumentar sua facilidade e fruição em ser o monarca de sua vida de uma maneira colaborativa. Tendo aprendido a assumir responsabilidade pessoal por cumprir suas funções variadas, com ajuda desta seção você pode passar de uma história que diz "Tudo depende de mim" para uma nova, que diz "Só preciso fazer minha parte e confiar que as outras pessoas farão as delas".

De sua cultura grega, Zeus teria sido exposto a muitas histórias laudatórias de heróis demonstrando em batalha as próprias habilidades e de comandantes responsáveis por manter um reino em funcionamento ao definir decretos. Não obstante, nenhuma dessas histórias o preparou adequadamente para um reino em que ele precisava satisfazer a um eleitorado diverso; reconhecer como as pessoas se sentiam quando eram vencidas, e seus antigos procedimentos, rebaixados; lidar com o estresse implacável de gerir as coisas ou com a recusa de Deméter em ceder à decisão dele.

Suas primeiras expectativas para o funcionamento da organização social vieram ao observar abelhas. A caverna de Zeus em Creta, longe de sua família, era um esconderijo para esses insetos. Ele observou que elas tinham um sistema social em que diferentes tipos de abelhas desempenhavam funções diferentes e se comunicavam umas com as outras para executar as tarefas. No entanto, abelhas não desafiam sua rainha e não têm sentimentos feridos. Elas apenas fazem seu trabalho, tal como Zeus – e os outros deuses – esperaria que as pessoas fizessem. Portanto, ainda que as abelhas lhe dessem uma ideia de como sistemas sociais podiam funcionar, ele tinha muito a aprender sobre governar pessoas e outros deuses.

Inicialmente, inteligência emocional não era o forte de Zeus, e sua fragilidade nessa área cria problemas para ele, primeiro com os Titãs e, depois, com Deméter (e não há notícias de que ele tenha acertado os ponteiros com Hera). Além disso, lidar com a complexidade de administrar as coisas, com um grupo opositor (os Titãs) sempre a postos para atacar, era exaustivo. Tal como ocorre quando uma velha história está morrendo e uma nova vai surgindo, havia coisa demais acontecendo para ele conseguir monitorar tudo.

No início, como muitas pessoas tradicionais no poder, o foco quase exclusivo de Zeus foram os deuses aos quais ele precisava agradar para manter seu apoio. Quando Hades pediu para se casar com Koré, Zeus achou que isso solidificaria os laços entre o Mundo Superior e o Submundo, e que seria uma boa jogada política. Ele não entendia a importância de Deméter; prestava mais atenção na política que na natureza, e mais em áreas de atuação masculinas do que femininas. Portanto, Zeus não consultou Deméter nem sua filha. Em nossa época, também é possível verificar o impacto de uma atenção reduzida. Nas últimas décadas, a atenção nacional coletiva se concentrou sobretudo na corrida de cavalos, expressão usada para descrever o modo como a mídia reporta praticamente tudo em relações internacionais, política e esportes, não somente em relação a quem venceu, mas também, em quase todas as situações, quem está ganhando vantagem, como um cavalo vencendo outro por uma cabeça de distância. Essa é uma réplica do foco restrito de Zeus na dinâmica do poder. Ao se excluírem análises complexas do que se pode fazer com nossas "fomes" – isto é, mudanças climáticas, instabilidade financeira, exaustão de cuidadores e assim por diante –, a ênfase na corrida de cavalos faz com que esses problemas piorem enquanto direcionamos nossa atenção para outras coisas.

Em nossa vida pessoal, podemos vivenciar o resultado dessa atenção restrita quando ficamos tão presos no trabalho, e em terminar tudo de nossa lista de afazeres, que nosso parceiro de vida não se sente amado ou nossos filhos são abandonados. Ou, no trabalho, podemos ficar tão preocupados com a implementação de um plano estratégico no contexto de políticas organizacionais acirradas que não conseguimos notar um colapso nos sistemas (como processos de folha de pagamento, um atendimento amigável e eficiente ao cliente, ou tecnologias da informação) que sustentam o todo.

Quando Hades pede a Zeus a mão de Koré em casamento, Zeus, que está direcionado, distraído e cansado, diz apenas "Está bem", selando o acordo com um aperto de mãos, sem parar para refletir sobre o que Deméter ou Koré achariam disso. Pode ser que Zeus estivesse apenas exausto e ocupado demais para pensar na situação de modo mais profundo. Isso se provou muito imprudente, já que o resultado foi uma fome que poderia ter acabado com o reino de Zeus e o deixado de joelhos mais uma vez. Mas assim como antes, ele aprende, e nossa parte Zeus também pode aprender.

Nesse importante ponto de virada da história, Zeus faz mais do que apenas corrigir o curso da situação. Ele não pode ter êxito em resolver esse problema seguindo o antigo paradigma de se ter *poder sobre*. Ele precisa passar a ter *poder com*. A reviravolta de Zeus vem quando ele finalmente reconhece que seu poder sobre outros é restrito. Ele não pode fazer ninguém amá-lo, mas Afrodite poderia. Ele não sabe fazer arte, mas Apolo sabe. Ele não é capaz de fazer as plantações crescerem, mas Deméter, sim. E assim por diante.

Uma resolução e cura bem-sucedidas ocorrem a Zeus quando ele descobre que ceder não é o fim do mundo. Uma vez que para de presumir que sabe tudo, ele descobre quanta sabedoria e talentos o rodeiam.

Na verdade, ele vivencia uma situação real em que todos ganham ao reconhecer que não está acima dos outros deuses, deusas e humanos. Ao contrário, todos são interdependentes, e a obrigação de Zeus é coordenar e gerir o trabalho dos outros. Os demais deuses não se voltaram contra ele, não perderam a fé nele; em vez disso, apenas apelaram para que ele cedesse, pelo bem deles e pelo próprio. Quando Deméter permite que a vegetação cresça, os humanos voltam a fazer suas oferendas aos deuses do Olimpo e, mais uma vez, o reino de Zeus está seguro.

Um peso enorme é tirado de seus ombros quando ele reconhece as dádivas dos outros deuses e não precisa mais se sentir responsável por tudo. Por Deméter assegurar que haja uma boa colheita, e todos os outros deuses cuidarem das próprias áreas de responsabilidade, Zeus tem menos coisas com que se preocupar. Isso significa que ele pode ser muito mais feliz e menos estressado. Mas para chegar a esse ponto, Zeus teve de transformar sua história três vezes: primeiro, de ser um filho indesejado no exílio para almejar substituir o pai; segundo, de alcançar suas ambições como guerreiro para aceitar as responsabilidades de liderar todos os deuses; e, por último, de adotar um estilo de liderança autocrático para se tornar um modelo de líder colaborativo. Em todos os casos, a transformação de ideias ocorreu como consequência de algum tipo de crise.

Em algum ponto de sua jornada, você pode passar por um desafio de magnitude tão diferente que tem de mudar todo o seu paradigma ou mentalidade para dar conta dele. Pode ser algum tipo de percepção repentina, ou uma nova situação que mude tanto o contexto (morte do cônjuge ou parceiro, o colapso de sua empresa, o diagnóstico de uma doença grave) a ponto de exigir uma reconfiguração de sua psique. Algumas pessoas vivenciam essa situação como um tipo de conversão (ou epifania) que acontece depressa, mas leva anos para se integrar à psique; outras talvez descubram que isso acontece aos poucos, à medida que a imensidão da mudança vai se acomodando. O movimento das mulheres nas décadas de 1960 e 1970 foi uma mudança assim, e ainda hoje homens e mulheres têm dificuldade para passar de uma vida muito definida por papéis, e, portanto, mais simples (ainda que menos plena), para gerir várias funções – em uma sociedade que ainda não apoia totalmente essa mudança e na qual sequer há consenso sobre boas maneiras (por exemplo, quem abre a porta para quem e quando).

Muitos gestores de alto nível estão descobrindo que seus métodos testados e aprovados não funcionam mais. Líderes de todos os ramos de atuação estão descobrindo que não podem simplesmente obrigar seus funcionários a fazer o que eles querem, mas, em vez disso, devem lhes dar capacidade de decisão, a fim de que eles fiquem motivados para implementá-las. Vemos isso na mudança das linhas de montagem para a "manufatura enxuta", na qual equipes de funcionários têm autonomia para tomar decisões cotidianas. Ainda que lideranças marcantes no estilo comandar e controlar tenham sido a norma (e, de certo modo, ainda sejam em situações de crise), hoje em dia líderes e seguidores de sucesso demonstram inteligência emocional, habilidade de escuta, capacidade de aprendizado contínuo e facilidade para entabular diálogos honestos e produtivos, e trabalho em equipe – qualidades que trazem à tona pontos fortes geralmente considerados femininos. Esse progresso reflete uma evolução não somente humana, mas também na expressão do arquétipo de Zeus em si.

A força de nossa nação provém de sua diversidade, de modo que faz pouco sentido brigar sobre utilizar ou marginalizar esse aspecto. Republicanos e Democratas precisam uns dos outros, uma vez que cada um representa opiniões de cidadãos norte-americanos. Se eles se ouvissem, poderiam conseguir passar de questões de cunho separatista para uma terceira história que permita à nossa sociedade equilibrar Deméter e Zeus a fim de abordar desafios reais e urgentes do século XXI.

Percebo que a tensão sai dos meus ombros quando reconheço todo o apoio pessoal que recebo de familiares, da rede de amigos e colegas de trabalho; quando vejo todas as pessoas no mundo, além de mim, que compreendem os duros desafios à frente e funcionam como peças do quebra-cabeça; e quando observo tantas pessoas mais jovens e incríveis que são perspicazes, articuladas e cientes da necessidade de uma grande mudança. Vivemos em teias complexas em que a fruição da vida (e a sobrevivência) depende do trabalho de outros – os que estão no topo da hierarquia social e os que estão mais abaixo. E, mesmo que muita gente pareça se esquecer do apoio governamental que recebemos, se prestarmos atenção veremos que temos estradas, pontes, parques estaduais e nacionais; a força da lei necessária para garantir contratos; escolas, polícia e sistemas judiciais; e muitos outros meios de apoio à vida. E onde estaríamos sem a fecundidade da terra, que nos provê não somente matérias-primas para tudo o que temos, mas também é um modelo de cooperação e competição que nos incentiva a mantê-las em seus devidos lugares?

Estamos no meio de uma mudança de paradigmas, do pensamento hierárquico ao pensamento ecológico. A associação de um aspecto do feminino (Deméter) com a terra, que nas origens era por demais empoderadora, lesa mulheres quando vinculada a uma história cultural hierárquica. Uma das ideias de Aristóteles era a de uma hierarquia de animais, que na verdade corresponde a noções modernas sobre quando eles evoluíram, mas ele via essa hierarquia apenas como a ordem natural das coisas. Ele e outros filósofos gregos foram de grande ajuda para o mundo ao desenvolver as capacidades do pensamento lógico e racional, mas, no processo, eles as viram como superiores ao coração, à alma, ao espírito e ao corpo, o que com o tempo levou a uma crença de que o ponto mais alto do corpo (a cabeça, no caso) era superior às outras partes. Foi esse pensamento que a história reteve, enquanto a sabedoria equilibrada dos Mistérios de Elêusis, que valoriza todas as nossas partes, ficou relegada a segundo plano. Assim, podemos perceber que o fato de Zeus ter atendido ao pedido de Hades para se casar com Koré era sua ideia de decisão racional (era um casamento de *status* elevado), enquanto consideraria a reação de Deméter emotiva e, talvez, um tanto descontrolada. Ademais, nas épocas em que só os homens eram instruídos a pensar com racionalismo e objetividade, as mulheres como grupo passaram a ser consideradas emotivas em vez de lógicas. Suas opiniões, portanto, podiam ser dispensadas por serem irracionais.

Teólogos medievais incluíram o pensamento hierárquico no contexto do monoteísmo, desenvolvendo o conceito da Grande Cadeia do Ser, com Deus no céu, acima, e Lúcifer no inferno, embaixo (muitas vezes, a representação de Deus é semelhante à de Zeus). Nesse contexto, a crença em um dogma ortodoxo substituiu a razão como um valor. Ao mesmo tempo, *acima* se tornou sinônimo de *bom* e *abaixo*, de *mau*. Na época da Renascença, uma ordem social de *status* e poder foi detalhadamente definida, um padrão que influenciou as peças de Shakespeare muito embora os atores estivessem numa parte bem inferior da lista – abaixo dos mendigos. Tais hierarquias continham certas comparações dualísticas, com os homens e a masculinidade associados a espírito, mente, racionalidade e poder, que eram considerados superiores, e as mulheres e a feminilidade associadas ao corpo, à terra, às emoções, sexualidade e carne, considerados inferiores e, às vezes, até pecaminosos. Acreditava-se que tudo isso validava a superioridade masculina e o poder sobre as mulheres e a natureza.

Essa conexão entre sexismo e alienação do planeta é um legado de narrativas culturais como as que permanecem no inconsciente muito tempo depois de poucas pessoas acreditarem conscientemente nelas. Isso ajuda a explicar por que muitas de nós, mulheres, se eriçam ao serem associadas à terra, considerando a ideia ofensiva; traduzem cuidadosamente a sabedoria de seus corações em termos racionais para serem ouvidas; e evitam ameaçar homens no poder falando de maneira autoritária demais e de um jeito que não pareça feminino. Ao mesmo tempo, mulheres acham irritante a presunção inconsciente, que muitos homens parecem ter, de que uma experiência subjetiva masculina é a verdade objetiva (exemplo: a mulher diz "Estou com frio", e um homem, ainda que ferrenho defensor da igualdade de gênero, diz, "Não está frio"). Histórias culturais permanecem vivas no inconsciente muito tempo depois de nossa mente consciente perceber que elas não correspondem aos fatos reais diante de nós. Chegar o mais próximo possível da verdade objetiva é importante. Nenhum dado respalda a suposição de que mulheres são menos inteligentes ou competentes que os homens; no entanto, recebemos menos, e o teto de vidro raramente se quebra. A ciência de última geração destaca universalmente a importância da sustentabilidade ecológica, reconhecendo que os seres humanos têm vivido uma história de serem os mais aptos que, agora, precisa ser questionada. Essa história não condiz com a realidade: estamos desequilibrando o ecossistema e potencialmente ameaçando nossa própria sobrevivência, assim como a de outras espécies. É esse tipo de dados objetivos, ao lado da investigação narrativa, que pode ajudar o arquétipo Zeus dentro e ao redor de nós a atualizar pontos de vista.

Um estudo recente da evolução, mais cheio de nuances e sofisticado que a narrativa reducionista e competitiva da "sobrevivência dos mais aptos", é análogo à mudança de estilo de gerência de Zeus. É necessário reconhecer a causalidade múltipla, em que cada parte influencia o todo e contribui para ele. A complexidade cognitiva agora exigida para analisar situações de maneira adequada depende de questionarmos nossas histórias, com contextos para verificarmos onde elas se encaixam e onde não se encaixam. Também exige a geração de novas histórias baseadas em paradigmas transformados.

Por ainda estarmos vivendo no meio-termo de uma revolução inacabada, a preocupação com o planeta se reflete no entretenimento popular de maneiras que reforçam as velhas histórias reducionistas e exibem outras novas, mais complexas. Com frequência assisto a *trailers* de filmes de ficção científica estereotipados aparentemente apocalípticos em que algum inimigo chega do espaço ou das profundezas do mar e os humanos, heroicamente, salvam o planeta derrotando esse oponente – deixando o mundo em ruínas no processo. Ainda que a maioria de nós adore histórias de vilões e heróis, nesse contexto roteiro como esse podem reforçar a ideia equivocada de que nossos problemas são causados por um inimigo externo que precisa ser exterminado ou impedido. É perigoso ficarmos em negação sobre o papel humano na mudança climática. No entanto, vários filmes de muito sucesso expressam preocupação com a mudança climática de um modo que também retrata personagens homens ao estilo Zeus que aprendem a honrar a sabedoria de Deméter, e fazem isso em parceria com mulheres fortes. Um exemplo é *Avatar*.

No momento da escrita deste livro, *Avatar*, lançado em 2009, é o filme de maior bilheteria de todos os tempos, sugerindo que ele atingiu um ponto cultural sensível (além disso, o filme têm efeitos especiais incríveis). Em um paralelo interessante com a impotência de Zeus sem seus tendões (e talvez com seu estado mental diante da greve de braços cruzados de Deméter), o herói do filme, Jake Sully, é um fuzileiro naval dos EUA que provou ser de grande valor, mas cujas pernas agora estão paralisadas pelos ferimentos que sofreu em batalha.[1] Cientistas produziram avatares que combinam material genético de humanos e Na'vis – os habitantes humanoides de Pandora, uma lua do sistema solar Alfa Centauro –, permitindo que Jake, deitado em um contêiner especial com capacidades de comunicação virtual, controle a fala e os movimentos de seu avatar.

Os recursos da Terra foram assolados, e mercenários com treinamento militar estão em uma expedição de mineração para extrair um mineral precioso encontrado apenas em Pandora.[2] Os líderes da expedição estão totalmente preparados para matar os Na'vi se eles interferirem. O trabalho de Jake é ser aceito pelos Na'vi e convencê-los a se mudarem para outro lugar, longe da trajetória mineradora. Se ele conseguir, isso pode salvar a vida deles.

No corpo de seu avatar, Jake conhece Neytiri, uma mulher Na'vi que salva sua vida. Com coragem e técnica, ela mata animais ferozes que o estão atacando de todos os lados. Ele fica impressionado, agradece a ela e a elogia, mas ela o critica duramente, dizendo que ele foi tolo ao se movimentar fazendo tanto barulho a ponto de perturbar a natureza. Ela não enxerga o que fez de heroico; ao contrário, fica triste pela ingenuidade dele ter causado tantas mortes desnecessárias. Em seguida, ela lhe ensina os modos de vida dos Na'vi, que incorporam o poder de Zeus com a interdependência e o cuidado de Deméter. Os Na'vi representam a consciência conectada de Deméter – com o próprio planeta e uns com os outros –, aliada à coragem heroica e grande força. Para Jake, os vários cientistas na expedição, e claramente para o espectador, os Na'vi parecem superiores ao que os seres humanos se tornaram.

Com todas as criaturas naturais de Pandora como aliadas, o avatar de Jake ajuda os Na'vi a afastar os mercenários compartilhando o que ele sabe sobre os planos e o armamento dos invasores, e os conduzindo à batalha. Juntos, eles salvam o estilo de vida dos Na'vi. No fim, os Na'vi conectam suas psiques entre si para produzir um milagre, transferindo a essência do corpo humano moribundo de Jake para seu avatar, de modo que o fuzileiro se torna um deles e não mais paralisado.

Os estranhos detalhes míticos desse filme servem como substitutos (talvez metáforas) para nossos jeitos de ser. Jake deixa a paralisia quando abandona um velho ideal estoico masculinizado e busca viver em harmonia com os outros e com a natureza. Traduzindo isso para os termos dos Mistérios de Elêusis, ele não está rejeitando Zeus por Deméter; ao contrário, está integrando a coragem e a força de Zeus com a interdependência e o jeito cuidadoso de ser de Deméter – uma capacidade que os Na'vi também possuem. Ao proceder assim, ele se arrisca, de livre e espontânea vontade, a abandonar o mundo que conhecia para adentrar o desconhecido. A mensagem implícita é que você e eu podemos avançar para uma consciência Deméter-Zeus integrada imaginando, primeiro, a forma que ela assumiria em nosso planeta, em nossa vida particular e, depois, adentrando essa visão.

O relatório de 2014 do Intergovernmental Panel on Climate Change (IPCC), elaborado em parceria com as Nações Unidas, foi bem assustador ao mostrar sua visão distópica bem respaldada do que provavelmente pode acontecer, e logo, se não demonstrarmos mais cuidado com a terra. Entretanto, não é comumente reconhecido por que a colaboração entre homens e mulheres, e os valores femininos, são cruciais para se obter isso. Os capítulos anteriores sobre Deméter oferecem informações sobre a eficácia dos estilos de liderança femininos. Em *How Women Lead: The 8 Essential Strategies Successful Women Know*, Sharon Hadary e Laura Henderson sintetizam vários estudos que mostram que a existência de uma massa crítica de mulheres para equilibrar estilos masculinos de ver as coisas gera mais resultados positivos do que quando poucas ou nenhuma mulher ocupam cargos de liderança. De modo consistente, as descobertas se referem à existência de uma porcentagem elevada de líderes mulheres, não necessariamente que elas sejam maioria ou componham todo o grupo. Essas descobertas também não demonstram que haver só mulheres seja a solução, assim como haver só homens também não é. A seguir, pontos altos sintetizados no site de Hadary e Henderson e abordados com detalhes em seu ótimo livro. (As referências entre parênteses são as fontes dos dados das autoras.)

- ◆ "Empresas com mais mulheres na liderança reportam resultados financeiros 69% mais altos do que as que têm poucas mulheres líderes. (Pepperdine University)"
- ◆ "Empresas com representação mais elevada de mulheres em cargos de alta gerência obtiveram retorno sobre o investimento

(ROI) 35% mais alto e retorno total aos investidores 34% mais alto do que empresas com representação mais baixa. (Catalyst)"

- "As equipes mais eficientes e colaborativas têm maior proporção de membros do sexo feminino. (MIT)"[3]

Embora não seja possível demonstrar que o sucesso da parceria de gênero em equipes realmente traga os arquétipos de Deméter e Zeus para dentro da mistura, acredito que seja razoável supor que isso é verdadeiro. O sucesso dessas equipes pode resultar, em parte, das experiências e perspectivas diferentes que cada gênero oferece e, em parte, de como uma massa crítica de mulheres contribuindo incentiva os homens a expressar seus lados Zeus e Deméter, e faz as mulheres se sentirem mais seguras para expressar ambos os lados de si mesmas. É provável que isso aumente a complexidade dos pensamentos do grupo.

Em um nível individual, o sucesso também é estimulado pelo equilíbrio interior entre Deméter e Zeus, dando acesso a um leque mais completo de habilidades humanas em vez de reprimir as associadas ao outro gênero, que costumava ser o esperado para o desenvolvimento saudável da identidade de gênero. Uma pesquisa inicial da acadêmica pioneira Sandra Bem revelou que homens e mulheres mais andróginos (mensuração feita pelo instrumento Bem Sex Role Inventory, BSRI) têm maior probabilidade de atingir a vida adulta com um ajuste mais otimizado, incluindo a descoberta do sucesso e da plenitude, do que as pessoas rigidamente definidas por papéis de gênero. No ambiente de trabalho atual, espera-se que os homens demonstrem maior tato e cuidado com os funcionários, qualidades que, em geral, são consideradas tradicionalmente femininas, e, das mulheres, espera-se que revelem seus lados durões e competitivos, atributos ainda vistos por muitos como masculinos. Tanto homens quanto mulheres precisam equilibrar trabalho e responsabilidades familiares, que acabam incentivando ambos os sexos a demonstrar capacidades de cuidado e aplicação de regras, sobretudo quando há filhos envolvidos.

A pesquisa posterior de Bem revelou que pessoas cuja autoidentidade como *seres humanos* é primária, e a identidade de gênero, secundária, escolhem o que pensam, apreciam e fazem a partir de um leque mais amplo de atributos humanos e preferências do que pessoas cuja identidade de gênero é primária. Elas são menos propensas a estereotipar os outros com base em ideias atuais culturais sobre gênero.[4] Hoje em dia, gênero e sexualidade são muitas vezes vistos como um *continuum* que inclui não apenas qualidades culturalmente definidas associadas a homens ou mulheres, além de influências ambientais, mas também biológicas, como orientação sexual. No entanto, o feminino e o masculino ainda carregam bastante peso histórico, a ponto de permanecerem conceitos significativos.

A vantagem andrógina se tornou tão aparente para homens e mulheres que agora faz parte de alguns treinamentos de liderança. A especialista em liderança Jean Lipman-Blumen entrevistou cinco mil líderes e integrou o que ela identificou como estilos de gerência masculino e feminino em uma abordagem holística apropriada para nossa época. No livro que se originou dessa entrevista, *Liderança Conectiva: Como Liderar em Um Novo Mundo de Interdependência, Diversidade e Virtualmente Conectado*, a autora afirma que a interdependência global clama por maiores habilidades colaborativas do que eram necessárias antes, e ela observa que essas qualidades são associadas a um estilo feminino de liderança. Ela também afirma que, mesmo essencial, uma ênfase na colaboração não substitui a necessidade contínua de reconhecer que empresas, países e outras instituições ainda se veem como independentes e buscam seus próprios interesses competitivos, motivações que continuam associadas com um estilo mais masculino de liderança. Assim como em relação à teoria do desenvolvimento moral, Lipman-Blumen descobriu que esses estilos de liderança não refletem diferenças absolutas entre homens e mulheres, já que há uma interseção substancial. Com base em suas entrevistas, ela identificou um amplo leque de atributos de liderança competitivos e colaborativos e, então, elaborou um instrumento para mensurá-los. Hoje, seu trabalho é amplamente usado para avaliar competências de liderança e ajudar homens e mulheres a aprimorar suas forças pessoais, com a vasta gama de capacidades humanas sendo relevante para cumprir suas responsabilidades.

Tendo explorado a transformação dentro do arquétipo de Zeus das duas manifestações mais primitivas aos seus formatos mais avançados e contemporâneos, geralmente integrados com o arquétipo de Deméter, é hora de passarmos a refletir sobre Perséfone e o caminho da transformação.

EXERCÍCIO DE APLICAÇÃO:
Minha Integração Zeus-Deméter

Faça um desenho ou um gráfico representando a si mesmo, como se você tivesse um lado Zeus no seu corpo e um lado Deméter. Nesse diagrama, desenhe símbolos, cole figuras ou escreva palavras que descrevam suas qualidades Deméter e Zeus. Coloque as qualidades que você vê como próprias dentro da figura, e do lado de fora aquelas que vê nos outros, aproximando-as ou afastando-as de você conforme parecer apropriado. Em seguida, acrescente linhas entre você e esses auxiliadores externos que reflitam a qualidade do seu relacionamento. Por exemplo, uma linha reta pode sugerir uma relação direta, focada e orientada por ações, uma curvilínea pode indicar uma relação fluida, e uma pontilhada, uma relação hesitante. (Se o exercício parecer muito difícil ou demorado, apenas imagine esse desenho.)

EXERCÍCIO DE CONCLUSÃO:
Diálogo com Zeus

Em um diário ou no computador, elabore um diálogo entre você e Zeus como você imagina que ele seja. Comece agradecendo ao deus pelas melhorias que ele fez na sua vida e, em seguida, pergunte como Zeus gostaria de ser expresso em você. Depois, você pode dizer o que gostaria que ele lhe desse, afirmando como você pensa que ele ajudaria, mas também como não ajudaria. Permita que um diálogo espontâneo se desenrole, por meio do qual você chegue a um acordo sobre o futuro papel de Zeus na sua vida. Termine com uma nota de agradecimento.

PARTE TRÊS

PERSÉFONE

Perséfone e o Caminho da Transformação

O ritmo acelerado da mudança tecnológica no mundo requer uma capacidade sem precedentes para se adaptar às circunstâncias. Novas áreas de atuação aparecem e antigas desaparecem a uma taxa alucinante, e as coisas necessárias para ter êxito no trabalho e na vida pessoal continuam aumentando. A interdependência global gera uma situação em que crises econômicas, desastres naturais, acidentes ambientais e convulsões políticas em uma parte do mundo afetam quem está em outra região, vez ou outra mudando o contexto em que vivemos (p. ex., menos empregos, combustível mais caro ou uma crise que leva militares na ativa e membros da Guarda Nacional a lugares perigosos).

Como reagir a esse cenário em constante mudança sem ser camaleão e, no processo, perder contato com o que se é? Como se sentir seguro em relação ao futuro se é difícil prever o que acontecerá amanhã, que dirá daqui a um ano? Como mudar de opinião à luz de novas informações e situações? Como preservar valores que nos parecem essenciais num contexto em que outras pessoas não necessariamente os têm? E como evitar sermos tão absorvidos por múltiplas funções e tarefas a ponto de nos perdermos?

Assim como Zeus nos ajuda a desenvolver um ego saudável e forte e Deméter nos ajuda a abrir o coração, Perséfone nos auxilia a nos conectarmos com nossa parte mais profunda, algo essencial no nosso interior além de funções ou preferências aprendidas. É aqui que descobrimos uma identidade sólida o suficiente que nos permite mudar para atender a novas condições, além de utilizar todo o nosso leque de dons. Descobrimos essa parte mais profunda de nós definindo o que e a quem amamos – não exatamente pessoas ou coisas de quem queremos cuidar, mas o que nos estimula. Os gregos antigos eram mais atentos às nuanças do amor do que somos hoje em geral, o que os levou a conceber palavras diferentes para tipos distintos desse sentimento. Por exemplo, o termo *philia* significava "amizade" ou "fraternidade", ou algum outro tipo de amor entre semelhantes. *Storge* se referia ao amor natural de pais e filhos uns pelos outros, e, às vezes, entre governantes e súditos. *Ágape* é o espírito de caridade dispensado a outros, e, em termos cristãos, o amor de Deus pela humanidade que somos desafiados a emular. Todos esses tipos de amor eram incorporados no arquétipo de Deméter. Perséfone, no entanto, personifica a sabedoria e os desafios do *eros*, conceito grego muitas vezes malcompreendido ou entendido apenas parcialmente hoje em dia.

A palavra *eros* se refere ao amor sexual e outros tipos de intimidade, e, de acordo com Platão, nos oferece uma apreciação da beleza espiritual e da verdade que podem nos levar à transcendência. Eros também é associado à força vital, e nos ajuda a optarmos pela vitalidade no trabalho e em relacionamentos pessoais. O psicanalista Sigmund Freud associava eros ao impulso para o amor, a criatividade, a sexualidade e a plenitude pessoal.

Infelizmente, hoje o termo *eros* é mais amplamente conhecido pela palavra *erótico*, que em geral é usada para descrever dançarinas "exóticas" ou, mesmo, a pornografia, e nenhuma delas é a expressão verdadeira do termo. Podemos ficar empolgados vendo um homem ou uma mulher tirando a roupa ou ao nos encontrarmos com alguém que exale sexualidade ou flerte conosco. Isso é uma reação sexual e impessoal. Eros, no entanto, é altamente pessoal, até mesmo individualista. A natureza pessoal de eros explica como, embora seja possível se sentir atraído por um sem-número de pessoas, você sabe que quer ter um envolvimento romântico com apenas uma delas em particular, e, talvez, firmar um compromisso duradouro. Embora isso às vezes nos deixe nostálgicos, o chamado de eros pode ser tão suave como uma brisa de primavera ou tão frágil como uma grama nova que cresce. É fácil deixá-lo passar batido ou atropelá-lo em suas primeiras manifestações, destruindo-o. Quando fazemos isso, nossa vida pode parecer boa e as escolhas, sensatas; entretanto, pode haver uma sensação estranha de insatisfação.

Você sabe que está tendo uma experiência com eros quando ele o chama a partir de um profundo conhecimento interior, algo que seu ego não teria escolhido. Nesse aspecto, ele atua como uma espécie de GPS da alma, ajudando-nos a intuir para onde ir em seguida rumo ao que nos atrai.[1] Freud contrastava Eros (o deus grego do amor que atira flechas determinando quem e o que amamos) com Tânatos (o deus da morte, que o psicanalista considerava conectado à agressão, violência e sadismo). Porém, na história de Perséfone, *thanatos*, conforme definição de Freud, emerge como um complemento a eros, não como seu oposto. Em seu formato mais positivo, *thanatos* (em termos psicanalíticos, a morte instintiva) nos proporciona a habilidade de morrer para o que fomos a fim de podermos ressuscitar para o que precisamos nos tornar, tal como Koré morre para seu ser criança e, como Perséfone, torna-se esposa e rainha. É por isso que Perséfone obtém plenitude ao se casar com Hades, não exatamente o deus da morte, mas do cuidado com os mortos. Juntos, em sua união, Perséfone e Hades amparam processos de transformação.

Contudo, o lado sombra de *thanatos* permanece, segundo a visão de Freud, como um impulso autodestrutivo, que parece bem ativo na epidemia de vícios e suicídio, no apelo ao martírio de homens-bomba suicidas, bem como em sua expressão coletiva na proliferação de armas nucleares, devastação ambiental e genocídios. No pensamento junguiano e em muitas tradições espirituais, a cura para o potencial tóxico em um arquétipo é seu aspecto positivo, que nesse caso é a habilidade de deixar ir e seguir em frente. A importância geral das lições de Perséfone hoje em dia provém da necessidade de ser verdadeiro consigo mesmo e permanecer conectado com os outros e o mundo, ao mesmo tempo continuando relevante para o mundo em mudança tão acelerada que exige de nós morrer com regularidade ao que éramos para podermos ser transformados no que precisamos nos tornar.

O Arquétipo de Perséfone

Na antiga arte grega, Perséfone é representada como uma jovem mulher muito bela de cabelos escuros – tão bela que, em histórias da mitologia grega, praticamente todos os deuses do sexo masculino a desejam. Sua natureza é tão misteriosa e complexa que ela é ao mesmo tempo a rainha do Submundo e também a deusa da primavera. A facilidade de Perséfone em se mover pelos mundos e estações pode ser um modelo para adquirirmos facilidade em transitar entre múltiplas funções e ajustarmo-nos a novas etapas da vida que exigem coisas diferentes de nós.

Em versões antigas e mais recentes da história eleusiana, Perséfone é comumente representada, em termos visuais e em descrições por escrito, (1) emergindo do Submundo, (2) adentrando o Mundo Superior com flores brotando à medida que seus pés tocam o chão, ou (3) de pé, com postura imponente e a mão direita estendida, para receber calorosamente os iniciados na vida após a morte. Ela também é mostrada em cenas de amor mútuo com a mãe e, em outras cenas, com Hades, o senhor do Submundo, sugerindo que essa deusa integra suas mentalidades bem distintas ou, pelo menos, se sente à vontade com elas.

Enquanto Deméter ensinava os iniciados como a agricultura, a vida, a morte e a procriação funcionam, a história de Perséfone encenava esse processo, de modo que os iniciados pudessem identificar as experiências dela como coisas que eles também vão fazer e vivenciar. Como deusa da transformação, Perséfone é vista metaforicamente como a semente plantada no solo. Sementes germinam de uma forma que as deixa com uma aparência de decomposição antes de brotarem. De maneira semelhante, a lagarta que entra no casulo se mistura ao líquido antes de se transformar em borboleta. A planta em fruição, a borboleta e o você otimizado estão passando por um processo cem por cento autêntico e natural, muito embora, em cada etapa, ele pareça diferente e a sensação possa ser bastante assustadora.

Essas clássicas imagens visuais de Perséfone são repletas de significado simbólico. Às vezes, a deusa é mostrada segurando um ramo de trigo, como no encerramento dos ritos dos Mistérios, e uma cobra. No contexto da renovação, flores, trigo e cobras se encaixam. O trigo evoca a sabedoria de Deméter dos ciclos de plantio e colheita, a que Perséfone dá continuidade; flores e cobras sugerem renovação (em que as flores significam primavera, e as cobras trocam anualmente de pele); as flores evocam imagens de vaginas (como em muitas pinturas de Georgia O'Keeffe) e as cobras, imagens fálicas. A sabedoria de Perséfone ajuda a nos tornarmos íntimos de nós mesmos e dos outros; assim, muitas vezes ela é considerada a versão do Submundo de Afrodite, a deusa da sexualidade e do amor romântico. Com frequência as pessoas aprendem primeiro como eros funciona em suas vidas românticas e só mais tarde em outros aspectos, inclusive chamados profissionais e espirituais.

De uma perspectiva moderna, o arquétipo de Perséfone pode parecer paradoxal. Vivemos em uma cultura que associa a escuridão ao mal e a luz ao bem, e que tipicamente pensa que a sabedoria espiritual profunda deve se manifestar em um tom de austeridade e silêncio, embora sempre vejamos o Dalai Lama rindo nas fotos. Em sua função no Submundo, em geral Perséfone é vista como uma deusa que incorpora o feminino sombrio, que é sábio e leve. Aqui, é importante tirarmos da cabeça qualquer ideia de que a escuridão, nesse contexto, é associada à maldade.

Perséfone é uma deusa sombria porque governa reinos em que os eventos são privativos ou secretos – o pós-vida, trocas discretas de confidências, o desejo e a união sexual. Na Idade Média, o orgasmo era até mesmo chamado de "pequena morte", porque suas benesses tiram uma pessoa da parte do ego que deseja controlar a vida em vez de experimentá-la, e também porque eros e a morte permanecem irrevogavelmente vinculados. Perséfone também representa tudo o que é invisível em nós para quem vê de fora: o que se pensa, consciente e inconscientemente, as experiências de sonhos e fantasias da imaginação, e momentos de inspiração criativa ou visão quando se é tocado pela musa. O mais importante, Perséfone representa a consciência do eu mais profundo que a maioria das pessoas não enxerga e que dialoga conosco em sonhos noturnos e visões. Isso explica por que as partes secretas dos ritos eleusinos, que aconteciam a portas fechadas no Telesterion, revelavam verdades além das ditas na conhecida história de Deméter e Perséfone ou nas partes dos ritos apresentadas em público.

Marion Woodman e Elinor Dickson, em *Dancing in the Flames: The Dark Goddess in the Transformation of Counsciousness*, explica que as palavras *sombrio* e *sábio* quase não têm distinção nos antigos escritos semitas. Exemplos de outras deusas da escuridão incluem a Virgem Negra, cujas estátuas falam com imenso poder sobre os mistérios além das palavras, e a Maria Madalena Gnóstica, descrita nos Pergaminhos do Mar Morto como a líder dos discípulos de Jesus e considerada maior entendida de seus ensinamentos do que os outros. Alguns chegam até a pensar que ela era esposa de Jesus.[2] De acordo com os estudiosos da Bíblia Susan Cole, Marian Ronan e Hal Taussig, em *Wisdom's Feast: Sophia in Study and Celebration*, a antiga deusa hebraica Sofia, cujo nome significa "sabedoria", era parceira de Deus, estava com ele na criação do universo e o deleitava com sua astúcia e leveza.

Perséfone tem uma atitude de leveza semelhante, que pode ser o motivo para o cortejo eleusino de Atenas a Elêusis ter incluído danças e gracejos, alguns deles obscenos. Além disso, deusas da escuridão são conhecidas por "energias infantis – espontaneidade, brincadeiras, ideias criativas",[3] bem como por lidar com a vida com graça e facilidade. Podemos verificar essa afirmação no fato de Perséfone preservar um pouco de sua natureza infantil de Koré e de ter habilidades xamânicas para transitar entre mundos, pelo menos depois de obter acesso livre ao Mundo Superior e ao Submundo. Em tempos modernos, tal habilidade pode assumir formas variadas. Pode ser simples como transitar confortavelmente de uma situação a outra, mesmo que elas sejam desconhecidas. Pode significar demonstrar resiliência diante de reveses e dificuldades da vida, e também seguir o fluxo dos desafios de se adaptar ao jeito das pessoas que você ama. Além disso, isso inclui idas e vindas entre a vida interior e a exterior, e a mente consciente e a inconsciente.

Dessa maneira, Perséfone nos conecta ao nosso eu mais profundo, ou alma. Da perspectiva da psicologia, a alma é uma parte mais profunda de nós que o ego, a mente ou até o coração, e uma fonte de orientação mais confiável sobre o que é certo, para você ou para mim, que não a moralidade convencional de determinada época ou lugar. Esse significado psicológico não implica imortalidade ou um relacionamento com um ser supremo, embora não exclua nem um nem outro aspecto. No uso cristão, a alma é nossa parte eterna.

Se tivermos sorte, nossa alma, coração, ego e o que os outros querem de nós estarão em alinhamento quando fazemos escolhas importantes. Mas, para muitos de nós, na maior parte do tempo, não é esse o caso – daí as várias obras literárias, artísticas e musicais sobre a conexão arquetípica de amor e morte, *eros* e *thanatos*, e o que acontece quando papéis sociais e expectativas entram em conflito com o amor verdadeiro. No contexto da indisposição de suas famílias rivais em permitir que eles se casassem, Romeu e Julieta morrem, optando por eros em detrimento de seus papéis sociais e familiares. E na vida real vemos o oposto, com muitas pessoas que morreram por dentro por terem rejeitado o chamado de eros.

A associação de eros e morte é essencial a outras formas da sabedoria de Perséfone. Ela era parceira de Apolo no incentivo à prática de incubação em templos pela Grécia, e isso fazia parte da peregrinação eleusiana. Perséfone nos incita a aprender a "morrer antes de morrer" a fim de nos libertarmos para confiar na vida. A incubação era vista como uma conexão com Apolo acima e com Perséfone abaixo, talvez sugerindo que ele podia ajudar a iluminar os seus Mistérios sombrios. As pessoas seriam envoltas em uma coberta e deitadas em espaços privativos, onde entrariam em um estado de transe, como quando se pega no sono, ao acordar ou se está entre o sono e a vigília no meio da noite. É um estado de consciência em que as respostas podem aflorar ou dilemas antes evitados clamam por atenção. A esperança era que os participantes tivessem uma visão que os ajudaria a vivenciar a jornada para o Submundo e o que isso significaria para eles. Estudiosos como Peter Kingsley (*In the Dark Places of Wisdom*) nos informam que, na incubação, os antigos tinham visões de como era o pós-vida; assim, eles vivenciaram essa transição indiretamente, para que não a temessem quando tivessem de dizer adeus a seus corpos.

Hoje em dia, imaginar que morremos antes de morrer também pode nos preparar para aceitar as pequenas mortes que vivenciamos sempre que abandonamos alguma ideia, atitude, capacidade, pessoa, lugar, trabalho, ilusão, sonho e assim por diante. Stephen Levine e Ondrea Levine, em sua influente obra *Who Dies? An Investigation of Conscious Living and Conscious Dying*, descreve como reagir com graça e consciência a todas essas pequenas mortes nos prepara para encarar com equanimidade nossa morte real, tal como Perséfone parece capaz de fazer.

Embora às vezes os mitos gregos tenham se referido ao Submundo como lúgubre, as versões que enfatizavam a cooperação de Perséfone com Apolo sempre falavam que havia luz no Submundo, tal como há escuridão, à noite ou na sombra, no Mundo Superior. Como Apolo era o deus do sol, acreditava-se que ele dava voltas pelo céu durante o dia e encerrava o ciclo no Submundo à noite, de modo que o sol que brilhava alto ao meio-dia também brilhava no Submundo à meia-noite.[4]

Os gregos não eram dualistas; eles consideravam a luz e a escuridão mais como yin e yang, em complementaridade e não em oposição. As partes mais secretas dos ritos eleusinos aconteciam totalmente às escuras, até um momento em que aparecia uma luz intensa e repentina para que os iniciados tivessem a sensação de vivenciar a meia-noite no Submundo e, vivenciando a sabedoria na escuridão e na luz, eles se sentissem prontos para renascer. Dessa maneira, eles viam que existe vida na morte e vice-versa, relacionadas aos ciclos de nascimento, morte e renascimento.

Em nossa psique, o Submundo muitas vezes é visto como um símbolo do inconsciente, em que uma parte é a *sombra* e outra parte é nosso eu mais profundo. Como você sabe, ela contém o potencial negativo de cada arquétipo que é melhor não deixarmos vir à tona. Até mesmo a flexibilidade de Perséfone tem um lado sombra. Quando dizemos "fulano é uma cobra", estamos nos referindo ao potencial negativo do arquétipo. O fato de Hermes conduzir Perséfone do Submundo pode ser um lembrete de que seu lado sombra está indo com ela, tal como o nosso sempre nos acompanha. (Isso é semelhante ao casamento de Zeus com Hera refletir o lado feminino infeliz desse deus, ou do casamento de Perséfone com Hades revelar a natureza profundamente passional dela e seu relacionamento com a morte nas suas formas positiva e negativa.) Por ser bastante mercurial (como deus romano, seu nome é Mercúrio), Hermes tem a habilidade de se metamorfosear no que precisa se tornar para atender a novas circunstâncias ou conseguir o que quer. A manifestação negativa de seu arquétipo é a pessoa que lança mão do charme salpicado de mentiras para ganhos pessoais, o que refletiria o potencial lado sombra da atratividade e da flexibilidade de Perséfone. Esse arquétipo também pode ser expresso ao estilo de Iago (da peça *Otelo*, de Shakespeare), que usa de trapaças simplesmente para prejudicar os outros, por vingança ou sem nenhum motivo aparente, também usadas pela prostituta ou pelo camaleão, que serão o que você quiser em troca de dinheiro, poder ou até segurança, e que frequentemente podem ser vitimizados. Quando Perséfone aparece com Hermes, uma das primeiras coisas que ela faz é mentir para a mãe a fim de evitar sua fúria (coisa típica de adolescente), dizendo ou que Hades a enganou ou que ele a forçou a comer as sementes de romã.

Isso é o que pode acontecer à nossa parte Perséfone quando temos sua flexibilidade, mas nunca nos centramos em uma identidade mais profunda da alma. Alguns tipos de Perséfone caem na armadilha de agradar os outros, de serem manipuladores e até vigaristas. Se além disso eles não tiverem a força de Zeus e a firmeza de Deméter, talvez não tenham todos os limites necessários para se defender, de modo que manipulam os outros para fazer isso por eles. Apegando-se à identidade de vítima, eles sempre parecem precisar de socorro.

A sombra interior, entretanto, não é somente onde escondemos nossos atributos negativos; também é o lugar em que enterramos o potencial positivo do qual não estamos cientes ou que não se encaixa na mentalidade de nossa época e local. Na maior parte do passado recente, muitas das facetas do arquétipo de Perséfone foram relegadas à clandestinidade por terem sido negadas, subvalorizadas ou demonizadas. Ironicamente, o que permaneceu foi sua associação com sexualidade e erotismo, cujo forma sombra negativa é vista na pornografia encontrada aos montes na internet e, às vezes, associado a imagens de uma bruxa sedutora, porém má.

Diante disso, podemos pensar nas qualidades positivas do arqué-tipo de Perséfone como tesouros escondidos que, quando integrados à psique, pode transformar vidas. Permitir que dons reprimidos e *insights* criativos vejam a luz do dia libera uma energia que pode deixar uma pessoa saltitante de alegria, de modo que sua sensação seja a de passar da melancolia do inverno para a glória da primavera.

As Histórias de Perséfone

Pelo fato de a sabedoria e a perspectiva de Perséfone serem comparti-lhadas somente nas partes secretas dos ritos eleusinos, obras escritas a esse respeito (no passado e hoje) inevitavelmente projetam suas pró-prias percepções de sua história, enxergando a deusa através de suas próprias lentes e no contexto da situação em que estão usando a his-tória para explicar algo.

A História Clássica do Mito é sempre alguma versão do mito que iniciou este livro, com variações que apresentam Perséfone mais como uma vítima passiva do que a minha versão ou a de Homero. Em algumas, ela não é apenas sequestrada, mas também violentamente estuprada por Hades (uma história às vezes contada com um prazer lascivo bastante desanimador).[5] Ela está infeliz no Submundo até ser resgatada pelos esforços de sua mãe, mas, por ter sido levada a comer sementes de romã, seu destino é sofrer vários meses do ano nesse lugar escuro e lúgubre, presa com o homem que abusou dela (até Homero a relata dizendo que foi enganada para comer as sementes). A mim, parece improvável que essa Perséfone podia ter sido a heroína dos Mistérios de Elêusis, mas essa história foi utilizada de modos muito curativos por psicanalistas.

A História na Psicologia Profunda: Aqui, a descida ao Submundo é usada como uma metáfora para o processo de cura. A história da sobrevivência e recuperação de Perséfone do estupro pode ser um consolo para mulheres que vivenciaram abuso sexual e outros, da mesma maneira que a história da experiência de perda de Deméter me acalmou. De algum modo, reconhecer que você não está só e que ao longo da história as pessoas enfrentaram a mesma situação pode aliviar um pouco. Quando psicólogos usam a história dessa maneira com seus pacientes, em geral eles passam a interpretá-la como uma jornada para o mundo interior. Assim, a ida de Perséfone ao Submundo se torna uma metáfora para analisar a vida interior, que inclui encarar os traumas e dificuldades vivenciados, independentemente de quais tenham sido, e tornar-se ciente da própria sombra a fim de se curar e de se encontrar o seu eu mais profundo. Muitas pessoas que têm conhecimento de psicanálise se referirão a sua estadia no Submundo como um atalho para o foco interior, seja por conta de um trauma que precisava de cura, porque uma curva na estrada requer que elas parem e se reorganizem, ou como uma escolha consciente em ir para o interior a fim de obter maior autoconsciência.

A História Metafórica: Em nível espiritual, o padrão arquetípico geral que sustenta a história de Perséfone é o de nascimento, morte e renascimento (ou ressurreição). Como Timothy Freke e Peter Gandy observavam de maneira bastante provocativa em um título de livro de sua autoria, *The Jesus Mysteries: Was the "Original Jesus" a Pagan God?* (*Os mistérios de Jesus: o "Jesus original" era um deus pagão?*), histórias de um deus que morre e renasce, e cuja ressurreição oferece esperança de vida após a morte para os humanos eram comuns nas mitologias do Mediterrâneo e do Oriente Próximo durante a formação do cristianismo e dos Mistérios de Elêusis. Embora Freke e Gandy foquem em deuses do sexo masculino que incorporam esse padrão – Osíris, Dionísio, Átis e Mitra, que morreram e foram ressuscitados –, podemos acrescentar Perséfone, já que o fato de ter sido sequestrada até o Submundo e ressurgido é outro tipo de morte e ressurreição. Os ensinamentos associados a cada uma dessas figuras divinas masculinas são divergentes demais para consolidar a ideia de que todos eles eram versões de Jesus. Por exemplo, os ensinamentos de Jesus enfatizavam o amor pelo próximo e o poder do perdão, enquanto Mitra reforçava uma consciência mais guerreira. No entanto, todas essas figuras masculinas são mortas de forma cruel e renascem, recompõem-se ou ressuscitam, um padrão arquetípico também refletido em muitas iniciações xamânicas indígenas.

O que diferencia o padrão arquetípico da morte e renascimento na história de Perséfone dos de outras é que a deusa não vivencia uma morte que a desmembra. Seu arquétipo oferece um caminho para os mortais passarem pela transformação espiritual seguindo eros com uma atitude de aprendizado para entender e confiar no processo de vida e morte. Porque muitos gregos antigos, incluindo Pitágoras, Sócrates e Platão, acreditavam na metempsicose – reencarnação ou transmigração da alma –, a jornada de Perséfone pode ser interpretado como encerrando o ciclo recorrente de vida, morte e renascimento.

De acordo com Platão (em *A República*, sobretudo O Mito de Er), o Submundo era o lugar onde os recém-mortos, tendo abandonado o formato físico, eram desprovidos de tudo o mais – ego, corpo, mente e coração –, deixando apenas a alma para trás. Após se purificarem, eles escolhiam outra forma para a próxima vida. Na época, pululavam crenças variadas sobre o que isso de fato significava. Era possível renascer na vida terrena ou ir para algum outro reino adequado ao próprio alcance espiritual. No passado e hoje, a metempsicose podia ser compreendida como totalmente pertencente a esta vida nesta terra, e a experiências de morte e renascimento que podemos ter em qualquer período da vida. Em todas essas opções, presumia-se que o desenvolvimento e o refinamento da alma nos colocariam em um bom lugar nas etapas seguintes da vida atual, da próxima ou do pós-vida.

A História Pré-patriarcal: Charlene Spretnak, em seu ensaio "The Myth of Demeter and Persephone" (em *The Long Journey Home*, de Christine Downing), argumenta que, em versões pré-patriarcais da história de Perséfone, teria feito pouco sentido o pai dela permitir que fosse levada, já que esses costumes patriarcais desenvolveram-se mais tarde. Nesse relato alternativo, Perséfone simplesmente se voluntaria para ir ao Submundo por ter presenciado a confusão sofrida por seus habitantes, que não tinham como entender o que estava acontecendo com eles, e ela sente um chamado vocacional para ajudá-los. Isso explicaria o fato de que ela era conhecida como a rainha do Submundo muito antes de existir um mito descrevendo como ela chegou lá. Essa versão destaca a jornada de Perséfone como uma missão de compaixão – uma história de amor altruísta em favor de quem precisava dela.

A Narrativa da Heroína na Chegada à Maioridade é a versão primária da história que oferece uma estrutura para a Parte 3, mas aspectos de todas as outras histórias também estão presentes quando ajudam a despertar a heroína interior. Assim, a Parte 3 explora o arquétipo de Perséfone ajudando-nos a seguir o caminho de eros em escolhas da vida relacionadas a amor, trabalho, identidade, mortalidade e metafísica.

- A primeira lição explora o papel de eros no desenvolvimento da habilidade de equilibrar independência e intimidade.
- A segunda lição continua esse tema com foco particular nos desafios da adolescência e como nunca é tarde para lidar com eles.
- A terceira lição oferece direcionamento para a reconexão com eros como sistema de orientação interior ao nos sentirmos perdidos.
- A quarta lição explora como a capacidade de discernimento e de fazer escolhas sábias pode ajudar você a se dar conta de seu destino, mesmo quando foi levado por um destino pelo qual não teria optado.
- A quinta lição considera as narrativas metafísicas que guiam nossa vida e como podemos ser mais felizes trocando histórias que fomentam desespero e alienação por outras que ofereçam esperança e a sensação de se pertencer ao mundo.

O Arquétipo de Perséfone
Perséfone Mitológica: a rainha do Submundo e deusa da primavera
Lição Primordial da Heroína: confiar na vida e na sua própria habilidade de lidar com o que quer que aconteça
Progressão Narrativa: da confiança ingênua a habilidades de transformação aprimoradas
Dons: leveza, flexibilidade, criatividade, escolhas inspiradas e facilidade de fazer parcerias
Associação Histórica a Gênero: o feminino, capaz de fazer facilmente parcerias com o masculino
Modo de Tomar Decisões: intuição aliada a discernimento bem desenvolvido
Capacidade Interior Desenvolvida: conexão com o eu mais profundo (alma)
Formas Contraproducentes: agradar a todos, prostituir-se (não apenas no sentido sexual), manipular

Perséfone e a Promessa Eleusiana
Prática Primordial da Felicidade: otimismo, abrir mão e seguir em frente, leveza e humor
Contribuição para a Prosperidade: intuição, inspiração, criatividade e inovações que causam mudanças
Contribuição para a Liberdade: adaptabilidade, aceitação da morte e confiança no guia interior

PERGUNTAS DE APLICAÇÃO:

Com base no que você sabe até agora sobre Perséfone,

Você tem esse arquétipo de modo excessivo, insuficiente ou quase nulo?

Se ele está presente em sua vida, foi legado familiar (ou seja, você aprendeu a ser assim e o é), é vocação ou faz parte do seu eu profundo e autêntico?

Você gosta de pessoas que refletem o exemplo de Perséfone no mundo?

Por quê? Ou por que não?

Primeira Lição de Perséfone:

Respondendo ao Chamado de Eros

A primeira e mais importante lição que o arquétipo de Perséfone oferece a você é a habilidade de saber quem você é num nível muito mais profundo que o ego ou, até mesmo, o coração. A vantagem desse conhecimento é que você pode se tornar muito mais íntimo de si mesmo e, portanto, ter a capacidade de vivenciar maior intimidade com os outros. Para ajudá-lo nesse processo, a primeira lição na Parte 3 começará com a história de Perséfone no contexto das práticas e crenças dos gregos antigos; depois, do gênero ficcional romance e, por fim, das descobertas psicológicas sobre amor e felicidade humana.

Na Grécia antiga, era uma tradição que meninas prestes a se casar fossem apanhar flores nos prados com as amigas como uma preparação para a celebração (uma espécie de chá de panela, com as flores no lugar dos presentes de hoje em dia). Na maioria das vezes, elas se casavam com uma vida, não só com uma pessoa, com um trabalho pronto como dona de casa e uma casa já montada, uma vez que, no início, a esposa provavelmente viveria em uma casa com o marido, os pais dele, outros parentes, criados, escravos e assim por diante. Numa era em que a prática dos Mistérios estava no auge, uma cerimônia tradicional de casamento incluiria um sequestro simulado, em que o noivo agarrava a noiva pelo braço. Folcloristas consideram essa tradição a precursora da convenção posterior de o noivo atravessar a soleira do lar conjugal com a noiva nos braços. Todos esses indícios sugerem que o mito do "sequestro" de Koré por Hades possa ter sido apenas simbólico, informado por práticas culturais existentes, e que, para os padrões da época, ela poderia estar pronta para se casar.[1] No mundo moderno, uma narrativa arquetípica análoga de Perséfone – a história de amor na maioridade – está firme e forte em romances para adolescentes e adultos, mas atualizada para refletir as realidades bem diferentes e mais livres da vida das mulheres atuais. Esta lição trata do desenvolvimento da capacidade de prestar atenção a eros quando ele chama, e também de tratá-lo com discernimento, já que suas mensagens muitas vezes são sutis e cheias de nuances.

Quando Koré colhe o narciso evocativo, a terra se move, o solo se abre e um belo estranho sombrio aparece uma carruagem, tira a menina do chão e a leva embora. Podemos analisar isso de duas maneiras: conscientemente, ela está apenas apanhando uma flor; subconscientemente, ela tem um desejo que sequer sabe nomear. A maioria dos homens e mulheres adora a sensação de sair do chão causada pela paixão mútua. Quando meu marido, David, e eu começamos a dividir um escritório, nenhum de nós admitia a atração mútua, ainda que o próprio ar na sala ficasse cada vez mais carregado pelo não dito. Ele se sentava em um lado da sala, com os pés sobre a mesa e uma aparência de fortaleza, e eu me sentava bem-comportada atrás da minha mesa enquanto tínhamos discussões acaloradas sobre literatura, tema sobre o qual discordávamos imensamente. Então, certa tarde, lembro-me de estar em pé perto dele sem nenhuma ideia de como havia chegado ali; parecia que eu tinha flutuado até seu lado, simples assim. Ele me cumprimentou com um misto de terror e alegria, enquanto ambos encarávamos a realidade de termos sido sequestrados pelo amor. Ficou claro que não havia como voltar atrás, mas nenhum de nós havia planejado aquilo; portanto, a sensação foi de que nossas vidas viraram de cabeça para baixo. E logo, logo, como você já soube, estávamos passando juntos por uma tragédia enquanto ao mesmo tempo tentávamos dar conta das múltiplas funções e desafios da vida moderna.

Assim como em relação a minha experiência com David, embora a de Koré tenha sido perturbadora e inesperada, ela não sugere que o aparecimento de Hades foi totalmente indesejado ou, em última análise, inadequado para ela. Meninos malvados atraem mulheres, sobretudo as jovens, e em qualquer idade há a ideia de que fazer sexo com um homem malvado é mais divertido que com homens bonzinhos, contanto que a mulher se sinta realmente segura. Na verdade, rapazes que consideramos "maus" não são necessariamente do mal, e sim enérgicos, corajosos e cheios de libido.

Ainda que Hades seja o clássico "homem sombrio", cujo chamariz é, em parte, um senso de suas qualidades transformacionais, na cultura grega ele não era visto como um deus negativo. O masculino sombrio é semelhante ao feminino sombrio em ser assustador, porque seu apelo conduz ao desconhecido. Embora Hades seja o senhor do Submundo, ele não mata ninguém. São as Moiras que decidem quando uma pessoa vai morrer, e quem executa esse plano é Tânatos. Hades cuida dos mortos e monitora o processo de renovação, metamorfose e transformação deles, para que um ser possa ir para o lugar ou para o desafio que vem a seguir.[2] Entretanto, como você já sabe, a ideia grega do que isso significa é que ele tomava a frente em despojar as pessoas do corpo, ego, mente e coração, deixando apenas a alma.

Hades, e mais ainda seu equivalente romano, Plutão, é associado à prosperidade, relacionada sobretudo à pressão sob a terra que cria metais preciosos, joias e petróleo, bem como o processo de germinação das sementes. Por analogia, ele é responsável por purificar a consciência dos mortos, a fim de que eles deixem para trás as armadilhas da personalidade da vida anterior. Como homem das sombras, ele também é o amante que penetra a essência da alma e quer conhecer o mais profundo e verdadeiro você, não somente sua *persona* brilhante. Por extensão, ele pode auxiliar em qualquer transição importante da vida, quando você precisa deixar de ser criança e tornar-se adulto, de jovem adulto para uma pessoa de meia-idade, da vida de trabalho para a aposentadoria, e, depois, quando se aproxima da morte e, por fim, fica diante dela.

A adolescência é um processo de morte e renascimento, tanto na Grécia antiga como hoje, uma época em que se fica às voltas com questões referentes a sexualidade e muitos adolescentes flertam com a morte fazendo coisas perigosas. O aparecimento de Hades é um anúncio de que é hora de Koré abandonar sua identidade pueril e passar para a fase seguinte da vida. O nível de autoestima de uma garota muitas vezes pode prever o quanto ela é capaz de ter opinião formada o bastante para minimizar danos a si ou aos outros nesse período importante de transição.

Não sabemos o que acontece quando Koré se dá conta de que está no Submundo, mas considerando sua posição e prestígio (filha de Deméter e Zeus), é improvável que ela teria sido forçada a fazer o que quer que fosse. Por mais atraente que possa ter sido a aparência de Hades no prado, dificilmente ela estaria preparada, de uma hora para outra, para fazer parte de um mundo que não conhecia. E, mesmo que lhe dissessem que eles deveriam se casar oficialmente, e ela concordasse antes de se sentir pronta de verdade, ela não teria perdoado um estupro. Ela é uma garota habituada a brincar no prado, cercada de flores, acostumada com a beleza e a ideia de ser adorada em uma comunidade. Sem dúvida, ela sentiria falta da mãe. E começaria a se preocupar: "Quem *é* esse homem que parece tão afável? Ele governa os mortos, valha-me! Assustador!".

Assim como Zeus é associado à postura do ego, Hades é associado ao *id* – o desejo puro, não socializado. Portanto, ele estaria impaciente para se casar com Koré, e talvez tenha presumido que a única coisa necessária era o consentimento de Zeus para ir buscá-la. Entretanto, crucialmente, Afrodite inflamara Hades de *amor* por Koré; logo, sua paixão não se resumia a luxúria. Então, podemos imaginar que, após o rapto, seu bom senso aflorou e ele a cortejou. Nova no Submundo, ela pode ter sentido o mesmo que muitas mulheres que, depois de conquistadas por um homem, casam-se com ele para, de repente, ter de enfrentar a monotonia como um dona de casa num lar que não é tão agradável. Mesmo assim, como uma típica "boa moça", faria sentido que, no início, Koré seguisse seu padrão de agradar e fazer o que era esperado dela. E ela era filha de uma mãe bondosa. Ela se preocupou com as pessoas de lá. Seu cuidado a levou a exercer o papel de rainha, ajudando os habitantes do Submundo a ter uma melhor qualidade da experiência, por saberem onde estavam e o que ia acontecer. Ainda hoje, começamos a conhecer nosso propósito pelos desejos do coração – não só o que queremos fazer pelos outros, mas pelo que nós próprios desejamos experimentar.

O arquétipo de Perséfone traz muitas informações de romances ficcionais, escritos para mulheres de todas as idades, não importa se o(a) autor(a) conhece ou não o mito. Suspeito que esse gênero seja bem popular entre as mulheres porque, em geral, ele lhes permite viver uma história de amor e reafirma que, no fim, esse sentimento pode triunfar – uma mensagem por demais necessária em nossa sociedade. Se você visitar Goodreads.com e procurar livros explicitamente baseados na história de Perséfone, verá uma lista interminável de romances. O arquétipo de Perséfone também está sempre presente, mesmo quando não identificado pelo nome. Na trama estereotipada, um homem romântico e misterioso, mas com aparência perigosa e sombria, conquista uma bela heroína (em geral, metaforicamente, mas nem sempre). A tarefa previsível dela é discernir se confia nele ou não, e a atração que sente por esse homem. A literatura também nos oferece muitas tramas em que o herói encontra uma mulher sedutora de cabelos escuros, vivencia uma sensação semelhante de ser sobrepujado pelo desejo, e também precisa discernir se é ou não é perigoso envolver-se com ela. Histórias típicas de vampiros vão além dessa confiança na conexão entre eros e a morte, que tanto atrai os leitores, sobretudo adolescentes.

O que tipicamente se considera ficção para mulheres – romances, histórias de mistério e fantasia – corresponde a uma enorme porcentagem de livros vendidos, e a maior parte das versões do gênero incluem uma trama ou uma subtrama romântica. Não obstante, essas obras são desdenhadas de um modo que histórias de heróis, especialmente as escritas para homens, não são, embora ambos os gêneros variem de romances muito ruins, com tramas estereotipadas e um estilo de prosa pavoroso, a obras literárias criativas bem escritas e psicologicamente perspicazes. A subvalorização específica da forma de romance em ficções para mulheres é interessante, não levando em conta apenas a importância do amor romântico para a felicidade individual e a saúde social, mas também porque essas histórias proveem o principal treinamento que muitos de nós recebemos para discernir como seguir eros em muitas ou em todas as suas formas. Homens também escrevem sobre a complexidade do amor, mas, quando o fazem, geralmente são elogiados por escreverem bem sobre a vida.

O que observo em histórias de amor – clássicas e contemporâneas – é que, muitas vezes, a alma da heroína fala mediante anseios viscerais, enquanto sua mente permanece prudentemente cautelosa. É por isso que, em obras clássicas de romance ficcional, os amantes têm falhas de comunicação, gerando mal-entendidos e conflitos. Romances contemporâneos de algum mérito psicológico e literário também têm muito em comum com *Orgulho e Preconceito*, de Jane Austen, que poderia ser o livro-pôster de histórias de amor inteligentes. Elizabeth e

Darcy sentem-se atraídos um pelo outro, mas ela acredita que ele é um esnobe arrogante (e reflete mais o arquétipo de Zeus que o de Hades, ainda que este último seja mais predominante em histórias de amor). O medo de Darcy e de sua família é que Elizabeth seja uma alpinista social em busca de fortuna. Ele supera seu orgulho, e ela, seu preconceito, à medida que ambos vão aprendendo mais um sobre o outro. Quando o discernimento confirma a sensatez da atração mútua, eles se casam.

Esses processos de cautela e discernimento são cruciais para a prosperidade, não apenas no romance, mas em todos os aspectos da vida, já que proporcionam uma prática imaginativa, por meio da identificação com os personagens, de como seguir os próprios desejos sem perder a cabeça. Este livro poderia acompanhar uma história de amor atrás da outra, mas você conhece o roteiro, de modo que isso não é necessário. A satisfação do desejo subjacente de se unir a outra pessoa (na raiz dessas histórias de amor) é uma parte importante da vida para muitos de nós. Portanto, passemos da literatura para a vida real. O arquétipo de Perséfone nos ajuda a encontrarmos nosso eu mais profundo, e, como consequência, sermos capazes de ter intimidade com os outros – em níveis apropriados para diferentes tipos de relacionamentos. Alcançar isso é uma – talvez *a* – tarefa principal do amadurecimento humano.

Elementos de como isso funciona para nós são marcados pelo nosso primeiro amor – a experiência com nossa mãe. Começamos a vida dentro do corpo dela, e, quando nascemos, ela nos pega nos braços. Se somos amamentados, continuamos a nos alimentar de seu corpo, ao mesmo tempo envolvidos num abraço. Laços profundos se estabelecem (idealmente) quando nosso olhar se cruza com o dela e aprendemos os primeiros elementos da humanidade imitando seus sorrisos e outras expressões. Psicólogos chamam a isso de entranhamento, uma relação íntima de mutualidade que nos prepara, de acordo com a teoria do apego, para conseguirmos formar vínculos com os outros ao longo da vida. Se nossa infância é otimizada, aos poucos desenvolvemos um senso de separação das outras pessoas, respaldado por esse vínculo materno. Meninos e meninas pequenas, ainda hoje, dirão que desejam se casar com suas mães, como provavelmente Freud observou em sua época, mas, quando chega a puberdade, sabemos como eles ficam atraídos por pessoas da própria idade e pelo gênero determinado pela sua orientação sexual. Ter tido uma relação forte, amorosa e saudável com a mãe aumenta a habilidade de criar vínculos com um parceiro amoroso e comprometer-se com um(a) parceiro(a) de vida. A intimidade física de amantes incentiva uma maneira mais madura de entranhamento. Amantes comprometidos compartilham uma cama, conhecem o corpo um do outro por dentro e por fora e, idealmente, beneficiam-se da intimidade emocional de compartilhar sentimentos, esperanças e sonhos. Esse entranhamento é reforçado continuamente e, portanto, fortalecido entre os parceiros de vida se eles cuidam um do outro em acontecimentos como o nascimento de um filho, uma doença ou quando emocionalmente devastados. Nesses relacionamentos adultos, é importante que os amantes mantenham suas identidades pessoais separadas, assim como é importante para as crianças se diferenciarem dos pais ao mesmo tempo que dependem deles. Se não, os amantes podem se fundir tanto na relação a ponto de perderem a própria individualidade. Quando isso acontece, em geral a psique se distancia e a conexão erótica diminui até que as identidades separadas de ambos os parceiros se restabeleçam. Essa redução da conexão erótica também pode acontecer em uma relação que se torna ritualizada, quando fazer as coisas "como sempre" passa a ser mais importante que se abrir para mais possibilidades, à medida que cada pessoa continua a amadurecer e crescer.

Hoje, alguns conselheiros sexuais trabalham com casais nessas situações. Em *Sexo no Cativeiro: Como Manter a Paixão nos Relacionamentos*, a psicóloga Esther Perel discute como trabalha com casais para atingir o objetivo de estabelecer e manter um relacionamento sexual cheio de paixão em longo prazo. O desafio de preservar a empolgação em relacionamentos longos, observa ela, é que por um lado os casais querem segurança e conforto, e, *por outro*, liberdade, independência e uma sexualidade cheia de libido.

A parte de nós que deseja segurança pode começar a manipular ou controlar diretamente o parceiro para impedi-lo de se afastar ou, mesmo, de ter opiniões e comportamentos por demais divergentes. A parte de qualquer parceiro em busca de liberdade vai protelar isso e desejar fugir, e, portanto, se afastará. Para evitar esse resultado, Perel defende se esforçar para ver seu parceiro ou parceira como uma pessoa autônoma, que tem direito e capacidade de deixá-lo por outro(a). Ver o parceiro como um mistério contínuo revelando-se a você pode preservar a magia e a surpresa no sexo e no amor, ao mesmo tempo equilibrando a segurança e a liberdade.[3] Assim, você pode se esforçar para integrar segurança e autonomia, tornando seguro que você e seu parceiro sejam sexualmente autênticos, ainda que isso não corresponda a como vocês se parecem em outros aspectos da vida. Essa intimidade interdependente pode se aprofundar quando permite explorar constantemente quem você é e o que cada um de vocês deseja, física e emocionalmente.

Estabelecer um vínculo tão íntimo com um parceiro é uma base a partir da qual fica cada vez mais fácil ser de modo autêntico você mesmo em outras relações em que níveis diferentes de intimidade são apropriados. Ademais, o entranhamento que se desenvolve da comunicação por meio do toque físico pode liberar uma comunicação verbal mais aberta entre parceiros e, em alguns casos, permitir a homens e mulheres que se tornem andróginos quanto ao estilo de comunicação. Pesquisas sobre estilos de gênero sugerem que, em média, estilos de comunicação masculinos reforçam sua independência, enquanto os femininos enfatizam a criação de vínculos. Deborah Tannen concluiu que "para a maioria das mulheres, a linguagem da conversação é sobretudo de elos: uma maneira de estabelecer conexões e negociar relações... Para a maioria dos homens, falar é principalmente um meio para preservar a independência, negociar e manter o *status* em uma ordem social hierárquica".[4]

Esse trabalho tão revolucionário, ao nos alertar para diferenças importantes, necessariamente simplifica muito a enorme variedade entre indivíduos e a quantidade de lacunas existentes entre os estilos masculino e feminino. Não obstante, histórias de amor, na vida e na literatura, mostram como homens e mulheres utilizam a linguagem do elo no romance, no cortejo e na sexualidade. Isso é equilibrado pelo estabelecimento de limites pessoais e independência nas discussões entre amantes, e porque é tão importante que sua resolução, ao fazerem as pazes, mantenha o vínculo do casal enquanto se encara a divergência de crenças, opiniões ou preferências de estilo de vida, em vez de varrer as diferenças para debaixo do tapete.

A próxima lição dá continuidade ao tema do equilíbrio entre ser verdadeiro consigo mesmo e fazer parte de um relacionamento, explorando-o no período crucial da adolescência como refletido em um ótimo exemplo de ficção para adolescentes.

EXERCÍCIO DE APLICAÇÃO:
Aprendendo a Reconhecer o Chamado de Eros

Sentado em uma posição confortável, comece inspirando para o coração e expirando pelo plexo solar, pensando em retrospecto sobre o chamado de eros em sua vida sobretudo no amor romântico, ou em outros amores que tiveram esse tipo de ônus sobre você, e o que você aprendeu ao aumentar seus poderes de discernimento. Escolha uma lembrança que chame sua atenção. Então, inspire, inalando as memórias alegres que ela lhe deu, e expire, exalando suas dores e deixando-as ir embora. Ao olhar para trás, observe o que essa experiência lhe ensinou sobre ser verdadeiro consigo mesmo (ou não) no relacionamento e como você cresceu em consequência disso. Continue até sentir que acabou, e então permita-se ficar ciente do lugar para onde eros o está chamando agora. Ao inspirar, imagine cenas de seus desejos realizados, e expire os medos que o impediriam de segui-los. Repita até sentir que o processo se encerrou.

Segunda Lição de Perséfone:

Reivindicando seu Direito ao Amor

Aprender a permanecer verdadeiro consigo mesmo enquanto se relaciona com os outros é um processo para a vida toda, mas a adolescência é um período crucial; portanto, à medida que você lê esta lição, talvez queira se lembrar de quando, seja há muito tempo ou ainda ontem, você se diferenciou de seus pais, descobrindo quem era separadamente deles e de suas expectativas, começando a se sentir sexualmente atraído por namorados ou namoradas em potencial, e imaginando o tipo de vida que queria levar quando adulto. As partes Zeus e Deméter da sociedade muitas vezes reforçam positivamente sua descoberta naquilo em que é bom e com o que você se importa. Porém, quando Perséfone o chama, a reação de outros pode não ser tão positiva, já que eles talvez não entendam as mudanças pelas quais você está passando.

Vamos usar um exemplo da ficção moderna para jovens adultos a fim de arriscar uma analogia contemporânea sobre como a história de Perséfone poderia funcionar para garotas adolescentes de hoje, a julgar pelos livros que elas escolhem ler por prazer.[1] Na série Abandono (*Abandono, Inferno, Despertar*), Meg Cabot, autora *best-seller* de romances *teen*, atualiza o mito de Perséfone e Hades como uma história de amor entre Pierce Oliviera, uma garota de dezessete anos que mora em uma ilha na Flórida, e John Hayden, que aparenta a idade dela mas tem cerca de duzentos anos. John continua vivo por ter assumido a responsabilidade pela zona de exploração regional do Submundo, que agora tem pontos de venda ou entradas porque a morte se tornou um setor crescente, já que a população humana aumentou exponencialmente.

Pierce conheceu John em um cemitério quando era pequena e gostou dele; assim, quando aos quinze anos se afoga na piscina dos pais e acorda no Submundo, ela não sente medo do rapaz. Como Pierce se afogou? Ela caiu na piscina enquanto tentava salvar um pássaro que parecia estar se afogando. Era inverno, ela usava um casaco grosso e uma echarpe, que foi pega pela cobertura desgastada da piscina e, depois, ficou presa no fundo. Quando chega no Submundo, homens de aparência bem assustadora, montados em cavalos e portando chicotes, empurram pessoas para uma de duas filas, aguardando os barcos que as levarão para o destino final delas. Em uma das filas, as pessoas estão praguejando e brigando entre si, e na outra, aguardando com paciência, mas todas parecem espantadas e assustadas. Pierce sequer nota como John parece assustador para os outros. Ela vai até ele e reclama que as pessoas nas filas estão confusas, já que não há nenhum sinal dizendo a elas o que fazer, os guardas são maus, e o pessoal está com frio, fome, sede e precisa ser mais bem cuidado.

Quando o cavalo de John empina e ele cai, Pierce imediatamente se preocupa com seu bem-estar. John fica encantado com essa bela jovem que demonstra mais cuidado pelos outros do que outras pessoas que haviam morrido recentemente que ele tinha visto (conforme menciona mais tarde ao declarar seu amor por ela). Quando ela diz que também está com frio, ele lhe dá a opção de entrar em um dos barcos ou ir com ele para um lugar quente. Ela escolhe este último, mas não espera que ele a leve para seu quarto. Ali, Pierce fica nervosa com a cama no quarto e com as possíveis expectativas dele, e, quando John explica que ela está morta, a garota fica muito assustada e foge.

Ela acorda no Mundo Superior, onde fica sabendo que teve uma experiência de quase morte. Quando todos começam a perguntar se ela viu uma luz e se seus entes queridos estavam lá para recebê-la (com base em descrições populares de experiências de quase morte), rapidamente ela percebe que é melhor não contar o que de fato aconteceu, sobretudo quando suas tentativas de compartilhar o que vivenciou são confrontadas com discursos condescendentes sobre isso não ter passado de alucinações.

É claro que John, esse gerente do Submundo local, é um homem sombrio ao estilo de Hades, misterioso e extravagante, que aparece para resgatá-la em muitas circunstâncias difíceis, mas infelizmente faz isso com mais força do que teria sido prudente. Ele provém de uma família muito desestruturada, com um pai cruel e sem escrúpulos, um capitão de navio que joga John e seus colegas marinheiros no mar quando eles questionam seu plano de arriscar a vida da tripulação para ganhar algum dinheiro extra. John se afogou e acordou em um Submundo vazio, em que os mortos começavam a aparecer, e percebeu que deveria governar o local. Assim, ele é descontroladamente antissocial e tende a ter reações exageradas.

Por ele ser visível apenas como uma sombra nas câmeras por monitoramento de vídeo, Pierce leva a culpa pelo que ele fez aos que tentavam prejudicá-la; portanto, ela é expulsa de uma escola atrás da outra. Como resultado, ela acaba no Caminhos, o programa para adolescentes problemáticos do ensino médio local, em que conselheiros bem-intencionados não têm a menor ideia do que de fato está acontecendo com ela. E Pierce sabe que, se contasse a eles, só pensariam que ela estava louca e ela iria parar em um manicômio, o que seria um destino ainda pior.

O Caminhos fica na ala D da escola, juntamente com todas as outras crianças que o diretor acredita serem más influências para os bem-comportados, e aqueles dessa ala são desprezados pelos adolescentes inteligentes e aparentemente bem-ajustados da ala A. Contudo, a vida dos garotos da ala A parece girar em torno apenas de uma competição muito sem sentido entre os novatos e os veteranos sobre quem consegue quebrar as regras da escola construindo e queimando publicamente um caixão. Essa tradição se relaciona com o fato de que, num passado distante, muita gente na ilha que morria não era sepultada, e isso aconteceu com John, e a tristeza disso parece não tocar os frívolos ocupantes da ala A.

Pierce está distraída demais por sua experiência de quase morte e descobrir de uma hora para outra que as pessoas estão tentando matá-la por motivos que ela não compreende, estar apaixonada pela pessoa mais inadequada possível para se concentrar nos estudos. Não obstante, está fortemente ciente do sistema educacional que não a leva a uma vida desejável, em uma economia com abismos cada vez maiores entre quem tem e quem não tem as coisas (embora seu pai seja rico, o que a protegeria), e ela é bastante isolada dos colegas de escola.

A solidão é tema frequente da ficção *teen* porque adolescentes se identificam muito fortemente com ela. Podemos ver essa afirmação retratada com profundidade no romance *best-seller teen* de John Green, *A Culpa é das Estrelas* (que virou filme em 2014), sobre dois adolescentes, Hazel Grace Lancaster e Augustus Waters, que estão morrendo de câncer e se sentindo isolados e sozinhos, pois suas experiências são diferentes demais das dos colegas. Hazel, em particular, também é muito protetora dos pais, que dão uma força, mas a tristeza deles é tão compreensivelmente palpável que ela se preocupa mais com eles do que consigo mesma. A relação de amizade entre Hazel e Augustus traz consolo a eles.

Na adolescência, encontrar um amigo especial que entende o que você está passando é muito importante, e Pierce encontra isso em John. Ainda que no início ela o ache assustador, logo a garota percebe que ele é ainda mais isolado que ela, e o rapaz começa a amolecer à medida que se sente menos solitário. Pierce se aliena da vida ao seu redor, mas isso só piora as coisas. Quando ela decide se reintegrar, como sua mãe suplica que faça, Pierce fica ciente de que o *bullying* virtual, que tanto a magoou, está acontecendo com outros jovens da escola, e que um professor predador provavelmente causou o suicídio de uma jovem e gentil colega de classe. Ela tem um bom motivo para não contar à sua amorosa mãe que o senhor do Submundo continua aparecendo na sua vida, mas também guarda todos os outros segredos, tipicamente traumas de ensino médio, sobretudo para evitar que a mãe se preocupe ou acreditando que ela não compreenderia.

Pense por um instante em sua própria experiência da adolescência, quando e por que se sentia só, quais segredos guardava dos pais e dos amigos, e até que ponto tinha vontade de aprender sobre o mundo lá fora, mesmo sobre as partes das quais seus pais queriam proteger você. A adolescência sempre foi uma fase em que os filhos se diferenciam dos pais, muitas vezes se rebelando e adotando comportamentos que os pais não recomendariam. É aí que às vezes entra em cena um namorado inconsequente e inadequado.

Quando eu tinha dezesseis anos e ainda era bem inocente, não apenas desejei um namorado, mas rezei para ter um. No dia seguinte, um estranho bonitão, vários anos mais velho que eu, chegou de carro conversível em uma festa na minha rua, e tomei isso como um sinal de que minha prece fora atendida. Comecei a namorá-lo, mas acabei descobrindo que havia entrado em um relacionamento meio complicado, sobretudo quando ele se tornou abusivo. Contudo, pelo menos, naquela conjuntura crítica, eu não me sentia tão sozinha. Eu o tinha.

Olhando em retrospecto para esse período, percebi que havia muito mais coisa acontecendo na minha vida para eu ter me atirado nos braços de um homem local desvairado. No início da adolescência, meus pais me levavam a reuniões de cunho batista, em que a associação de sexo a pecado instilou medo em meu coração, o que me fez buscar a salvação em todas as reuniões – embora meu nível de pecado tenha sido somente um coração libidinoso. (Agora até acho graça, mas naquela época isso não me parecia nada engraçado.) Quando tomei consciência, me perguntei por que um Deus amoroso puniria a descrença, ou o fato de sermos sexuais quando supostamente não somos, com tormentos eternos. Além dessa crise existencial, eu estava me sentindo perdida em uma escola nova e muito grande, e ainda não tinha feito novos amigos. Meu pai estava preocupado, acabara de perder uma empresa, e minha mãe voltara a lecionar, e estava com medo porque talvez não tivéssemos dinheiro suficiente para pagar as contas. Presumi que minhas questões apenas os perturbariam, e eles já tinham muito em que pensar. Além disso, por eu ser adolescente, a solução parecia simples: um namorado.

Namorar esse homem me apresentou a um "submundo" social muito diferente do de minha família protetora e puritana. Ele vinha de um lar muito diferente, sua mãe havia se casado com um funcionário do setor petrolífero que todos os dias chegava exausto em casa e lidava com isso bebendo a noite inteira. Juntando as peças, em retrospecto, suspeito que esse homem era abusivo com a esposa e o enteado. Eu sabia que a mãe do meu namorado sentia que não podia deixar o padrasto dele, já que não tinha estudo ou habilidades que lhe permitiriam sustentar a si mesma e ao filho. E, olhando para trás, hoje percebo que minha breve experiência com o abuso motivou meus interesses por problemas femininos, porque eu sabia que era uma das privilegiadas com autoestima e opções suficientes para sair depressa daquela relação.

Pierce provém de uma família mais moderna e progressista do que a minha, de modo que ela não parece ter problemas com a ideia de que sexo é pecado, embora tenha questões teológicas e sua própria crise existencial. A história cultural dominante contada a ela é que, quando se morre, vê-se uma luz e entes queridos que faleceram, mas essa não é sua experiência. O fato de pessoas adultas acreditarem em histórias que ela sabe que não são verdadeiras mina sua capacidade de acreditar que eles podem ajudá-la. Como Zeus, o pai dela é preocupado demais com negócios para perceber o que está acontecendo com ela (como não notar que ela se afogou), e, como Deméter, sua mãe é gentil e amorosa, mas gostaria que Pierce permanecesse mais inocente do que é sensato, considerando-se o que ela passou.

Embora ela sinta que não faz a menor ideia de quem é, Pierce deixa claro que não consumará sua relação com John até que isso pareça a coisa certa para ela. Isso não acontece até o fim do segundo livro da série, quando ela tem pelo menos dezessete anos, o que no mundo moderno demonstra comedimento de sua parte. Ela se preocupa menos com a questão do sexo em si do que com o significado de se comprometer com alguém, de modo a viver o próprio destino e o da pessoa, uma preocupação que continua bem atual em um mundo em que mulheres têm carreiras próprias que nem sempre "batem" com as dos parceiros: um de vocês pode precisar morar longe e o outro, em outro país, para trabalhar com sua missão, ou um pode almejar morar numa cidade grande, enquanto o outro sonha com uma vida rural tranquila.

É claro que, se a carreira do parceiro é no Submundo, seria um desafio e tanto. Antes de decidir se quer ficar com John, Pierce precisa saber mais sobre o próprio destino e se consegue viver sua verdadeira missão no Submundo. Já viu esse filme antes? Já ouvi pessoas me contando que sentiam que seus ambientes de trabalho eram povoados por zumbis, que perderam a alegria de viver ao executar tarefas ou trabalhar em um sistema que consome o espírito. E muitos divórcios ocorrem sem culpa quando os parceiros descobrem que seus destinos são incompatíveis, embora isso não elimine a dor de perder alguém a quem se ama. Somente quando eros e o discernimento estão equilibrados é possível evitar esses resultados ou driblá-los com destreza.

Uma vez que Pierce não é nem velha nem sábia o bastante para saber como usar o GPS eros interior, Cabot acrescenta um talismã à história. John dá a Pierce um colar com um grande diamante incrustado, elaborado por Hades e dado a Perséfone para protegê-la das Fúrias. O diamante muda de cor quando ela está com as pessoas, alertando-a sobre quem é confiável e quem tem intenção de prejudicá-la, e também a avisa quando ela está indo em direção ao seu verdadeiro destino e quando não está. Mais tarde, ela fica sabendo que o colar também pode libertar pessoas de serem possuídas por arquétipos do mal como as Fúrias, que são malévolas sobretudo quando no corpo de indivíduos fracos, tal como o lado negativo pode se apossar de alguém que não esteja ancorado em uma ideia arraigada de quem é, em um código de ética e um coração bondoso.

Do momento em que ela morre aos quinze anos até completar dezessete, Pierce vê John principalmente quando ele a resgata. Entretanto, John acaba sequestrando-a para salvar sua vida, e ela reconhece que, ao menos por um tempo, o Submundo é o lugar mais seguro para ela. Portanto, ela se esforça para melhorar as condições de todos os falecidos, para que a experiência da morte não seja tão aterradora e a "vida" ali seja agradável. Pierce se concentra em servir chá para as pessoas que ainda não descobriram que estão mortas, fazendo-as sentirem-se mais à vontade e tornando o ambiente mais atraente. Uma analogia contemporânea seria uma jovem garota que se muda para a casa do namorado e descobre que os parentes dele não se dão e a casa é lúgubre, e então ela lança mão de seu senso estético e inteligência social, e se ocupa fazendo melhorias e providenciando chá para que todos acalmem os nervos. Pierce começa a reparar que, às vezes, apenas imaginando o que precisa, as Moiras providenciam (como o fazem com frequência quando estamos no caminho certo, mas sem a magia imediata que Pierce vivencia ao desejar coisas e elas aparecerem de pronto).

E, como uma típica adolescente apaixonada, Pierce quer estar com John, ainda que seja difícil lidar com ele. Portanto, ela também se esforça, invocando o tradicional processo arquetípico da Bela e a Fera, para aliviar um pouco da selvageria dele, que começa a agir cada vez com maior gentileza e comedimento. Dada sua força física e habilidade mágica mais potentes, ele deixa de exercer seu poder para tentar controlá-la e passa a usá-lo para protegê-la e ajudá-la a conseguir o que quer, o desafio clássico dos machos de nossa espécie. Percebendo que parece ter uma aptidão natural para aprimorar o Inferno, e tendo melhorado a qualidade de "vida" do local, Pierce decide que seria uma boa codiretora. Sei que quando, especialmente em meus trabalhos de consultoria, me vejo em uma organização que é uma bagunça, meu primeiro impulso é pensar "Por que eu?", mas o segundo é perceber: "Oh, é um chamado para usar meus talentos a fim de criar um ambiente mais humano e mais bem gerenciado".

Na trilogia Abandono, o equivalente a fome eleusiana está presente em dois temas importantes que ampliam o foco de Pierce e do leitor das questões pessoais para outras maiores, sociais: a devastação ambiental e uma falha em honrar a morte e os mortos. O cenário da história de Pierce é uma ilha ficcional em Florida Keys chamada Isla Huesos. O pai de Pierce, o personagem Zeus, é um abastado CEO de uma empresa global que fornece produtos e serviços ao setor de gás e petróleo e também para o militar, e a rica fauna da ilha foi destruída por um vazamento de óleo no golfo. No terceiro livro da série, um forte furacão atinge a ilha, e a barreira marinha construída para protegê-la de uma catástrofe natural está desabando por causa de erros na construção (provavelmente, uma referência ao motivo pelo qual o Furacão Katrina causou danos tão catastróficos em Nova Orleans).

A mãe de Pierce, uma personagem Deméter, é uma ambientalista que se mudou para a ilha a fim de ampliar sua pesquisa com as aves chamadas colhereiros-americanos, que estão ameaçadas de extinção. Ela se divorciou do pai de Pierce por ele fazer vista grossa ao seu estilo de vida, que o torna cúmplice da destruição da natureza, e por não ter percebido que a filha se afogava enquanto ele falava ao telefone. Ela é uma mãe boa, cuidadosa, que naturalmente deseja que a filha consiga voltar a ter uma adolescência normal, mas não faz a menor ideia de como agora isso é impossível para Pierce.

Pierce começa a desconfiar de que a ilha onde ela mora é amaldiçoada. Isla Huesos significa "ilha de ossos". Ela recebeu esse nome porque o furacão de 1864 inundou cemitérios e caixões, e matou muita gente, deixando os ossos dos mortos espalhados por toda a ilha. Navios mercantes também viajavam com regularidade pelas águas turbulentas até um antigo porto, e muitos afundavam, matando os marinheiros, cujos ossos também acabavam indo parar no continente. Os ilhéus, denominados náufragos, mergulhariam para recuperar coisas de valor dessas embarcações e vendê-las.

Com o tempo, esses ossos foram removidos, mas um *resort* de luxo começou a ser construído sobre um local que havia sido abrigo para aves e também era um cemitério de nativos americanos, onde as ondas do oceano levaram o solo embora e descobriram os ossos. Todos esses ossos poderiam ter sido removidos e reenterrados em algum local em homenagem aos falecidos, mas não o foram por causa da ganância do proprietário do *resort*, que no início ganhara dinheiro com as cargas dos navios naufragados e, depois, com tráfico de drogas. Essas situações extremas são sintomas de uma sociedade que nega a morte, de modo que o arquétipo *thanatos* está nas sombras, mas começando a chamar atenção – ossos aparecendo, desastres naturais e todo tipo de cidadãos aparentemente bons fazendo coisas destrutivas para os outros.

É aí que entram as Fúrias, figuras da antiga mitologia grega que, em geral, não aparecem nos ritos eleusinos, mas que se apossam de vários personagens do livro que tentam matar Pierce, a fim de devolvê-la para o Submundo (no segundo livro também chamado Inferno), que é o lugar ao qual ele pertence, e/ou, em parte, para ferir John. Um deles é sua avó, que esquematiza um plano para matar Pierce a fim de destruir John e o Inferno com o propósito de fazer a vida voltar ao que, pensava ela, deveria ser (provavelmente com ideias cristãs mais convencionais, mas sua versão do cristianismo é limpar o mundo daquilo que ela considera pecados e pecadores). Quando Pierce descobre que muitas pessoas da ala A exploram um cartel de drogas, elas também vão atrás da garota.

Para descobrir o que fazer, e para se diferenciar dos outros, Pierce precisa desenvolver seus poderes de discernimento em muitas frentes.

Ela tem de reconhecer que John, basicamente, é uma boa pessoa, embora tenha feito coisas ruins; sua avó é uma assassina, mesmo parecendo uma velhinha simpática; os supostos "jovens do bem" na verdade são perigosos, enquanto alguns dos adolescentes "problemáticos" são bem confiáveis; a ilha está sitiada pelas Fúrias; e, com alguns consertos, o Submundo pode se tornar um lugar bacana. Nesse processo, ela aprende a confiar nas próprias percepções diante da descrença ou desaprovação geral; adquire clareza de que ser a rainha do Submundo é seu chamado, assim como se casar com John (mais tarde, quando ela estiver pronta); e estabelece o próprio código de ética.

No ponto crucial do terceiro livro, o Mundo Superior está sendo destroçado por um furacão, enquanto o Submundo está sobrecarregado de mortos e é quente até não poder mais. Os barcos que deveriam levar os falecidos ao seu destino final primeiro se atrasam, depois são destruídos, enquanto os mortos estão começando a se amotinar e surgem corvos aos montes, com aspecto ameaçador. Pierce ouve muitas histórias sobre o que está causando isso, algumas das quais culpam John ou a ela. No entanto, com poucos amigos e membros recém-mortos que deixam o Submundo para ajudá-los, Pierce e John salvam o povo do Mundo Superior do furacão e libertam a ilha de sua antiga maldição.

Ao resolver o mistério sobre o que está causando a crise imediata, Pierce verifica que o problema é a profanação do cemitério dos nativos americanos, o que sua mãe reporta às autoridades. Vários dos piores perpetradores, inclusive certos membros da família que construíram o *resort* sobre o antigo santuário natural e o cemitério, acabam atrás das grades em decorrência dos esforços de Pierce. No processo, ela também resolve sua crise metafísica ouvindo uma história que explica todo esse turbilhão de um jeito que faz sentido para ela. Na história, as Fúrias (as agentes do mal) e as Moiras (que estão do lado do bem) lutam para influenciar os acontecimentos. O colapso ocorre quando o equilíbrio de poder muda a favor das Fúrias. Enquanto muita gente é neutra nesse cabo de guerra, algumas pessoas dedicam a vida ao bem e, outras, ao mal. Quanto mais gente opta por fazer o bem, mais saudáveis o Mundo Superior e o Submundo se tornam.

O final feliz da história para a comunidade mais ampla ocorre quando, por meio dos esforços de Pierce, o equilíbrio de poder passa para as Moiras e os seres humanos que se dedicam a fazer o bem, entre eles, Pierce, John e, dessa vez, o crescente grupo de apoiadores, todos eles comprometidos em tornar o mundo um lugar melhor. Ao procederem assim, eles se parecem um pouco com o ideal budista dos *bodhisattvas* – pessoas iluminadas que dedicam a vida a ajudar os outros e estão dispostas a se sacrificar por isso, mesmo que signifique renascer continuamente para enfrentar sofrimentos. Apesar de não terem atingido a ideia budista de iluminação, Pierce, John e seus amigos abrem mão do direito de morrer para trabalhar com sua missão enquanto for necessário (porém, em vez de viverem múltiplas vidas como os *bodhisattvas*, eles permanecem vivos o tempo todo, daí o fato de John ter duzentos anos).

A série *Abandono* é uma história inusitada e divertida sobre uma heroína destemida, ainda que o impacto da devastação ambiental e outros problemas sociais dos jovens de hoje não sejam nada engraçados. Colegas psicanalistas que trabalham com adolescentes me contam que muitos têm sonhos apocalípticos e sentem-se ansiosos com a ameaça que a mudança climática e a proliferação nuclear causam para seu futuro. Eles também não confiam na geração mais velha, que consideram ter criado esses problemas, bem como as oscilações econômicas que tornam incerto seu futuro financeiro. Muitas vezes, os jovens não recorrem a essa geração quando tem algum problema, já que veem os pais com dificuldades próprias e acham que eles já têm muito o que resolver. Esses terapeutas e outros se preocupam com depressão e suicídio na adolescência.

A analista junguiana Marion Woodman na obra *Dreams: Language of the Soul* identifica um padrão emergente de sonhos em que imagens da Madona Negra ou outras figuras de deusas sombrias aparecem para adolescentes, bem como para pessoas de todas as idades, como imagens que apontam o caminho da esperança e da cura.[2] Pierce não relata ter visto uma deusa sombria no sonho, mas aprende com o que sonha e encontra consolo e apoio na história mítica de Perséfone, o que lhe permite seguir o próprio caminho e buscar seu próprio final feliz. Por ler a história de Deméter e Perséfone na escola, ela sabe que Perséfone conseguiu passar um tempo no Mundo Superior e um tempo no Submundo. A história mítica a capacita para negociar um acordo semelhante (só se John a acompanhar); portanto, eles têm um apartamento na cidade e dividem o tempo entre ele e o Submundo.

Escolhi abordar com detalhes essa série para jovens adultos porque ela segue explicitamente os padrões da história mítica de Perséfone e revela muitos aspectos de como o mito dessa deusa poderia funcionar em épocas contemporâneas. Por reunir de modo bem-humorado questões sérias enfrentadas por adolescentes, a série ilustra a combinação de sabedoria e leveza, que é o dom da deusa sombria em cada ser humano. A maioria de nós, sobretudo na adolescência, tem problemas para lidar de maneira leve com dificuldades sem se deixar paralisar por elas, mas ler livros como esses fazem o leitor rir, ainda que se trate da morte. As cenas no Submundo mostram pessoas que não entendem que estão mortas – uma ainda com um machado enfiado na cabeça, outra com um buraco de bala no peito, e outra pingando água por afogamento, assim como Pierce quando chegou lá pela primeira vez. Alguns dos piores personagens começam a dar desculpas ridículas quando direcionadas para a fila das maçãs podres, e uma das pessoas mais doces na fila dos bons fica falando sobre a importância de se colocar Jesus em primeiro lugar, aparentemente desatenta ao fato de estar em um local que adota um ponto de vista pagão do Submundo com base em um mito antigo. (Mais tarde, ela acaba adiando a ida ao Paraíso, para onde acredita que o navio vai levá-la, a fim de se juntar a Pierce e John em fazer o bem no Mundo Superior e no Inferno por tanto tempo seus esforços forem úteis; portanto, ela é um exemplo positivo no livro sobre viver o mandamento cristão de amar o próximo.)

Boa parte do humor ácido no livro provém do típico desejo adolescente de Pierce em se dar bem em uma nova escola e com a família, enquanto tem um senhor do Submundo aparecendo sempre e sendo levada pela atração que sente por ele. No início, sua família não sabe sobre John, mas por fim há uma cena hilária em que ela o apresenta aos pais, que primeiro supõem que ela deve ter enlouquecido ao explicar que ele é uma divindade da morte que vem salvando a comunidade da ilha da ira das Fúrias. Fica ainda mais engraçado quando John lança um relâmpago que queima o tapete e o pai de Pierce, um empreendedor, começa a ficar empolgado porque claramente esse jovem pode render dinheiro. Esse humor traz consigo a leveza associada a Perséfone como arquétipo e oferece ao leitor a experiência de rir em situações difíceis da vida, já que estas no livro são versões exageradas de possíveis acontecimentos diários.

Para explorar como o chamado de eros consegue levar muita gente na direção que faria os pais arrancarem os cabelos, imagine os seguintes cenários de jovens adultos conversando com seus pais que poderiam ser apresentados em um drama sério ou uma comédia leve: para pais religiosos conservadores, "Sou gay"; para pais progressistas, "Me juntei ao Tea Party (movimento político conservador e republicano)"; para pais acadêmicos, "Não vou fazer faculdade"; para pais judeus ortodoxos, "Vou me casar com um(a) cristão(cristã)"; para pais que defendem boas causas, "Vou trabalhar em Wall Street". Tenho certeza de que você consegue acrescentar muito mais coisas na lista. Se sua própria situação poderia constar da lista, lembre-se de que, se eros o chamar a fazer algo que deixaria sua família chocada, mais cedo ou mais tarde você e eles podem se lembrar disso como uma história engraçada. O rapto de uma pessoa para um novo chamado muitas vezes motiva outras a questionar seus preconceitos a fim de salvar o relacionamento. E, nesse meio-tempo, você pode se lembrar de como seria muito mais chocante anunciar que seu namorado é uma divindade da morte, que salva a cidade das Fúrias e não mata pessoas – mas, em situações emergenciais, as deixa mutiladas!

Talvez tenha havido, ou ainda haja, períodos em que você seguiu um chamado que lhe exigiu enfrentar tamanha resistência, ou mesmo sofrimentos, a ponto de perder a fé em eros. É aí que você mais precisa da próxima lição.

EXERCÍCIO DE APLICAÇÃO:
Assumindo as Rédeas da Minha Vida

Faça um balanço de sua capacidade de permanecer firme na própria identidade com base nos seguintes fatores-chave: confiar nas próprias percepções quando outros duvidam; defender suas crenças; amar quem você de fato ama, e não quem ficaria bem ao seu lado; seguir conectado no relacionamento sem se abalar quando surgem conflitos; ter um código de ética claro e segui-lo de maneira consistente; e, acima de tudo, confiar em eros como seu sistema orientador. Até que ponto suas respostas atuais diferem das que você acredita que teria dado aos dezessete anos?

TERCEIRA LIÇÃO DE PERSÉFONE:

Levando uma Vida Mais Simples

A segunda lição mais importante de Perséfone é saber o que fazer se você tiver perdido sua conexão com eros ou se nunca a teve. Naturalmente, Perséfone seria pega de surpresa ao ser eroticamente atraída por uma flor e acabar raptada até o Submundo. Seria compreensível que ela ficasse um tempo sem confiar em eros. Para conseguir seu final feliz, ela precisou se reconectar com seu sistema erótico de orientação. O mito a seguir descreve como ela e você podem fazer isso. O surpreendente é que os passos para essa realização parecem difíceis, mas na verdade podem ser bem fáceis de dar, como você verá na história de Psiquê, que serve como a peça faltante para o que Perséfone fez no Submundo.

O mito de Eros e Psiquê nos alerta, sem sutileza, que se trata de uma alegoria. Literalmente, *Psiquê* significa "a psicologia de uma pessoa". Eros (Cupido é o deus romano equivalente) é o filho de Afrodite, tradicionalmente representado atirando flechas para definir quem e o que as pessoas vão amar – portanto, ele é eros incorporado. Logo, fica claro que, embora o pano de fundo seja uma história de amor, trata-se na verdade da consciência de Psiquê e sua relação com o próprio sistema erótico de orientação. A primeira versão escrita conhecida da história de Eros e Psiquê provém do romance latino *Metamorfoses*, de

Apuleio[1], do século II d.C., mas indícios na arte grega anteriores ao século IV antes da era cristã sugerem que o mito era conhecido há muito tempo. Há referências abrangentes internas no texto do mito de Eros e Psiquê para se concluir que ele fazia parte das tradições eleusianas mais amplas, talvez até mesmo ensinado nos ritos ou contados como uma sequência focada especificamente em como as pessoas poderiam replicar o entendimento de Perséfone de eros, da sorte, da escolha e do destino para obter uma resolução feliz para sua própria situação. Ou, talvez, esse mito pareça a peça faltante por ser um elemento complementar da mitologia grega que ajuda a preencher as lacunas presumidas na época dos Mistérios de Elêusis.

Alusões na história de Eros e Psiquê enfatizam paralelos com o mito de Deméter e Perséfone: primeiro, a visita de Psiquê a Deméter e sua filha serve como delimitadores no início e próximo ao fim da história, destacando sua conexão com os ritos eleusinos. Segundo, o pai de Psiquê a concede em casamento a um deus, sem perguntar o que ela queria ou sequer avisando o que a aguardava, assim como o pai de Perséfone fez. Terceiro, um deus, Eros, que será o amor da vida dela, rapta Psiquê, e no fim eles se acertam e têm um casamento feliz. E, finalmente, tal como Perséfone dá à luz Dionísio, o deus da alegria, Psiquê dá à luz Hedonê, a deusa do prazer e do júbilo. (A associação negativa de Hedonê ao hedonismo veio mais tarde, por meio da indulgência romana, mas não existia no contexto grego.)

No início de sua história, Psiquê está amarrada na floresta à mercê do pai, que concordou em sacrificá-la aos deuses. Deixada sozinha em meio à escuridão total, sua expectativa é ser devorada por algum animal selvagem. Porém, Eros cuidadosamente a desamarra e a leva embora, carregada (mais uma vez, o pai decide, o amante rapta e a heroína se torna sua esposa). Afrodite, que tramara todo o relacionamento, estipulou as regras, ordenando que Psiquê nunca deveria olhar para Eros, de modo que ele a visita somente no escuro da noite. Pelo fato de essa história ser uma alegoria, podemos fazer a conexão de que a maioria de nós começa no escuro quanto à natureza da alma ou dos chamados que recebemos dela.

Quando as irmãs de Psiquê vão visitá-la na casa ricamente decorada de Eros, elas sugerem cautela: seu marido pode ser um monstro, preocupam-se elas, o que explicaria por que Psiquê é proibida de vê-lo. Talvez um dia ele tente matá-la, portanto elas lhe dizem que seria prudente guardar uma adaga para proteção, e uma lamparina para enxergar e dar uma espiada nele deitado ao seu lado na escuridão total. Esse elemento da trama é tipicamente interpretado como as irmãs tendo inveja de Psiquê e querendo acabar com sua felicidade, mas, em nível metafórico, faz mais sentido vermos as duas irmãs como as partes de cada um de nós que tendem a duvidar dos próprios impulsos eróticos, temendo que eles nos metam em encrenca.

Quando Psiquê segue o conselho das irmãs, uma gota de óleo da lamparina cai em Eros, ele acorda e foge dela, correndo. No entanto, uma olhadela rápida mostra a Psiquê como ele é incrivelmente belo. Então, ela está totalmente apaixonada pelo marido que teme nunca mais voltar a ver. A boa aparência de Eros sugere que Psiquê está começando a perceber a beleza de sua própria alma, o que os quacres chamariam de centelha divina interior, e começando a se amar. Psiquê dá uma olhada em Eros como podemos olhar nossa essência mais profunda, mas depois ele sai correndo, como nossa alma frequentemente faz se encaramos sua orientação com ceticismo.

Talvez você tenha vivido um período em que suas dúvidas e medos, ou as de outras pessoas, o incentivaram a ignorar as súplicas de seu eu interior mais sábio. Sei que, na minha vida, houve momentos (quando meu namorado sombrio ficou abusivo, quando Doug morreu, e outros, com reveses na carreira) em que parei de confiar no chamado da alma. Quando duvidamos de nossas capacidades interiores, em geral ela desaparece por um bom tempo, até estarmos prontos para confiar de novo. A história de Psiquê, depois de Eros fugir, nos ajuda a saber como obter eros de volta como GPS interior, para que possamos tomar decisões que satisfaçam *nosso eu* mais profundo. Para conseguirmos isso, precisamos aumentar nosso nível de discernimento sobre o que é o que não é chamado da alma, e temos de reconhecer que eros muitas vezes nos tenta com o que pensamos que queremos, e depois nos dá aquilo de que precisamos para podermos crescer.

Psiquê está desesperada para encontrar Eros, mas no início ninguém a ajuda. Os outros deuses e os mortais temem Afrodite, o que parece uma reminiscência de como foi difícil alguém ousar ajudar Deméter (por terem medo de Zeus). Psiquê recorre a Deméter, que sabe tudo sobre ser abandonada à própria sorte em uma situação árdua. Para sua surpresa, Psiquê descobre que o templo da deusa está um caos (uma possível sugestão de que isso aconteceu durante a greve de braços cruzados de Deméter em Elêusis), e então, ela o arruma. Sempre é bom começar um desafio limpando a bagunça na mente e no coração, e atitudes como essa são uma força de Perséfone relacionada a deixar ir embora e seguir em frente. Agradecida, Deméter diz a Psiquê o que fazer para aplacar Afrodite e ser bem-sucedida na busca de reencontrar Eros. Em nossa vida, arrumar o templo de Deméter pode significar fazer uma triagem das mensagens maternas, abandonando as que não nos servem e mantendo as que servem. Assim, estamos prontos para o amor romântico, não somente para o familiar.

Seguindo o conselho de Deméter, Psiquê recorre a Afrodite, o que exige habilidade de ser humilde e vulnerável. Ela implora por ajuda de alguém que, na verdade, lhe arrumou uma cilada, já que foi Afrodite quem fez Eros se apaixonar por ela e convenceu seu pai da necessidade de sacrificá-la. Aqui, a pesquisa de Brené Brown sobre vulnerabilidade é reveladora. Em seu livro *The Power of Vulnerability: Teachings on Authenticity, Connection, and Courage*, Brown descreve como pessoas de coração aberto que têm coragem de se mostrarem autênticas sentem menos vergonha e um maior senso de pertencimento e valor do que as que tentam se encaixar em moldes. Assumir o risco de ser vulnerável também demonstra respeito e confiança pela outra pessoa, pois revela a crença de que ela é forte o bastante para lidar com o que você está compartilhando e empática o suficiente para ajudar.

Primeiro, Afrodite envia Psiquê a suas duas criadas, a Preocupação e a Tristeza, que representam as torturas que a maioria de nós vivencia quando o amor azeda ou ameaça fazê-lo. Quando Psiquê sobrevive a esses terríveis sentimentos, Afrodite lhe dá uma série de tarefas aparentemente impossíveis de executar – isto é, impossíveis para alguém sem um lado Perséfone bem-desenvolvido. Na primeira tarefa, Psiquê precisa separar pela manhã uma cesta grande de sementes minúsculas de diferentes tipos de grãos em pilhas distintas. Psiquê começa a trabalhar o mais rápido que pode, mas fica claro que ela não conseguirá finalizar essa tarefa a tempo, de modo que desiste e cai no sono. Enquanto está adormecida, formigas aparecem e separam as sementes para ela. Talvez você tenha tido uma experiência em que ficou dilacerado, dormiu pensando nisso e descobriu que, de manhã, seu subconsciente, onde a alma reside, havia separado tudo. De repente, a resposta a um problema aparentemente insolúvel está bem ali e você sabe o que fazer.

O segundo desafio de Afrodite exige que Psiquê colha lã dourada de um rebanho de carneiros perigosos. A tarefa parece tão difícil que Psiquê decide se afogar (o que pode ser considerado um desejo de desistir), mas, ao chegar ao rio, um junco sugere que ela espere até a manhã seguinte, quando os carneiros vão se refrescar na água. Assim, ela poderá coletar a lã que ficou presa nos espinheiros à margem do rio sem correr riscos. Por que um junco? Essas plantas não são fortes, mas, quando sopradas pelo vento, elas se curvam, fazendo da flexibilidade seu dom.

Em geral, nossa mente consciente só vê aquilo que estamos focando. Certa vez, assisti a um experimento mostrava um filme chamado *The Invisible Gorilla* (*O Gorila Invisível*) em que o público era orientado a contar a quantidade de vezes que uma bola de basquete era passada em uma quadra. Em seguida, as pessoas que exibiram o filme perguntaram quantos de nós tínhamos visto um gorila andando na cena. Poucos tínhamos visto. O filme foi transmitido mais uma vez e lá estava ele, nem um pouco escondido. Para ter êxito nessa segunda tarefa, Psiquê fez o equivalente a ver o gorila, usando de atenção periférica para notar o pequeno junco e, depois, a lã nos espinheiros, em vez de continuar concentrada nos carneiros e no desespero.

Quando existe algo que queremos muito e parece impossível conseguir, a dificuldade talvez se deva ao fato de estarmos focados demais nos detalhes do que estamos tentando obter e não em como queremos nos sentir ou ser como consequência da realização. Ou talvez não estejamos nos lembrando de caminhos alternativos para os atuais, que também podem nos levar aonde desejamos ir.

No clássico *Knowing Woman: A Feminine Psychology*, Irene Claremont de Castillejo afirma que a atenção masculina é mais focada e a feminina é mais difusa, embora hoje em dia é claro que as mulheres têm acesso à atenção focada e à consciência difusa. Você sabe o que é consciência difusa se já viu (ou se isso já aconteceu com você) uma mãe em um parque, conversando bem próxima de uma amiga, mas ciente do que o filho está fazendo nos brinquedos, e também alerta às nuvens no céu que poderiam ser o prenúncio de uma tempestade. Não é uma questão de disparar o olhar para lá e para cá; ao contrário, é ter o olhar suave para absorver tudo de uma vez como uma *gestalt*. Podemos imaginar que Psiquê assimilou o perigo dos carneiros, a potencial libertação da dor que o rio oferecia, e a nova opção criativa apresentada pelo junco no caminho. Neurocientistas creditaram essa ligeira vantagem feminina (todas essas diferenças são pequenas, com grande sobreposição entre os gêneros) ao fato de a maioria das mulheres ter mais tecido conectivo entre os hemisférios esquerdo e direito do cérebro do que a maioria dos homens, embora isso não signifique que os homens tenham uma falta de conexão inata com os dois modos de consciência.[2]

Para a terceira tarefa, Psiquê precisa coletar um frasco de água de um riacho que corre de uma fenda no topo de uma montanha na foz do Rio Estige, ao qual nenhum mortal jamais chegou. Nesse caso, uma águia gentilmente faz isso por ela. Águias, é claro, têm uma visão mais apurada das coisas, bem como a habilidade de enxergar detalhes do solo (para que possam fazer um voo rasante e apanhar o rato), um paralelo apropriado à posse da complexidade cognitiva para ver o panorama geral. Simbolicamente, isso requer que Psiquê enxergue onde a vida e a morte se cruzam e cultive a inteligência intuitiva que conecte os reinos da consciência e da inconsciência da psique humana.

Encher um frasco com água de um grande rio também se vincula à ideia moderna de pensar globalmente e agir localmente. É só um pouco de água que ela deve pegar, não um balde cheio. Não sei você, mas minha tendência, quando estou infeliz, é querer fazer mudanças grandes – me mudar em vez de reformar a casa, reformular toda a minha dieta em vez de fazer ajustes pequenos e dosáveis, e assim por diante. Mas em geral, pequenas mudanças importantes são o bastante para que eu me sinta renovada. Na teoria moderna do desenvolvimento organizacional, líderes são incentivados a encontrar os pontos médios de pequenas intervenções que geram mudanças sem deixar de ver os efeitos colaterais que se tornam imensos demais para consertar. Heroínas não precisam salvar todo mundo à vista; elas só precisam fazer sua parte.

Psiquê completa todos os testes com facilidade porque confia o bastante na vida a ponto de receber ajuda quando oferecida. Uma postura do ego pode nos deixar imponentes e querendo contar uma ótima história sobre a adversidade que enfrentamos e o nível de força e inteligência que foi preciso para vencer. Não precisar provar que ela é incrível, liberta Psiquê para que possa se beneficiar do que outras pessoas e situações lhe oferecem. A visão conectada do mundo de Deméter também pode ajudar a difundir a consciência e "sensibilidade de campo". Ao observar um campo, é possível notar o rio, a montanha, a águia e a si mesmo, e como tudo isso compõe um padrão, dando abertura à maneira como se pode coletar a água e quem, ou o que, pode ajudar. É claro que a maioria de nós só faria isso depois de quase morrer do coração ao considerar a aparente impossibilidade da tarefa; a capacidade de esperar um milagre faz parte da sabedoria de Psiquê.

Quando Psiquê presta contas a Afrodite, a deusa se queixa de que Psiquê não fez nenhuma das tarefas sozinha – trocando em miúdos, que ela escolheu o caminho fácil. O que esta lição ensina é que a única maneira em que ela poderia ter completado as tarefas era ficando aberta para receber ajuda e expandindo sua atenção. Suspeito que a queixa de Afrodite não passou de mero artifício para fazer Psiquê aceitar mais um teste. Como Perséfone nos Mistérios, Psiquê precisa mostrar que é capaz de viajar ao Submundo e voltar de lá, que é seu próprio mundo interior. Afrodite entrega uma caixa a Psiquê e lhe diz para encontrar Perséfone e trazer um pouco de sua beleza, para que Afrodite possa acrescentá-la à sua própria. E Psiquê não pode abrir a caixa antes de devolvê-la.

Psiquê se prepara para morrer, acreditando que essa é a única maneira de chegar ao Submundo. Então, uma voz de uma torre vizinha (talvez uma metáfora para a intuição) fornece orientações sobre como uma criatura viva pode adentrar o reino dos mortos. A voz a alerta a levar moedas para pagar Caronte, o barqueiro, que vai levá-la de barco pelo rio escuro; a atirar bolinhos de mel perto de Cérbero, o cão de várias cabeças, para distraí-lo e ela poder passar por ele; e a evitar se deixar levar pelos vários fantasmas implorando por atenção e ajuda. E, o mais importante, a voz lhe diz que, depois de Perséfone lhe dar a caixa contendo sua beleza, é preciso obedecer a Afrodite à risca: sob nenhuma circunstância Psiquê deve abri-la.

Essa orientação é sobre a descida rumo ao nosso eu interior. O rio escuro pode simbolizar nossos sentimentos sombrios e tristes; Cérbero, as partes de nosso mundo interior que nos assustam; nossos fantasmas interiores, problemas não resolvidos; e Perséfone, nosso eu de alma mais profundo. O alerta da torre nos informa que é desejável dar vazão às sensações e encarar os problemas e fantasmas interiores, mas não precisamos fazer isso sempre que queremos consultar nosso eu mais profundo. Mais tarde, ele ainda estará lá. Agora, Psiquê precisa usar de orientação focada e direcionada para seu objetivo, e uma aptidão independente de campo.[3]

Psiquê segue com sucesso esse conselho e vai até Perséfone, que reage graciosamente ao pedido por um pouco de beleza. Mas quando Psiquê está voltando para o Mundo Superior, ela quebra as regras de Afrodite e abre a caixa. Por quê? Porque ela quer ficar mais bonita para aumentar as chances de Eros voltar. Isso pode ser visto como uma fraqueza da sua parte, mas também um sinal de como Psiquê deseja que ele a aceite de volta.

Ao abrir a caixa e obter a beleza, Psiquê cai em um sono profundo. No contexto do mito de Deméter e Perséfone, é importante reconhecermos que o ponto de virada da história de Psiquê é quando ela abre a caixa e a beleza transcendental de Perséfone flutua para se tornar parte de Psiquê. Nesse caso, Perséfone simboliza o eu mais profundo de Psiquê, que é sempre belo e bom. Quando você descobre essa parte sua, ela afeta como você se enxerga e como age, o que também permite que outras pessoas vejam seu valor com mais clareza.

Por que Psiquê cai no sono? Porque o sono é o momento em que sonhamos. Várias vezes já brinquei que é bom ter uma prática espiritual se tudo o que for preciso fazer é tirar uma soneca ou dormir a noite inteira. Jung e outros descrevem os sonhos como cartas do inconsciente, dizendo à mente consciente o que é necessário saber sobre situações em que estamos e quais soluções podem estar disponíveis. Recorrer aos sonhos conecta a mente consciente e a inconsciente. Isso desperta nossa criatividade, ajuda-nos a reconhecer novos chamados e a agir com base em novas ideias. O sono é o momento mais poderoso para nosso cérebro se realinhar, já que a plasticidade cerebral trabalha a serviço do que estamos nos tornando, e não o que disseram que deveríamos ser ou aquilo a que nos resignamos como sendo nosso destino.

Na maioria das tradições espirituais, sonhos são considerados dons proféticos do divino. É por isso que, durante o cortejo para Elêusis, os iniciados passavam a noite em um lugar de incubação, onde dormiam, na esperança de terem sonhos de cura ou que fornecessem visões para suas vidas, para Atenas ou para as comunidades natais. Um exemplo amplamente conhecido no Antigo Testamento é a interpretação de

José do sonho do faraó com sete vacas gordas e sete vacas magras como um sinal de que o Egito viveria sete anos de fartura seguidos por sete anos de escassez, o que permitiu ao faraó se planejar para a fome iminente e evitar a inanição em massa.

Visitar a alma não é uma coisa esotérica à parte de experiências normais. É tão comum quanto sonhar, meditar ou perguntar à sua pequena voz interior o que fazer. A alma de Psiquê pode falar com ela por meio de sonhos. Lembrar-se dos sonhos permite à mente consciente ouvir o que sua alma está dizendo, e, assim, ser guiada rumo às pessoas e experiências que vão fazê-la se sentir plena. Tal como a Bela Adormecida, Psiquê é acordada por um beijo, mas de Eros, sugerindo que agora seu sistema eros de orientação interior está funcionando.

Zeus abençoa o casamento dos dois e a transforma de humana em deusa, tornando-a imortal, o que para nós pode significar uma habilidade maior de acessar e confiar no tempo kairós, sabendo que essa parte de nós vive fora do tempo linear, no eterno. No fim dessa história, Zeus convida todos os outros deuses e deusas para o casamento de Psiquê e Eros, seguido de um enorme banquete descrito em detalhes, oferecendo uma ideia de comunidade renovada e prenunciando o nascimento da deusa do prazer pela diversão compartilhada desse evento pelos deuses. E tudo isso porque Psiquê escolheu o caminho fácil em cada ocasião, embora um sábio caminho fácil.

Portanto, como a peça faltante da história de Perséfone, o que o mito de Psiquê e Eros sugere sobre o que aconteceu com ela no Submundo? No início, podemos deduzir que ser raptada teria feito Koré parar de confiar em si mesma, sobretudo se tivesse reagido com inocência no seu flerte quando Hades apareceu. Aplicando as lições da história de Psiquê, podemos imaginar que, quando Koré chegou ao Submundo, ela precisou desacelerar e dormir, deixando as formigas interiores separarem as coisas para ela (descobrindo o que fazer); coletar a lã dourada ao descobrir o que era natural e fácil para ela fazer ali (cuidar dos que haviam morrido há pouco tempo e desfrutar da companhia de um homem muito *sexy*); e obter alguma ideia do panorama geral, como a águia faz (reconhecer que a mãe se esforçaria para salvá-la). Como Psiquê, ela teve de evitar se distrair tanto pelas almas necessitadas ao redor a ponto de se esquecer de pensar no que queria. Já que Perséfone também é uma deusa relacionada à incubação da visão, mais uma vez ela esperaria um sonho lhe mostrar o caminho, e ela poderia ter tirado daí a ideia de comer as sementes. Por fim, ela teve de reafirmar seu amor pelo Mundo Superior e pela mãe, bem como o crescente amor por Hades e pelo Submundo.

Todas essas estratégias são fáceis de seguir; é que, em geral, não somos ensinados a recorrer a elas. O caminho de eros é diferente das respostas simples frequentemente ensinadas hoje em dia, como a ideia de que se pode ter tudo o que se quer apenas com visualizações, pensamento positivo ou demonstração de gratidão – práticas importantes que recomendo, mas que em si não são a solução completa para encontrar realização. Com muita frequência as coisas que pensamos querer nos distraem do que é melhor para nós. Os gregos antigos sabiam que nossas vidas são condicionadas pela fortuna, mas isso não quer dizer que elas serão trágicas. Agora, passemos a considerar a interação de fortuna, escolha e destino na percepção da heroína da promessa eleusiana.

EXERCÍCIO DE APLICAÇÃO:
Escolhendo um Caminho mais Simples

Reserve um tempo para refletir sobre situações que o preocupavam e se resolveram com facilidade e sem esforço. Qual foi o papel da ajuda externa, sua abertura para pensar de modo diferente e buscar opções, descobertas acidentais, inspiração repentina ou outros fatores? Então, aplique o que você lembrou e exemplos da história de Psiquê a uma questão atual de sua vida, considerando todos os fatores imagináveis que possam fazer algo difícil se tornar muito mais fácil do que você esperava.

Quarta Lição de Perséfone:

Fazendo Escolhas para Realizar o seu Destino

Tomar decisões sábias pode ser difícil. A maioria de nós sobrecarrega a vida com todo tipo de coisas que acreditamos ter de fazer para ganhar dinheiro, respeito e apreciação, e assim por diante. É por isso que ouvir a voz da alma, com todo o barulho que vem de outras partes dentro e fora de você, é importante e tema desta lição. Os gregos antigos acreditavam que certas coisas da vida são do destino, como Koré ser raptada por Hades. Enquanto a tradição trágica desse povo mostra Édipo arrancando os olhos e outras expressões de angústia grave, sua tradição cômica sugere que não faz sentido ficar dando chilique pelos vários acontecimentos da vida que você não planejou nem quis que acontecessem. É melhor fluir com eles. A parte radical dos Mistérios inclui a recusa de Deméter e Perséfone em permanecer vitimizadas ao se tornarem criativas, não fatalistas. Suas recusas têm estilos diferentes, mas ambas fazem escolhas adaptativas e que viram o jogo ao resolverem o enigma de como se dar conta dos próprios destinos. Deméter exige que um templo seja construído para ela e faz surgir a fome ao reconhecer que tem poder para conseguir o que quer, apesar do destino. As ações de Perséfone, em contraste com as da mãe, parecem bem simples e despretensiosas. Ela apenas come algumas sementes de romã. Mas essa atitude aparentemente pequena gera resultados imensos: a origem das estações e dos Mistérios, e a transformação do relacionamento entre deuses e humanos.

Duas vezes, no *Hino Homérico II – A Deméter*, os mortais se referem aos deuses como forquilhas ao redor de seus pescoços, mas essas queixas ocorrem antes de Deméter enfrentar Zeus e de Perséfone ser devolvida à mãe. Por participarem dos Mistérios, os iniciados adquiriam uma nova experiência de serem conhecidos intimamente pelas deusas e, portanto, serem amados, cuidados, e salvos na vida e na morte. Viver sem medo excessivo ajudava os mortais a resolver os grandes mistérios que os confrontavam e os auxiliava a tomar decisões diárias: "Em quem é seguro confiar?". "Quem precisa da minha ajuda?". "O que esse relacionamento espera e o que não espera de mim?". "Que caminho tomar, e quando?". "Como posso extrair o melhor dessa situação?".

Se exploramos essas perguntas com a leveza de Perséfone, é muito mais fácil discernir quando estamos sendo reais e quando tentamos ser muitas coisas que não somos. Vez ou outra, assumo tanta coisa que me vem à cabeça uma imagem que aposto que você também já viu. Um carro pequeno entra num picadeiro e do veículo sai um palhaço atrás do outro, até ficar inacreditável como todos eles se espremeram lá dentro, e a cena vai ficando cada vez mais engraçada. A imagem de mim como o carro, e minhas múltiplas responsabilidades como os palhaços, faz-me rir e reconhecer que não é de admirar que eu me sinta tão estressada: estou tentando colocar coisas demais na vida de uma só pessoa mortal. Rir ajuda a liberar opções para se livrar de certas obrigações, enquanto me esfalfar para cumprir excessos de promessas só desperdiça um tempo valioso.

Ouvir esse eu mais profundo requer autoaceitação; de outra maneira, não conseguiremos reconhecer quem e o que realmente desejamos. Em linguagem mais psicológica, se vamos nos conectar com a sabedoria de nossa alma, precisamos estar à vontade com nosso lado sombra. Isso aparece em outro exemplo de ficção de quadrinhos feminina, dessa vez com uma heroína na casa dos trinta e poucos anos.

Como é, eu me pergunto, que as histórias de mistério de Stephanie Plum, de Janet Evanovich, ainda ficam na lista de mais vendidos quando (no momento da escrita deste livro) já foram lançadas vinte e uma delas? Por isto: é um tipo de humor que produz uma sensação de acolhimento que provém de se rir com, e não de, alguém que o faz lembrar de si mesmo. Esse riso é o remédio que lhe permite aceitar as possíveis partes de você que não se encaixam nos ideais sociais atuais.

Esse humor suave muitas vezes é encontrado em romances que refletem o arquétipo de Perséfone, e, por essa razão, esta lição analisa o que os romances de Stephanie Plum nos mostram sobre esse arquétipo hoje em dia em uma heroína bem despretensiosa. Stephanie tem um emprego perigoso, de baixa posição e mal remunerado como caçadora de recompensas, indo atrás de criminosos locais que não compareceram às audiências no tribunal. Ela sente que nunca sabe na verdade o que está fazendo e não tem futuro, e frequentemente tem de ser resgatada por um dos dois homens pelos quais se sente atraída. Ela usa *jeans* e camiseta, e anda com uma ex-prostituta obesa e que usa roupas de *lycra*, Lula, uma parceira escandalosa conhecida por ameaçar criminosos dizendo que vai se sentar em cima deles e amassá-los como a um inseto. Ambas buscam consolo em doces ou *fast-food* quando ficam com medo, e as duas moram em apartamentos bem modestos em um bairro da classe trabalhadora de Nova Jersey. Stephanie não sabe cozinhar nada, e se refugia com regularidade na casa dos pais para conseguir uma boa refeição.

Essas mulheres estão a anos-luz de distância da noção atual encontrada em revistas femininas do ideal de mulher esbelta, bem ajustada, confiante, disciplinada, ambiciosa, multitarefas e bem-sucedida, que mora num bairro glamoroso e é realizada como cozinheira *gourmet*, ou no que é necessário para gerir uma família e um emprego de alto *status*. Quando rimos de ou com Stephanie e Lula, fica mais fácil aceitar os sentimentos e desejos que não se encaixam nessa imagem de supermulher. Quando gostamos de um personagem fictício e rimos em reconhecimento por sabermos como ele ou ela se sente, relaxamos um pouco por sermos lembrados de que somos apenas humanos. Isso é conhecido como biblioterapia.

Nesses romances, o Submundo assume um significado moderno, em que esse mundo é o reino de criminosos menores e mafiosos. Assim como a jornada psicológica do Submundo nos leva a nosso eu inconsciente, inclusive nossa sombra, Stephanie adentra a sombra de nossa sociedade, onde características humanas proibidas entram em ação. O equivalente de Stephanie de ser raptada é ser despedida de um emprego. Diante de uma baixa de cargos decentemente remunerados, e por não ter dinheiro algum, ela acaba se sentindo forçada a aceitar o único trabalho que consegue, o de caçadora de recompensas. Nesse ramo de atividade, regularmente ela se encontra em situações que ameaçam sua vida. Há camadas de nossas sombras individuais e culturais: na superfície estão aquelas que podemos reconhecer e rir delas, já que não nos ferem de fato ou aos outros; em seguida, as que precisam ser abordadas a fim de evitar problemas; depois, as sombras que precisamos reconhecer para mantê-las escondidas e não as expor. Por exemplo, todos temos um ladrão interior, um vigarista, assassino, estuprador, agressor e assim por diante, e muito provavelmente nunca iremos lançar mão desses atributos humanos não tão belos assim, se evitarmos negar que temos esses potenciais no nosso interior. Em relação à última categoria, Stephanie tem uma arma, mas raramente a carrega ou mesmo a traz consigo, já que não quer acabar tendo de atirar em alguém. Em um limite menos extremo, David e eu tentamos não guardar sorvete no congelador. É melhor não haver tentações!

Os elementos-sombra inofensivos e o humor dos livros também carregam uma tradição muito antiga de ritos reservados somente para mulheres – como as Tesmofórias, separadas dos Mistérios de Elêusis, mas também em homenagem a Deméter – em que elas eram liberadas para se comportar como quisessem, sem se preocupar com julgamentos masculinos. Em uma série de cenas em *Ten Big Ones*, Stephanie e

Lula são enviadas para capturar uma criminosa que pagou fiança – uma mulher que assaltou um caminhão de batatas fritas e cuja defesa foi a de estar em uma dieta com pouco teor de carboidratos e menstruada, e simplesmente surtou. O motorista do caminhão não a impediu, afirmando que ela parecia uma mulher à beira de um ataque de nervos, e, quando sua esposa ficava assim, ele sabia que não devia se aproximar dela. A primeira reação de Lula é afirmar que todo mundo precisa de fritura durante a menstruação. Quando a avó de Stephanie se junta a elas de arma em punho, ela diz que sempre quis fazer isso. Segue-se uma enérgica discussão sobre se seria melhor um homem nu dando as batatas fritas na sua boca ou pular o homem e cair direto na comida. O tom é autodepreciativo, com as mulheres rindo juntas de suas fraquezas compartilhadas.

Algumas sombras que vemos em nós mesmos e nos outros exigem empatia e compaixão. Em outro romance de Stephanie Plum, ela está no encalço de um taxidermista que continua não comparecendo a uma audiência no tribunal. Ele enche seus espécimes de bombas, como uma forma de despistar Stephanie – e várias vezes ela acaba coberta de vísceras. Quando finalmente ela o pega, ele confessa que perde as audiências na corte porque sua conexão de internet – da qual seu negócio depende – caiu. Todos os dias, a empresa de TV a cabo promete vir, de modo que ele não tem como sair, mas eles nunca aparecem. Essa experiência universalmente frustrante, com que todos nos identificamos e *rimos*, inspira Stephanie a fazer sua avó esperar na casa do taxidermista, caso a empresa de TV a cabo chegue. Enquanto isso, o taxidermista consegue comparecer à audiência no tribunal. Quem conseguiria deixar de rir de uma história tão clássica (embora exagerada) sobre empresas de TV a cabo?

Stephanie consegue atrair as pessoas basicamente inofensivas usando de inteligência social para descobrir como convencê-las a comparecer nos dias marcados no tribunal. Ela também persegue criminosos muito perigosos do submundo de Nova Jersey, e, com uma maneira de confiança na vida bem arriscada, mas cômica, estilo Perséfone, em um momento ela morre de medo e, no seguinte, volta para uma situação igualmente perigosa. Ainda que aos poucos, ela aprende a descobrir quais são os psicopatas violentos, traiçoeiros, quais são os criminosos moderadamente perigosos, e quais só não querem ir para a cadeia. Ela também aprende como se livrar de situações bem sensíveis, desenvolvendo sua força de Zeus, seus cuidados de Deméter e o discernimento e ingenuidade de Perséfone.

Muitos de nós iniciamos a vida profissional na maior inocência, acreditando que ninguém quer prejudicar ninguém, e acabamos reconhecendo que certas pessoas não têm escrúpulos e vão passar por cima de nós para benefício próprio, ou, em alguns casos, por diversão, sem sequer piscar um olho. E, ainda assim, continuamos nos voltando para dentro, mais espertos que antes, aprendendo à medida que avançamos. Hoje, um grande desafio para a polícia e outros é o fato de não terem sido treinados para ter o discernimento necessário para analisar as pessoas, especialmente de etnias diferentes que eles veem como "o outro", e sobretudo se não confrontaram seus próprios estereótipos raciais.

Histórias de mistério com detetives do sexo feminino, feitas para leitoras mulheres, muitas vezes são engraçadas, mas também constroem inteligência psicológica e estimulam o dom de analisar pessoas e reconhecer quem é de fato perigoso e quem está apenas um pouco ferido e em apuros. Por ser capaz de rir de si mesma, Stephanie consegue amenizar as vulnerabilidades de outras pessoas e ajudá-las a ter êxito, o que é uma excelente habilidade para líderes hoje em dia. Além disso, é importante ela ter Lula como parceira, já que Lula ganhou a vida nas ruas e, portanto, entende o submundo e não tem vergonha de compartilhar, com certo orgulho, o que aprendeu lá. É Lula quem frequentemente enxerga o perigo que passaria despercebido para Stephanie sem a parceira.

Um aspecto extra de humor nesses livros é a maneira como Stephanie, em uma época em que mulheres valorizam tanto a habilidade de cuidar de si mesmas, frequentemente é salva por um dos dois homens que fazem parte de sua vida. O principal namorado de Stephanie, Joe Morelli, é policial, portanto um personagem meio Zeus ao estilo da série *Lei e Ordem*. Stephanie imagina que um dia se casará com ele. O rapaz é do mesmo bairro, é agradavelmente sexy, e ela se sente segura e à vontade com ele, sua casa simples e estilo de vida.

Seu outro galã é Ranger, que é o protótipo de como um caçador de recompensas deve ser, já que parece invulnerável a qualquer perigo e sempre consegue levar qualquer criminoso a qualquer lugar. Estoico e misterioso, Ranger, por quem Stephanie sente desejo, com frequência chega em cima da hora para salvá-la quando ela realmente precisa. O que é assustador e curioso em Ranger é a maneira como ele se sente à vontade no submundo e como ele conhece bem seu funcionamento. É o verdadeiro personagem Hades; o desafio de Stephanie é descobrir qual é o papel que ele desempenha em sua história. Sua função ideal é menos de namorado que de exemplo, muito embora ela suspeite que ele trabalhe do outro lado da lei.

Talvez Stephanie tenha sido raptada por uma recessão na carreira de caçadora de recompensas, mas isso caiu como uma luva para ela. Ela adora o perigo e a adrenalina, bem como viver a história do herói. O problema é que ela ainda não é tão boa no que faz. Ranger serve como um ideal. Ele sempre parece saber o que fazer em qualquer situação e tem uma habilidade incrível de obter acesso ao seu apartamento, ou a qualquer outro prédio, e buscar até o mais terrível dos criminosos. E não é só isso: ele mora em um apartamento impecável, com móveis requintados e (ela sabe disso por ficar escondida lá de vez em quando) lençóis e sabonetes de cair o queixo. Além de tudo, ele tem ótimos hábitos de saúde que, com o tempo, ela vai precisar adotar se quiser continuar em forma e ter mais êxito no ramo. Ele representa um chamado de eros para viver a vida de uma maneira mais saudável e consciente.

A tensão nessa situação provém de uma incapacidade de diferenciar o eros que se sente por um mentor de um que se sente por um companheiro de vida. Na tradição da cavalaria, um cavaleiro desenvolveria suas melhores qualidades e domaria a própria luxúria amando uma mulher que não está disponível, fazendo tudo ao seu alcance para se aprimorar e obter a consideração dela. E, por Stephanie estar com Joe, Ranger respeita o relacionamento, com exceção de um pequeno flerte e um eventual beijo roubado.[1] Não sei o que Evanovich tem reservado para Stephanie no romance vinte e dois e além, mas me parece que o trabalho de Stephanie é resistir a ceder ao seu desejo por Ranger de modo a motivar seus esforços e elevar seus desejos às formas mais elevadas, à medida que ela vai se tornando cada vez melhor em sua vocação. E ele não é um predador sexual. Ele sempre respeita os limites que ela impõe.[2]

A questão, aqui, é observar qual é o propósito de eros em qualquer dada situação; porque a maioria de nós não recebeu nenhuma orientação para diferenciar os vários modos de eros, muitas vezes o interpretamos como sexual quando ele não é. Eros sempre precisa andar lado a lado com o discernimento, uma vez que não podemos satisfazer nossos desejos mais profundos a menos que aprendamos a dizer não ao que nos distrai deles enquanto aprendemos, ao mesmo tempo, a reconhecer as diferentes formas de eros e o que eles nos chamam para fazer. Por exemplo, frequentemente eros emerge entre pessoas que trabalham juntas em um projeto criativo ou como parte de uma equipe inovadora de trabalho em que essa energia está presente no ambiente. Se esse eros age sobre a sexualidade, pode atrapalhar o projeto. De maneira semelhante, eros pode estar presente em comportamentos indesejáveis entre terapeutas e pacientes, mentores e pupilos, professores e alunos. Nesses casos, a energia está presente para servir ao crescimento do paciente, do pupilo ou do aluno, que está projetando seu potencial em um modelo mais completo de realização. Às vezes, eros emerge até mesmo em relacionamentos entre mestres espirituais e seus alunos, como aconteceu com Rumi. Seu amor por Shams, que era sua inspiração e guia, serviu como uma ponte de transição, de modo que, quando Shams morreu, Rumi canalizou seu amor para o divino. Tornar-se sexualmente íntimo em tais relacionamentos arruína seus propósitos, e também pode ser devastadoramente prejudicial para os envolvidos, sobretudo aos mais vulneráveis.

Mesmo eros, que por natureza é romântico e sexual, pode se tornar uma armadilha se limitar seu desenvolvimento pleno como pessoa. A mitologista Christine Downing, em *The Goddess: Mythological Images of the Feminine*, argumenta que Koré pode ter reconhecido Hades quando a terra se abriu, intuindo que ele era seu marido predestinado, sem mostrar, portanto, muita resistência em acompanhá-lo nem se sentindo traumatizada demais com o rapto. Isso, por si só, seria mera passividade. Reivindicar o próprio destino exige que ela desenvolva uma capacidade nova e essencial – o poder de escolher, não somente de reagir, o que foi dificultado para as mulheres ao longo da maior parte da história humana.

Se interpretarmos o rapto de modo literal, podemos imaginar que, quando Hades apareceu, talvez Koré tenha se virado e sorrido para ele, sem esperar que o deus a agarrasse. A violência de um sequestro como esse teria sido horrível se fosse real, e para interpretar o mito sob uma luz positiva e atualmente útil, podemos considerá-lo a parte supracitada do ritual de casamento ou um ato impetuoso da parte dele, talvez por interpretar erroneamente o sorriso dela e que, mais tarde, ele se arrependeu, após o que Hades cortejou Koré, na esperança de que ela ficasse com ele. A sombra que paira sobre essa história é a ameaça de eventos traumáticos potencialmente muito nocivos que ocorrem em algumas versões do mito de Perséfone e na vida de mulheres reais, em que a única redenção é extrair algo melhor deles.

Frequentemente o destino tem mão pesada, reforçada pela contínua propensão humana à violência. Muitas pessoas nas quais ele joga um feio revés fazem escolhas sábias em realizar algo positivo com o que lhes aconteceu. Exemplos? Entre as pessoas que conheço bem, está um veterano com transtorno do estresse pós-traumático (TEPT) que acabou frequentando a faculdade de psicologia para ajudar outros como ele; a filha de outro veterano com TEPT grave que agora é formada em serviço social e ajuda homens como ele; e uma mulher com dificuldade de aprendizagem que se tornou exímia professora por causa de sua capacidade de compreender os desafios enfrentados pelos alunos. A brutalidade potencial de um sequestro ou estupro sempre ronda mulheres, ainda hoje. E têm crédito as mulheres (estima-se que uma em cada cinco) que foram estupradas que descobrem um meio não somente de se curar da experiência, mas também de usá-la para se tornarem mais fortes, inteligentes e determinadas a não se impedir de levar uma vida cem por cento plena e heroica.

Um colega meu, quando menino, almejava ser jogador de futebol. Porém, o destino interveio na forma de pólio, que ele contraiu seis meses antes de a vacina estar disponível. Quando adolescente, ele se tornou treinador de sua equipe de futebol, e, na idade adulta, diretor de desenvolvimento organizacional de uma imensa comunidade de aposentados ativos. Sua própria presença é uma inspiração inestimável para funcionários e aposentados, desafiando cada um deles a dar seu melhor, não importam as circunstâncias. Quando eles se queixam, ele se pega ajustando, inconscientemente, sua órtese, após o que, em geral, eles adaptam as próprias atitudes e param de reclamar. Então, em parceria com eles, meu colega pode encontrar uma solução para qualquer problema que apresentem.

Um caso famoso de grande decepção que levou a um chamado esclarecedor foi o de Jung, que morria de vontade de ser antropólogo. No entanto, ele não tinha dinheiro algum, e não conseguiu uma bolsa nessa área. Em vez disso, ele estudou medicina, área em que obteve ajuda financeira, e então integrou seu amor pela antropologia em sua prática psiquiátrica. O resultado foi a criação do campo da psicologia junguiana, que fez surgir a psicologia arquetípica, que, por sua vez, deu origem a este livro.

Stephanie se sente abduzida por um mercado ruim de trabalho, aceitando o que ela considera um cargo miserável como caçadora de recompensas. No entanto, ela escolhe não apenas crescer, mas também tornar-se heroína, capaz de sobreviver em situações muito perigosas e restaurar a justiça. O tempo todo podemos escolher entre levar a vida como heroínas ou vítimas passivas. O destino dela é crescer em uma família de classe média marginalizada em Nova Jersey, com um trabalho de baixa posição como caçadora de recompensas, mas o que ela faz com isso, suas escolhas – bem, são elas que determinam seu destino.

Voltemos para Perséfone e seus desafios análogos, assumindo, aqui, uma das interpretações mais alegres da história – a de que ela se sentiu atraída por Hades no prado ou que seu rapto foi apenas um ritual, não um sequestro. O fato de Perséfone comer no Submundo teria sido significativo na antiguidade, já que uma noiva, que muitas vezes só via seu novo lar depois do casamento, sinalizaria a aceitação dessas condições de vida comendo os alimentos dispostos à sua frente, geralmente pela sogra, ou a rejeição de tal situação se recusando a comer.[3] Essa prática oferece um contexto cheio de significados para as atitudes de Perséfone.[4] O que quer que tenha acontecido entre Hades e Perséfone, o fato de ela comer as sementes de romã selou o acordo, ou seja, ela concordou com o casamento.

A simbologia da romã também diz muito. A romã é um símbolo tradicional da doçura da vida, da fecundidade e das capacidades reprodutivas femininas. As sementes de romã evocam uma imagem da possível aparência dos óvulos nos ovários, e o suco vermelho da fruta foi vinculado ao sangue, potencialmente da menstruação, ao rompimento do hímen e ao processo do nascimento. Levando-se isso em consideração, é possível que o ato de coragem de Perséfone na verdade tivesse intenção de consumar seu relacionamento com Hades. Afinal, ela volta grávida. A história de ela ter comido as sementes pode ter sido apenas um modo de receber apoio de Zeus e Deméter para consolidar sua decisão de dividir o tempo entre a mãe e o marido.

Mas primeiro vamos nos colocar na pele de Perséfone e imaginar como ela chegou a essa decisão. Ela está dividida entre dois desejos.

Primeiro, sente um impulso imenso em voltar para a mãe e a beleza da vida no Mundo Superior, mas então vivencia uma urgência igualmente potente de ficar com Hades e não abandonar seu trabalho como iniciadora, no Submundo dos que haviam morrido há pouco tempo. A cada vez que pensa em optar por um desses dois desejos, ela se sente triste. Contudo, ao se imaginar fazendo as duas coisas, seu corpo e alma se expandem de felicidade. Mas como proceder? Ela pensa "Não posso ter os dois", e se sente muito desanimada.

De repente, sua atenção difusa lhe permite notar as sementes de romã que Hades está oferecendo, e um plano se desenrola em sua mente. No poema de Homero, tudo isso acontece depois que Zeus já concordou que ela poderia voltar para a mãe. Ela se lembra da lei que afirma que, se você come qualquer coisa no Submundo, é preciso voltar. É possível ver as luzes piscando no cérebro dela: seria sua oportunidade de escapar do decreto desprezível de seu pai de que Hades poderia tê-la, bem como do cuidado potencialmente exagerado de sua mãe (que poderia assegurar sua função como a filhinha da mamãe que nunca cresce). Afinal, Koré ainda é adolescente, precisando se diferenciar dos pais.

A Virgem Maria também é frequentemente representada segurando uma romã, assim como outras virgens arquetípicas e figuras maternas. Nisso, podemos reconhecer que a simbologia da fruta evoca a autonomia feminina: na antiga Grécia, descrever uma mulher como virgem significava que ela era dona de si mesma, não que ela não fazia sexo. Por meio do exemplo mítico de comer as sementes, Perséfone assegura que uma mulher não precisa agir como propriedade ou dependente.

A história de Perséfone, claramente voltada para instruir as pessoas, nos informa que sua mãe a criou, seu pai decidiu com quem ela se casaria, e seria esperado que Hades reivindicasse seus direitos de marido no Submundo, que é seu reino. Ao comer estrategicamente algumas sementes, ela afirma uma escolha autônoma, rejeitando com radicalismo a ideia de que seria dependente do marido ou da mãe; em vez disso, ela tomará as próprias decisões, nesse caso escolhendo uma vida maior e mais complexa do que a que os dois teriam previsto para ela. Essa mudança é tão profunda que exige que ela adote um novo nome, quando ela oficialmente se torna Perséfone em vez de Koré.

Essa parte da história retoma as origens do mito, já que Perséfone era seu nome em Creta e ser rainha do Submundo era sua então vocação. Ademais, é nos mitos de Creta que ela é representada dando à luz Dionísio, que, de acordo com o especialista em mitologia Richard Tarnas, é quase o mesmo deus que Hades, só que sobre o solo; portanto, ele teria uma natureza semelhantemente passional. Essa equivalência também reforça a ideia de que Hades é o pai de Dionísio, embora Hades seja o senhor do Submundo.[5] Dionísio como símbolo da alegria pode sugerir às mortais que elas também podem dar à luz a vida que desejam viver, fazendo escolhas mais livres do que as habituais para mulheres de sua época.

Já vi vários exemplos desse padrão arquetípico de mulheres fazendo escolhas para se darem conta de uma identidade que lhes exige obter facilidade para transitar entre mundos. Grettel, uma de minhas duas adoráveis noras, cresceu na Costa Rica, e amava sua vida lá. No entanto, enquanto fazia mestrado nos Estados Unidos, ela se apaixonou pelo nosso filho Stephen, que é físico gravitacional, e encontrar um trabalho adequado na Costa Rica não era uma opção para ele. Grettel, que era nutricionista hospitalar e, mais tarde, pesquisadora da área da saúde, decidiu deixar um país que lhe oferecia uma sensação de vivacidade, humor e comunidade para vir para os Estados Unidos, que, embora tenha outras vantagens, tem um povo mais estressado, sério e isolado. Suspeito que ela sentiu ter sido sequestrada, mas é engenhosa e sabe se adaptar.

Ela desenvolveu facilidade para viajar entre mundos (e culturas) decidindo, de maneira consciente, pensar em si mesma como cidadã de sua terra natal e dos Estados Unidos, vivenciando isso por meio de visitas anuais à Costa Rica e recebendo visitas frequentes de lá (inclusive sua mãe, por longos períodos de tempo), e também por meio de frequente contato virtual. Quando se sentiu dividida entre querer continuar contribuindo para o bem humano maior por meio de seu trabalho ou ficar em casa com os filhos pequenos, ela resolveu o dilema arrumando um emprego como pesquisadora online de serviços para pessoas com AIDS, principalmente de casa, para uma empresa cuja proprietária é uma mulher e ela poderia levar crianças pequenas a reuniões, se necessário, sem ninguém fazer cara feia. Em vez de lamentar o que perdeu, como teria feito se tivesse se considerado uma exilada contrariada, ela se viu como uma pessoa que faz escolhas positivas que expandem opções em qualquer situação.

Muita gente se encontra na situação que vivenciei: ser raptada para uma profissão tão recente que não há nenhum caminho bem percorrido – ou empregos – na área. Muitos de nós, por necessidade, transitamos entre diferentes ramos de trabalho e estudo (para mim, literatura, estudos sobre mulheres, marketing, liderança etc.) e empregos funcionais (para mim, professora, administradora, consultora) e, dessa maneira, vão polinizando esses campos e ambientes de trabalho relacionados, como abelhas ou borboletas fazem com as flores.

Desconfio que você também é capaz de pensar em exemplos em que se apaixonar por alguém, um interesse, lugar, trabalho ou causa o raptou para uma situação desafiadora que lhe deu exatamente aquilo de que precisava para se tornar a pessoa que é hoje, e como cada uma dessas experiências ensinou alguma coisa. Ou talvez você esteja em uma dessas fases naturais, mas confusas, de "Não sei o que estou fazendo", em que pode usar exemplos como esses para reafirmar seu senso de que esse é apenas um episódio do desenrolar de uma história que o levará a se dar conta de seu pleno potencial.

A escolha de Perséfone de comer as sementes pode nos lembrar, quando estamos fazendo malabarismos com muitos papéis diferentes, que na verdade temos o poder de escolher onde e o quanto de energia colocamos em algo e o que fazemos quando algo acontece ou não – se não formos movidos por expectativas irrealistas. Sempre ajuda lembrarmos de que estamos escolhendo tudo e que podemos refinar essas escolhas a qualquer momento. O ato de escolha de Perséfone afirma todos os papéis em sua vida que são autênticos para ela – esposa de Hades, filha de Deméter, rainha do submundo, sacerdotisa dos Mistérios de Elêusis e mãe biológica de Dionísio (embora, como veremos, a ascendência dele é complicada).

Enquanto Deméter e Zeus aprenderam a respeitar os direitos um do outro, Perséfone e Hades vão além para desenvolver uma parceria feliz, igualitária e libertadora, e é por isso que a ascensão de seu conhecimento arquetípico é essencial para homens e mulheres que buscam viver como parceiros iguais. O conteúdo deste livro, até agora, foi concebido para lhe dar a oportunidade de escolher despertar as qualidades dos arquétipos de Zeus, Deméter e Perséfone em si mesmo. A Parte 2, os capítulos sobre Zeus, alertou contra aceitar as atitudes de outras pessoas inconscientemente como uma interferência (algo aceito por inteiro sem reflexão). No entanto, também é possível incorporar de maneira consciente o melhor do que você aprendeu com os outros sobre quem você é. O primeiro é como a experiência de, digamos, assistir a TV e descobrir no final do programa que todas as batatas sumiram do saco de salgadinho. Como isso aconteceu? O último é decidir o que e quando comer e permanecer consciente durante o jantar.

A gravidez de Perséfone sugere que a alegria está incubada nela, e logo nascerá, assim como pode acontecer com você. É prudente lembrar que algo maravilhoso está sempre prestes a acontecer, mas você tende a observar mais esse surgimento quando sua visão de mundo permite que isso seja real. A seção a seguir oferece várias abordagens para entender a maneira como Perséfone vê a vida humana, a terra, o cosmos e nosso lugar na família das coisas.

EXERCÍCIO DE APLICAÇÃO
Usando Escolhas para Cumprir seu Destino

Parte Um: Escreva uma história de um parágrafo, em que você é a heroína, sobre alguma situação do passado que parecia limitá-la. Na história, identifique esse evento limitante como o Destino interferindo em sua vida (o acontecimento que você não teria escolhido). Em seguida, descreva como você fez uma escolha que transformou essa situação em sua sina (ou seja, na melhor das hipóteses, a vida certa para você, e, como alternativa, a vida que você escolheu no contexto do seu destino). Sinta-se à vontade para acrescentar as Fúrias, se sentir que tem estado sob o cerco de forças limitantes.

Parte Dois: Pense em alguma situação de sua vida atual em que você se sente limitada pelo Destino e faça uma lista de pelo menos seis escolhas que poderia fazer e para quais destinos cada uma delas a levaria. Sinta-se à vontade para escolher opções imprevisíveis que podem ser difíceis de se imaginar fazendo, já que elas podem abrir sua mente a novos pensamentos sobre o que você poderia fazer de verdade.

Quinta Lição de Perséfone:

Vivenciando o Pertencimento Radical

Muitos dos problemas que enfrentamos hoje – de vícios a ganância, do materialismo a desilusões tão sérias que levam ao suicídio – acontecem porque as pessoas não se sentem conectadas com o mundo, não se concentram em nenhum conhecimento mais aprofundado sobre quem são, e não têm uma noção de um significado mais amplo para a vida.

A história cultural dominante nos diz que o universo não tem vida e é alienígena; ou seja, que ele, a terra e nós somos produtos de eventos aleatórios, e o que acontece na sua vida e na minha é igualmente aleatório, não tem significado intrínseco, e aí morremos. Como se não bastasse, muitos de nós supõem que ter uma infância infeliz nos condena a um futuro infeliz. Não é de admirar que as pessoas estejam deprimidas ou acreditem que o único propósito da vida seja ganhar dinheiro. Há muitas narrativas por aí que trazem paz individual e um senso de propósito – algumas de religiões dominantes, outras da crescente espiritualidade da nova era, outras de tradições indígenas, outras de filosofias transcendentais, existenciais ou humanistas, e outras, ainda, que as pessoas criam por conta própria. Igualmente, avanços na psicologia e na medicina ajudam muita gente a se curar de traumas e abusos.

O assunto desta seção reflete uma antiga mentalidade Perséfone e seus equivalentes modernos. A intenção é contribuir para o que você pensa sobre quais perspectivas e histórias são as melhores para lhe dar esperança e permitem que você se sinta seguro, feliz e à vontade no mundo. Para muitos de nós, as ideias de como o mundo é, provêm de nossas histórias de origem, e como foi que nos tornamos quem somos. A história da origem de Perséfone é bem diferente da do seu pai ou de sua mãe. Ela cresceu adorada por Deméter, e, embora seu pai, Zeus, fosse distante, talvez ela não tenha se importado, já que tê-lo como pai lhe conferiu posição elevada. Além disso, ela teria aprendido com Deméter os valores de amor e conexão ensinados em antigos ritos na puberdade. Tudo isso era seu destino propício, preparando-a para sua sina. Seu próprio destino pode ter sido mais difícil que o dela, mas qualquer um de nós pode se valer da qualidade da consciência dessa deusa substituindo histórias que a respaldam por outras que não o fazem.

Na época da caça e da coleta, o arquétipo que Perséfone incorpora, quando adulta, teria sido o da curandeira. Suas funções incluíam facilitar transições da vida, como inaugurar vidas novas no mundo; deixar de ser criança para virar adulto; rituais de compromisso, como casamentos; cura; e passar deste mundo para o próximo e, possivelmente, voltar para cá de novo. Ao longo do caminho, essa figura xamânica precisaria fazer amizade com alguns dos monstros em sua sombra bloqueando o caminho, como quando Hushpuppy encarou as feras selvagens. O rapto de Perséfone a ajuda a se tornar o que ela nasceu para ser. Após explorar o que Perséfone (e meninas da Grécia antiga) podem ter aprendido, esta lição se voltará para narrativas atuais que atualizam a sabedoria desse arquétipo para a nossa época.

Acredita-se que os Mistérios de Elêusis se originaram em épocas bem primitivas de caça e coleta, pois por que outro motivo Deméter levaria o crédito por ensinar às pessoas os segredos da agricultura? É mais provável que os Mistérios em si dessem início a rituais na puberdade, em que mães e filhas se reuniriam para compartilhar segredos sobre "a história da cegonha" conforme compreendidos nessa época. Desde a era em que esses ritos tinham seus formatos mais primitivos até a Era Clássica posterior, as meninas se acasalavam ou se casavam logo após a puberdade, de modo que era natural que se sentissem nervosas com a possibilidade de deixar a mãe e ir morar com o marido, ainda que na mesma comunidade. Talvez ainda estivessem na fase "sexo – eca, que nojo", embora começassem a ter sensações sexuais e curiosidade sobre como funcionava o sexo. A ideia de dar à luz poderia ser empolgante, já que tornar-se mãe conferia posição e plenitude – mas elas também poderiam ter muito medo da possibilidade de morrer no parto, o que não era incomum.

Elas teriam aprendido a se sentir conectadas com o mundo natural e umas com as outras, como descrito na parte um na seção sobre Deméter, sobretudo na história de Hushpuppy e nas lições que focam na realidade da mortalidade. Mas esses ritos de puberdade iam mais fundo do que as coisas ditas a uma criança de seis anos, direto no cerne dos medos de garotas pubescentes. Eles informavam uma crença de que a sexualidade e o processo reprodutivo eram profundamente espirituais, demonstrando a unicidade de uma mulher com a terra como uma mãe que abençoa a fartura do plantio e a sexualidade feminina: união sexual, menstruação, parir e cuidar de crianças. Talvez ensinassem às meninas que o marido plantaria uma semente nelas, mas a metáfora usada com mais frequência no período Clássico (e que, na verdade, fazia parte da antiga cerimônia matrimonial de Atenas) era a de que, no ato sexual, o marido faria sulcos de forma a criar a condição para que as sementes dos bebês crescessem.

Após o intercurso sexual, a impressão era a de que meses se passariam sem que nada acontecesse, até que a barriga da garota começasse a crescer e, por fim, ela ganhasse um filho. Isso era visto como uma analogia à semente plantada na terra, e, após um longo período de espera, um broto apareceria. De maneira semelhante, quando uma pessoa morre, ela é plantada no solo, e por muito tempo nada parece acontecer, mas enfim ela renasce (de formas que variam de reencarnação a viver em algum tipo de pós-vida). Dessa maneira, o microcosmo da vida de uma pessoa e a biologia faziam um paralelo com o macrocosmo da terra em seus processos. Com base nesse entendimento, as meninas passavam a acreditar que, quando morressem, não seria o fim, assim como não seria o fim de uma planta quando ela murchasse e virasse semente, porque, quando a semente fosse plantada, logo ela cresceria de novo e brotaria.

A visão dessa inter-relação de nossa vida com os processos da terra é a raiz da história de Perséfone. Como vimos, tradicionalmente os acadêmicos veem sua história como a incorporação dos ensinamentos de Deméter, em que Perséfone é a semente que vai para baixo da terra e depois volta na primavera. Assim, ela assegura aos mortais que a morte também não é o fim para eles, mas talvez ainda mais importante, que as estações e padrões de vida são parte de um todo maior em que tudo se conecta e em que tudo é parte de uma peça.

A história de Perséfone dá vida à ideia filosófica de que somos um microcosmo do todo que reflete processos mais amplos, de uma maneira que pode nos ajudar a nos sentirmos à vontade no universo, na terra e onde quer que formos, como Perséfone aprendeu a fazer. Muitos acadêmicos acreditam que um *hieros gamos* (ou "união sagrada") cerimonial era parte dos momentos mais secretos e sagrados do rito eleusino, o qual incluía observar uma celebração de um casamento entre um deus e uma deusa. Embora esse ritual possa ser sexualmente encenado por um sacerdote e uma sacerdotisa, raramente o é (exceto, talvez, em ficções populares como o romance *O Código da Vinci*, de Dan Brown).[1] Nos Mistérios, provavelmente ele era evocado de maneira simbólica, com objetos ritualísticos sugestivos em formato de falo e vagina (o simbolismo subjacente do cálice e da lâmina em lendas arturianas e outras).

Na antiga tradição alquímica e no pensamento de C. G. Jung, o *hieros gamos* representa qualquer união de opostos, e particularmente do masculino com o feminino. Desse modo, simboliza a androginia e a parceria entre gêneros, e também o casamento e a união sexual. Tanto a alquimia como a psicologia junguiana veem a integração dos lados masculino e feminino como necessária para a plenitude e o desenvolvimento espiritual.

Na experiência do *hieros gamos*, a união sexual passa a impressão de que ambos foram tomados por eros, uma força que é maior que vocês mesmos e, portanto, é espiritual. Não sabemos detalhes de como foi que Perséfone passou a amar Hades; sabemos apenas que a celebração do *hieros gamos* nos Mistérios é outro sinal de que ela o fez. Quando um casal sela um compromisso, vez ou outra a união sexual pode ser vivenciada como um ato espiritual que transcende a separatividade. Se o casal consegue manter viva essa conexão, sua felicidade e laços estimulam a habilidade de criar um ambiente sólido e amoroso para os filhos ou outros dependentes, e contribuem com o bem-estar de sua comunidade. Isso é verdadeiro sobretudo se a conexão erótica é respaldada pelo cuidado de Deméter e pelas habilidades organizacionais de Zeus.

O arquétipo do *hieros gamos* liga o relacionamento místico do humano ao divino com a sexualidade humana como duas expressões análogas de eros. Os poemas espirituais de Rumi, traduzidos habilmente para o inglês pelo poeta Coleman Barks, são cheios de imagens eróticas, e hoje Rumi é o poeta mais popular nos Estados Unidos. No Cântico dos Cânticos, na Bíblia judaica e na cristã, Salomão interpreta o relacionamento entre Deus e seu povo como um casamento entre marido e esposa, em que Deus corteja Israel e quer ser amado pela nação. Embora sem o imaginário erótico, o reverendo Donald Miller, em *Storyline 2.0: Finding Your Subplot in God's Story*, constrói a Bíblia como uma história do amor não correspondido de Deus pela humanidade. Então, ele incita os leitores a reconhecer e demonstrar o amor por Deus vivendo o próprio propósito como uma subtrama nessa cósmica história de amor maior. Nessa metáfora, o amor de Deus se concretiza quando os seres humanos retribuem seu amor, tal como na vida real quando a pessoa por quem estamos apaixonados também nos ama.

A narrativa da história de amor também adentrou o pensamento científico. Em *The Universe Is a Green Dragon*[*], Brian Swimme, astrônomo e professor no California Institute of Integral Studies, descreve a gravidade como a atração cósmica entre objetos que mantêm o universo unido. Ela cria galáxias e faz a terra girar ao redor do sol e da lua que gira em torno da terra. Também une cada um de nós ao planeta. Swimme caracteriza essa atração cósmica como a propriedade vinculativa básica do universo e a chama de amor. Como é interessante reformular o universo como astros e mundos criando relações de amor uns com os outros, e a Mãe Terra demonstrando seu amor por nós ao nos permitir ficar no planeta, envoltos por seu campo de atração invisível e amoroso!

Swimme prossegue, sugerindo que essa atração está na raiz da plenitude humana: "Cada pessoa descobre um campo de atrações, cuja totalidade contém o selo exclusivo de sua personalidade. O destino revela a busca dos fascínios e interesses individuais... Ao buscar o que o encanta, você ajuda a manter o universo unido. A unidade do mundo reside na busca pela paixão". Sem esse encantamento, as galáxias se afastariam, a terra se perderia no espaço, e a comunidade e as relações humanas entrariam em colapso.[2] Isso não é tão diferente da rede de cuidados de Deméter, exceto que, nesse caso, a atração é erótica, e não ao cuidado que vem do coração.

O conceito de *hieros gamos* expressa uma profunda verdade espiritual de que experiências de união podem ser como bonecas russas, as menores dentro de outras maiores. Também pode simbolizar a união entre você e Deus ou o universo; de você consigo mesmo; de você com seu parceiro; entre você e seu trabalho certo; de seu passado com seu presente; e entre homens e mulheres em parceria em

---

[*] *O Universo é um Dragão Verde*. São Paulo: Cultrix, 1990 (fora de catálogo).

uma organização ou no mundo.[3] Em todas essas formas, eros é a chave para encontrar seu lugar na família das coisas, ajudando-a descobrir seu lugar no todo.

A imagem das bonecas russas de sistemas menores dentro de maiores pode ser vista como implícita em visões científicas contemporâneas que consideram a terra e o cosmos sistemas vivos que contêm seu próprio tipo de inteligência. Alguns cientistas, como James E. Lovelock no livro *Gaia: Um Novo Olhar sobre a Vida na Terra*, examinaram dados científicos contemporâneos e concluíram que eles não respaldam a noção predominante de que o planeta não passa de uma coisa, e que as mudanças que acontecem nele são apenas por meio de acontecimentos aleatórios. É claro que a ideia de que o cosmos e o planeta têm inteligência não significa que essa inteligência seja a mesma dos seres humanos.

A cientista e filósofa Elisabet Sahtouris (em *Gaia: The Human Journey from Chaos to Cosmos*) traça a ideia de uma Terra viva e um cosmos vivo que estão se tornando por demais importantes para a ciência ambiental hoje em dia para culturas de deusas antigas como Çatal Hüyük, localizada na Turquia moderna, onde há vestígios arqueológicos bem preservados, passando por Creta e depois pela Grécia, perdurando de alguma forma no período Clássico, e mantida viva pelos Mistérios de Elêusis.[4] Como você já sabe, mitos gregos incluíam gerações de deuses e deusas. Antes dos Titãs, havia Gaia, que não era considerada uma deusa separada da terra. Ela *era* a terra, não somente um símbolo dela, constantemente se criando e se recriando, tendo dado à luz tudo o que conhecemos. Há uma enorme diferença entre pensar que a Terra contém vida em si e ser uma Terra viva. E esta última é uma correspondente melhor para o que muitos cientistas de hoje sabem sobre a capacidade da terra como sistema de autorregulação com sua forma própria de inteligência do que o ponto de vista anterior, mais convencional. No filme *Avatar*, cientistas em uma missão descobrem que o planeta Pandora é um ser vivo, e cada parte dele tem acesso à sua inteligência. Essa trama fez todo um público imaginar como um planeta assim poderia ser e a sensação que seus habitantes teriam – se não aqui, em algum outro lugar.

Sahtouris investiga o desenvolvimento das duas maiores escolas de pensamento sobre o mundo na Grécia antiga:

> em uma, toda a natureza, incluindo os seres humanos, era viva e criativa por ela mesma, sempre fazendo ordem com a desordem; em outra, o mundo "real" só podia ser conhecido por meio da razão pura, não pela experiência direta, e era a criação geométrica de Deus – permanentemente mecânica e perfeita por trás de nossa ilusão a respeito de sua desordem. Essa visão de mundo mecânica/religiosa substituiu a antiga sobre a natureza viva e se tornou o fundamento de toda a visão de mundo ocidental até o presente.[5]

Entretanto, os antigos filósofos gregos não tinham uma dicotomia entre razão e as várias tradições de mistérios. Na verdade, o foco deles na razão provinha dessas tradições, conforme demonstrado por Peter Kingsley e outros. A divisão veio depois.

Continuando, Sahtouris argumenta que, após a derrubada da crença em uma Terra viva vieram as ideias de que a humanidade é separada e superior à natureza, e Deus é separado e superior a toda criação. Juntas, conclui a autora, estas últimas crenças constituem a base filosófica de atitudes que acabaram fazendo a humanidade destruir o ecossistema terrestre, forçando o planeta a dar passos para recriar o equilíbrio que hoje causa condições climáticas incomuns e que podem ameaçar a vida segundo nossas expectativas.

Essencial à visão da terra como sistema vivo é o conceito de que semelhante atrai semelhante. A terra cria a humanidade para se adaptar ao seu ecossistema, assim como ela se encaixa no ecossistema do universo. Dentro de cada um de nós há um ecossistema semelhante de outros organismos necessários para nossa sobrevivência. Exemplo: há pouco tempo, comecei a sentir um pouco de mal-estar e percebi que um alimento específico que eu consumia estava acabando com o equilíbrio de minhas bactérias intestinais. Eu não ficaria saudável até que esses organismos essenciais para a minha saúde permanecessem. (Quem saberia?) Sahtouris atribui ao filósofo-cientista Arthur Koestler a denominação de cada uma dessas bonecas russas ou sistemas de "hólons", e o universo desses hólons são parte de uma "holarquia". Assim, descobri que tenho hólons dentro de mim, que sou um hólon, e parte de vários sistemas holônicos, todos eles parte da holarquia.

Sahtouris afirma que isso significa que "nenhum ser na natureza pode ser completamente independente, embora a independência conclame todos os seres vivos, seja uma célula, um animal, uma sociedade, uma espécie ou todo um ecossistema. Cada ser é parte de um ser maior, e, como tal, seu interesse próprio deve conter os interesses do ser maior a que ele pertence".[6] Levando isso em consideração, debates políticos e filosóficos sobre se as pessoas devem sacrificar os próprios interesses pelo coletivo ou fazer o que quer que considerem de interesse próprio, na esperança de que tudo vai dar certo, são irracionais. Humanos têm de equilibrar ambos, assim como fazem os hólons.

Sahtouris e outros consideram essa crescente consciência científica de nossa relação com o corpo, a terra e o cosmos semelhante ao conhecimento de muitos cientistas e filósofos antigos. A imagem mitológica de Gaia criando-se continuamente em uma dança constante não era uma forma primitiva de pensamento. Era uma tradução para uma metáfora de uma consciência complexa dos processos reais da terra sendo criada como parte do cosmos maior e, então, continuando a se criar até se tornar a terra que conhecemos.

Refletindo a respeito, percebi que, se essa visão é verdadeira, é possível superar a alienação sentindo-me à vontade no planeta e no cosmos, não apenas com familiares, amigos próximos ou grupos de trabalho. Podemos conseguir isso, em certo nível, reconhecendo que somos personagens de uma história muito grande e parte da terra como sistema vivo. Podemos optar por nos considerarmos radicalmente pertencentes em vez de alienados, porque somos partes desse todo. Quando nos sentimos emperrados, podemos nos lembrar de acionar o poder da imaginação para inspirar nossos esforços, já que somos um microcosmo dentro de um macrocosmo que também está sempre criando. Ademais, a ideia da terra como sistema vivo não elimina o conceito da infusão divina, embora também não exija que isso seja verdadeiro.

Mesmo não tendo afirmado que a terra é um sistema vivo, Albert Einstein e a física quântica já transformaram a maneira como vemos o mundo em funcionamento. Hoje, o caos, a complexidade e teorias de sistemas nos permitem compreender realidades físicas, sociais e psicológicas como sistemas complexos e inter-relacionados. Atualmente, organizações, famílias e comunidades podem ser consideradas sistemas em evolução, influenciados por todos de um modo impossível de rastrear (com infinitas causalidades em jogo) e auto-organizados pela interface entre as escolhas que cada um de nós faz. Assim, os novos temas que regem o sucesso no ambiente de trabalho, de acordo com Margaret J. Wheatley e Myron Kellner-Rogers em *A Simpler Way**, são a ludicidade, a criatividade e a auto-organização em grupo.

Wheatley e Rogers explicam que se descobriu que o aparente caos no universo é sempre auto-organização; desse modo, o universo naturalmente cria ordem por conta própria, o que nos permite relaxar um pouco, já que não temos de controlá-lo. Essa segurança se baseia em padrões que parecem ocorrências aleatórias observados por cientistas. Denominados fractais, eles são formas de autocriação e arquétipos do mundo natural. Wheatley e Rogers argumentam que as organizações e outros sistemas sociais funcionam de maneira semelhante. Wheatley conclui seu livro fundamental, *Leadership and the New Science***, com este enigma, citando o autor de ciências K. C. Cole como exemplo marcante desse fenômeno:

---

* *Um Caminho Mais Simple*. São Paulo: Cultrix, 1998 (fora de catálogo).

** *Liderança e a Nova Ciência*. São Paulo: Cultrix, 1996 (fora de catálogo).

"Como se sustenta centenas de toneladas de água no ar sem nenhum meio visível de suporte? Construindo uma nuvem", é claro.[7]

Pelo fato de alguns problemas se resolverem sozinhos, não temos de nos esforçar em excesso se notarmos os padrões arquetípicos em funcionamento na natureza, nos sistemas sociais e na nossa própria psicologia. Talvez um dia padrões semelhantes, mas não revelados, explicarão a ocorrência das sincronicidades – as coincidências significativas que, em alguns momentos cruciais, tornam nossa vida melhor. Podem ser acontecimentos relativamente comuns, como conhecer a pessoa com quem nos casaremos, nos sentarmos no ônibus perto de alguém que nos conta sobre um trabalho que acaba sendo o certo para nós, ou de repente ver um arco-íris e sentir a esperança surgindo. Ou podem ser maiores: no filme *Interestelar* (*Interstellar*, 2014), um buraco negro – uma abertura entre galáxias – aparece exatamente quando os seres humanos precisam dele para fugir de uma Terra que está morrendo.

O tema de *Interestelar* é semelhante ao de *Avatar*, discutido na Parte 3, mas trata de física teórica moderna, enquanto *Avatar* é mais baseado em fantasia. Na Terra atingida pela fome em *Interestelar*, o déficit de Deméter é palpável: as mães das duas filhas no filme morreram; há um avô, mas nenhuma avó; e a Mãe Terra está morrendo, o que pode ser visto como semelhante à fome de Deméter, só que no caso do filme já é tarde demais para remediar. O planeta está se tornando inabitável porque uma praga está destruindo todas as plantações nos sistemas agrícolas monoculturais sem grande diversidade para a sustentabilidade, fazendo surgir tempestades de poeira que tornam o ar irrespirável. Deméter não criou esse desastre, mas a ausência de seu modo de pensar e se comportar, sim. O pai do personagem principal explica que isso aconteceu porque os bilhões de pessoas no planeta sempre quiseram cada vez mais, e, de modo semelhante, um professor atribui a culpa a causas humanas não específicas.

Além disso, relações pai e filha salvam o dia, e são as duas filhas que salvam a humanidade, uma delas encontrando um planeta habitável enquanto a outra resolve o problema de levar as pessoas até lá, embora nenhuma delas poderia ter conseguido isso sem os pais. O personagem principal, Cooper, é um ex-astronauta recrutado pelo que sobrou da NASA para ajudar a encontrar um planeta adequado à vida humana, na esperança de que o cientista principal, dr. Brand, possa aprender a controlar a gravidade a fim de transportar grandes quantidades de pessoas da terra para esse novo lar. A filha do dr. Brand, Amelia, é biotecnóloga, e ela e Cooper, ao lado de vários outros cientistas, são as pessoas que viajam para novos mundos muito estranhos – um planeta inóspito depois do outro.

Em um paralelo com os sentimentos de Zeus, Psiquê e Perséfone de serem abandonados por seus pais, o drama pessoal do filme provém da relação tensa entre Cooper e sua filha, Murphy. Ela padece de uma tristeza e decepção devastadoras, acreditando que seu pai a deixou em um planeta que se transformou em um pote infernal de poeira, em que logo tudo e todos estarão mortos ou moribundos, para morrer – potencialmente se salvando ao partir para o espaço. Não obstante, é Murphy quem tem as qualidades intuitivas que lhe permitem receber mensagens do pai através do tempo e espaço, e mais tarde, quando adulta, o brilhantismo científico que a capacita para compreender o que está sendo enviado e agir com base nisso.

Enquanto viaja pelo espaço, Cooper sofre sabendo que está envelhecendo mais devagar do que as pessoas na Terra. Talvez ele nunca mais volte, e, se voltar, sua filha e outros entes queridos podem estar mortos. Ainda assim, ele persiste corajosamente contra todos os reveses porque sabe que é sua missão continuar na procura, e essa é a única maneira de voltar para as pessoas que ama. No fim, ele amorosamente encontra Murphy, envelhecida, em seu leito de morte em uma estação espacial da NASA para a qual levaram a humanidade.

Embora implicitamente *Interestelar* contenha a esperança de que seres humanos poderiam se realocar, muitas partes do filme nos levam a planetas em que as pessoas nunca poderiam sobreviver, muito menos vicejar. A sensação é desesperadora, lembrando-nos da preciosidade de nosso planeta natal e como é pouco provável que pudéssemos encontrar um novo lar em outro local. Um subtema do filme compartilha ideias especulativas da física teórica que traz o conceito de que o tempo e a gravidade estão em um *continuum*. Teoricamente, o que acontece no filme – encontrar outro planeta e transportar para lá um grupo grande de pessoas de nosso planeta à beira da morte – poderia ocorrer. O desafio é que, como seres humanos, vivemos em três dimensões. Pode haver outras dimensões, mas não as vivenciamos. Se as experienciássemos, muita coisa poderia mudar.

A habilidade de Cooper de se comunicar com Murphy[8] através do tempo se desenvolve porque as capacidades dele evoluem (e ele cai num buraco negro), e ele entra em outra dimensão além do tempo, gravidade ou espaço, e sua persistência é alimentada pelo intenso amor pela filha e seu desejo de voltar para ela, além de seu compromisso de salvar sua espécie. O fato de ele se encontrar em outra dimensão acrescenta um elemento xamânico, já que pelo menos nos mitos, e talvez na realidade, médicos vão a outros reinos no processo de curar uma pessoa ou uma comunidade. O fato também evoca a noção do planeta vivo e do cosmos vivo de hólons dentro de hólons na ideia de que podemos existir em outras dimensões que ainda não conhecemos.

No filme, veículos exploratórios foram enviados a doze planetas que podem ser capazes de conter vida humana, mas a nave espacial de Cooper não tem combustível suficiente para chegar a todos eles. A chave para encontrar o certo é o sentimento de amor que atrai Amelia para ele, porque o homem que ela ama esteve lá. Ela argumenta que seguir o coração pode ser uma decisão racional, sugerindo que entende eros como sistema de orientação, mas Cooper, no início, não aceita seu argumento como válido. Não obstante, o planeta para o qual ela é atraída acaba sendo o único dos doze que poderia sustentar a vida humana. Quando ela chega lá (o que faz sozinha, após Cooper desacoplar seu veículo da nave para que ela tenha energia suficiente para circundar o buraco negro), o explorador a quem amava e a atraiu até lá tinha morrido. Mesmo assim, é o poder de seu amor que lhe possibilita encontrar um novo lar para os humanos que escaparam da Terra prestes a morrer. Quando ela chega nesse planeta, está com seus contêineres cheios de ovos humanos, com que deve povoar o planeta se ninguém mais chegar lá. No fim do filme, Cooper está a caminho para se juntar a ela.

No entanto, por mais que exploremos novos mundos, todos queremos encontrar um lar, dentro e ao redor de nós. A psicóloga Cynthia Hale argumenta no livro *The Red Place: Transforming Past Traumas Through Relationships* que, embora a violência física e emocional, atrocidades e desastres nos traumatizem e assustem, a cura provém do impulso fundamental que todos temos em encontrar uma comunidade na qual somos valorizados e amados. Inerente a essas comunidades, e dentro de todos nós, há um desejo de ajudar um ao outro, de modo que, para usar um termo da autora, podemos "chamar" um ao outro à casa por meio do oferecimento da aceitação e do amor.

Duvido que Cooper teria persistido em meio a todas as dificuldades que enfrentou se o amor de sua filha não o atraísse, ou que ela poderia ter continuado a se envolver no seu trabalho científico morando em uma terra que começava a se tornar inabitável sem descobrir as mensagens que ele estava enviando por meio do poder de seu amor pela filha. E é difícil imaginar que Perséfone pudesse ter sido tão engenhosa no Submundo se não acreditasse que Deméter estava procurando por ela. Pessoalmente, eu não contaria com o amor para nos ajudar a encontrar outro planeta adequado para habitação humana. Mas nosso amor um pelo outro e pela terra, aliado à inteligência científica, nos ajudariam a fazer as mudanças necessárias para restaurar o equilíbrio ecológico a tempo, bem aqui, nos chamando para o lar de nossas melhores versões.

Escolher amar, em todas as suas manifestações, é uma maneira de firmar a teia de conexões entre nós como pessoas. Imaginar-nos em sistemas como redes de vida criadoras pode nos ajudar a reconhecer que o que se chamou de destino pode ser o resultado de viver em interdependência com tudo o que existe. É a consequência de toda disputa que acontece entre diversos interesses, ações e desejos que, mais cedo ou mais tarde, nos afetam, tal como nós afetamos o todo. Sahtouris contrasta uma visão de sistema vivo da terra com a visão deísta de nossos antepassados norte-americanos, que imaginavam Deus como um relojoeiro, criando o universo como uma máquina perfeita. A visão secular ainda mais contemporânea nos afirma que os seres humanos podem ser a única forma de vida inteligente no universo ou que tal vida seja um fenômeno tão raro, cuja existência é extremamente distante, que talvez nunca encontremos um equivalente. Por outro lado, mídias modernas de entretenimento nos apresentam imagens de alienígenas poderosos vindo nos destruir ou como salvadores chegando bem a tempo de nos resgatar de nós mesmos.

Já que há evidências de que a Terra é um sistema auto-organizado, poderíamos contar uma história de uma Terra viva e de um cosmos vivo, que talvez nos fizesse sentir menos solidão. Sahtouris sugere normalizar nosso dilema humano contemporâneo imaginando a Terra como uma mãe com todo tipo de filhos correndo para lá e para cá e dando duro para equilibrar todos os seus interesses e manter as coisas em equilíbrio. Portanto, quando nossa vida está um caos, nossas múltiplas funções estão nos despedaçando e os outros não estão fazendo o que achamos que deveriam fazer, sentimos como se a própria terra, e talvez até o cosmos, estivesse participando do nosso dilema. Ainda assim, a interação do destino e nossas escolhas molda nosso destino, pois não somos ilhas isoladas, mas parte de um universo em constante evolução. Logo, o natural da vida não é ter tudo perfeitamente sob controle; ao contrário, é fazer ajustes constantes conforme informações interiores e exteriores, vivendo a vida como uma dança contínua e auto-organizada. Nesse espírito, estamos prestes a voltar a atenção para o deus da dança, que representa o ápice da jornada até aqui descrita neste livro. Mas antes, vamos reservar um momento para voltar ao papel do *kairós*, ou tempo eterno, mencionado brevemente na Parte 2, no capítulo sobre Zeus.

A habilidade de Perséfone de transitar com facilidade entre o Mundo Superior (comandado pelo tempo linear) e o Submundo (governado pelo *kairós*) sugere que ela conhece o segredo de como passar de um tipo de tempo para outro. A sabedoria de Perséfone está presente em momentos *kairós* de *insights* quando, de repente, você descobre o que precisa fazer; em uma visita de uma musa que impulsiona sua criatividade; ou na sensação de que o tempo parou porque o que você está fazendo parece tão certo e sua atenção está totalmente no agora. Essa sabedoria também está presente quando você vivencia momentos místicos transcendentes de unicidade ao se abrir a possibilidades, tornar-se mais receptivo, e sentir-se mais amado e pronto para amar, bem como mais leve e menos preocupado.

Certa vez, tive uma experiência em que o mundo material de repente se tornava translúcido, de modo que vi através dele um outro em que tudo era luz, e me senti inundada de amor. Isso transformou tanto meu senso de realidade que nunca mais me esquecerei ou serei a mesma. Só o fato de pensar nesse momento me deixa feliz. A parte engraçada é que eu estava descendo uma rodovia de quatro pistas quando isso aconteceu, mas felizmente não bati o carro. Para mim, isso se tornou um momento vivo de aprendizado que me mostrou como instantes assim, quando o transcendental atinge nossa vida, podem transformá-la ou arruiná-la, dependendo de nossa habilidade de permanecermos aterrados à realidade material quando eles acontecem e posteriormente, quando tentamos integrar essas lições.

A proeminente jornalista e ativista social Barbara Ehrenreich, em seu livro *Living with a Wild God*, que tem pós-doutorado em biologia celular, recentemente começou a compartilhar experiências místicas de sua juventude em que se sentiu "iluminada", mas também "despedaçada", já que não tinha, e ainda não tem, um sistema de crenças que as explique. Ela confessa que, ainda hoje, "a palavra 'espiritualidade' me assusta". No entanto, particularmente em um lampejo de epifania, "o mundo todo adquiriu vida, e a diferença entre mim e tudo o mais se dissolveu – não de um jeito doce e amoroso estilo Nova Era. Eu diria que um mundo entrou na vida em chamas".[9]

Será que momentos como esses oferecem vislumbres de outras dimensões que podem mostrar perspectivas para toda a correria de nossas vidas tridimensionais? O poema de T. S. Eliot de quatro sequências, o *Quatro Quartetos*, começa com um devaneio sobre esse tipo de experiência em um roseiral, onde ele teve uma visão mística que transformou sua visão de mundo e também reafirmou sua vocação como poeta. Nesse longo poema, muito místico e sábio, ele contrasta o mundo inferior do passado e do futuro com esses momentos transformadores, mas, na passagem de encerramento, ele cita a teóloga Juliana de Norwich, que encontrou consolo nessas experiências, concluindo que seu significado era que "tudo ficará bem, e tudo ficará bem e todas as coisas ficarão bem".

Parte do que nos torna céticos e sem esperança é a crença de que a realidade material e concreta é tudo o que existe. Em termos cotidianos e práticos, momentos *kairós* são o que podem manter você conectado ao conhecimento mais profundo de sua alma em relação ao que deve fazer, e, portanto, capacitá-lo a fazer escolhas sábias porque elas são o alvo de seu propósito e o chamado para o seu futuro. Entretanto, como aprendi e de acordo com o que Eliot tão lindamente escreve, os *insights* que provêm do eterno através da alma precisam ser vividos no corpo e no tempo linear. A Parte 4 explora como o deus da dança, da alegria e da corporeidade pode ajudar você nisso.

EXERCÍCIO DE APLICAÇÃO
Nisto eu Acredito

Parte Um: Escreva ou conte uma história sobre o que você acredita que lhe dá esperança e o ajuda a se sentir parte deste mundo. Não se preocupe se sua história for muito diferente da que foi compartilhada nesta última lição de Perséfone. O importante é que sua história pareça certa para você. Se descobrir que a descrição de como você acha que o mundo funciona o afoga em desespero ou letargia, conte uma história que, se você acreditasse nela, transformaria sua vida de um jeito adequado para o que você é agora e para quem você deseja se tornar. Vez ou outra, você pode agir como se essa visão fosse sua verdade, e ver o que acontece.

Parte Dois: Pense em como a força inicial de Perséfone provém de uma visão de mundo infundida por Deméter, mais tarde ampliada pelo espírito de "eu dou conta" de Zeus, ambos integrados à compreensão de eros como sistema-guia amplificado pelo discernimento. Este exercício é elaborado para ajudá-lo a fazer isso também. Pense em papéis--modelo em sua vida que incorporaram as virtudes de Deméter, Zeus e Perséfone – pessoas que influenciaram seu pensamento e valores, que podem ser seus pais, melhores amigos, mentores ou outros exemplos. Reflita sobre o que cada um lhe ensinou. Depois, repassando sua afirmação "Nisto eu Acredito", identifique qual parte do que você disse ecoa essas influências e qual parte é única e exclusivamente sua. Considere se você está vivendo os valores obtidos desses modelos que não são adequados para você. Se sim, reserve um tempo para reformulá-los em outros que vão apoiar você e seu crescimento. Se você integrou de maneira consciente conselhos e modelos úteis, pode reservar um tempo para sentir gratidão por aqueles que o influenciaram positivamente e por sua habilidade de se apoiar nos ombros deles e, ao mesmo tempo, permanecer verdadeiro consigo mesmo.

EXERCÍCIO DE CONCLUSÃO:
Diálogo com Perséfone

Em um diário ou no computador, elabore um diálogo entre você e Perséfone como você imagina que ela seja. Comece agradecendo à deusa pelas melhorias que ela fez na sua vida e, em seguida, pergunte como Perséfone gostaria de ser expressa em você. Depois, você pode dizer o que gostaria que ela lhe desse, afirmando como você pensa que ela ajudaria, mas também como não ajudaria. Permita que um diálogo espontâneo se desenrole, por meio do qual você chegue a um acordo sobre o futuro papel de Perséfone na sua vida. Termine com uma nota de agradecimento.

PARTE QUATRO

DIONÍSIO

Dionísio e o Dom da Alegria

Em seu papel como ápice e "fruto" dos Mistérios de Elêusis, Dionísio é conhecido principalmente por ser o deus que nos traz alegria, em especial do tipo que surge da sensação de estar conectado com os outros, com o corpo e sua capacidade de autoexpressão espontânea. Ele também é o deus do caos, que nos ajuda a dançar com a música da vida, por mais discordante que ela possa parecer, e a nos sentirmos à vontade em um mundo que não podemos controlar, já que é maior que nós.

Não sei quanto a você, mas muitas vezes minha vida parece caótica enquanto equilibro múltiplas funções, fazendo o que é urgente e mais necessário enquanto tarefas de manutenção (como preencher documentos e fazer limpeza) são sacrificadas. Meu primeiro impulso é apelar para o gerenciamento de tempo para resolver esse problema, colocando tudo em um cronograma e tentando planejar com antecedência, sequenciando todas as tarefas e decidindo o que pode ser feito em determinada quantidade de tempo e onde isso pode ocorrer. Mas o inesperado sempre bagunça meu esquema. Meu desejo de manter tudo sob controle me leva a me sentir cada vez mais tensa e estressada. Entretanto, Dionísio me ensina a me sentir conectada com este mundo caótico – a dançar com ele em vez de lutar contra ele.

O matemático e filósofo Ralph Abraham (em *Chaos, Gaia, Eros: A Chaos Pioneer Uncovers the Three Great Streams of History*) cita antigos filósofos gregos ao identificar as três principais forças do universo: o caos (do qual emerge a ordem), Gaia (nossa Terra) e eros (a força vital e princípio do parentesco). Dionísio, o deus do caos, é muitas vezes comparado com Apolo, o deus da ordem estética, mas, nos Mistérios, ele também seria o complemento do foco de Zeus na ordem social. Assim como Deméter é a deusa que ajuda as pessoas a aprenderem a ser parceiras de Gaia (a terra em si e o princípio terreno dentro de nós) e Perséfone nos ajuda a confiar em eros como uma força universal dentro e além de nós, Dionísio nos ajuda a encontrar a alegria nos envolvendo divertidamente com o caos como força maior do universo e impulso cotidiano em nossa vida. Para pararmos de lutar contra o caos, é útil aplicar o princípio do aninhamento do *hieros gamos,* o qual nos permite reconhecer que o caos que experimentamos na vida é a mesma força que habita sistemas naturais e sociais.

Abraham prossegue conectando a antiga crença de que Gaia e eros emergiram do caos com (1) a teoria moderna do caos na física, que sustenta que os comportamentos aparentemente caóticos e aleatórios em sistemas físicos e sociais frequentemente compõem padrões que são arquétipos da natureza, muitas vezes denominados "atratores estranhos"; (2) a hipótese Gaia, que nos afirma que a terra é um sistema autorregulatório com sua própria forma de inteligência; e (3) a "erodinâmica", que estuda a complexa simbiose das populações humanas com a biosfera. Embora essas coisas possam parecer bastante esotéricas, elas nos ajudam a enxergar nossa relação com o universo, com a terra e uns com os outros de maneira bem diferente, pois na raiz da complexidade de nossas vidas individual e coletiva há uma ordem emergente que contribui para nos darmos conta de nosso destino. Quer você saiba muito ou não de física moderna e ciências sociais, é quase certo de que esteja ciente de ser parte do ecossistema terrestre; que você mantém uma relação de interdependência com outras pessoas em termos econômicos, políticos, e por intermédio de várias companhias mundiais, organizações não governamentais, e outras organizações e movimentos; e que, se quiser, você pode interagir com gente do mundo inteiro pela internet e por mídias sociais.

Contudo, tais avanços também podem fazer as pessoas se sentirem mais isoladas e direcionadas, gerando uma ânsia por conexão com os outros e por experiências autênticas. Não obstante, essas vontades, que levam alguns a sentirem necessidade de interações virtuais contínuas ou a buscar relacionamentos intensos, mas artificiais (*reality shows*, pornografia, intimidade com estranhos), não podem ser cem por cento satisfeitas por recursos digitais. Além disso, pessoas comuns não se contentam mais em deixar uma pequena elite controlar suas vidas; elas esperam ter o que dizer sobre como são governadas e igual oportunidade de se beneficiar de avanços sociais, econômicos e tecnológicos. Elas querem controlar o próprio destino, mas suas experiências, bem como os progressos naturais, sociais e econômicos que influenciam todos nós, estão sendo moldadas por forças demais para conseguirmos prever o que acontecerá em seguida. E mudanças são rápidas quando uma ideia viraliza em menos de vinte e quatro horas.

Nesse sentido, Dionísio é um deus de nossa época, sobretudo já que boa parte da infelicidade no mundo moderno é causada pela discrepância entre como hoje sabemos como o universo e nosso mundo funcionam, e as histórias anacrônicas sobre eles que definem o que fazemos. Por exemplo, somos estimulados a pensar que devemos controlar tudo, sendo que a maior parte das coisas está fora de nosso controle; a nos concentrarmos em ser melhores que os outros na competição, sendo que a vida contemporânea é interdependente; a agirmos, o máximo que pudermos, como robôs eficientes, sendo que a iniciativa e a espontaneidade, nossos dons humanos, são as chaves para o progresso e o sucesso; e, como mulheres, a assumir tarefas domésticas em paralelo, enquanto também fazemos tudo o que os homens fazem na esfera pública, com enorme custo para nossa saúde e felicidade, sendo que o que os outros precisam é de nossa sabedoria. Para gerenciar essas contradições, as heroínas atuais precisam proteger sua alegria e vivacidade acima de tudo. Para fazer isso, precisamos levar uma vida corporificada, embora seja uma tarefa difícil no mundo contemporâneo, em que muitos empregos exigem que passemos o dia sentados, pensando e mexendo em dispositivos digitais. Viver no corpo nos ajuda a voltar para a terra e reconhecer o que é razoável, real e saudável para nós e o que não é.

Vez ou outra nosso eu desvairado irrompe em momentos de liberação espontânea. Quando os ritos dionisíacos chegavam à cidade, as mulheres parariam o que estivessem fazendo, jogariam no chão o que estivessem segurando e seguiriam Dionísio até o bosque. Parte do papel de Dionísio é romper estruturas moribundas, de modo que hoje em dia esse arquétipo está destruindo todos os antigos sistemas hierárquicos e burocráticos, os quais, como você deve ter notado, não estão funcionando lá muito bem. A vida das mulheres é complicada porque adentramos campos não tradicionais, enquanto estruturas e políticas sociais continuam a reforçar realidades de tempos mais antigos. O arquétipo de Dionísio em nós pode ajudar a desalojar essas estruturas destruindo nossa crença de que não há nada a fazer a respeito; fazendo com que falemos sobre seu custo para mulheres, crianças e famílias; e nos ajudando a divulgar sistemas alternativos que estão funcionando.

De acordo com a teoria do caos na ciência contemporânea, estruturas dissipativas – isto é, as que rompem regimes enraizados de todos os tipos – são essenciais na natureza, a fim de que os sistemas possam se autocriar desenvolvendo novas formas. Dionísio é o garoto-propaganda em agitar as coisas para dispensar o que é limitante e opressor à moda antiga e abrir espaço para novas realidades. Entre o agitar e a nova vida há um período mágico de vazio criativo, do qual brota eros como um impulso criativo que pode se materializar (e é isso que Abraham quer dizer quando afirma que eros e Gaia nasceram do caos.) Diante de planos que dão errado, você pode parar, respirar e permitir que sua intuição e imaginação o alertem sobre o que deseja emergir em você e sua situação. Esse emergir é como brotos de grama ou, mesmo, flores crescendo entre rachaduras na calçada.

Aparecendo como nosso eu emergente e não como partes escondidas de nós para se encaixar ou impressionar os outros dissipa nosso falso eu e nos ajuda a romper normas culturais ultrapassadas e estruturas sociais que nos causam sensações de inércia, cansaço e até depressão.

A resposta a isso é contraintuitiva. Quanto mais ocupados estivermos e mais caóticas as coisas parecerem, mais brincalhões precisamos ser. Quando brincamos, tendemos a ser espontâneos, e não obcecados com o que os outros podem pensar, arrependidos do passado ou preocupados com o futuro. Conectar-se com o mundo dessa maneira exige que seu eu autêntico e mais profundo seja incorporado em sua presença física, suas ações e tudo o que você faz, permitindo agir com espontaneidade e inovar no momento. Quando é possível se mostrar em seu eu totalmente corporificado, não é apenas você quem viceja em um novo nível, mas também as pessoas que lidera ou influencia.

Em *The Four-Fold Way: Walking the Paths of the Warrior, Teacher, Healer, and Visionary*, Angeles Arrien observa que, em muitas culturas indígenas, se alguém se queixasse a um xamã de estar deprimido ou infeliz, ele ou ela perguntaria a essa pessoa quando foi que ela parou de "dançar", "cantar", "se encantar com histórias" ou ser confortado pelo "silêncio".[1] Se fizéssemos mais essas coisas, seríamos mais felizes e teríamos mais energia.

Dionísio não é apenas o deus da alegria, mas da dança e de outras atividades que fazemos por diversão, e não para obter alguma coisa. Lembro-me de ouvir o chamado de Dionísio pela primeira vez numa época em que minhas obrigações profissionais estavam se tornando mais exigentes, como muitas vezes o são para mulheres que, assim como eu, estão vivenciando a pressão da geração-sanduíche, equilibrando o cuidado dos filhos e dos pais idosos (ou outras responsabilidades familiares ou de amizade). Quando as coisas pareciam ficar fora de controle e pesadas demais, eu teria um ou outro momento de pânico.

Embora em termos gerais minha vida fosse plena e significativa, eu estava focada demais em dar andamento às coisas para ouvir meus pensamentos. Mesmo quando estava fazendo algo que devia ser relaxante e divertido, minha mente estava sempre correndo, estressada por causa do trabalho ou das responsabilidades pessoais. Então, vi uma tirinha no *New Yorker* de um homem com roupa de banho sentado a uma mesa grande na praia, trabalhando. Reconhecendo a mim mesma, eu ri, pois mesmo quando levava meus filhos ao parque ou a outra atividade divertida, uma parte de mim ainda estava na mesa – descobrindo o que dizer, o que fazer, como analisar um problema urgente. Eu precisava de Dionísio "para ontem". Embora eu não acreditasse que tivesse tempo, de repente senti a urgência de me inscrever em aulas de dança. Em termos conscientes, não conectei essa escolha a Dionísio, embora soubesse que ele era o deus da dança e da alegria incorporada.

Isso me ajudou a reconhecer que a raiz da palavra pânico é *Pã*, o deus metade humano, metade animal; portanto, podemos pensar em nossa reação a períodos de ansiedade, com tanta coisa acontecendo, como um cervo ou outra criatura tendo um sobressalto na natureza e correndo por aí a esmo. Dionísio foi um desenvolvimento posterior de Pã, tendo se metamorfoseado em um modelo melhor para os humanos em relação a como conectar os próprios instintos, a sabedoria corporal e a sensação de conexão com a natureza, ao mesmo tempo mantendo a habilidade de escolher ser ético e prudente quanto a quais comportamentos são nocivos e quais são úteis. Portanto, de uma perspectiva dionisíaca, eu podia parar de entrar em pânico e perceber que o caos na minha vida estava despertando minha mulher selvagem e a incentivando a encontrar um modo de escapar da prisão de minhas listas, planos e narrativas interiores que me dizem para sempre manter o controle das coisas.

Tenho certeza de que não sou a única a ter consciência de que meu desejo de manter a vida sob controle estava me tornando uma tirana, pelo menos em relação ao meu eu interior, ou até que ponto eu almejava sentir vivacidade e vitalidade – e não apenas de maneira indireta, assistindo a um filme, presenciando um evento esportivo ou lendo um livro. Sempre concordei com a afirmação de Joseph Campbell de que as pessoas não almejam tanto conhecer o sentido da vida, mas sim a experiência de se sentir cem por cento vivas. Sei que eu, por exemplo, desejo ambas as coisas. Estou compartilhando com você as ideias nesta seção supondo que também precisa delas, mas, se não, que você gostaria de obter validação para uma vida cheia de diversão.

Quem é que às vezes não se sente aprisionado por todas as responsabilidades e pelas várias maneiras pelas quais nos refreamos para correspondermos a ideias culturais atuais sobre o que deveríamos ser para cumprir nossas várias funções? Você já sentiu que sua única vontade era largar tudo e voltar a se conectar com sua parte mais selvagem que talvez tenha vivenciado quando criança, ou talvez nunca tenha conseguido vivenciar de maneira significativa, mas sabe que ela está lá?

Dionísio é o senhor da espontaneidade, do selvagem e da exuberância, geralmente expressos no canal relativamente seguro da dança. Seus ritos convocavam as pessoas a deixar as restrições da civilização para dançarem loucamente enquanto os sátiros ficariam olhando, claramente excitados pela experiência. Sátiros eram criaturas do bosque que combinavam características animais (com frequência, cavalos ou bodes) e humanas, semelhantes ao deus Pã. A associação de Dionísio com o selvagem e os sátiros sugere que parte de sua função é nos ajudar a nos reconectarmos com nossas origens animais e com o selvagem, bem como passar um tempo presencial na natureza e protegê-la. Seus ritos eram voltados principalmente para mulheres, embora alguns incluíssem homens. Poucos eram somente para homens, e alguns, para ambos, mulheres e homens, celebrando a colheita anual da vitivinícola. A alegria que ele oferece provém de uma reconexão com os instintos primitivos e a vivacidade plena. Se você já sentiu que sua vida era restrita, responsável e roteirizada demais, é hora de descobrir o impulso dionisíaco interior.

A analista junguiana Clarissa Pinkola Estés, em *Mulheres que Correm com os Lobos*, argumenta que a mulher moderna foi domesticada tão além da conta que nossa fadiga vem de levarmos uma vida por demais restrita e reduzida. A instintiva mulher "selvagem" não é selvagem no sentido de estar fora de controle; ao contrário, ela é direta, decidida e em contato com o corpo e seus ciclos, suas emoções e o que elas estão lhe dizendo, sua criatividade, o que precisa ser criado e o que deve ser abandonado. Ela tem limites fortes, sabendo quando dizer sim e quando dizer não. No fim das contas, sua fadiga provém de se exercitar intensamente, criar, amar e qualquer outra coisa que ela claramente queira fazer. Estés identifica a mulher selvagem como a essência da integridade feminina, incluindo manter contato com o selvagem como "um meio de demarcar território, seguir o próprio caminho, estar no próprio corpo com segurança e orgulho, independentemente das dádivas e limitações desse corpo, falar e agir pelo próprio bem, estar consciente, alerta, ativar os poderes femininos inatos da intuição e sensibilidade, adentrar os próprios ciclos, descobrir qual é seu lugar, erguer-se com dignidade, deter o máximo de consciência possível".[2]

A resiliência feminina provém de readquirir conexão com o selvagem interior, a mulher instintiva que ainda não foi amortecida pela socialização. Certa vez, Estés me disse que morou nas ruas por um tempo, vivendo no carro com seus filhos pequenos, mas persistiu em terminar os estudos, o que finalmente a tornou uma analista respeitada e autora de *best-sellers*. Ela atribuiu sua habilidade de vicejar à sua conexão com a mulher instintiva dentro de si.

Na Grécia antiga, alguns pais e mães enviariam suas filhas (que, em nossa época, estariam no ensino médio, mas logo em seguida se casariam) para viver na floresta e vivenciar a liberdade e o poder da deusa Ártemis – uma deusa virgem, solteira –, que era livre, independente e também caçadora. Ali, as meninas aprenderiam a procurar comida, caçar e desfrutar em grupo da vida selvagem, criando vínculos umas com as outras. Pelo fato de Ártemis também ser a deusa da lua, elas aprendiam sobre a relação dos ciclos lunares com os próprios ciclos menstruais mensais, reforçando os ensinamentos de Deméter sobre sua conexão com a Mãe Terra e seus hábitos.

Não consegui descobrir se esses rituais eram coincidentes, concorrentes ou os mesmos ritos de puberdade de Deméter; entretanto, eles produziriam mulheres que se sentiam conectadas umas com as outras e com a terra, fortalecidas antes de adentrarem num casamento com papéis bem definidos. Elas se engajavam em rituais em homenagem a Perséfone, que as preparavam para serem sexualmente ativas e, na maioria das vezes, casadas – ou, uma vez que a cultura grega não era homofóbica, elas escolheriam viver com outras mulheres, entre outras opções. Assim como vejo o surgimento do poder feminino na tradição eleusiana, Jean Shinoda Bolen em seu livro Ártemis: *A Personificação Arquetípica do Espírito Feminino Independente* o encontra no ressurgimento semelhante do arquétipo de Ártemis em nossa época.

Ainda que os papéis das mulheres na vida grega nos tempos antigos fossem limitados, mantê-las conectadas com seu lado selvagem deve ter sido uma prioridade social, ou então elas não teriam respondido aos bandos ao chamado de Dionísio. Convocadas aos bosques por cornetas e tambores, os acólitos desse deus o seguiriam floresta adentro e dançariam por dias. Algumas histórias (evidentemente apócrifas) chegam a descrever as mênades (seguidoras de Dionísio) despedaçando animais selvagens e comendo-os crus, o que na verdade não teria acontecido. (Você gostaria de fazer isso? Eca!)

Escrevendo na década de 1970, Robert Bly, em seu *best-seller João de Ferro: Um Livro sobre Homens*, observou um retorno da energia instintiva em mulheres, que pode ter vindo da participação nos movimentos femininos da época. No entanto, não percebo esse lado selvagem hoje em dia, em que a maioria das mulheres é extremamente bem-comportada (ou talvez seja apenas eu e as mulheres sobrecarregadas pela carreira com quem convivo). Bly estava preocupado por não perceber o equivalente nos homens, argumentando que eles tinham ficado muito mansos. Seu antídoto era conectá-los com o "João de Ferro" interior, o homem selvagem instintivo, análogo à mulher selvagem que, mais recentemente, parece ter voltado a se esconder.

A imagem de João de Ferro é poderosa. Ele é vislumbrado no fundo de um lago, grande, musculoso, coberto de pelos da cor do ferro oxidado. Essa é uma imagem instigante da fonte do poder instintivo, muitas vezes representado pelos cabelos ou pelos – motivo pelo qual mulheres, em situações de opressão, são tipicamente forçadas a cobrir os cabelos.[3] O herói de Bly resgata João de Ferro convocando seus camaradas, que, com baldes, ajudam a esvaziar a lagoa para libertar o homem selvagem no fundo. Aqui, o simbolismo sugere que o poder de João de Ferro pode se tornar disponível aos homens – e, eu acrescentaria, às mulheres também – se nos livrarmos de emoções, aspirações e traumas reprimidos, frequentemente simbolizados pela água. Entretanto, na história de Bly, quando o herói leva João de Ferro ao castelo do rei, este o acha tão ameaçador que o prende em uma jaula, entregando a chave à rainha.

Embora Bly diferencie acertadamente essa fonte de poder masculino da cultura do machão que desvaloriza e oprime mulheres, ele afirma que o herói precisa, em termos metafóricos, roubar a chave da rainha. Nos retiros masculinos de Bly, eles conseguem isso indo para o bosque com outros homens a fim de aprenderem a se libertar de um desejo obsessivo de agradar mulheres (mães, namoradas etc.). Só assim um homem pode se oferecer como um amante digno e semelhante a uma mulher (ou a outro homem).[4] Uma situação paralela vale também para mulheres, já que também precisamos nos esforçar para nos libertarmos do desejo de agradar outras mulheres e homens.

A psicologia *gestalt*, com sua ênfase na autodescoberta por meio da espontaneidade e do poder de viver no momento, sentir o que sentimos e saber o que sabemos, pode despertar o espírito dionisíaco em cada um de nós. Dionísio também é o deus da vida corporificada: estar em contato com sensações corpóreas, os cinco sentidos, capacidade de sentir prazer e dor no corpo, a sabedoria adquirida com isso e o poder resultante de tomar atitudes.

Muitos de nós sabemos o que nos tornariam mais felizes, mas não agimos com base nessa consciência. Podemos sentir compaixão ao assistir algo emocionante ou triste no canal de notícias, mas não estendemos a mão para ajudar ninguém. Nós nos imaginamos fazendo coisas grandiosas, mas, em vez disso, ficamos à margem e criticamos quem as faz. Podemos nos engajar em práticas psicoespirituais, adquirindo cada vez mais familiaridade com nossa vida interior, mas nunca expressamos a riqueza resultante em nossas ações. Deméter, Zeus e Perséfone não podem nos fazer felizes, prósperos e destemidos em sua condição incorpórea. Dionísio traz as virtudes humanas para a terra, incentivando-nos a nos envolver ativamente com a vida, e não "qualquer dia", mas agora.

O arquétipo de Dionísio também nos convoca à alegria que provém da descoberta do que adoramos fazer como brincadeira ou por prazer, e também da sensação de pertencimento em relação a outras pessoas e à natureza. Adoro o poema "Gansos Selvagens", de Mary Oliver, e acho que muitas outras pessoas também. Ele contém os segredos para despertar o arquétipo de Dionísio. Primeiro, o poema nos alerta para a necessidade de ouvir o chamado da sabedoria do "animal manso" de nosso corpo; em seguida, a observar os gansos selvagens, chamando-nos para sair de dentro de nós mesmos para sermos preenchidos de admiração diante do esplendor da natureza ao redor, e a reconhecer como pertencemos totalmente a este mundo belo e selvagem.[5] Sob esse aspecto, Dionísio é a cura para a alienação que tanto caracteriza a vida moderna.

O Arquétipo de Dionísio

Na arte grega antiga, uma vez ou outra Dionísio era representado como um homem mais velho de barba, e, com essa imagem, ele se conectava com o tipo de sabedoria desafiadora associada a Sócrates. Com maior frequência, ele é retratado como um jovem bastante andrógino, até mesmo afeminado, muitas vezes parcialmente vestido e, em geral, em posturas relaxadas, ou mesmo lânguidas. Embora Dionísio tenha muitas aventuras sexuais com mulheres e acabe vivendo um casamento feliz, ele também era considerado o deus da homossexualidade. Pelo menos um mito conta sobre um relacionamento com o mesmo sexo, e outro informa como, quando Prometeu moldava a raça humana com argila, Dionísio o influenciou a dar a algumas pessoas uma orientação homossexual. A presença de seu espírito exuberante na cultura *gay*, e em eventos públicos como a Parada do Orgulho Lésbico, *Gay*, Bissexual e Transgênero em São Francisco, reforçou essa associação ao longo do tempo, assim como o termo *gay* (que significa alegre) em si. Por ser um deus popular, seus ritos eram sempre abertos a todos, e ele comporta em sua própria natureza um certo espírito democrático, sendo radicalmente inclusivo e acolhedor da diversidade.

Além disso, os dons de Dionísio são essenciais para darmos conta dos desafios da vida individual. Nossa jornada da heroína certamente será menos estressante se for regularmente energizada pela alegria que Dionísio incorpora, e suas histórias nos mostram como também nós podemos alcançar uma vida plena de alegrias. Como você viu, cada uma das jornadas arquetípicas dá continuidade à anterior (se você pular as lições, pode voltar e atualizá-las), e a jornada de Dionísio não é exceção. Ele gosta de festejar, e, como deus das mulheres, é interessante que leve o crédito por inventar o processo pelo qual as uvas são transformadas em vinho, já que, ainda hoje, essa é a bebida preferida de muitas mulheres, assim como a cerveja e as bebidas destiladas são as favoritas dos homens.

Dionísio também é vinculado com as videiras em si e com a necessidade de podá-las.[6] A poda também é sinal de facilidade em deixar ir e seguir em frente, uma habilidade refletida na história das origens desse deus. Contudo, mais que isso, a imagem das videiras no folclore dionisíaco é semelhante ao modo como Jesus usava essa imagem, com todas as pessoas e grupos conectadas como ramos da mesma planta, infundindo-as com o ânimo e a alegria que isso traz.[7] A prática espiritual de Dionísio dançando era voltada para ajudar as pessoas a vivenciar a alegria coletiva por meio da conexão com o espírito da alegria na natureza, umas com as outras e consigo mesmas.

Na mitologia da Creta minoica, Dionísio é o filho de Perséfone, ou por partenogênese ou inseminação de Zeus disfarçado de serpente enquanto ela dormia, e os escritos mais místicos da história dessa deusa a retratam como sua mãe, sem necessariamente identificar o pai. O que quer que façam a Dionísio, ele sobrevive ou renasce. Na história grega mais famosa, ele é filho de Sêmele, uma princesa mortal de Tebas, e de Zeus. Hera descobre que Sêmele está grávida e a convence a pedir para ver Zeus em toda sua glória, visão que instantaneamente a mata. Os Titãs, aliados de Hera e ameaçados pelo potencial revolucionário de Dionísio, destroem tudo, menos o coração desse deus, que Zeus coloca em sua coxa e, ali, o órgão se transforma em um feto que acaba nascendo da perna de Zeus.

Em apoio a Hera, os Titãs continuam fazendo tudo o que podem para matar Dionísio enquanto ele cresce. Para protegê-lo, ele é criado em segredo e, muitas vezes, disfarçado de menina. Em alguns contos, ele é morto repetidas vezes, mas renasce. Em outros, não conseguem encontrá-lo. A história do desmembramento de Dionísio é mencionada por Platão (no *Fédon*) em uma descrição de como Sócrates vinculava os rituais dionisíacos com o que ele considerava as iniciações no caminho filosófico, o que significaria desmembrar ideias comuns mal elaboradas. Com mais frequência, o desmembramento e a renovação se referem à capacidade de deixar ir e recomeçar, ou à capacidade de ressurreição.

O problema de Zeus ser considerado o pai de Dionísio é simples. Zeus leva o crédito por ser pai de quase todos os deuses da geração seguinte, Hera é culpada por tudo o que dá errado, e quase todos os lugares no mundo grego mais amplo contêm mitos em que eles levam o crédito por esconder Dionísio. Com sua capacidade para fazer ruir estruturas existentes e questionar ideias consagradas, Dionísio era como que uma ameaça ao *status quo*, um motivo mais lógico por que os Titãs se sentiam ameaçados por ele. Ainda que nenhum dos mitos principais assuma que Hades era o pai de Dionísio, não há mais nada que se encaixe na narrativa eleusiana real, com a clara semelhança de seus personagens, ou com a habilidade de Dionísio de se mover entre mundos desde o nascimento, sentindo-se em casa tanto no Submundo quanto no Mundo Superior.

DIONÍSIO NOS RITOS ELEUSINOS

Dionísio está amplamente ausente da história de Deméter e Perséfone; não obstante, sua história é foco dos Mistérios Menores, que aconteciam em fevereiro, aos quais muitas pessoas iam para se preparar para o ritual de nove dias em que os segredos mais profundos eram compartilhados. O nascimento do deus é celebrado na parte final, mais sagrada e secreta, dos Mistérios Maiores. Assim, seu arquétipo atua como o fruto da videira ou a cereja do bolo que finaliza as lições dos outros arquétipos. Com efeito, mesmo que você tenha alcançado coisas grandiosas, sido uma maravilha de cuidador, altruísta e romântico, pode não ter capacidade de vivenciar a alegria e habilidade para ser uma pessoa sem amarras e espontânea, presente no momento. É por isso que seria sensato despertarmos os dons de Dionísio.

Dionísio era uma figura proeminente no cortejo eleusino, e, enquanto lê este livro, pode ser divertido imaginar um grupo inteiro de peregrinos caminhando juntos por um trajeto festejando até não poder mais. No quinto dia do festival, iniciados andavam de Atenas até Elêusis, acompanhados por uma estátua do deus-menino Iaco (Dionísio). Podemos imaginar que isso devia acontecer em um veículo ritualístico ou carruagem aberta, puxada por um touro ou um cavalo e acompanhada de autoridades. Muitas pessoas no cortejo carregariam varas feitas de ramos de tecido e uma guirlanda de murta para celebrar o deus, e bradariam alegremente "Iaco, ó, Iaco", outro nome que, segundo estudiosos, era usado para Dionísio, uma vez que lugares diferentes o chamavam por nomes diferentes. Iniciados dançariam em êxtase dionisíaco, girando, acompanhados por toda sorte de instrumentos musicais (que, mais provavelmente, seriam fornecidos por participantes aficionados por música), soltando gritos de comemoração, às vezes acrescentando piadas vulgares em homenagem a Iambe, a criada que interrompeu o luto de Deméter e a fez rir.[8]

Quando os indivíduos atravessassem, um de cada vez, uma ponte estreita, figuras encapuzadas escolheriam pessoas conhecidas, possivelmente pretensiosas, a quem dirigir insultos satíricos; ao proceder assim, elas honravam Iambe e também Dionísio, famoso por não usar formalidade alguma. Essa tradição era fonte de grande diversão e nivelamento social. Desse modo, Dionísio tinha a mesma função que o bobo nas antigas cortes medievais, que usava humor para evitar que a realeza ficasse por demais cheia de si. E, pelo fato de a estrada estreita desacelerar as coisas, talvez a sensação fosse a mesma que a das filas na Disneylândia, exceto que, nas do cortejo, as pessoas tinham de se distrair mutuamente, já que não havia nenhum lazer virtual, apenas elas mesmas.

Entre a dança, a empolgação dos eventos ritualísticos, o jejum no sexto dia após a longa caminhada em preparação para as partes secretas mais profundas dos ritos, as pessoas estariam em um estado alterado, mesmo sem usar drogas, vivenciando uma espécie de êxtase dionisíaco. Entretanto, alguns acadêmicos acreditam que se utilizava um alucinógeno para criar o impacto de mudança relatado, uma possibilidade que continua sendo motivo importante de debates. Essa última noite continha elementos caóticos, em que os iniciados ficavam zanzando, gritando e se empurrando, o que, com tanta gente no escuro, era desorientador. A caminhada confusa dos iniciados era feita em honra à peregrinação de Deméter, mas também celebrava o poder do caos como vazio gerador do qual começa a nova vida.

Por fim, os iniciados chegariam à entrada do Telesterion, onde aconteceriam os ritos secretos. A senha exigida para entrar era alguma versão do tipo: "Jejuei; bebi a *ciceona*; tomei do *kiste* [uma caixa cilíndrico de metal]; tendo completado minha tarefa, fui colocado no cesto, e do cesto para o *kiste*".[9] Ciceona é a água de cevada que Deméter bebia em vez do vinho e que talvez contivesse (ou não) um alucinógeno. (Tendo a pensar que não, porque todos os que foram sugeridos são perigosos, e iniciados morrendo de overdose provavelmente teriam eliminado a atração dos ritos.)

O restante da senha sugere que os iniciados haviam honrado Dionísio em alguma forma de ritual que envolvia esses elementos. A última parte é considerada uma referência à resiliência de Dionísio quando os Titãs estão tentando matá-lo. Quando criança, ele foi escondido em uma caixa, levado embora em segredo e, em seguida, colocado em uma peneira trançada, que era usada como berço. Ele pode ter sido recolocado no *kiste* quando chegou a hora de escondê-lo em um novo lugar. Já que peneiras são usadas para colher grãos ou uvas, isso o conectaria com o tema eleusino do ciclo da agricultura e, particularmente, ao da uva, que era sagrada para ele. Ademais, durante as partes mais secretas do rito, em que a magia da união sagrada do deus e da deusa ocorreria, uma luz brilhante de repente reluzia da fogueira, dispersando a escuridão. De acordo com Hipólito, nesse momento um hierofante (sacerdote) bradaria "Brimo deu à luz Brimos!". Brimo era mais um dos nomes de Dionísio, uma palavra que também significa "trovão", já que Dionísio era conhecido por sua voz alta e estrondosa. Como que em choque pela luz repentina e estonteante, os iniciados certamente gritariam, criando um momento ensurdecedor.

Alguns acadêmicos levantaram a hipótese de que o nascimento celebrado era o de Perséfone, não de Dionísio, mas minha impressão é a de que isso talvez não tivesse importância, porque o elemento essencial é a ênfase num nascimento sagrado. Tanto Perséfone quanto

Dionísio são importantes para o rito; isso está bem claro. Estudiosos concordam que as partes secretas do rito eleusino também incluíam uma celebração do nascimento de alguma criança divina. Ovídio (nas *Metamorfoses*) louva Dionísio como o *puer aeternus* (ou "criança eterna") dos Mistérios de Elêusis, considerando-o um deus da vegetação e da ressurreição.[10]

Em várias tradições espirituais, histórias de crianças aparentemente pequenas e frágeis – o menino Jesus, por exemplo – afirmam o potencial positivo do futuro e de todos nós. Para os iniciados, provavelmente era a celebração do nascimento do divino dentro deles e de sua adoção por Deméter e Perséfone. Também pode ser assim que Dionísio (o deus) é capaz de dar à luz Dionísio (nos iniciados), o que explicaria por que é Brimo, no singular, quem dá à luz Brimos, no plural. Por ele ser o deus da alegria, esse nascimento sugeriria o despertar da felicidade, expressa pelos regozijos barulhentos dos Brimos.

As lições a seguir nos levam mais a fundo do que significa despertar ou fortalecer o arquétipo de Dionísio dentro de nós. Como você deve ter notado, cada seção deste livro acrescenta algo e o integra, de modo que, no fim da Parte 2, Zeus equilibre suas qualidades com as de Deméter; e, no fim da Parte 3, Perséfone desenvolveu as qualidades herdadas dos pais, Zeus e Deméter, acrescentando suas próprias.

A Parte 4 compartilha as lições arquetípicas de Dionísio e também nos mostra como todos os quatro arquétipos se reúnem.

- ◆ A Lição 1 aborda mitos específicos sobre Dionísio que nos ajudam a entender como os Mistérios resultam em felicidade, prosperidade e liberdade do medo.
- ◆ A Lição 2 utiliza um filme contemporâneo para explorar o que é preciso para as pessoas acrescentarem diversão a uma experiência alegre verdadeiramente plena.

- A Lição 3 analisa o poder da dança e da celebração coletiva que nos leva da alienação para o pertencimento radical – com os outros e com a terra.
- A Lição 4 explora como podemos ser autores, diretores e atores de nossas próprias encenações.

O Arquétipo de Dionísio
Dionísio Mitológico: o deus da alegria corporificada, da dança, do vinho e do êxtase
Lição Primordial da Heroína: estar presente no agora, saboreando a vida no corpo
Progressão Narrativa: da loucura ao portador da alegria comunitária
Dons: alegria, liberdade, moderação, espontaneidade, presença e cura
Associação Histórica a Gênero: andrógino masculino, amigo de mulheres
Modo de Tomar Decisões: reações corporais sinestésicas
Capacidade Interior Desenvolvida: a sabedoria do corpo
Formas Contraproducentes: vícios, sete pecados capitais

Dionísio e a Promessa Eleusiana
Prática Primordial da Felicidade: viver no presente e desfrutar com gratidão dos prazeres da vida
Contribuição para a Prosperidade: saborear a vida por inteiro e seus tesouros sentindo-se radicalmente vivo
Contribuição para a Liberdade: viver no momento, livre de arrependimentos ou medo do futuro

PERGUNTAS DE APLICAÇÃO:

Com base no que você sabe até agora sobre Dionísio,

Você tem esse arquétipo de modo insuficiente, excessivo ou quase nulo?

Se ele está presente em sua vida, foi legado familiar (ou seja, você aprendeu a ser assim e o é), é vocação ou faz parte do seu eu profundo e autêntico?

Você gosta de pessoas que refletem o exemplo de Dionísio no mundo?

Por quê? Ou por que não?

Primeira Lição de Dionísio:

Realizando a Promessa Eleusiana

Em Elêusis, os iniciados se sentiam muito mais felizes após a cerimônia, não somente pelos ensinamentos, mas por terem tido uma experiência que alterava totalmente sua visão de mundo e como se sentiam na própria pele. Dionísio nos desafia a obter vivacidade radical por meio da experiência, não somente conhecimento mental, e com outras pessoas, não sozinho ou em dupla. Esta lição concentra-se em Dionísio e nos mitos sobre ele que contribuem para a realização da promessa eleusiana: felicidade, prosperidade e libertação do medo. Essas histórias também ilustram duas lições de vida muito importantes que nos ajudam a cumprir tal promessa: evitar o excesso e descobrir qual deus está nos chamando quando demonstramos sintomas como letargia ou depressão.

Heroínas assumem a responsabilidade por serem o melhor que podem ser, mas não se concentram apenas em si mesmas. O que as diferencia de mulheres comuns é sua preocupação pelos outros e o bem social maior. É por isso que a promessa eleusiana é abordada aqui em nível individual e no coletivo. Vamos começar com os ensinamentos dionisíacos sobre a promessa da prosperidade, já que tanta gente hoje em dia confunde dinheiro, que é apenas a ferramenta de nosso sistema de trocas, com a prosperidade em si.

O famoso conto do Rei Midas é uma história de ensinamento dionisíaco sobre os perigos do comportamento imoderado aplicado à prosperidade. De acordo com algumas fontes, Dionísio embebeda seu mentor, Sileno, para que este, que era conhecido por sua sagacidade, compartilhe sua sabedoria com o deus. Então, Sileno perambula por ali e passa pelo roseiral de Midas, que o recebe e ouve suas incríveis histórias. Sentindo-se responsável pela condição de Sileno e agradecido a Midas por ter lhe dado abrigo, Dionísio oferece a Midas a realização de um desejo. Porém, quando Midas pede que tudo o que ele toque vire ouro, Dionísio alerta o rei de que essa não é uma boa ideia, mas Midas insiste.

No início, Midas fica empolgado, transformando tal ou tal coisa em ouro. Mas então, ao tentar comer, seu alimento vira ouro, e, quando sua filha vem lhe dar um beijo, ela se transforma em uma estátua desse metal. Naturalmente, Midas implora a Dionísio que dê um fim a essa maldição. Dionísio assegura que ele estará livre de seu desejo e suas consequências se tomar banho no rio Pactolo, o qual, pelo fato de sua areia virar ouro, torna-se uma fonte acessível a todos desse metal.

Na verdade, essa história alerta contra dois tipos de excesso. Embebedar-se é não saber quando já chega. Se Sileno não tivesse sido acolhido, ele teria se exposto à maldade alheia – além do mais, é claro, beber em excesso não é saudável. Muitas coisas podem ser boas em pequenas doses, mas em doses maiores acabam tornando as pessoas infelizes e, potencialmente, têm sua saúde física e emocional arruinada. O ouro (isto é, dinheiro) é um meio de troca que pode ajudar você a conseguir o que quer. Ele pode comprar experiências que o preencham, como estudo ou viagens, ambientes bonitos e úteis, e permite que você ofereça, a si e a outros, uma vida abundante e próspera. No entanto, não se pode comê-lo, fazer sexo ou ter qualquer experiência real com ele. Você pode amá-lo, mas ele não retribui esse amor.

Por si só, o dinheiro não vai fazê-lo feliz, como várias pessoas famosas, mas infelizes, nos revelam diariamente. Transformar a filha em um metal frio e duro é o horror que faz Midas acordar. Essa fábula não é somente um alerta contra a avareza; é uma advertência para não monetizar tudo e pensarmos em nós, filhos e funcionários como *commodities* ou recursos. É claro que ter muito dinheiro para cumprir nosso destino e aproveitar a vida é importante, mas muita gente tem muito dinheiro e sente que nunca é o suficiente. A verdadeira prosperidade se relaciona com o que é preciso para gerar plenitude e, assim, ter uma *experiência* de abundância verdadeiramente rica e compensadora.

Então, como atingir prosperidade em termos sociais? Cada arquétipo tem uma função: nossa parte Zeus incentiva o instinto para o trabalho, o desejo de contribuir e a motivação para adquirir domínio a fim de dar nosso melhor para o todo. Nossa parte Deméter aprimora isso ao nos motivar a cuidar uns dos outros e de nós mesmos, a dar uma mão aos que ficam para trás e um abraço acolhedor aos que se sentem excluídos. Deméter também oferece lições da agricultura para ajudar nossa parceria com os outros e a terra a fim de aumentar nossa produção coletiva, e nos incentiva a contribuir com boa vontade (digamos, por meio de impostos ou obras de caridade) para dar aos que precisam. Perséfone oferece sentido coletivo às ações que nos unem e incentiva a formação de vínculos íntimos românticos e de amizade que estabilizam e forjam a tessitura social, ao mesmo tempo promovendo criatividade e inovação, desse modo incentivando o progresso. A isso, Dionísio acrescenta todas as formas de celebração como comunidade, para que não somente tenhamos abundância como também, como sociedade, possamos desfrutar do que temos e sermos gratos por isso.

Em um nível pessoal, Zeus o ajuda a descobrir e incentivar seus talentos únicos, realizar suas metas vocacionais e financeiras, e aplicar a atitude necessária para atingi-las. Deméter amplifica essa situação motivando você a cuidar de si mesmo, das pessoas ao redor e de suas posses para evitar rompimentos custosos. O altruísmo dessa deusa o capacita a vivenciar abundância por meio da generosidade, doando aquilo de que você não precisa. Como nos lembra a oração do pai-nosso em várias traduções, serão perdoadas nossas "dívidas" e "ofensas" conquanto perdoemos as alheias. Um espírito generoso atrai generosidade. Mesmo as pessoas na mais terrível pobreza que se ajudam alimentam-se melhor do que as que não ajudam. Isso ficou evidente no Quarto Distrito em Nova Orleans, em que as pessoas com pouca educação formal e dinheiro levavam vidas decentes porque se ajudavam – isto é, até o furacão Katrina destruir o bairro e os moradores sobreviventes serem evacuados para partes diferentes do país, o que os deixou sem suas redes de apoio.

Perséfone o coloca em contato com sua intuição, a fim de que você possa gerar as ideias novas e inovadoras tão cruciais para ganhar dinheiro. Ela o ensina a ser guiado por eros na maneira como você investe esse dinheiro e o tempo – poupando seus recursos de modo que suas posses e atitudes o satisfaçam. E Dionísio o protege da mentalidade de escassez que pode impedi-lo de desfrutar todas as riquezas à sua disposição – de recursos financeiros a um pôr do sol estonteante.

Uma forma perniciosa de escassez de talentos tem sido a maneira tradicional com que papéis de gênero vem impedindo as pessoas de desenvolver suas capacidades humanas em plenitude, tal como oportunidades desiguais de estudo e outras deixaram muita gente na pobreza, impedindo-as de se tornarem tudo o que poderiam ser. Dionísio ilustra a vantagem da androginia, já que ele não precisou limitar seu comportamento para se encaixar nos padrões de masculinidade da sua época, enchendo, assim, seu baú interior de tesouros de capacidades disponíveis. A partir disso, ele conseguiu elaborar o próprio rito, ser um astro em Elêusis e atrair seguidoras mulheres por compreendê-las. Tendo passado a infância se escondendo, vestido de menina, ele exibia um visual andrógino, mesmo que, na idade adulta, se vestisse como um homem. Consequentemente, ele não tinha a menor necessidade de reprimir seu lado feminino; por saber como é ser tratado feito menina, para ele foi fácil ser um bom amigo das mulheres. E, tendo sido separado da família, vivendo escondido e sempre se mudando, ele se identificou com outras pessoas que também tiveram uma educação difícil, motivo pelo qual seus ritos, assim como as cerimônias eleusianas correspondentes, atendiam não somente às necessidades de mulheres, mas também de mulheres e homens bem menos favorecidos economicamente.

O respeito de Dionísio pelas mulheres também é revelado em seu casamento sólido e fiel com a esposa, Ariadne.[1] Por ser mortal, ela acaba falecendo. Após sua morte, Dionísio vai ao Submundo para recuperá-la, tornando-a eterna em forma da constelação de Corona. Nos mitos gregos, parceiros de casamento frequentemente servem como metáfora para revelar alguma coisa sobre o deus em questão. Se você se lembra da história do Minotauro (na terceira lição de Zeus), Ariadne é a irmã do referido monstro. Foi ela quem aprendeu a atravessar o labirinto – a mesma mulher que se casou com Teseu e depois foi abandonada por ele, o assassino do Minotauro. Em nada surpreende o fato de que ter sido abandonada por ele em uma ilha a deixou desiludida com os tipos heroicos que usam poderes obstinados para vencer. Dionísio a encontrou na ilha e se apaixonou imediatamente por ela. Embora a essa altura o Minotauro já estivesse morto, ele simboliza a capacidade de lançar mão da própria força taurina para adquirir poder, como Teseu o faz, e depois para desenvolver o vigor a fim de expressar seu lado selvagem e que assume riscos, como Dionísio desenvolve.

A capacidade de Dionísio de ressurreição ou regeneração o ajuda a realizar a promessa eleusiana de liberdade do medo. Uma vez que ele foi morto e ressuscitou várias vezes no ventre e, depois, quando criança, era plausível acreditar que ele se permitia ser dilacerado (pelo menos simbolicamente) em todo rito enquanto suas seguidoras, as mênades, no auge do êxtase, agarravam partes dele, como fãs modernos agarram as roupas de astros do *rock*. Ao se engajarem numa dança tão desinibida, seus seguidores liberavam frustrações, raivas e sonhos perdidos por meio de uma experiência catártica que lhes permitia morrer para a infelicidade atual e renascer em meio à felicidade.

Nos ritos antigos, Dionísio está presente como uma energia que inunda de júbilo os convidados para a dança, ao mesmo tempo ajudando os dançarinos a recordar o segredo de morrer a cada instante abandonando o passado ou o futuro de preocupações a fim de abrir caminho para o prazer da dança em si mesma.[2] Dionísio quer que deixemos de nos apegar como viciados a posses, a ideias do que precisamos ser e, até mesmo, aos nossos desejos e sonhos. Tudo isso pode ser levado com leveza, de modo a conseguirmos nos livrar se o apego estiver causando sofrimento.

Mais uma vez, os outros arquétipos oferecem uma base para isso. De Zeus, você obtém a confiança para declarar independência do que os outros pensam e esperam de sua pessoa e para assumir riscos a fim de realizar seus sonhos. De Deméter, você aprende a aceitar os ciclos da vida, a proteger e nutrir pessoas e coisas que ama, a chorar perdas inevitáveis e seguir em frente, a ter fé nos processos naturais e espirituais da vida. De Perséfone, você aprende a focar em coisas positivas, a fazer escolhas sensatas quanto ao que deseja, e a usar sua criatividade para extrair o melhor das oportunidades e desafios da vida. Dionísio faz você prestar atenção em saborear a vida e gostar das pessoas como elas são, sem sentir necessidade de mudá-las – o que não quer dizer que você não possa se lembrar do que está procurando na sua vida. Você só não está sendo desviado do prumo pela negatividade alheia ou por estar irritado com os outros. Certa vez, ouvi uma história sobre um homem que vendia jornais na calçada. Toda manhã, aparecia o mesmo homem, comprava um jornal e tratava o vendedor com desprezo e abuso verbal. O vendedor ao estilo Dionísio só lhe abria um largo sorriso e dizia: "Tenha um ótimo dia". Questionado como conseguia reagir assim com alguém que o tratava tão mal, ele explicou que não deixava ninguém tirar sua liberdade de ser feliz e gentil.

Na verdade, Dionísio foi mais além, pois acreditava que o antídoto para a infelicidade e o medo era o êxtase, mas controlado pelo bom senso. As duas premissas fundamentais da antiga moralidade grega e da saúde preventiva era o famoso preceito de Sócrates "Conhece a ti mesmo", e também a doutrina de Aristóteles sobre o "caminho do meio", que defendia todas as coisas com moderação e nada em excesso. Muitas vezes, Dionísio é confundido com Baco, o deus romano do vinho, conhecido por orgias alcoolizadas. Embora Dionísio fosse o deus do vinho, o analista junguiano Robert Johnson, em seu livro sobre esse deus (*Ecstasy: Understanding the Psychology of Joy*), afirma que os iniciados de Dionísio beberiam vinho o bastante para superar a resistência em se deixar levar pela dança, mas não havia sinal de excesso nos registros históricos.[3] Dionísio não precisava de fontes externas de energia; ele mantinha contato com o touro interior, tanto que conseguia compartilhar essa energia com seus seguidores. Ele ensinava como se deixar embriagar pela vida, pelo amor e pela energia vital que flui através das pessoas. Com isso, Dionísio trazia uma antiga tradição xamânica feminina de dançar em transe, o que permitia à energia vital que fluísse entre os dançarinos e ensinasse o que eles precisavam saber, em termos individuais ou coletivos, para vicejar. Portanto, sua trajetória, respaldada por outros deuses e deusas, incentiva a saúde e provê a cura quando a doença aparece.

As constantes tentativas dos Titãs de matar Dionísio o enlouqueceram bem cedo. Ele viajou pelo mundo todo em busca de uma cura e finalmente readquiriu sua sanidade, bem como vários dons, inclusive o consolo em meio ao caos aparente e a habilidade de invocar o êxtase. Uma vez que uma deusa-mãe Terra semelhante a Deméter o fez recuperar a saúde, podemos supor que essa cura envolvia a obtenção de uma mentalidade de conexão com o universo, com a terra e com outras pessoas, aliada à consciência da responsabilidade pessoal em fazer a diferença, porque após esse ponto ele parecia ter clareza quanto à sua missão.

A combinação dos atributos de Zeus e Perséfone o ajudariam a descobrir que seu chamado era trazer o êxtase ao mundo, e, com ele, a saúde e a liberdade radicais que tanto ameaçavam os outros deuses a ponto de eles desejarem matá-lo. Com base na própria experiência,

Dionísio passou a ver a loucura como um sinal de que as pessoas estavam desprovidas de êxtase. Ele não tinha a menor utilidade para tipos puritanos que tentavam impedir seus ritos ou queriam lhe fazer mal. Seus mitos relatam que ele deixaria louco o estraga-prazeres ou uma mulher que estivesse por perto. Nesse último caso, provavelmente ela destruiria a pessoa conservadora. Lembre-se de que se trata de mitos, feitos para serem lidos metaforicamente. Puritanos geralmente são rígidos e julgadores, e querem impedir as outras pessoas de se divertirem. Para eles, seria um favor desmantelar as correntes interiores que as impedem de se juntar à dança.

O feitiço que Dionísio lança sobre seus detratores e os deixa loucos não é um castigo; ao contrário, é uma maneira de gerar mudanças radicais. Os gregos identificavam vários tipos de loucura, muitos deles positivos; entre eles, a *húbris* (tão perigosa que ameaçava colapsar o social e o comunitário), a *profética* (como os oráculos de Delfos), a *sacerdotal* (iniciatória ou ritual), a *poética* (quando se era possuído pela musa) e a *erótica* (como no amor romântico e na união mítica com o divino). Podemos supor que a insanidade inicial de Dionísio surgiu como uma compensação para seu desespero e se manifestou como *húbris* – levando-o possivelmente a se inflar de poderes, dada sua crença arrogante de que devia assumir a responsabilidade por salvar as pessoas que não gostavam de seus Mistérios. Quando ele é curado e desce à terra, o que faz ao participar de ritos ao estilo Deméter, obtém acesso a múltiplos tipos de loucura positivo: a sacerdotal, em danças ritualísticas; a poética, em seu teatro grego inspirador, e a erótica, na maneira como os participantes de seus Mistérios se sentem unos com o espírito infundido no universo, representado na forma de Dionísio ou de outros deuses.

Os gregos identificavam um tipo especial de loucura dionisíaca como a que rompe ideias empedernidas que tornam as pessoas infelizes e rígidas, e permite uma reconfiguração psicológica que lhes permita ser mais felizes. Assim, Dionísio é a causa e a cura da insanidade, mas apenas quando a rigidez, o vício ou a compulsão de uma pessoa é compreendida e abordada.[4] Essa noção é semelhante à famosa afirmação de Hillman de que "todas as nossas patologias são chamados divinos".[5] Quando aprendemos o que um arquétipo quer de nós e fazemos isso, a tendência é sermos curados. É por isso que Hillman, em *Re-vendo a Psicologia*, nos diz que, quando vemos uma imagem num sonho, em vez de analisar seu significado devemos perguntar o que ela quer de nós. Do contrário, é provável que ela continue tentando chamar a atenção por meio de sintomas desagradáveis.

Dionísio tipicamente oferece o êxtase ou, para quem o recusa, a loucura, como um meio de romper a rigidez – para que as pessoas possam se abrir à bênção de existir. Quem o ofende morre àquilo que era antes. Suas defesas se desfazem, para que essas pessoas possam vivenciar o êxtase divino que, em última instância, é a dádiva de Dionísio. Em uma história, após piratas capturarem Dionísio, videiras surgem da água e tomam o navio. Aterrorizados, os piratas pulam no mar. Em seguida, Dionísio os transforma em golfinhos, criaturas conhecidas por serem inteligentes e brincalhonas, cuja maneira de dançar é a natação. Se interpretarmos essa história metaforicamente, podemos imaginar os piratas adquirindo o equivalente humano de tais qualidades dos golfinhos (além da habilidade de viver no mar, para que não se afoguem).

Ainda hoje, entender a mensagem de um sintoma pode restaurar a esperança daqueles que sofrem de doenças crônicas, fazendo-os experimentar uma onda de alegria silenciosa. A estudiosa de medicinas alternativas Bonnie Horrigan, escrevendo sobre o poder curativo de se descobrir significado na experiência, descreve a prática anteriormente mencionada de incubação de sonhos na vida grega, prática associada a Asclépio, o deus da cura e da medicina. Ela explica como os sonhos fornecem comentários sobre o significado do sintoma e do caminho rumo à cura:

> Os sonhos [...] foram o único aspecto consistente da medicina em toda a Europa por mais de um milênio. De cerca de 1300 a.C. a 500 d.C., em templos de Asclépio, médicos orientavam pacientes com problemas de saúde aparentemente incuráveis a fazer retiros intensivos de cura. Utilizava-se um amplo leque de terapias, mas a pedra angular dessas iniciativas era a incubação, período em que um paciente jejuava, orava e dormia em uma câmara cerrada chamada *abaton*, que significa, literalmente, "lugar inacessível". Ao sonhar no abaton, o paciente entraria em contato com forças que, de outro modo, seriam inacessíveis à sua consciência trivial.[6]

A análise de sonhos como auxílio à cura psicológica é padrão na prática psicanalítica, que vê os sonhos como cartas da mente inconsciente para a mente consciente, revelando qualquer coisa que não estejamos enxergando. Hoje, a matriz social de compartilhamento de sonhos é comum em conferências, a fim de se capturar o que a mente inconsciente está revelando. Horrigan observar que pelo menos um centro contemporâneo, fundado pelo analista junguiano Robert Bosnak, está revivendo a tradição da incubação para complementar intervenções médicas por meio do poder curativo dos sonhos.[7]

No entanto, *insights* de cura também podem provir da mente consciente, em resposta, por exemplo, à impulsividade e à consequente raiva que hoje tomam conta da sociedade. Quando estamos inexplicavelmente nervosos ou fartos do que nos parece um grande ultraje, podemos recorrer a *insights* dionisíacos para identificar o potencial curativo no sintoma, reconhecendo, assim, que nosso desconforto provém da falta do que verdadeiramente desejamos e que nos concentramos para encontrar. Sei que, quanto mais me esforço no trabalho, mais me magoo com pessoas que parecem estar saindo de férias para o litoral quando ainda há coisas importantes a serem feitas, aparentemente desatentas ao ônus que isso causa a mim e a outros, uma vez que, além do nosso trabalho, temos de fazer o delas.

Dionísio nos conclama a voltarmos para um caminho de liberdade radical, sendo inteira e espontaneamente nós mesmos – inclusive vivendo nossos desejos e encarando nosso destino – sem nos estressarmos com as consequências dessa atitude. Um equilíbrio com os outros arquétipos evita que cometamos excessos, o que somos bastante propensos a fazer quando nossa vida foi desprovida de alegria. Por exemplo, um padrão de autonegação pode ser a causa de uma rebeldia repentina, em que alguém faz o que quer sem pensar nas implicações financeiras, relacionamentos pessoais ou responsabilidades. As mulheres que saíam correndo para dançar com Dionísio levavam vidas bem definidas por papéis. Ele lhes dava a oportunidade de se sentirem livres por um momento. Isso era uma libertação, como férias irrestritas, e não uma desculpa para se entregar aos prazeres a vida inteira.

Hoje, nossas liberdades pessoais são caras. A liberdade de expressão é um direito garantido nos Estados Unidos e em muitos países europeus. Não podemos ser presos ou multados por parecermos estranhamente felizes ou saudarmos o dia com otimismo e alegria. Porém, nosso desejo de sermos levados a sério muitas vezes nos impede de mostrarmos como estamos irados, tristes ou felizes. Boa parte das pessoas tenta ser boa e responsável, e é muito difícil fugir do papel da boa menina, do seja-sempre-gentil-e-não-faça-alarde, ainda quando autoimposto.

Sem um equilíbrio com Dionísio, os três arquétipos anteriores também podem ser cúmplices em nos manter nessa armadilha. A energia de Zeus cria leis e regras que nos informam a maneira certa e a errada de fazer as coisas; os valores de Deméter nos incentivam a ajudar os outros antes de mais nada; o foco de Perséfone na autenticidade pode nos colocar numa busca exagerada pela alma, esquecendo da vida. Some-se a isso o fato de estarmos sujeitos à constante pressão de suportar as regras e valores da sociedade, da família, das pessoas com quem convivemos e das organizações de que somos parte (ambientes de trabalho, templos e igrejas, o ponto de encontro local). Entretanto, todas essas pressões para sermos bonzinhos e boazinhas pode nos dar a impressão de que estamos presos. Quando isso acontece, precisamos de uma boa dose de Dionísio para definir limites distintos o bastante para começarmos a fazer o que nos dá prazer.

Os poderes de Zeus e Deméter podem excluir Perséfone e Dionísio. Quando éramos crianças, nossos pais precisaram nos socializar para nos comportarmos adequadamente de acordo com a situação, e isso exigia controlar formas de expressão autêntica menos aceitáveis socialmente ou, mesmo, perigosas. Talvez seja por isso que crianças, sobretudo em uma era de pais e mães-helicóptero, adoram tanto o filme *Frozen – Uma Aventura Congelante* (*Frozen*, 2013), a animação de maior bilheteria de todos os tempos. Em particular, elas adoram a cena em que Elsa, a Rainha da Neve, que estava reprimindo as emoções para evitar gelar as coisas ao redor, canta "Let It Go" ao criar um ambiente totalmente congelado. A letra é emocionante na maneira como apresenta o custo de reprimir quem se é e a própria missão, e a resolução acontece quando a personagem declara que a menina perfeita que tentou ser desapareceu – uma afirmação clara que vai na raiz de problemas atuais de crianças e adultos.

Assim como o arquétipo de Zeus nos ajuda a acessar a energia do touro interior, Dionísio nos ajuda a lançar mão dos dons que aprendemos a valorizar se "abandonarmos" (isto é, todos os nossos poderes que estamos sufocando para nos encaixarmos em uma imagem) – pelo menos, por tempo suficiente para sabermos o que nossos poderes realmente são. É o amor incondicional da irmã mais nova de Elsa que a transforma, permitindo que ela controle a expressão de seus dons para aplicá-los de uma maneira socialmente aceitável e não destrutiva. Às vezes, só precisamos descobrir a irmã mais nova no nosso interior, para que ela esteja sempre conosco.

Ser feliz de verdade requer que você use o dom de Dionísio para expressar sua exuberância se ela foi reprimida por questões de segurança e virtuosismo. Digamos, por exemplo, que você esteja em um beco sem saída e sinta que não pode vencer porque tudo o que fizer quebrará a regra de alguém ou deixará pessoas magoadas e incomodadas. Dionísio pode aparecer em forma de frustração ou desespero tão intensos que você simplesmente lava as mãos e desiste de tentar deixar tudo perfeito e agradar a todo mundo. Em geral, é aí que seu corpo começa a enviar sinais claros do que você precisa fazer no momento para se sentir mais livre e menos impotente.

Em certas artes míticas, vemos que os dançarinos de Dionísio estavam equipados com chicotes. Podemos interpretar a presença desses objetos não apenas da maneira tradicional (para conter os sátiros cheios de libido), mas também como a habilidade de demonstrar controle, a fim de expressarmos nosso lado selvagem sem deixarmos de ser humanos nem fazermos nada de nocivo a nós mesmos ou aos outros. Também podemos ver os chicotes como estratégias que podemos usar para impor limites no caso de alguns de nossos dons transmitirem aos outros a ideia errada do que somos. Esses limites podem ser empregados para refrear, até mesmo, os próprios arquétipos.

O lado sombra de todos os arquétipos revela um desejo de tomar conta da vida dos mortais, esperando que eles dediquem a vida a expressar as metas arquetípicas. Esse é um dos motivos por que as mulheres andam tão exaustas hoje em dia. Deméter deseja que sejamos mães perfeitas e cuidemos de todos ao redor que precisem de ajuda. Zeus quer que sejamos intensamente bem-sucedidos e saudáveis. Perséfone deseja que sejamos cheios de alma e profundos, conectados com os mistérios do universo. E Dionísio espera que vivenciemos e estimulemos o êxtase o tempo todo. Nossos chicotes interiores simbolizam a necessidade de elaborarmos maneiras de defender nossa identidade pessoal contra as exigências dos arquétipos, a fim de que eles se tornem nossos aliados, não nossos donos. Se não estamos cientes dos arquétipos em nós, eles podem nos possuir em seus formatos mais negativos; reconhecê-los reforça o livre-arbítrio.

Na melhor das hipóteses, as quatro grandes histórias eleusianas arquetípicas podem contribuir para defender nossa liberdade: Zeus, ao nos ajudar a saber quem somos e o que desejamos, e nos dar a coragem de correr atrás disso; Deméter, ao nos permitir cuidar de nós mesmos tão bem quanto das outras pessoas; Perséfone, ao nos ensinar a exercitar o livre-arbítrio para escolhermos nosso destino; e Dionísio, ao nos afastar de vidas atribuladas e reservar tempo para a diversão.

A lição seguinte oferece uma ideia de como Dionísio poderia ser se, hoje, ele fosse uma pessoa que parece estar ótima quando, na verdade, se sente triste e busca se animar – em outras palavras, alguém que esteja vivendo uma vida sem autenticidade. Essa pessoa tem um estilo de vida dionisíaco, mas precisa despertar mais plenamente os arquétipos eleusinos para se conscientizar de suas promessas.

EXERCÍCIO DE APLICAÇÃO:
Conscientizando-se da Promessa Eleusiana

Pense nos momentos de sua vida em que você sentiu algum elemento (ou todos eles) da promessa eleusiana de felicidade, prosperidade e liberdade. Observe a função que o "caminho do meio" pode desempenhar em ajudar você a evitar a autonegação e a ganância. Quando foi que você teve uma sensação reconfortante de que "isto basta; nem sempre preciso estar direcionado para ter mais e melhor"? Em seguida, colha *insights* das situações que identificou para ajudá-lo a saborear a felicidade, a prosperidade e a liberdade que você tem neste exato instante, e imagine como pode continuar a maximizá-las na sua vida daqui em diante, evitando, ao mesmo tempo, todo tipo de excessos e privações.

SEGUNDA LIÇÃO DE DIONÍSIO:

Celebrando a Grande Beleza da Vida

Muitos de nós estão tão preocupados com as atribulações da vida que perdem a capacidade de relaxar e aproveitar momentos de lazer. No outro extremo, há quem desperdice a vida se divertindo o tempo todo e descobre que não sente mais prazer no que faz. Sim, é totalmente possível passar a vida festejando e dançando sem ficar feliz. E é claro que, se essas atividades levam à dispersão, elas podem gerar uma perigosa espiral descendente. De maneira crucial, os ritos de Dionísio eram infundidos de significado espiritual; eles não eram tão somente recreativos. Esta lição analisa como podemos recuperar a vivacidade se estamos apegados demais a *status*, a sermos importantes, ou tentando ser perfeitos em tudo, para relaxar e aproveitar o que estamos fazendo, ou quando estamos fora de equilíbrio a ponto de nossos modos Zeus e Dionísio excluírem nossa Deméter e Perséfone.

Alguns anos atrás, em meio às tais crises da meia-idade, senti-me atraída por filmes como *Zorba, o Grego* (*Zorba the Greek*, 1964), quando me apaixonei pela imagem de Zorba dançando na praia, e pela protagonista da peça *Shirley Valentine*, por me identificar com a personagem-título, que foge de uma vida muito maçante e sem-graça para reivindicar sua vitalidade na costa grega incrivelmente bela. Minha vida não era maçante, mas era tão atribulada que eu me sentia presa, com o corpo fechado e a mente ávida por coisas belas. Portanto, redecorei minha casa, para que ficasse mais bonita, e depois comecei a explorar vários estilos de dança ao longo do tempo, incluindo movimentos espontâneos, SynergyDance, dança Nia e 5Rhythms, que libertam o corpo, conectam sistemas de energia, desbloqueiam áreas corporais travadas, promovem facilidade com os ritmos variados da vida (do suave e fluido ao preciso e violento, do caótico e desvairado ao centrado e estático), e provê uma catarse de emoções difíceis fazendo surgir naturalmente outras, mais positivas. Era o curso de uma vida autoestruturada sobre aprender a viver no meu corpo.

Mais recentemente, enquanto eu sentia uma tensão entre viver uma vida plena e passar as longas horas no computador necessárias para escrever este livro, decidi fazer mais intervalos para frequentar aulas de dança, em que não somente poderia me movimentar como, também, sentir sinergia com o grupo. Entretanto, minha epifania dionisíaca mais marcante ocorreu quando vi o filme italiano *A Grande Beleza* (*La grande Bellezza*, 2013), que em 2014 recebeu o Oscar de Melhor Filme Estrangeiro na 86ª premiação do Oscar. Enquanto o assistia, me peguei pensando no principal personagem do filme: "Se Dionísio fosse mortal hoje em dia, seria o Jep", com exceção de que ele segue o fluxo de uma vida alegre, mas não está feliz de fato. E, embora os detalhes da vida dele sejam bem diferentes dos da minha, a resolução da história, e a compreensão a que ele chega e que o faz recuperar sua empolgação pela vida, dialoga com a parte de mim que pode transformar um chamado inspirador em uma rotina sufocante de afazeres. Talvez você também se identifique com essa história.

O protagonista do filme, Jep Gambardella, é um homem que aparenta ter tudo. Ele é abastado e anda com a nata da sociedade romana. Obtém fama com seu premiado primeiro romance, é um respeitado crítico social e de arte, e passa as noites em festas. Ao que parece, o que não falta são mulheres belas e interessantes que querem ir para a cama com ele. E, mesmo assim, ele está deprimido. Tal como muita gente de quem ouvimos falar ou que conhecemos pessoalmente, ele possui as qualidades externas que compreendem uma vida "de sucesso", mas sem os recursos interiores para aproveitá-las.

A Grande Beleza evoca o espírito dionisíaco por meio de sua cinematografia maravilhosamente artística e trilha sonora, bem como mediante uma sucessão de imagens aparentemente aleatórias que parecem caóticas mas contribuem para a experiência emocional do filme. Os espectadores são atraídos para duas direções: a empatia pela depressão de Jep e, ao mesmo tempo, a empolgação com a grandiosidade e a maestria do cenário e da qualidade mística das músicas.

O filme começa com cenas de mulheres cantando da sacada de uma catedral à medida que a cidade desperta, seguidas por um conjunto de acontecimentos aparentemente aleatórios, incluindo um turista fotografando o ambiente e que, de repente, cai morto. Não chegamos a vê-lo ou ter informações sobre ele outra vez. Imagens de crianças inocentes brincando são recorrentes ao longo de todo o filme, mas não têm função na trama. Tudo isso evoca Dionísio como o deus do caos e da aleatoriedade. Muitas cenas adicionais reforçam os temas da morte, da inocência e de sua perda, e também da fugacidade do tempo, convidando os espectadores a irem sentindo o filme sem um roteiro muito claro ou linear.

A melodia assustadoramente bela de boa parte da trilha sonora gera um clima de misticismo e emoção, dialogando com a alma do espectador. Parte dessa música provém da catedral católica, visualmente destacada ao longo do filme. A música é tão sublime que me fez pensar em uma amiga cujas crenças são muito díspares da moderna teologia católica oficial, mas que afirma que, ainda assim, ela é católica. Quando lhe perguntei como essas duas premissas andam juntas, ela respondeu que sua fé se baseia na mensagem mais profunda da música litúrgica e na beleza de boa parte de sua imagética. Essa música pode dialogar com qualquer um de nós, independentemente de nosso sistema de crenças. Igualmente marcantes são as cenas de Roma no filme, tão lindas que conseguem gerar uma tensão interior no espectador entre a empatia pela angústia do personagem principal e a beleza fascinante do cenário e da melodia.

No filme, o misticismo musical se justapõe à dança extasiante moderna, em que uma é retratada como espiritual, e a outra, como exuberância hedonista. Jep é o personagem dionisíaco por excelência, que não somente almeja ser parte da "boa vida" de Roma, caracterizada por loucas danças que varam a madrugada e festas ao ar livre ou em terraços. Além disso, Jep quer "ser o melhor", capaz de definir se essas festas foram um sucesso ou um fracasso, o que ele pode fazer como crítico de arte e repórter de um canal de notícias local. Fica claro que ele conseguiu atingir esse objetivo, já que as pessoas o respeitam. Isso o torna o maioral da dança, o mais perto que um mortal pode chegar de Dionísio, com uma pitada de desejo e capacidade administrativa de Zeus.

Entretanto, a essa altura da vida de Jep, dançar e se sentir importante não o estão deixando extasiado. Quais lições de inteligência narrativa podemos extrair desse exemplo? Se você fosse ele, poderia usar o que sabe sobre arquétipos eleusinos para descobrir quais estão sub-representados em sua psique e quais se expressam em suas formas mais subdesenvolvidas, rasas ou de sombra. Talvez você perceba que essa dose de Zeus diminui a alegria dionisíaca, e que Jep não tem o cuidado de Deméter pelas outras pessoas ou a conexão ao estilo Perséfone com seu eu mais profundo.

Como muitas pessoas que se sentem tristes hoje, a primeira reação de Jep é focar no que há de errado no mundo e nos outros, e expressar raiva a respeito. Como é praxe hoje em dia, ele é bom em criticar os outros, como Zeus, e ter raiva das pessoas, como Dionísio. Ele é curto e grosso com qualquer um que pareça empolado ou arrogante, situação que vemos primeiro quando ele faz uma entrevista rude com um artista e, depois, ao conversar com um amigo. Ele não tem a menor dificuldade em reconhecer a superficialidade da vida pomposa e, muitas vezes, hipócrita das pessoas ricas de Roma.

Jep trata a si mesmo com a mesma rudeza, ao encarar as formas de celebração que frequenta sem sentir muita coisa. No entanto, ele reconhece os próprios erros e busca ajuda. Entre amigos, refere-se a si mesmo (e também a eles) como cínico, desesperado e sem muito mérito. Tenta conversar com um cardeal que, de acordo com rumores, pode ser o próximo papa, sobre sua crise espiritual. Contudo, o cardeal, que Jep encontra em uma festa e depois em um jantar, só se interessa por conversas sobre receitas *gourmet* e evita discussões espirituais, enquanto se apega com arrogância ao seu *status* eclesiástico.

Duas personagens tiram uma *selfie* atrás da outra; uma delas é uma mulher que Jep ignora depois de uma noite superficial de sexo. Ao que parece, elas tiram essas fotos porque precisam se ver para terem uma ideia de quem realmente são. Mais tarde, quando Jep vai a uma mostra de fotografias de um rapaz, uma para cada dia de sua vida (primeiro feitas pelo seu pai e, depois, pelo próprio jovem), fica claro que, ao tirar fotos assim, as pessoas estão tentando se encontrar e se conhecer. Essas cenas revelam a necessidade de Jep de obter autoconsciência.

Jep demonstra pontos fortes masculinos, mas a ausência de pontos fortes femininos é um problema para todos os que o cercam. A triste condição do feminino é repetidamente ilustrada no filme – pela namorada irritante de seu amigo, por uma religiosa tão abnegada que, no início, parece patética, e por uma bela *stripper* que está definhando por causa de uma doença desconhecida. A sábia chefe de Jep é o personagem feminino mais confiante do filme, mas ela é anã, e diz a ele que é nisso que as pessoas reparam quando a veem. Não obstante, são as mulheres – em quem Jep repara ou que se relacionam com ele – que o ajudam a reconhecer seu narcisismo e a despertar seu lado adormecido.

À medida que Jep vai se aprofundando cada vez mais no abismo entre quem ele é por dentro e os papéis que escolhe, observa uma mulher árabe de olhos tristes e belos, a única parte de seu corpo que pode ser vista. Isso implica que ele tem a sensação de estar usando uma burca, só que essa "burca" é uma *persona* que esconde quem Jep é por dentro. Então, em uma catedral, ele vê uma garotinha escondida em um buraco, que lhe diz que ele é "ninguém", minando sua identificação com uma figura proeminente da alta sociedade.

Jep adentrou uma nova etapa da vida, que vai exigir mais dele – ter mais empatia e cuidado pelos outros e baixar suas defesas, a fim de parecer mais autêntico. Em dado momento, a maioria de nós vivencia um chamado para um nível mais profundo de vida, por meio de alguma crise existencial em que ficamos face a face com a realidade de que somos mortais, o que também nos pressiona a revelar nossa verdadeira natureza de maneira mais integral do que fazemos. Ao entrarmos nesse processo, começamos a sentir vergonha das vezes em que não fomos autênticos, tristeza pelas vezes em que não aproveitamos a oportunidade oferecida, e remorso pelas situações em que fomos prejudiciais. Para os que adiam esse confronto até chegar a uma idade em que outras pessoas possam estar se aposentando (como é o caso de Jep, que está fazendo sessenta e cinco anos), o chamado pode ser intenso e urgente.

Às vezes, arquétipos adormecidos despertam justo quando são essenciais, de modo que as mudanças necessárias ocorrem naturalmente. (Elas também podem resultar de escolhas, se você descobrir o que está faltando e "fingir até se tornar realidade" enquanto abandona, de maneira consciente, qualquer resistência em viver energias arquetípicas previamente ignoradas.) Da dor de Jep provém uma crescente empatia, o que lhe permite abrir o coração ao lançar mão de seus impulsos cuidadores de Deméter. Então, as pessoas mais importantes para ele não são as bem-sucedidas e glamorosas, mas aquelas que, por um motivo ou outro, estão enfrentando dificuldades. Por exemplo, ele fica amigo de Ramona, que trabalha como *stripper* no clube noturno do próprio pai para pagar tratamentos que podem controlar sua doença misteriosa e que deixa os amigos dele escandalizados por usar roupas reveladoras, mas que, gradualmente descobrimos, é um dos personagens mais profundos e sábios do filme.

Durante esse período, o filho de um conhecido de Jep comete suicídio, e, antes de levar Ramona ao funeral, Jep lhe explica, cinicamente, as regras sobre como agir de maneira adequada em uma ocasião como essa, mas a alerta a não chorar, porque isso poderia se sobressair ao luto da família, cujos membros são as estrelas do *show*. A mãe do jovem já tinha pedido a Jep que ajudasse seu filho, mas ele recusou, dizendo que não era psicólogo. Apesar do discurso sobre decoro em funerais, quando ele chega ao local, aparentemente se desvanece (ou elimina suas camadas não autênticas) e começa a chorar espontaneamente de uma maneira bem autêntica, não soluçando, mas quase, ao reconhecer a própria mortalidade enquanto se entristece com a dos outros.

Depois disso, ele e Ramona passam a noite juntos, e, quando acordam na manhã seguinte, Jep, cujo hábito de fazer sexo sem compromisso não o satisfaz mais, diz que está contente por eles não terem feito amor. Ela responde que o bom foi o fato de eles terem sentido amor. Por meio da experiência combinada de luto e amor, ele começa a obter, ou reobter, um coração aberto e corajoso.

Jep demonstra sua bondade e atenção ao estilo Deméter a Romano, um amigo que não está conseguindo ter sucesso em Roma ou com uma mulher a quem ama, mas que só o usa. A semelhança dos nomes (Romano e Ramona) sugere um tema comparável de personagens despindo-se psicologicamente (ou fisicamente) para se tornarem emocionalmente nus e vulneráveis. Romano admite seu caráter comum em uma *performance* pública e, em seguida, vai se despedir de Jep porque está planejando voltar à sua cidade natal. Jep aprende com o amigo, reconhecendo que ele próprio também é comum. Isso começa a libertá-lo de seu desespero e do egocentrismo que o impede de abandonar suas pretensões para que ele esteja cem por cento presente na vida. Embora Jep fosse o senhor da alta roda, seu foco em ser especial e estar no controle o impedia de participar integralmente da experiência da dança ou, mesmo, da vida.

O lado Perséfone de Jep é despertado mais tarde, quando Ramona morre e ele ouve dizer que seu primeiro amor cometeu suicídio, e, em uma cena bem emocionante, sabe pelo marido dela, que leu o diário da esposa, que Jep foi o amor de sua vida, e o marido, apenas um bom companheiro. Muitas vezes, o que impede qualquer conexão com nosso eu mais profundo é o luto e o remorso mal resolvido. Além do luto por essas três mortes, Jep sente arrependimento por não fazer nada para tentar ajudar o jovem e uma tristeza causada pela perda de seu primeiro amor. Tudo o que ele sabe é que ela, misteriosamente, o abandonou, e ele tão somente a deixou ir, sem fazer a menor ideia de que seu amor por ele era tão profundo quanto o dele por ela, ou que ele nunca mais teria uma experiência de amor profundo como essa.

Em seguida, revivemos com ele o momento mágico de sua juventude em que ele se curva para beijá-la e ela se vira, deixando-o tão paralisado por um momento que ele fica sem palavras. Mais adiante no filme, vemos a continuação dessa cena na memória de Jep. Ela se afasta e depois se vira, dizendo que tem uma coisa para mostrar. Ela desabotoa a blusa, mostrando os seios e com uma incrível aparência de deusa, depois, retira-se para um espaço semelhante a uma caverna entre grandes pedras em uma costa. Jep continua imóvel, aparentemente tão cheio de amor e admiração que não consegue se mexer. Não sabemos o que acontece depois no relacionamento deles, já que a cena vai desaparecendo aos poucos, assim como em filmes antigos quando havia romance no ar, deixando o espectador imaginar o que aconteceu ou não aconteceu. Na memória de Jep, ela é sua figura Perséfone, que, quando jovem, despertou nele o que Jung chamava de *anima*, seu lado feminino e sentimental.

A incapacidade inicial de Jep de se dar conta da promessa do verdadeiro amor é um resquício da noveleta de Henry James *A Fera na Selva*, sobre um homem, John Marcher, que acredita que um destino formidável – positivo ou negativo – está à sua espera. Marcher convida uma amiga, May Bartram, que o ama profundamente, para lhe fazer companhia. Os anos se passam e, por fim, ela morre. Quando ele visita o túmulo dela, observa outro homem em uma tumba próxima soluçando incontrolavelmente. Comparando-se com a expressão do luto profundo que presencia, ele percebe como se deixou engolir por um egocentrismo raso, vendo a mulher que o amava somente "à luz de sua utilidade". Então, ele reconhece que perdeu o grande acontecimento que o aguardava – ou seja, a oportunidade de amá-la – e o que lhe resta é saber que o vazio de sua vida foi totalmente desnecessário, resultante de seu próprio erro fatal. Essa percepção é a fera que então nasce dentro dele.

No fim do filme, Jep, que também perdeu a oportunidade de um lindo amor *hieros gamos*, permite-se sentir com plenitude o amor profundo por essa mulher, à medida que vai se lembrando de como ela lhe ofereceu uma experiência de beleza grandiosa que poderia ter durado a vida toda. Com essa lembrança, ele passa a entender que a única maneira de escapar da sensação de alienação é seguindo um caminho de paixão e amor verdadeiros, em vez de viver na mera superfície da "alta sociedade".

Mas essa percepção não emerge totalmente até Jep sentir um chamado espiritual para descobrir um novo significado em sua vida. A experiência do remorso de Jep o deixa aberto para buscar sentido e um chamado. Nesse caso, a persistente justaposição das imagens da beleza das catedrais católicas, música e rituais romanos com as imagens das danças desvairadas começa a fazer sentido.[1] O subtexto arquetípico de *A Grande Beleza* aborda a dicotomia entre o espiritual, em um formato que prescreve a abnegação nesta vida para ter plenitude na próxima, e o profano, que enfatiza a dança e a beleza física.[2] Quando a busca espiritual de Jep cria raízes, nós o vemos dançando de novo, dessa vez com alegria renovada, comentando que o que ele adora nas "danças em fila" (equivalentes ao *bunny hop* norte-americano) é que elas não vão a lugar algum, uma afirmação sobre estar cem por cento presente no agora, sem metas – o caminho dionisíaco. Jep não está apenas tendo um momento bom, mas também sem propósito. Em vez disso, ele dança para celebrar a beleza da vida (e é grato por ela), e, dessa maneira, restaura a dança como uma prática espiritual, que podemos ver hoje em dia como um complemento à prática budista de viver no presente por meio da meditação.

Enquanto Jep e o espectador lidam com a tensão no filme entre o catolicismo e a folia dionisíaca, experiências aparentemente milagrosas começam a acontecer. Jep vai visitar um amigo que é mágico de circo, e a primeira coisa que vê ao chegar é uma girafa imensa em um pátio em frente a um muro de pedras muito bonito e de aparência antiga, iluminado pelo luar. O amigo diz que vai fazer a girafa desaparecer, e faz. Embora depois o amigo explique se tratar de um mero truque, ver a girafa deixa Jep e o espectador boquiabertos.

Jep é convidado para entrevistar a irmã Maria, uma freira ao estilo madre Teresa aclamada como santa pelo serviço altruísta dispensado aos pobres. Aos 104 anos de idade, a irmã Maria é inicialmente representada com um toque quase cômico de tão patético. Ela é velha e monótona, parece que vai desabar a qualquer minuto, mal diz alguma coisa além de um clichê religioso aqui e ali, e fica de boca aberta, deixando à mostra apenas dois dentes tortos. Claramente ela nunca foi ao dentista, come apenas raízes, dorme em um papelão no chão e passa a maior parte do tempo ajudando os outros. Ela parece uma fábula admonitória sobre ter um excesso de arquétipo demeteriano em seus modos abnegados.

No entanto, após passar a noite no chão da sala de Jep, ela vai à sacada, onde é cercada por lindas aves semelhantes a flamingos que, aparentemente, foram atraídas até lá pela irmã. Ela leu o romance de Jep e gostou. De repente, ela pergunta por que ele nunca escreveu outro. Ao longo do filme, muitas pessoas lhe fizeram a mesma pergunta, e ele basicamente respondeu que não consegue escrever e ir a festas toda noite, já que a escrita exige quietude e tempo. Mas responde com mais seriedade à irmã Maria, explicando que estava em busca de "uma grande beleza" e nunca a encontrou. Ela afirma saber os nomes de cada uma das aves exóticas ao redor, em seguida, dá um sopro leve e, juntas, elas saem voando. Mais uma vez, testemunhamos um momento de beleza inspiradora, no qual parece que milagres podem realmente acontecer.

Com habilidosa justaposição, o filme faz cortes entre imagens da lembrança de Jep do seu primeiro amor e da irmã Maria se esforçando para subir, de joelhos, a Scala Santa, ou Escada Santa (diz a lenda que, antes da crucificação, Jesus andou por ela, hoje uma construção no Vaticano). É doloroso ver como isso é difícil para ela, mas fica evidente que a freira persiste por amor a Jesus e pela fé em Deus. Seu caminho é fundir-se completamente com Deus por meio do auxílio amoroso aos outros, e, portanto, transcender este mundo, enquanto o caminho de Jep é encontrar o espírito nele manifesto. O dela é inspirado pelo seu amor por Cristo (representado no topo da escada que, com esforço, ela sobe), e o dele, por sua memória da mulher de carne e osso a quem amou e pela dádiva de viver com alegria nesta terra linda.

Embora a trajetória espiritual de Jep não seja a mesma que a da freira, o exemplo dela o ajuda a reivindicar um senso de propósito mais aprofundado que o anterior. Para qualquer um de nós, assim como para Jep, nosso erro em nos mostrar em nossa essência mais profunda e mais autêntica muitas vezes resulta de nos subestimarmos por termos aceitado nossas inadequações e trivialidade. Porém, quando percebemos que ser comum é tão somente a condição humana, podemos nos libertar do desejo de sermos melhores que os outros (para Jep, ser o maioral da dança ou escrever um livro ainda melhor que o último) e fazer o que devemos fazer. Bem no fim do filme, Jep começa seu novo romance, pois descobriu sua grande beleza e foi além do egocentrismo, em uma busca humilde por seu dom especial como escritor, ao lado de sua função como maioral da dança. Isso sugere que, então, ele tem uma expressão mais desenvolvida de seu aliado Zeus arquetípico, já que descobriu a coragem de ir em busca de um verdadeiro dom que exige esforço – um desafio para qualquer pessoa com arquétipo dionisíaco dominante.

Em termos gerais, a imagética do filme concilia com maestria a espiritualidade mais ascética da irmã Maria, focada em verdades fora deste mundo, com a habilidade de abraçar por inteiro os prazeres deste mundo, que é a trajetória de Jep. Ele explica a resolução de sua crise existencial no fim do filme, de maneira tão breve que é difícil absorver. Ele diz que certas pessoas buscam a beleza em outro mundo além deste, mas Jep está aprendendo como essa beleza se revela a nós neste mundo em meio a todo o "blá-blá-blá". Cabe a nós ver, ouvir e sentir essa beleza – que está em nós e em tudo ao nosso redor – e aproveitar totalmente nossa estadia por aqui enquanto é tempo. Suas últimas palavras, "Afinal... é somente um truque", têm como contexto o fato de que então ele é capaz de escrever seu novo romance, tendo encontrado o que estava procurando. O "truque", que recorda a cena miraculosa com o desaparecimento da girafa, está relacionado com o que nos permitimos ver e o que não permitimos. Jep aprendeu como tornar a vida mágica seguindo um caminho dionisíaco mais autêntico. Sua decisão de escrever um novo romance mostra que ele se conectou com algo interior em que acredita; portanto, ele sabe que possui alguma coisa sobre a qual vale a pena escrever – a grande beleza que sempre buscou e que então encontrou.[3]

A genialidade do filme é que ele gera uma experiência potencialmente eleusiana – um campo arquetípico que, na prática, requer que assimilemos "a grande beleza". O poder das imagens visuais e da música nos leva à conscientização de que a beleza está sempre presente, e a justaposição com a irmã Maria sugere que essa beleza é um espírito transcendental espreitando a vida secular em momentos imanentes que deixam Jep sem palavras e boquiaberto. Na conclusão do filme, entendemos, tal como Jep, a citação do romance de Louis-Ferdinand Céline, *Viagem ao Fim da Noite*, que o coautor e diretor Paolo Sorrentino usa para começar o filme: "Nossa própria jornada é totalmente imaginária. Aí reside sua força. Ela vai da vida à morte. Pessoas, animais, cidades, coisas, tudo isso é imaginado. É um romance, uma narrativa fictícia, simples assim". Quando ouvimos o trecho pela primeira vez, a sensação é de desesperança. Mas, no fim, percebemos que se trata de inteligência narrativa. A qualidade de nossa vida é definida por aquilo que escolhemos observar e a história que contamos a nós mesmos a respeito. E é por meio da imaginação que a alma e o espírito podem ser tocados. É esse o "truque" que pode ajudar a nos abrirmos para enxergar e sentir "a grande beleza" em nós e ao redor, a fim de podermos receber a dádiva dionisíaca do êxtase.

EXERCÍCIO DE APLICAÇÃO:
Encontrando a Grande Beleza em Sua Vida

Comece refletindo sobre sua vida, seja ela longa ou curta, reconhecendo o que você fez que ama fazer e se isso ainda o anima. Lembre-se de momentos de grande beleza e alegria, coisas das quais você se envergonha ou se arrepende, e realizações orientadas pelo ego – tudo o que possa ajudá-lo a descobrir ou a estar no processo de se conectar com o que você tem de mais profundo. Em seguida, observe em que pontos atuais de sua vida você consegue assimilar "a grande beleza" dentro e ao redor de si, e quais são as pessoas e coisas em sua vida que o ajudam a fazer isso. Finalmente, reflita sobre qual coisa nova essa beleza pode estar chamando-o para fazer e como isso pode afetar a maneira como você senti a vida que já está vivendo.

TERCEIRA LIÇÃO DE DIONÍSIO:

Dançando a Alegria Coletiva

Atualmente, as pessoas estão cada vez mais isoladas umas das outras. Em *Bowling Alone: The Collapse and Revival of American Community*, Robert Putnam, cientista político da Harvard, analisou dados sugerindo que os norte-americanos estavam alienados, e a comunidade social, em colapso. Ao que me parece, a situação piorou desde que o livro dele foi publicado em 2000, já que as pessoas são arrastadas para tantas direções, a população passou a usar ainda mais tecnologias móveis, e guerras culturais e diferenças de classe minam as conexões que os norte-americanos antigamente estabeleciam por meio de eventos e instituições como ligas de boliche, a APP (Associação de Pais e Professores), igrejas e várias formas de participação política. Minha falecida mãe morava em Houston, longe de sua família estendida em Chicago, mas tinha várias amigas no bairro e na igreja. Também me mudei para longe da família, mas, em muitos bairros em que morei, a maioria das pessoas não tinha tempo para se conhecerem. Na maior parte das vezes, meus amigos eram também colegas de trabalho; portanto, quando eu mudava de emprego, perdia uma boa quantidade deles.

Um subtema importante deste livro é a necessidade de estar centrado em si mesmo enquanto se conecta com os outros. Até o momento, analisamos essa situação primariamente em termos de laços entre mãe e filho e relacionamentos amorosos. Esta seção trata de aprender a se sentir conectado com outras pessoas, não somente as do seu grupo social, classe econômica ou área vocacional.

Em *Dançando nas Ruas: Uma História do Êxtase Coletivo*, Barbara Ehrenreich remonta a história das danças em grupo a Dionísio, juntamente com antecedentes muito mais antigos na pré-história. Na verdade, arqueólogos concluíram, com base em evidências de arte rupestre, que a dança coletiva remonta, no mínimo, ao período Paleolítico, e que essas danças ocorriam no mundo todo, às vezes envolvendo cem ou duzentas pessoas ao mesmo tempo. O que interessa a Ehrenreich é a função dessas danças, por que elas foram sistematicamente reprimidas com o tempo, e como podem restaurar um senso de comunidade incentivadora em nossa época. Ela considera a epidemia contemporânea de ansiedade e depressão, entre tantas outras coisas, uma consequência dessa repressão, e identifica a solução nas energias e práticas dionisíacas.

Essa lição tem importância individual e coletiva, mostrando como estar e se sentir conectado com as pessoas em geral é um antídoto ao tédio moderno. Ela também explora como essa conexão ajuda a criar mudanças sociais necessárias, bem como fortalecer nossos elos uns com os outros por meio de sua expressão na vida recreativa, familiar e profissional, na religião e espiritualidade, e na sociedade em termos mais amplos. Esse senso de conectividade é essencial para obter a habilidade de nos unirmos para resolvermos nossos desafios coletivos.

Usando as evidências arqueológicas e análise psicológica, Ehrenreich conclui que a natureza fez a dança em grupo ser divertido, assim como fez o sexo ser prazeroso, para que as pessoas se envolvessem nessas atividades *para o próprio bem*. No caso do sexo, esse bem é a perpetuação da espécie e o vínculo humano que resulta no cuidado amoroso uns pelos outros e pela próxima geração. No caso de grupos que se mexem a uma cadência ritmada, isso fortalece vínculos e harmonia grupais, ao mesmo tempo dissolvendo conflitos e prevenindo a violência.

Ritmos musicais, observa a autora, têm algo que inspira o corpo a se mover de acordo com a cadência, seja levantando-se para participar da dança ou, simplesmente, marcando o ritmo com os pés.

Anteriormente neste livro, examinamos a função do entranhamento no laço entre mãe e filho. No cérebro, neurônios-espelho ajudam o bebê a construir vínculo com a mãe, e a mãe também se vincula ao filho. Esses neurônios-espelho permitem que o bebê retribua o sorriso da mãe, faça contato visual e, de uma maneira ou de outra, replique os sons e expressões faciais que ela faz. Em danças apresentadas conscientemente como parte de um grupo, os neurônios-espelho das pessoas as ajudam a se conectarem com o ritmo, a música e os outros dançarinos, o que estimula uma espécie de lazer em grupo. Sabemos que o elo grupal também ocorre quimicamente por meio dos feromônios, o que alinha os ciclos menstruais de mulheres quando elas moram perto umas das outras, e o ritmo cerebral de uma pessoa se alinha automaticamente com o das outras que estão ao redor.

Quando em grupo, com frequência eu observava que ou me entranharia tanto a ponto de acompanhar a multidão ou lutaria contra isso fincando o pé em minhas diferenças e, em seguida, me sentindo afastada e alienada dos outros. Dançando em um grupo na época em que eu estudava os Mistérios de Elêusis, percebi que meu problema, comum a muita gente hoje em dia, tinha fácil solução. Muitos de nós aprendemos a importante lição de Zeus de definir limites claros para que não deixemos os outros nos atropelar nem nos conformemos quando não queremos. No entanto, uma vez que sabemos quem somos por meio da nossa jornada de Perséfone, estamos prontos para acessar o segredo dionisíaco de sermos autênticos *e* partes genuínas de um grupo.

Se percebemos que nossos campos energéticos já estão interligados com os de outras pessoas, podemos mudar o foco de proteger nossos limites para permanecermos centrados em nossa essência fundamental (o que pode ser auxiliado se nos centrarmos na linha média vertical do corpo). Assim, podemos desfrutar da agradável sensação de sermos nós mesmos e radicalmente pertencentes. Dançar em grupo nos ajuda a aprender essa habilidade, já que a música alinha os ritmos cerebrais dos dançarinos, os passos da dança alinham os movimentos, e a individualidade da expressão de seus corpos os mantém centrados em sua unicidade.

Dançar em grupo sempre foi parte importante do vínculo entre mulheres e suas tradições mágicas de mistérios, e os festejos de Dionísio refletiam um desejo masculino de proteger essa antiga tradição, o que os ritos dionisíacos fizeram por todo o Mediterrâneo. Ainda hoje, estilos de comunicação femininos contêm em si o afã de dançar em grupo. Com frequência as mulheres se entreolham, fazem gestos manuais relacionados umas às outras e falam umas das outras, estabelecendo um ritmo vinculativo. Especialistas em estilos de comunicação descobriram que essa sobreposição cooperativa demonstra alto envolvimento na conversa e com a outra pessoa.

Ainda hoje, as pessoas "dançam" juntas de muitas maneiras. Se você observar pessoas em uma multidão em lugares como Nova York, verá ondas delas indo e vindo à medida que seguem seu destino, algumas correndo, e outras passeando, como se tivessem todo o tempo do mundo. Visto de cima, isso se parece com uma dança entrelaçada. Para evitar colisões, indivíduos precisam saber se concentrar para onde estão indo, ao mesmo tempo atentamente cientes de todos os outros corpos próximos a eles e que se movimentam ligeiramente para lá e para cá. Da próxima vez que você estiver andando no meio de uma massa de pessoas, adote uma mentalidade dionisíaca para multidões – estando bem presente no seu centro e conectado à existência física dos outros – e conscientize-se de como isso é maravilhoso, assimilando o prazer de "dançar" com todos ali em vez de achar estressante estar no meio da multidão.

Em *O Animal Social*, o jornalista David Brooks afirma que há evidências por toda parte de que o pensamento motivador da maioria das ações humanas é amplamente extraído do nível inconsciente e continuamente influenciado pelo que nos cerca. A mente consciente filtra a maioria dos estímulos sensoriais para que não sejamos distraídos, mas a inconsciente tem maior habilidade para processá-los e influenciar de maneira direta nosso comportamento. Em *O Ponto de Virada*, Malcolm Gladwell aplica essa compreensão para explicar como limpar os metrôs de Nova York e impedir as pessoas de pular as catracas diminuiu consideravelmente os crimes. De modo inconsciente, todos nós alteramos o comportamento com base em pistas sociais, mostrando nossas partes adaptáveis. Em *Motivational Styles in Everyday Life: A Guide to Reversal Theory* e em outras obras, o psicólogo M. J. Apter explora como é natural nos adaptarmos ao ambiente que nos cerca sem sequer pensar a respeito, de modo que parecemos sérios e estudiosos em uma sala de aula, divertidos em uma festa ou um bar, reverentes em uma situação religiosa solene, ou esforçados e focados no trabalho.

Inconscientemente sempre estamos dançando juntos, e é por isso que várias pessoas conseguem cozinhar em grupo numa cozinha pequena sem ficarem se esbarrando, equipes de trabalho aprendem a sincronizar o que fazem (como músicos de *jazz* improvisando), e na maior parte das vezes os carros que andam em uma pista com várias faixas não colidem. Há uma espécie de sensibilidade de campo ou consciência difusa em movimento que nos permite focar aonde estamos indo e, ao mesmo tempo, atentar às coisas ao redor.

Muitas pessoas aprendem isso fazendo parte de times esportivos, que aliam o foco de Zeus em vencer e o de Dionísio em aproveitar a partida. Os participantes utilizam atenção difusa para saber onde estão em termos de tempo e espaço, onde estão a bola e as linhas de fundo, e o deslocamento da trajetória dos outros jogadores. Assim como as crianças aprendem brincando, muitas vezes os adultos gostam de esportes que imitam uma encenação arquetípica. O futebol, por exemplo, encena uma história de guerra que se concentra sobretudo na força e na vitória. No entanto, soldados norte-americanos, sobretudo nas guerras mundiais, foram bem-sucedidos não apenas por causa de sua força e coragem, mas porque davam cobertura uns aos outros e era possível contar com eles para tentar salvar os companheiros feridos.

Mais tarde, percebi essa integração de Deméter com qualidades de Zeus expressas na cobertura midiática de esportes profissionais. Um exemplo: depois de seis jogos na temporada de 2014, o time de futebol Seattle Seahawks, atuais campeões do Super Bowl, perderam três partidas. Um artigo de Clare Farnsworth no site da equipe resume a virada que resultou na vitória de nove dos dez jogos finais da temporada regular, empatando a melhor final de dez jogos da história da franquia. Embora a virada pelo ataque tenha sido tradicionalmente mais estratégica, a transformação da defesa refletiu os arquétipos deste livro. Como escreve Farnsworth, começou durante uma reunião de autorreflexão. De acordo com o *linebacker* K. J. Wright, "Todo mundo se reuniu e descobriu qual era o problema, e chegamos a um acordo. Todos falaram. Os jogadores falaram. Aconteceu que, depois, o time realmente mudou". O resultado, afirmou ele, foi que agora "tudo está como deveria estar. Tudo parece normal. Todos estão felizes. Confiamos uns nos outros. Estamos nos entrosando fora daqui. A sensação é muito boa, e só precisamos continuar assim até o fim". O técnico Pete Carroll fez coro, dando todo o crédito aos jogadores por conseguirem a "mudança emocional" necessária para a equipe ter sucesso.[1] Por trás do jargão esportivo, podemos ver Zeus refletido em uma equipe focada na vitória, Deméter e Perséfone enfatizando a honestidade emocional e a apreciação mútua, e Dionísio aprendendo a se alinhar (entranhar) totalmente no que eles estão fazendo, assim como na capacidade de vivenciar o trabalho como um jogo. Isso é muito diferente do modelo masculinizado tradicional nos esportes e negócios, e um sinal positivo para parcerias entre homens e mulheres. Também notei que vários homens cem por cento parceiros das esposas ou outros entes queridos usam metáforas de times para descrever seus esforços em tornar bem-sucedidas suas famílias e os indivíduos que fazem parte delas.

O beisebol também proporciona competitividade lúdica, mas configura-se ao redor da jornada de um herói ou uma heroína, não de uma guerra. Podemos pensar que o arremessador é o destino nos enviando acontecimentos (arremessos) aos quais decidimos como reagir (oscilando ou não). Em seguida, fazemos uma jornada (corremos) ao redor das bases, tentando chegar ao *home plate* com ajuda dos companheiros de equipe, tomando decisões estratégicas (roubar a base ou ficar parado) na esperança de não sermos eliminados pelo destino. Se conseguimos chegar ao *home plate*, o prêmio concedido à equipe é uma volta, e, aos fãs, uma dose de felicidade por tabela.

Há algo no beisebol que inspira diretores, romancistas e outros artistas, e que chama a atenção de acadêmicos de renome. A acadêmica e poeta Barbara Mossberg, ex-presidente da Goddard College, usa o beisebol para explicar o individualismo norte-americano a visitantes internacionais. Os norte-americanos, afirma ela, mudam-se muito. Saímos de casa, literal e figurativamente, em busca de nosso destino. Passamos por grandes aventuras, e, se formos espertos e sortudos, encontramos a casa e o estilo de vida certo para nós. Se combinamos um espírito de "eu consigo" com engenhosidade e um pouco de ousadia, pode ser bem divertido.

Anthony Moore, administrador aposentado da Universidade Georgetown, escreveu *Father, Son, and Healing Ghosts* sobre o filme *Campo dos Sonhos* (*Field of Dreams*, 1989), interpretando-o de uma perspectiva junguiana. Ele vê o campo de beisebol assumindo uma forma de mandala, símbolo da integridade humana, uma percepção que exige reconciliação com as próprias origens para que se acertem os ponteiros com o pai ou a mãe biológico(a) e o pai/mãe interior. A análise de Moore pode explicar como o poder mítico de *Campo dos Sonhos* é tamanho que, mais de vinte e cinco anos depois do lançamento do filme, milhares de turistas viajam todos os anos para o campo de Iowa que foi cenário da filmagem para assistir a moradores locais reconstituindo a cena dos jogadores-fantasmas no campo de beisebol. Acredito que o filme tenha causado tanto impacto porque, embora a história literal não seja plausível, em termos psicológicos ela acerta na mosca.

No filme, o agricultor Ray Kinsella, de Iowa, ouve uma voz em sua cabeça que diz, "Se você construir, ele virá". Isso o instiga a construir um campo de beisebol em um milharal; feito isto, fantasmas de jogadores de beisebol saem das plantações de milho e começam a jogar. Então, a mesma voz o manda em uma aventura que, por fim, permite que ele perdoe e se reconcilie com o pai, que é um dos jogadores-fantasmas, tal como Perséfone perdoa o pai e volta a fazer parte da comunidade de deuses olimpianos. O pai de Ray queria que o filho fosse jogador profissional de beisebol, mas não era isso que Ray queria. Ele sente mágoa do pai, carente por ele não ser nenhum modelo a ser seguido, e culpado pelas palavras duras que lhe disse ao sair para sempre de casa.

Como Ray, agiríamos com sensatez abandonando quaisquer ressentimentos que nos impedem de pertencer e viver plenamente a vida (isso não significa tolerar coisas dolorosas que nos fizeram), e muitas vezes a vida nos proporciona uma jornada que pode nos curar se prestarmos atenção. Em sua jornada, Ray se conecta com sua compaixão de Deméter quando a voz lhe diz para "curar sua dor", e ele ajuda um escritor a quem admira a se recuperar de decepções e do ceticismo. Então, Ray tem uma experiência atemporal com um modelo masculino do passado, que lhe mostra o que um homem pode ser – tanto na maneira como ele se recupera da decepção de ter chegado ao auge no beisebol, mas sem conseguir jogar de fato, quanto sendo o tipo de médico que cura com generosidade, cuidado e amor. Tendo se tornado o homem que gostaria que o pai tivesse sido, Ray se reconcilia com o pai em uma linda cena de perdão e laços sem falas entre homens, na qual eles jogam bola no campo – um gesto simbolicamente importante, já que, ao se rebelar contra o desejo do pai, Ray passou a recusar esse ritual entre pai e filho.

Pelo fato de Ray ficar jogando (como Dionísio) em vez de trabalhar no cultivo, o que outras pessoas achavam que ele deveria fazer, sua fazenda é ameaçada de execução. Entretanto, no fim do filme, pode-se ver uma extensa fila de carros, cheias de pessoas vindo visitar os atletas-fantasmas, aproximando-se do campo de beisebol, indicando um final feliz de comunidade restaurada e prosperidade renovada. Em termos metafóricos, isso nos informa que, quando encaramos e enfrentamos ressentimentos e transformamos a culpa em um remorso que nos leva a novas maneiras de ser e viver, podemos ver novas possibilidades surgindo no futuro e nos abrir a elas.

Hoje, esportes e filmes sobre esportes são as principais maneiras com que as pessoas, sobretudo os homens, vivenciam lições arquetípicas. Naturalmente, porque equipes esportivas e empresas focam na competição, elas refletem uma mentalidade implícita "nós–eles". Essa atitude significa que elas não conseguem perceber o que a dança coletiva, direcionada para a alegria e não um meio para atingir um fim, pode oferecer em termos de entranhamento humano inclusivo (vínculos profundos). Mas aprender a entranhar com outras pessoas sempre começa em grupos menores, e só então se estende para a humanidade de maneira mais ampla. Ademais, o entranhamento do trabalho em equipe convoca os arquétipos de Zeus e Dionísio, potencialmente integrando-os à consciência grupal.

Por meio dos vínculos criados pela dança em grupo, observa Ehrenreich, povos antigos obtinham coragem para caçar, vontade coletiva para se proteger de invasores (aqui também há conexão com as energias de Zeus e de Dionísio), e apoio grupal e intenções claras enquanto passavam de uma estação do ano para outra, preparados para enfrentar seus desafios. De maneira semelhante, tais danças eram conduzidas para a cura de pessoas e inaugurar novas fases da vida, como a puberdade ou a meia-idade, para que ninguém tivesse de lidar sozinho com os significados da mudança (uma conexão das energias de Dionísio e de Perséfone). Em tais contextos, a alienação e a depressão que podem acompanhar essas mudanças, como é muitas vezes o caso hoje em dia, seriam raridade.

Ehrenreich associa o início do mal-estar moderno à ausência dos rituais de alegria coletiva. Ela atribui a erradicação de tais celebrações ao advento de culturas hierárquicas e guerreiras, que enfatizam o compromisso estoico de abandonar a própria individualidade para seguir ordens e ser durão o bastante para ir a combates. Em seguida, a autora mostra como, historicamente, o entranhamento extático (semelhante ao entranhamento do bebê com a mãe e entre pessoas apaixonadas) caiu em descrédito entre grupos de elite que consideravam que esse entranhamento reduzia seu poder, utilizando entranhamentos mais controlados por meio de marchas e músicas militares para deixar as pessoas dispostas a lutar em guerras.

Para explorar mais o motivo pelo qual a dança extática dos ritos dionisíacos, os Mistérios de Elêusis e as danças circulares dos primeiros cristãos ao redor do altar são tão importantes, Ehrenreich salienta seus impulsos populares de liberação. Tipicamente, essas cerimônias eram abertas a todos, e no início eram frequentadas por pessoas de vida humilde. Ela descobriu as origens do cristianismo nessa tradição, com o hino folclórico "Senhor da Dança" apresentando Jesus dançando enquanto caminha da morte para a ressurreição e convidando outros a acompanhá-lo, com a mesma ausência de medo. Marion Woodman e Elinor Dickson começam um capítulo de *Dancing in the Flames* com uma passagem do referido hino, observando que ele é um dos mais apreciados de todos os tempos. O primeiro verso começa a divertida canção, com Jesus convidando a todos para dançar com ele, e continua representando-o dançando até mesmo durante a Crucificação e a Ressurreição.[2] Embora no fim a dança tenha sido banida das igrejas por muitos séculos na Europa, ela persistiu em festivais e carnavais, mas mesmo esses eventos foram proibidos na época dos puritanos.

Ehrenreich observa que formas extáticas de religiões antigas permanecem, até certo ponto, vivas no pentecostalismo, mas conclui que estão amplamente ausentes do cristianismo organizado. Entretanto, vejo Dionísio vivo e em atividade em muitas igrejas frequentadas por pessoas negras, locais que são centros da vida social e política em Maryland's Prince George's County, onde já morei. E, se alguém ainda acha que Dionísio está ausente de todos os rituais espirituais, digo que essa pessoa nunca foi a um casamento judeu ou latino-americano – ou a casamentos de vários outros grupos étnicos e fés religiosas – em que tipicamente a comunidade se reúne, dançando em verdadeira celebração dos recém-casados e demonstrando disposição para apoiar os compromissos e votos do casal.

Alguns movimentos ecumênicos e progressistas estão reintroduzindo elementos dionisíacos para trazer os jovens de volta, a fim de conectar a juventude com o divino. O movimento Creation Spirituality usa luzes e imagens de *shows*, além de música, para reinserir a dança extática como forma de culto e ampliar práticas espirituais tradicionais, incluindo uma missa cósmica para celebrar o universo como criação de Deus com um *show* discreto, imagens nas paredes e música dançante.

Em meu grupo de jovens local, descobri a Nia, uma forma de dança feita para despertar a capacidade de se mexer com alegria pura e também de promover o conceito de dançar ao longo da vida. O que essa dança oferece é a capacidade de sentir prazer em tudo o que se faz, em contato com sensações corpóreas e o campo energético.[3] A dança 5Rhythms, inspirada no trabalho de Gabrielle Roth, ajuda as pessoas a "transpirar suas orações" movendo-se pelos ritmos fundamentais da vida.[4] Por promover catarse e parar a ruminação mental, essa prática também oferece benefícios da meditação, assim como a Nia, com foco integral no presente e nas sensações do próprio corpo.

Ehrenreich observa que, embora fãs de esporte sejam, em sua maioria, espectadores, eles compartilham forte identificação com seu grupo por meio da lealdade ao mesmo time. Ao que parece, isso atende a certos propósitos de vínculos grupais tradicionalmente oferecidos pelas religiões, embora ainda em um contexto "nós–eles". Em estádios mais antigos, pessoas de todas as classes se sentavam lado a lado, mas esse aspecto democrático está ausente das novas arenas, que possui alas especiais para a elite. Movimentos sincronizados espontâneos, como a *ola*, são populares por natureza, e muitas vezes os próprios jogadores fazem danças da vitória quando marcam pontos ou vencem. Um exemplo ainda mais marcante do retorno da energia dionisíaca é encontrado em grandes *shows* de *rock* ou pequenos clubes, em que o astro é o substituto de Dionísio e as pessoas dançam à própria maneira, mas criam laços movendo-se no mesmo ritmo e participando de uma experiência que amam. O Carnaval no Brasil e a Mardi Gras ("terça-feira gorda", em tradução livre, que precede a quarta-feira de Cinzas) em Nova Orleans mantêm essa antiga sensação, com multidões de pessoas indo às ruas para dançar.

Mais notável, no entanto, é o modo como movimentos de liberação incorporam música e dança quando se unem e a maneira como o fazem em jardins e parques públicos, muitas vezes o mais próximo que se chega do cenário natural em que os ritos dionisíacos aconteciam. Ehrenreich enfatiza a frequência com que a música e a dança acompanham protestos ao redor do mundo, sobretudo entre os jovens. Os Mistérios de Elêusis e a festança dionisíaca eram abertos a todos – homens e mulheres, escravizados e livres –, sendo, portanto, movimentos de liberação em uma sociedade de classes.

Em Santa Barbara, Califórnia, onde morei enquanto escrevia este livro, há uma organização chamada Dance Tribe que oferece aulas semanais de dança extática e vê a dança como uma maneira de nos comunicarmos conosco e com os outros, e no mundo inteiro há um crescente movimento de se oferecerem locais sem álcool e drogas para dançar como prática espiritual, sem que seja necessário algum sistema de crenças particular. O que há de espiritual nisso? A experiência em que todos dançam a mesma música, mas cada um expressa o próprio e autêntico eu e se entranha com o grupo, pode estimular a alegria comunitária. Como vimos na história de Jep, a espiritualidade tem um lado vertical e um horizontal. O vertical chama a atenção para cima, a fim de se contemplar o divino, e o horizontal nos expande para amarmos uns aos outros e a terra – daí o símbolo arquetípico do crucifixo.[5]

Hoje, a intenção das mênades dionisíacas vindo à cidade e tocando música para dar lugar à espontaneidade e maior vivacidade está na raiz dos *flash mobs* (aglomerações instantâneas), em que pessoas secretamente organizadas aparecem cantando ou dançando em público, muitas vezes levando toda a multidão a participar. Hoje em dia, esse movimento é imenso, e é preciso ver para crer. Você também pode expressar seu espírito dionisíaco sempre que, sozinho ou acompanhado, surpreender as pessoas fazendo-as cantar e/ou dançar. Quando eu era reitora do Pacifica Graduate Institute, um grupo de membros da faculdade de nosso Programa de Aconselhamento, depois de conversarem detalhadamente comigo, interromperam o que, em geral, era uma reunião acadêmica muito séria para pularem da cadeira e cantarem um *rap* em homenagem a um membro da faculdade que estava se aposentando, e é claro que todo mundo participou. Esse tipo informal de atividade *flash-mob* acontece em todos os lugares, e certas pessoas levam jeito para essas coisas de *flash mob*, fazendo ou dizendo algo que, de uma hora para outra, dá vida a uma reunião ou festa.

Entrar na dança pode ser metaforicamente interpretado como sair da mentalidade de espectador, em que criticamos como se estivéssemos à margem da vida. Em vez disso, podemos viralizar positividade, espalhando vivacidade e alegria aonde quer que formos ou

com quem quer que estejamos. Isso pode incluir uma atitude aleató-
ria espontânea de gentileza, sorrir para alguém que pareça solitário,
reservar um momento para conversar com pessoas que você conhece, ou andar saltitando. Pode ser deixar de lado sua lista de coisas a
fazer para seguir um impulso sem se preocupar com o que as pessoas vão pensar. Certa vez, minha amiga Barbara Mossberg surpre-
endeu um grupo em que eu estava formando um círculo com as
pessoas e nos pedindo que fizéssemos o *hokey-pokey*[*], primeiro estendendo um braço, depois o outro, em seguida uma perna, depois
a outra. Finalmente, com grande desenvoltura, ela nos fez dançar
com todo o nosso ser, proclamando "É disso que se trata!" – ou seja,
a *vida*. Evocamos o arquétipo de Dionísio quando colocamos nosso
eu integral e verdadeiro em tudo o que fazemos, e é ainda melhor
quando um grupo se junta a nós.

Ultimamente, tenho lido muitos artigos lamentando o vício da geração mais jovem de não sair do meio virtual de comunicação. Não
obstante, jovens do mundo todo organizam manifestações por conta
própria e até revoluções usando o Twitter e o Facebook, como o
Movimento Verde Iraniano ou a Primavera Árabe, enfrentando a tira-
nia e toda sorte de injustiça a serviço de um mundo melhor. Ainda que
eventos desse porte nem sempre levem a bons resultados, eles sugerem
que a juventude de hoje está aprendendo a se entranhar virtualmente
a serviço do futuro, e isso qualquer um de nós pode fazer. Hoje, pessoas
de todas as idades postam imagens evocativas e *stories*, e um número
crescente de vídeos, reagindo não somente ao conteúdo de posts
alheios mas também ao ritmo de sua frequência e energia. Isso pode
ser vivenciado como um tipo de interação virtual semelhante a uma
dança. Quando você usa as mídias dessa maneira, pode descobrir não

---

[*] Dança lúdica infantil em que os participantes executam em conjunto os passos,
às vezes se confundido e fazendo outros movimentos que não os solicitados
pela letra da canção. (N. da T.)

apenas que está mais feliz, mas também que está espalhando uma felicidade passível de viralização. Quem sabe quantas pessoas ficarão mais animadas por sua causa?

A interconectividade virtual global está permitindo a pessoas de várias culturas se sentirem parte da mesma dança, por assim dizer, mesmo quando elas estão muito distantes umas das outras. O YouTube e outros sites de mídias sociais contêm vídeos de grupos de dança pela paz ou pelo fim da violência contra a mulher, entre outras causas. Esses vídeos estão disponíveis no mundo todo. Às vezes, eles podem ser sincronizados com sites em diferentes fusos horários, a fim de proporcionarem a sensação de que estamos dançando juntos.

Independentemente da maneira com que nos entranhemos uns com os outros neste novo mundo, é importante fazermos isso. Ehrenreich conclui:

> A capacidade de ter alegria coletiva está codificada em nós quase tão profundamente quanto a capacidade do amor erótico de ser humano para ser humano. Podemos viver sem isso, e boa parte de nós vive, mas sob o risco de sucumbirmos ao pesadelo solitário da depressão. Por que não reivindicar nosso legado instintivamente humano como criaturas capazes de gerar os próprios prazeres extáticos da música, cor, festejos e danças?[6]

Quanto mais fazemos as coisas que sempre ajudaram as pessoas a amar a própria vida, menos deprimidos nos sentiremos e mais seremos capazes de trabalhar em conjunto para resolver os problemas que enfrentamos – cheios de otimismo, como é a tendência das pessoas felizes.

EXERCÍCIO DE APLICAÇÃO:
Dançando Pela Vida

Tente encontrar maneiras de vivenciar o entranhamento com um grupo no decorrer do dia. Um primeiro passo é centrar-se em si mesmo, usando os exercícios já disponibilizados. O segundo é relaxar o corpo, para que ele não fique na defensiva contra os outros ou a vida. Você pode fazer isso imaginando o sentimento de abertura no seu corpo quando está acolhendo alguém a quem ama, com quem tem intimidade e se sente seguro. Em seguida, veja se consegue ter isso em mente na interação. Uma maneira, é claro, é sair para dançar e permanecer consciente dos próprios movimentos e dos movimentos alheios, permitindo que eles afetem naturalmente os seus. Ao caminhar pela cidade, solte o corpo como se estivesse passeando um pouco e abra-se para sentir conexão com os outros ao redor, ziguezagueando com normalidade, mas ciente de que isso é uma dança. Se tiver tempo, você também pode permitir que as coisas que lhe chamem a atenção o tirem do trajeto ao ir em direção a elas, admirá-las e, em seguida, retomar a caminhada. Você pode, até mesmo, dançar com o tempo, reagindo às delícias de uma brisa ou curtindo uma corrida rápida para sair da chuva. Você pode trazer essa consciência ao dirigir em uma estrada, aproveitando a dança com outros carros da maneira mais segura possível. De posse disso, pode praticar entranhamento com um grupo familiar, de amigos, times do trabalho ou quaisquer outros grupos importantes para você, pessoalmente ou online.

QUARTA LIÇÃO DE DIONÍSIO:

Dirigindo sua Companhia Teatral Interior

Esta última lição explora a invenção do teatro e as tarefas psico-lógicas relacionadas ao aprendizado de compor o roteiro de sua vida e invocar partes de você como atores interiores, a fim de poder prosperar no teatro de improviso da vida.

É difícil imaginar um mundo sem peças de teatro, filmes e dramas televisivos. No entanto, essa época existiu. O teatro, pelo menos no Ocidente, teve origem em Atenas, com antigos hinos cantados em honra a Dionísio, em que várias pessoas cantavam partes diferentes. No século VI a.C., as Festas Dionisíacas (festivais em homenagem a Dionísio) incluíam competições de música, dança e poesia. Dessa tra-dição surgiu o teatro como conhecemos hoje, incluindo tragédias e comédias, ambas refletindo questões da cultura da própria época.

As tragédias alertavam sobre comportamentos contraproducentes, como a *húbris*, para que os líderes e outras pessoas não se deixassem aprisionar por eles, e também ofereciam uma oportunidade para catarse coletiva de emoções profundas. As comédias tipicamente satirizavam questões da época, liberando as emoções através do riso e estimulando a felicidade grupal. A comédia antiga mais famosa é *Lisístrata*, de Aris-tófanes, que apresenta as mulheres gregas como ativistas antiguerra, recusando-se a fazer sexo com os maridos até eles assinarem um acordo de paz e darem fim à Guerra do Peloponeso.

No período clássico grego, o coro pronunciava versos em uníssono, refletindo pontos de vista comunitários sobre os acontecimentos da peça. Como as danças dionisíacas inclusivas, as peças tinham intenção popular, permitindo que as opiniões das pessoas comuns fossem compartilhadas com as elites, cujos membros estariam todos presentes nas principais *performances* teatrais ao lado de seus familiares, incluindo servos e escravos. Em seu auge, o teatro sempre espelhou acontecimentos sociais, e gera discussões que podem levar a mudanças sociais ou políticas. Na Grécia, peças sobre *húbris* de reis eram feitas para alertar líderes reais da cidade a não cair nessa armadilha, e também para prever a decadência que teriam caso caíssem.

A identificação com um personagem, como idealmente aconteceria com os reis, pode nos ajudar a nos observarmos e nos dar um *feedback* para que possamos corrigir disfunções e voltar a aproveitar a vida. Mas descobrir o que fazer com o *feedback* espelhado pode ser complicado. Se outras pessoas se identificam com os mesmos personagens que nós, conversar com elas sobre esses personagens pode nos ajudar a pensar o que é necessário aprender sem termos (ou sem que elas tenham) de revelar aspectos particulares. Em uma peça, a terceira coisa que um personagem oferece é fazer você, ou um grupo, olhar para fora de si, a fim de enxergar as próprias questões de uma perspectiva diferente – com frequência, arquetípica.

Na vida, é prudente estar alerta ao *feedback* espelhado em relação a como outras pessoas reagem a nós. Digamos que você esteja fazendo ou dizendo alguma coisa, e as pessoas o ignoram. Algumas vezes, essa atitude informa que você está fora de contexto e precisa mudar; outras, que as coisas que diz ou faz são inapropriadas de acordo com o momento ou lugar. Mesmo que seu comportamento ou fala não estejam necessariamente errados, o *feedback* pode ser um aviso de que eles não combinam lá tão bem com a mentalidade ou as histórias vividas pelas pessoas ao seu redor; portanto, para ser ouvido e notado, talvez seja bom você descobrir qual história elas estão vivendo e como seria possível se comunicar usando essa linguagem. Pode ser útil imaginar que você entrou em um *set* de filmagem em que estão gravando uma trama específica na qual suas palavras ou atitudes não se encaixam naturalmente, de modo que elas[1] rompem o fluxo em andamento. O que fazer? Talvez você estivesse trazendo uma mensagem de cuidado e, depois, percebeu que entrou em uma história de guerra. Então, você pode lembrar que cuidadores são notados e apreciados quando começam a ajudar os feridos ou alimentar as tropas. Nesse caso, talvez seja bom considerar quem se sente ferido ou faminto por apoio, e como é possível modificar sua mensagem para que ela seja reconhecida como útil aos envolvidos na situação enfrentada.

O teatro grego oferecia uma experiência emocional unificadora e compartilhada, como as danças de Dionísio. Embora o público de uma peça não se mova em conjunto, todos estão vivenciando a mesma história, com emoções semelhantes. O desfecho de *The Search for Signs of Intelligent Life in the Universe*, de Jane Wagner, nos ajuda a reconhecer como isso é especial. Nesse monólogo (com atuação de Lily Tomlin), Trudy, a sem-teto espetacularmente sábia, mas louca, está tentando ajudar alienígenas a entender nosso mundo. Eles estão perplexos por duas questões em particular: primeiro, o que são arrepios? Segundo, por que uma lata de sopa da Campbell é apenas sopa, e uma pintura de Andy Warhol da lata é arte?

Em dado momento, Trudy está com os alienígenas na parte de trás de um teatro, durante uma apresentação, quando um deles de repente mostra o braço – todo arrepiado. Trudy nos diz: "Esqueci de dizer a eles para assistir à peça; eles ficaram assistindo à plateia! É, ver um grupo de pessoas sentadas juntas no escuro, rindo e chorando pelas mesmas coisas... bem, isso os impressionou! Eles disseram, 'Trudy, a peça era a sopa, a plateia, a arte'".[1] Em todas as peças de excelência, nós, na plateia, nos comovemos, sobretudo se ficamos tão embasbacados por um instante a ponto de não conseguirmos ovacionar ou bater palmas.

Muitas vezes nos esquecemos de como é boa a sensação de estarmos cem por cento conectados com um grupo e sermos inconscientemente nós mesmos. Isso pode acontecer quando nos emocionamos com um casamento, presenciamos uma criança pequena aprendendo a andar ou fazemos algo que adoramos em companhia de outra pessoa. Ao nos encarregarmos de uma refeição em família, podemos nos lembrar de Mrs. Ramsay (em *Ao Farol*) criando momentos mágicos à mesa de jantar, quando o ego das pessoas caiu por terra e, de uma hora para outra, eles formaram uma comunidade. No teatro de nossa vida, há um sem-número de maneiras pelas quais podemos promover esses instantes de experiências compartilhadas, que podem acontecer quando as pessoas ficam diante de uma morte trágica e sentem o consolo da presença conjunta, e não a solidão. A satisfação que as pessoas alcançam com experiências compartilhadas são uma vantagem de se assistir a filmes e peças no espaço cultural, e não em casa numa tela de TV ou monitor – em um *tablet* ou celular, nem se fala.

Em comparação com a narração de histórias, em que há um só narrador, o teatro usa muitos atores para fazer papéis diferentes, ressaltando a subjetividade de opinião e aumentando a habilidade da plateia em compreender vários pontos de vista. No fim de uma peça, as pessoas vão querer que os personagens acertem as coisas para que elas possam sair do teatro animadas, e não cabisbaixas. Uma breve reflexão a respeito deixa claro que a consciência do teatro se relaciona à da democracia, em que resolver interesses variados está sempre em jogo. Portanto, não é de surpreender que o teatro e a democracia foram inventados pelo mesmo pequeno grupo de pessoas em uma cidade (Atenas) que também considerava os Mistérios de Elêusis como seu rito mais valorizado. Manly Hall, citado na Introdução, descreveu como a história de Deméter e Perséfone e a sabedoria da tradição eleusiana influenciaram os franco-maçons, fundadores dos Estados Unidos, e, por meio deles, a Declaração da Independência e a Constituição.

Este livro inteiro é sobre o poder da história. Ele o incentiva a exercitar a inteligência narrativa para que você possa aprender com as histórias mais sábias disponíveis a nós, em vez de ter de aprender tudo da maneira difícil na escola das experiências negativas. Imaginar sua vida interior como seu próprio teatro grego pode ser um meio para aprimorar suas habilidades de inteligência narrativa. Você pode começar se perguntando: "Em qual história eu estou?" e, em seguida, considerar qual narrativa arquetípica está em cartaz e o que ela exige de você. Seus arquétipos seriam os atores em sua companhia de teatro; assim, você pode reconhecer quando precisa invocar seu Zeus, sua Deméter, sua Perséfone ou seu Dionísio (ou algum outro arquétipo) para reagir a uma situação em que se encontre.

Arquétipos variados querem – e gostam de – coisas diferentes; ou seja, o equilíbrio natural entre trabalho e vida provém da combinação de motivações arquetípicas com funções e atividades externas. Você pode reestruturar seus atores interiores para os papéis que eles desempenhariam melhor e dar a eles indicativos de como estão se saindo. Muitas pessoas se sentem esgotadas e infelizes, não tanto por estarem trabalhando demais, mas porque estão cansadas por causa do que *não* estão fazendo. Seus desejos verdadeiros não estão conseguindo atuar. É exaustivo reprimir a si mesmo, de maneira integral ou em parte.

Se você começar a se sentir sobrecarregado de responsabilidades, pode ser um sinal de alerta de que está acumulando um excesso de atividades irrelevantes, de que está tentando fazer tudo sozinho quando precisa pedir ajuda, ou de que um ou mais arquétipos estão tentando se apropriar de você e precisam ser controlados. Zeus, por exemplo, gostaria que você vencesse em tudo, mas talvez você não precise ganhar a partida de vôlei nas férias para se divertir. Se deixados por conta própria, cada um dos arquétipos pode querer controlar sua vida e gerar pensamentos que o criticam e até o envergonham por não ter vencido o bastante (Zeus), não ajudar todos os necessitados (Deméter), não manter contato suficiente com seu eu mais profundo (Perséfone) ou por se sentir para baixo quando a vida está boa (Dionísio).

Cada um desses arquétipos também possui traços que podem ajudar você a se defender da invasão arquetípica e da consequente sensação de sobrecarga. Zeus pode explanar com precisão quais papéis seus arquétipos devem e não devem desempenhar para manter um reino pacífico e próspero. Deméter pode instruir esses aliados interiores para ajudá-lo a cuidar das próprias necessidades. Perséfone pode criar uma ação ritual significativa, como comer sementes de romã, que coloque uma decisão em sua mente inconsciente. E Dionísio pode se desfazer de camadas inúteis, morrendo para comportamentos, ideias e papéis não autênticos para dar lugar a expressões mais plenas do próprio eu otimizado.

A ausência de conexão com qualquer uma das quatro histórias eleusianas arquetípicas pode minar o sucesso. Por mais esperto que você seja, se não tiver acesso ao seu poder talvez não consiga agir com eficácia com base no que sabe; por mais poderoso que você seja, se não estiver conectado com sua alma e coração, suas ações prejudicarão a si mesmo e outras pessoas; por mais que você seja profundo e nobre, não é capaz de suprir suas necessidades materiais sem o poder da ação; e, por fim, por mais poderoso, amável e intuitivo que possa ser, talvez você não tenha a habilidade de desfrutar do que tem.

Usar múltiplas lentes através das quais interpretar os acontecimentos pode evitar que a história de qualquer um deles prenda você em uma posição de que mais tarde se arrependa. Em *A Terceira Medida do Sucesso*, Arianna Huffington confessa como interiorizou uma atitude cultural ao seu redor de que trabalhar vinte e quatro horas por dia a serviço do dinheiro e do poder era um sinal de pessoas bem-sucedidas e admiráveis. Porém, quando ela ficou muito tempo nessa situação, acabou tendo um colapso. Então, foi além da própria experiência para alertar outras pessoas que trabalhavam em excesso sobre o iminente resultado trágico de uma história contraproducente. O problema exposto pela autora é um arquétipo cultural de Zeus fora de controle, sem estar equilibrado com Deméter, Perséfone e Dionísio. É difícil não ser afetado por essa posse social arquetípica. Acho útil lembrar que essa é só uma obsessão cultural momentânea, e não precisamos adotá-la.

A maioria de nós tem arquétipos que são a estrela do *show*, mas, se nos permitirmos ficar monodimensionais, tornamos-nos estereótipos ambulantes de um arquétipo na sua forma contraproducente (como no exemplo acima de Zeus). Pessoas sob influência de Deméter podem ter um colapso se não conseguirem parar de fazer as coisas pelos necessitados – e sempre haverá pessoas em necessidade. Permitir que mais subpersonalidades (os personagens interiores de nosso teatro) brilhem nos oferece um leque maior de habilidades e nos ajuda a sentir mais vivacidade. Além disso, se tivermos certos arquétipos que nunca sobem no palco, eles podem ficar impacientes e tentar se insinuar, geralmente causando deslizes freudianos e incidentes vergonhosos nos quais você age de maneiras que nada têm a ver com sua pessoa, e se pergunta "Quem fez isso?", ou pensa "Foi o diabo que me mandou fazer isso!".[2]

Nossas partes dionisíacas adoram viver espontaneamente; ou seja, elas gostam do teatro improvisado da vida, em que deparamos com situações que exigem uma resposta rápida. Quando algo surpreendente acontece, nem sempre temos tempo para que o córtex cerebral decida em quais histórias seria ótimo pensar, contar e viver. É aí que ter vivido essas quatro histórias arquetípicas se torna mais essencial, de modo que você tenha uma gama de reações espontâneas em vez de depender somente de hábitos comportamentais e histórias-padrão; isto é, os que você põe no piloto automático. A maioria de nós, por exemplo, recorre imediatamente a narrativas inconscientes que nos consideram vitimizados, aprisionados ou maltratados. Tais histórias ativam uma reação instintiva de luta, fuga ou congelamento.

A maioria de nós também demonstra reações automáticas, que tiveram início em algum tipo de trauma originado em situações em que fomos ridicularizados, envergonhados ou maltratados na infância, ou testemunhamos uma coisa dolorosa acontecer com outra pessoa. Observar os pensamentos durante a meditação ou praticar *mindfulness* (atenção plena) durante o dia pode alertá-lo quanto a essas histórias e comportamentos-padrão. Exemplos dessas histórias incluem pensar em si como a heroína de uma narrativa estruturada em torno de uma trama que exibe continuamente a experiência de ser incapaz de encontrar o sucesso ou a felicidade – porque seu pai nunca encontrou, porque você é tímida demais ou intrinsecamente imperfeita, ou porque nada nunca dá certo. A única maneira garantida para se livrar dessas histórias é substituí-las por outras, mais saudáveis e mais empoderadoras.

Os ensinamentos e práticas de muitas religiões e filosofias respaldam o processo. Na tradição budista, incentiva-se a prática de se acolher com gentileza amorosa qualquer coisa que aconteça na vida. Se você fizer isso por tempo suficiente, uma narrativa amorosa pode se tornar seu modelo-padrão, com detalhes variados dependendo do que aparecer. Essa história arquetípica determinará como agir sem ter de ficar pensando a respeito. Assim, em sua história você sempre assumiria o papel de uma pessoa amorosa e receptiva, reagindo a qualquer acontecimento com paciência, amor e gentileza. Essa história, é claro, teria infinitas variações.

É preciso um pouco de disciplina para mudar os roteiros que você colocou no piloto automático; portanto, é útil ter um grupo de apoio. Entretanto, com ou sem esse apoio, se você continuar eliminando narrativas e comportamentos que reflitam a antiga trama e vivendo de olho nas coisas novas, sua história e sua vida irão mudar. Como vimos ao longo deste livro, não podemos parar de dar significado às histórias, mas podemos reescrever uma que se repetiu durante a maior parte de nossa vida. Quando nos conscientizamos de nossa história interior, podemos pensar, "Espere um pouco, essa história não é minha. Ela foi escrita por minha mãe, minha tia, meu mentor, meu pastor, cônjuge ou outra pessoa – não por mim". Não permitir mais que outros sejam autores do teatro individual de nossa vida é um avanço imenso que pode mudar tudo. Ainda que nem sempre possamos mudar o que nos acontece, podemos usar nossa inteligência narrativa para escolher a respeito de qual história contamos a nós mesmos e aos outros, assim como Zeus muda sua história do controle para a colaboração; Deméter, da impotência para o poder; e Perséfone, da posição de sequestrada para alguém capaz de perceber seu destino. De maneira semelhante, podemos identificar quais histórias contadas por nós estão nos deixando infelizes e limitando nossas opções, e, em seguida, explorar alternativas que abram possibilidades.

Lembre-se de que os arquétipos, quando despertos em você, destacam suas capacidades; à medida que você integra as forças deles em aspectos particulares de sua psique, eles começam a agir como uma parte sua. É sensato educar e orientar seus arquétipos, pedindo-lhes que sejam seus aliados em aprender a dominar certas atividades em vez de outras. Assim, você pode invocar a subpersonalidade que obteve domínio em uma atividade por meio da influência do arquétipo para ajudá-lo com um desafio iminente. Naturalmente, o que de fato você está pedindo que apareça é um conjunto de habilidades que o arquétipo o ajudou a ganhar. Do mesmo modo, você pode dirigir sua própria peça educando seus variados astros interiores arquetípicos, apoiando personagens e figurantes sobre como eles podem contribuir para esse roteiro novo e aprimorado. Isso é importante, pois você não vai vencer uma maratona se sua Deméter interiores assumir o comando e ficar ocupada demais garantindo que os outros corredores estejam seguros para levá-lo a cruzar a linha de chegada; da mesma maneira, você não vai se divertir em uma festa se Zeus tomar a frente e começar a tentar controlar quem faz o que e quando.

Ademais, podemos reconhecer que, mesmo havendo múltiplos atores no nosso interior, o que o mundo vê é alguém apresentando um monólogo tão autêntico e real que ajuda os outros a se conectar com suas próprias qualidades humanas profundas. Dessa maneira, você pode causar o efeito positivo que grandes obras de arte causam. Ao desaprender o lado negativo de um arquétipo, você pode treinar seu corpo no método de atuação para descobrir e viver seu aspecto mais positivo até isso virar um hábito. E, quando estiver se sentindo sobrecarregado ou estressado, você pode usar sua consciência arquetípica para acessar sua parte tranquila.

Os ritos eleusinos, como o movimento de autoajuda da época, sempre prometeram finais felizes, e as narrativas de cada um dos quatro arquétipos deste livro disponibilizaram modelos para obtê-los. Jung considerava a forma da mandala – com um centro claro e quatro partes – um símbolo da completude, e muitos de seus pacientes pintavam ou desenhavam espontaneamente essas formas quando próximos de completar seu processo de individuação. Mandalas são um pouco parecidas com as rodas de cura dos nativos norte-americanos, em que as quatro partes se associam às quatro direções – norte, sul, leste e oeste – e, em geral, com elementos como ar, água, fogo e terra, e vez ou outra com totens animais também. Tudo isso simboliza padrões arquetípicos naturais e humanos. Você pode se imaginar no centro de um círculo mágico como esse, e, ao seu redor, os quatro arquétipos destacados neste livro, a fim de invocá-los quando necessário.

Com muita frequência, as pessoas hoje acabam vivendo uma história que ninguém quis, sobretudo quando políticas do país, empresariais ou familiares ficam acaloradas, só porque não sabem fazer outra coisa. Muitas vezes, elas começam a brigar quando, na verdade, gostariam de se divertir ou, pelo menos, produzir algo. Quando isso acontece, é uma boa hora para convocar um ou mais de seus aliados arquetípicos para ajudá-lo a mudar a história. É um pouco parecido com teatro de improviso, em que ações inesperadas, surpreendentes ou diálogos mudam o rumo da trama e, assim, os outros participantes são desafiados a agir com naturalidade.

A vida tem ritmo próprio, e, se permanecemos conectados e utilizamos nossos talentos por inteiro, muitas vezes conseguimos fazer a coisa certa ou parar de fazer a errada, embora não saibamos por quê. No romance *O Leilão do Lote 49*, de Thomas Pynchon, a heroína, Oedipa Maas, vai a um salão de baile em que pessoas com deficiência de fala e auditiva estão dançando ao ritmo da música que não ouvem, e todos param quando a música acaba. O narrador se refere a isso como o milagre do anarquista – quando coisas que parecem impossíveis acontecem. No entanto, esse "milagre" é bem possível, já que deficientes auditivos podem sentir vibrações. Como parte do espetáculo mundialmente improvisado que está sempre acontecendo, podemos participar das conversas culturais em andamento que acontecem em nível micro em salões de cabeleireiros e cafeterias, no transporte público, entre vizinhos e assim por diante, modelando a escuta verdadeira e compartilhando nossos pontos de vista.

O entranhamento dionisíaco pode ser usado em conversas quando nossos sinais corporais refletem atenção e escuta verdadeiras e discurso respeitoso enquanto combinamos o ritmo da discussão, pelo menos no começo, com o que estamos dizendo, mudando aos poucos conforme desejamos energizar ou acalmar um ambiente. Tal diálogo pode levar a interpretações de ordem superior que, com o tempo, pode passar de várias "minhas histórias" e "suas histórias" rumo a uma "nossa história" coletiva. É isso que fundamenta uma ação coletiva positiva. O movimento pelos direitos civis e o movimento das mulheres começaram dessa maneira, e os mesmos tipos de conversas acontecem neste momento. Tecnologias virtuais também podem ampliar nossa habilidade de nos engajar em diálogos grupais entrecruzados para chegar a um consenso cultural. Ainda que essa situação careça de proximidade física, a vantagem é o maior conforto em contá-la como ela é (pelo menos na visão de quem conta). A encenação que representamos coletivamente pode cumprir a promessa do governo das pessoas (e para elas)

– o sonho que começou na antiga Atenas e evoluiu em sua expressão ao longo do tempo.

Por esse motivo, e de modo mais geral para ajudá-lo a aplicar o que você aprendeu neste livro, a conclusão a seguir apresenta recursos adicionais da heroína de inteligência narrativa para que você possa entabular consistentemente diálogos coletivos com domínio comunicativo. É claro que a história contada também se interliga com as das pessoas às quais você ama e com as quais trabalha, bem como as de outros indivíduos importantes, resultando em narrativas arquetípicas entrecruzadas que podem se entrosar ou entrar em conflito. Você pode marcar conversas que tratem de conceitos e vocabulário arquetípicos com familiares, amigos e entes queridos para promover um novo nível de comunicação entre vocês, e também para ajudá-lo a articular suas visões como as de um arquétipo, o que torna o debate menos pessoal. Quando identificamos nossas diferenças como, digamos, entre Deméter e Zeus, fica mais fácil descobrir uma "nossa história" primordial. Se sua história consensual é uma versão do que você já conheceu, a sensação pode ser confortavelmente familiar. Se é um arquétipo novo ou uma versão de um com reviravolta, a sensação pode ser inquietante e empolgante ao mesmo tempo, pois nos faz parar, pensar e, talvez, agir de novas maneiras.

Ter consciência de que você, como indivíduo, está incorporando as grandes histórias arquetípicas pode lembrá-lo de vivê-las em sua forma mais grandiosa e bela, inspirando-o à grandiosidade da heroína desperta. Ao expressar seus dons especiais por meio dos arquétipos ativos dentro de si, você reforçará os melhores lados dos mesmos arquétipos das vidas que toca, e, no processo, atrair pessoas, sucesso, prosperidade e amor. Mas esse não é um convite à grandiosidade. Sua tarefa, e minha também, é ser fiel à própria natureza e fazer nossa parte, confiando que as subtramas são um fragmento de uma história que se desdobra e é muito maior do que nós, e que todos somos importantes para as pessoas ao redor e para o destino do mundo.

EXERCÍCIO DE APLICAÇÃO:
Criando seu Próprio Manual

Prepare-se para um desafio iminente criando seu próprio manual. Qual o cenário? Se fosse o início de uma peça, que tipo de história provavelmente seria? Além de você, quais são os outros personagens envolvidos? Quais são os arquétipos, seus e dos personagens, relacionados a essa situação? Considerando o que você agora já sabe, qual é a provável estrutura do roteiro que se desenrolaria naturalmente, levando em conta o que foi dito acima? Isto é, quem tende a fazer o quê, como os outros vão reagir, qual situação será criada, qual é o provável clímax desafiador e os resultados?

Como heroína dessa história, o que se poderia exigir de você para levar toda essa situação a uma resolução feliz? Se você descobrir que há lacunas na sua habilidade de desempenhar o papel exigido, quais lições arquetípicas podem ajudar a desenvolver uma subpersonalidade ou capacidade necessária? Como autora de sua peça, elabore uma breve sinopse da trama desejada, e então, como diretora, instrua seus personagens interiores sobre as situações para as quais eles devem estar preparados. Como atriz que interpreta a si mesma, trabalhe com o método de atuação para se preparar para convocar o que você precisa à medida que a peça progride. Na vida real, você não conseguirá controlar o que fazem as pessoas envolvidas como personagens na encenação; portanto, pense nisso como um teatro de improviso, e muna-se de todas as estratégias em que puder pensar para reagir a reviravoltas e viradas que ocorrerem na trama. Em seguida, imagine mentalmente a peça no teatro, concluindo com a plateia aplaudindo de pé como tributo à verdade e ao impacto de sua *performance*.

EXERCÍCIO DE CONCLUSÃO:
Diálogo com Dionísio

Em um diário ou no computador, elabore um diálogo entre você e Dionísio como você imagina que ele seja. Comece agradecendo ao deus pelas melhorias que ele fez na sua vida e, em seguida, pergunte como Dionísio gostaria de ser expresso em você. Depois, você pode dizer o que gostaria que ele lhe desse, afirmando como você pensa que ele ajudaria, mas também como não ajudaria. Permita que um diálogo espontâneo se desenrole, por meio do qual você chegue a um acordo sobre o futuro papel de Dionísio na sua vida. Termine com uma nota de agradecimento.

EXERCÍCIO DE CONCLUSÃO INTEGRATIVA:
Sua Mandala Pessoal de Elêusis

Crie uma mandala com símbolos, imagens e/ou palavras em cada um dos cantos que representem Deméter, Zeus, Perséfone e Dionísio em sua vida neste instante (ou como você quer que eles sejam). Em seguida, coloque uma foto sua no centro. Esse pode ser seu lembrete constante do que você aprendeu ao passar por uma iniciação eleusiana virtual por intermédio deste livro.

CONCLUSÃO

O Poder da História para Transformar sua Vida

A esta altura, deve estar claro que, se você quer mudar sua vida, sobretudo os relacionamentos, a família, o ambiente de trabalho ou o mundo, é preciso mudar as histórias que estão alimentando a trama atualmente em desdobramento. Especialistas em inteligência artificial cunharam a expressão "inteligência narrativa", relacionada ao desejo de ensinar máquinas a gerar e contar histórias, uma vez que essa habilidade é reconhecida como a mais humana das tarefas, integrando pensamento, sentimento e criatividade. E, pelo fato de a comunicação ser um ponto forte feminino, este último capítulo foi elaborado para ajudar você a despertar sua inteligência narrativa, para conseguir aprimorar seu potencial de uma maneira ainda mais efetiva.

As Armas da Heroína

O Despertar da Heroína Interior começou enfatizando o poder das narrativas míticas e arquetípicas, e tais histórias receberam destaque ao longo do livro. Porém, as narrativas não precisam necessariamente ser arquetípicas ou míticas para causar impacto, e a obra descreve vários exemplos em que personagens aprimoraram suas situações questionando histórias que exerciam poder sobre eles sem que fossem narrativas eternas. Deméter, por exemplo, abandona a história de que ela deveria ser babá, substituindo-a por "Preciso de um templo e você vai construí-lo para mim".

Em nossa vida, de maneira mais geral, algumas histórias parecem apenas um entretenimento, mas mesmo assim elas podem atiçar a imaginação e muitas possuem uma moral transmitida de maneira discreta. Algumas são anedotas sobre a história ou o mundo que nos cerca, ou visões do futuro; outras, por sua vez, podem ter o mesmo tipo de conteúdo, mas são criações mais formais com roteiros claros. Como vimos, certas histórias comportam expectativas da cultura ou do grupo, e outras refletem sua experiência individual e voos fantasiosos da imaginação. Estas páginas de conclusão preparam você para empregar o que aprendeu, não somente coisas relacionadas às quatro histórias arquetípicas dentro de uma poderosa tradição de mistérios, mas também em termos de conhecimento narrativo de maneira mais geral.

Em histórias míticas, muitas vezes os heróis são munidos de armas, como espadas e escudos, para vencer um conflito, ou, se a tarefa deles é mais mágica, de varinhas ou cálices para transformar a situação. Hoje em dia, com maior frequência, homens e mulheres mudam acontecimentos por meio da comunicação, e, muito especificamente, também por meio de histórias, sejam elas arquetípicas, míticas ou mais pessoais ou particulares a uma situação. A esperança da maioria de nós é evitar mais guerras e que conversas sobre paz sejam mais bem-sucedidas, à medida que as pessoas lidam cada vez melhor com conflitos por meio de palavras, e não por armas ou pelos punhos.

Por mais que nós, mulheres, sejamos alvos de provocações por falarmos sem parar com os amigos sobre problemas da vida, a comunicação continua a nos oferecer uma vantagem feminina – refletir sobre questões sem deixar de lado sua dimensão emocional, antecipar o o que outros podem fazer em circunstância semelhante, confrontar problemas que temos com outras pessoas sem ferir seus sentimentos sem necessidade, ou expressar o que queremos e do que precisamos de maneiras passíveis de serem ouvidas. A inteligência narrativa é uma habilidade crucial, pois desperta pontos fortes associados ao sucesso para qualquer pessoa, mas especialmente para mulheres.

Vamos analisar os recursos de comunicação femininos que servem a propósitos semelhantes aos das espadas e escudos, cálices e tesouros míticos, bem como varinhas mágicas.

A Espada e o Escudo da Vigilância da História

Pelo fato de as histórias que contamos sobre o que acontece ao redor serem filtradas por visões arquetípicas e outros aspectos da psique, elas contêm elementos subjetivos. Portanto, é sempre bom brandir o escudo da vigilância da história, a fim de se separar o que é verdadeiro e o que não é – não somente em relação ao que os outros nos dizem, mas também ao que dizemos a nós mesmos. As histórias que contamos sobre experiências que temos ou testemunhamos refletem as configurações arquetípicas de nossos padrões de pensamento. Desse modo, o que consideramos real é moldado pelo que somos e por aquilo em que já acreditamos. Esse é um dos motivos pelos quais as narrativas que contamos sobre o que acontece conosco e ao redor são tão diferentes. Boa parte da violência de gênero acontece porque os poderes atuais (que ainda são predominantemente masculinos) estão convencidos, de maneira inconsciente ou não, de que seus métodos e padrões são corretos por serem a norma. O resultado é que eles talvez considerem equivocado e passível de correção o que muitas mulheres dizem e fazem, em vez de diferente e potencialmente útil em relação a possibilidades de expansão de opiniões e outras opções disponíveis.

As histórias, é claro, também podem ser empregadas de maneira consciente ou inconsciente para manipular pessoas e moldar seus pontos de vista em relação a algum tema ou questão. Para tirar proveito de uma história, é preciso imaginá-la como se fosse verdadeira, mas depois é necessário enxergá-la de maneira crítica, sobretudo se a moral da história contada pressiona você a dedicar dinheiro, trabalho duro, voto ou seu coração a alguém. Às vezes essas histórias se baseiam em meias verdades, deixando de fora aspectos que não respaldam o que uma pessoa deseja que você pense ou sem mencionar o que há nas entrelinhas.

Sua espada interior de pensamento crítico pode cortar mentiras, distorções, manipulações e a mera ignorância disfarçadas de verdade, em conjunto com o escudo do discernimento para definir quais narrativas são úteis para você e quais são incapacitantes ou somente irrelevantes. Você começou a interiorizar histórias quando criança – não apenas de livros que liam para você ou sermões sobre como agir ou não agir, mas também curiosidades sobre a tia Janete ou o presidente. Na infância, sem poder desafiá-las, é provável que você tenha interiorizado inocentemente essas histórias, assim como todos nós.

A maioria de nós sequer observa como, mesmo adultos, aceitamos as ideias implícitas nas histórias que lemos ou vemos em notícias, filmes, na internet, no rádio ou em interações sociais. Isso é válido sobretudo quando as pessoas agem como se as histórias que contam fossem a verdade absoluta, e não interpretações próprias dos acontecimentos. Como prática constante, vigiar as histórias pode proteger você de interiorizar narrativas passíveis de tirar seu poder. Para praticar essa vigilância, é válido ficar cada vez mais ciente das tramas invasivas que já encontraram caminho até o jardim de sua psique. Somente quando você tira as ervas daninhas desse jardim suas flores autênticas e belas podem desabrochar.

Vamos analisar alguns exemplos atuais de histórias que tornam a vida das mulheres mais complicada. Muitos aspectos da vida moderna que estressam qualquer pessoa, mas são especialmente difíceis para quem já sofre pressão do tempo, são apenas histórias, não coisas inevitáveis. Avanços tecnológicos mudaram nossa vida de maneiras que parecem mágica e permitem que muitas coisas sejam feitas de um jeito mais simples, e a maioria de nós consegue manter vínculos com entes queridos e pessoas do mundo todo. Entretanto, surgiu uma história de que essa tecnologia indica que precisamos estar disponíveis o tempo todo – para colegas de trabalho, parentes, amigos etc. Essa narrativa, e não a tecnologia em si, levou muitas pessoas a nunca ficarem efetivamente longe do trabalho.

Ademais, quando o ambiente corporativo era amplamente masculino, após a definição da semana de trabalho de quarenta horas arduamente conquistada e antes de os papéis de gênero se tornarem mais fluidos, poucos funcionários trabalhavam tantas horas como hoje em dia.[1] Alguns anos atrás, especialistas do mundo dos negócios criaram e venderam uma narrativa de que era possível atingir, em parte, maior eficiência (ao mesmo tempo aumentando as margens de lucro ou a realização de metas) despedindo membros de equipes, sobretudo gestores de nível médio. Como consequência, isso fez funcionários e profissionais administrativos de ambos os sexos trabalharem mais e por mais tempo, muitas vezes em detrimento da vida familiar, com estreitas possibilidades de fazer progressos e, potencialmente, uma força de trabalho menos eficiente e engenhosa.

Nesta terra de fartura, muitos de nós – ricos, pobres e no meio-termo – nos sentimos sendo levados à exaustão. E, embora vejamos muita cobertura midiática sobre a luta de mulheres da elite para galgar a escada corporativa, a realidade é que, pelo menos, elas têm recursos para contratar uma rede de apoio. Mulheres sem esses recursos geralmente se desdobram muito mais, algumas trabalhando em dois empregos (quando conseguem encontrá-los) só para atender a necessidades básicas enquanto a desigualdade econômica aumenta esse abismo.

Ao mesmo tempo, surgem novas histórias sobre o que as mulheres devem fazer, que aumentam a pressão sobre as mães. No passado, donas de casa mandavam os filhos brincar na rua enquanto elas tomavam café com as amigas ou, mesmo, jogavam uma partida de baralho. Hoje, tanto mães que ficam em casa e mães (e um número crescente de pais) que trabalham fora sentem que precisam servir de motoristas para as crianças levando-as de uma atividade para outra, enquanto anotam e postam no Facebook e no Twitter cada instante da vida dos filhos e da família.

Portanto, se você perceber que está o tempo todo exausta, talvez seja bom prestar atenção a quais narrativas estão estimulando sua maneira de agir e definir até que ponto elas correspondem bem à sua situação externa e quais são seus desejos e vontades reais. Sua família deixaria de amá-la se você não fosse uma supermãe e super dona de casa? Você perderia o emprego se trabalhasse a um ritmo e quantidade de horas viáveis? Todos os seus conhecidos que têm famílias felizes e um emprego estável trabalham tão duro quanto você? Se você está trabalhando arduamente para comprar roupas e sapatos de marca para seus filhos ou uma minimansão para sua família, será que é capaz de questionar de onde vem a história que lhe diz para se forçar a isso? E o que você está fazendo traz felicidade para você e para seus entes queridos?

Padrões de beleza e boa forma também se intensificaram. Se após ler revistas femininas você acha que nunca se casará, ou que seu marido ou parceiro a deixará se você não for bonita o bastante, dê uma volta no *shopping* e veja que nem todos os casais se divertindo juntos correspondem a esses padrões irracionais. Mesmo as pessoas que tentam nos ajudar podem nos sobrecarregar. Enquanto escrevo esta obra, eu e muitas pessoas conhecidas estamos tentando, digamos, arrumar mais tempo na semana para meditar, caminhar e registrar dez mil passos todos os dias, lembrando de manter a positividade, entrar no Twitter, cortar o açúcar e assim por diante. A lista só aumenta. Todas as estratégias de autoaprimoramento disponíveis hoje, por mais úteis que elas possam ser, podem intensificar a crença de que nunca fazemos o suficiente.

As histórias vigentes reforçam a ideia de que, se não correspondemos a expectativas irreais, deve haver alguma coisa errada conosco. Logo, se não conseguimos "dar conta de tudo", não merecemos o trabalho, e, se somos pobres ou temos outras dificuldades, é porque não somos suficientemente inteligentes ou batalhadores. É preciso uma espada e um escudo poderosos e com conhecimento narrativo para não interiorizar essas histórias e começar a contá-las a nós mesmos, com o resultado de que nossas narrativas interiores estão sempre nos impelindo a continuar e nos repreendendo se não conseguimos.

Se você está *se* sentindo insuficiente, preste atenção à origem dessa ideia e tire as ervas daninhas do seu jardim ao escolher controlar sua própria história. Também pode ajudar se você se lembrar de que é uma pessoa única no mundo e de que está aqui por um motivo, e perguntar a si mesmo: "Disso tudo, o que devo realmente fazer?"

SEU CÁLICE: ENCONTRANDO SENTIDO E SUA HISTÓRIA AUTÊNTICA

Histórias são repositórios poderosos de valores e *insights*, e assim atuam como o cálice (tesouro) encontrado pela heroína para que ela possa transformar seu mundo. Ao relatar uma história pessoal vibrante ou descrever momentos significativos de aprimoramento e mudança, as histórias de sua vida captam *insights* significativos que podem ajudá-lo a entender quem você é. Percebemos essa afirmação na fundação de um país ou de uma empresa, ou na história dos altos e baixos de uma família, e podemos imaginar povos antigos desfrutando o mito de Deméter e Perséfone como uma história de origem dos Mistérios que os auxiliavam. Em organizações sadias nas quais o moral é elevado, os funcionários ficam radiantes quando contam sobre como foram contratados e o que isso significou para eles. Contar essas histórias reforça a noção de que aquilo com que eles estão comprometendo energia vital é importante. Ao que parece, casais nunca se cansam de recontar a história de como se conheceram, já que esses relatos reforçam o amor que sentem um pelo outro. Talvez você descubra que certas histórias em que pensa ou que conta sobre a sua vida lhe dão energia porque revelam algo real e genuíno sobre identidade e (por que não?) dão indicações sobre seu propósito de vida.

Hoje, a terapia narrativa é uma abordagem consagrada da psicologia, e médicos adotam estratégias de medicina narrativa porque o quadro maior de um sintoma geralmente está incorporado no sentido que uma pessoa extrai dele. Profissionais de marketing costumavam concentrar esforços na descrição dos atributos de um produto ou negócio, mas hoje eles sabem que nada define melhor uma identidade sólida de marca do que associá-la a uma história atraente que informe o significado e os valores dessa marca. Assim, hoje em dia muitos anúncios possuem forma de história, elaborada para contar os valores de uma empresa e a qualidade dos seus produtos. Quem, depois de pensar a respeito, se esqueceria das narrativas arquetípicas na raiz dos comerciais de histórias de amor da Hallmark, que nos incitam a comprar cartões para dizer às pessoas que nós as amamos ou nos importamos com elas? Ou a imagem de *born to be wild* da Harley-Davidson, oferecendo às pessoas (frequentemente médicos, advogados e outros profissionais) a oportunidade de subir numa moto e sentir liberdade? Ou o foco constante da Dove na beleza de cada mulher?[2]

Ainda que possamos ter uma experiência visceral sem uma história, extrair sentido dessa experiência requer uma narrativa. Por exemplo, você volta de um encontro com uma pessoa muito gentil, e isso é uma experiência. Sobretudo se você é mulher, começa a criar uma narrativa que dê sentido ao evento: "Passamos bons momentos e foi muito bom, mas não quero fazer isso de novo; então, se ele (ou ela) telefonar, eu vou _____". Ou "Foi maravilhoso, e acho que estou me apaixonando", em seguida, pode vir um possível devaneio sobre sinos de igreja ou quaisquer outras histórias que venham imediatamente à mente. Seu chefe o trata com rispidez – o que é uma experiência – mas depois você pensa no que isso significa, o que leva à elaboração de uma trama imaginária sobre como você vai se esforçar mais, ou o que fará se for despedido ou algo do tipo.

Alguns sentidos duramente conquistados podem salvar sua sanidade ou sua vida. Viktor Frankl, em *O Homem em Busca de um Sentido*, descobriu que as pessoas eram mais propensas a sobreviver num campo de concentração se criassem uma narrativa que as capacitasse a encontrar algum sentido positivo em sua experiência e, portanto, uma razão para viver. A narrativa poderia ser sobre rever um ente querido, dedicar a vida a acabar com essas atrocidades, ou servir a Deus ou à humanidade ajudando outras pessoas nos campos – todas elas engendram uma trama que pode ser imaginada. Os militares aprenderam que soldados demonstram maior resiliência mesmo após terem sido horrivelmente mutilados em batalha se encontram uma história que confere sentido ao que aconteceu, de modo que eles não se sintam apenas mais uma terrível vítima do destino.[3] Estudos recentes revelam que crianças cujas famílias contam histórias sobre a própria história, com seus altos e baixos, têm maior resiliência, mesmo quando vivenciam traumas marcantes, como um tiroteio na escola ou uma catástrofe natural.[4] Especialistas suspeitam que essas histórias familiares ajudam as crianças a ver as dificuldades como uma parte normal da vida, e esperam que, como membros da família, elas sejam capazes de superar. De maneira semelhante, podemos ficar mais resilientes olhando nossa vida em retrospecto, para reconhecer as dificuldades que enfrentamos e os traumas pelos quais passamos, ao lado da evidência de que temos pontos fortes, coragem, talento, criatividade e habilidades para podermos seguir em frente.

Se por um lado as histórias podem salvar ou empoderar uma vida, elas também podem destrui-la. Um diagnóstico negativo feito por um médico, com base em dados estatísticos que uma pessoa aceita como previsão sobre o que a aguarda, pode se tornar uma profecia autocumprida, uma morte antecipada. Alguém que perde um negócio ou um cônjuge, e que fica contando a si mesmo a mesma história de que é um fracassado e sempre será, pode cometer suicídio, entrar em depressão ou, simplesmente, continuar fazendo besteiras. Por esse motivo, é importante aprendermos a reformular as narrativas interiores que puxam nossos pensamentos para baixo, substituindo-as por outras que abram possibilidades.

Porém, é importante não exagerar na positividade. Pessoas cujas histórias são todas um mar de rosas geralmente estão em negação, e as que ficam se vangloriando sem parar sobre como elas são maravilhosas normalmente não têm contato com sua condição humana comum, de modo que, são capazes de morrer de vergonha quando cometem um erro, ou então dão desculpas apressadas e culpam os outros pelo que aconteceu. Uma pessoa madura e resiliente é aquela cujas narrativas interiores e exteriores refletem naturalmente pontos fortes e limitações, e ela não tem medo de sentir por inteiro momentos de vitória, alegria, humilhação, remorso e assim por diante. Essa atitude também nos ajuda a aceitar qualidades positivas e imperfeições alheias, sem ter de rotular outras pessoas como boas e más, como em antigos roteiros televisivos em que os foras da lei sempre usavam chapéu preto, e os defensores da lei, branco.

O sentido também vem até nós pelo chamado do futuro, tipicamente veiculado pela imaginação, como aconteceu com os sobreviventes do Holocausto mencionados acima. A maioria das pessoas que reflete sobre o significado da própria vida descobre que as respostas vêm nos devaneios, que, se você parar para notar, em geral têm estrutura narrativa. Imaginamos que tipo de pessoa queremos ser, como queremos atuar no mundo, e quais resultados esperamos vivenciar e porquê. Às vezes nossas histórias incluem um senso claro de propósito – uma visão do que queremos obter e que tipo de pessoa queremos e precisamos ser para que essa visão se realize. Nessa situação está implícito um enredo, tal como em um filme ou um romance, com um tipo específico de personagem encetando um tipo específico de jornada para chegar a um final feliz (a visão do futuro). Quanto mais atentos estivermos à qualidade das histórias girando ao redor de nossa cabeça, mais provável será conseguirmos formular narrativas que suscitem os resultados que desejamos.

Na meditação, concentrar-se na respiração e observar as histórias sem se sentir tentado a acreditar nelas é uma ótima proteção contra aceitar como verdade uma história que pode prejudicar você. Mesmo no decorrer de um dia comum, você pode se beneficiar disso permanecendo ciente das histórias reverberando em sua psique. Também é possível ficar atento à maneira como essas histórias fazem você se sentir. Um sinal de que sua história é autêntica é a sensação de retidão que ela causa. Em momentos corriqueiros, isso pode deixá-lo calmo e tranquilo; em tempos difíceis, pode fazê-lo sentir sua raiva, tristeza ou luto verdadeiros; e, nos bons momentos, você pode se sentir cheio de energia e empolgação.

Há tantos homens e (principalmente) mulheres fazendo tratamento com remédios ansiolíticos e antidepressivos que, ao que parece, hoje temos uma epidemia de infelicidade silenciosa nos Estados Unidos. Se acrescentarmos à mistura os vários homens e mulheres que se medicam com álcool e drogas recreativas, quem luta contra a obesidade pela fome emocional e outros comportamentos compulsivos, além das várias pessoas que tentam o suicídio, os índices se tornam aterradores.

A história médica predominante é que precisamos de remédios, o que é correto em certos casos de depressão. No entanto, muitos de nós tomamos medicamentos com receita ou nos automedicamos em vez de parar para pensar que estamos infelizes com realidades que, na verdade, conseguiríamos mudar. Pode ser que todo esse estresse e infelicidade signifiquem que as histórias que vivemos, ouvimos e contamos a nós mesmos estão fora de contato com a realidade ou minando nossa confiança. No mínimo, podemos parar de acreditar e de contar a nós mesmos narrativas que nos deixam inseguros e sem fôlego com ansiedade e preocupação.

Ao deixarmos claro quem somos, nossas histórias também nos ajudam a saber quem não somos. Digamos que, por um instante, você sinta inveja de outra mulher por ela ter qualidades e realizações que você não tem. Ainda que isso possa ser um sinal de alerta para atributos que você deseja desenvolver em si mesma, mais frequentemente ele oferece uma oportunidade de observar como essa mulher brilha e, em seguida, dizer a si mesma que, mesmo não possuindo esses dons, você tem equivalentes, os quais pode reforçar em sua mente. Isso lhe permite distinguir quais são suas prioridades, a fim de parar de tentar agradar todo mundo ou permanecer em uma luta sem fim para corresponder a inúmeras imagens idealizadas de como as mulheres devem ser e que tenham pouca coisa a ver com você como indivíduo. Quando se sabe quem se é, é mais fácil viver feliz e bem-sucedido sem se desgastar.

Como os capítulos anteriores ilustraram, cada arquétipo contribui para a descoberta de uma dimensão humana necessária que pode ajudar você a saber quem é e o que veio fazer aqui: Deméter a ajuda a saber do que e de quem você gosta o bastante a ponto de se importar com essa pessoa ou coisa. Zeus a impele a descobrir seus pontos fortes e desenvolvê-los para poder contribuir para o bem maior e conquistar o respeito alheio. Perséfone a conecta com seu saber intuitivo mais profundo sobre seu verdadeiro chamado. E Dionísio a induz a descobrir o que você gosta de fazer por puro prazer.

Seu cálice é a sensação de regozijo que você sente quando passa a dominar todos esses elementos, de modo a se apresentar em sua melhor versão e com seu eu mais completo e autêntico. Aqui, o risco é que, muitas vezes, os arquétipos parecem querer se expressar por inteiro em nós; logo, dominá-los inclui harmonizar sua própria expressão de cada arquétipo com o que atende à sua unicidade, prioridades e propósito.

Hoje, entender esses arquétipos pode transformar o que significa, para as mulheres, "ter tudo", não apenas do jeito que os homens vêm fazendo. Teoricamente, homens sempre tiveram emprego, família e tempo para si, mas isso não quer dizer que todos eles se sentiam plenos em todos esses papéis. Muitos homens com carreiras de muito prestígio mal conheciam os filhos, substituíam as esposas por mulheres mais jovens quando havia oportunidade e, quando se aposentavam, não tinham nenhuma ideia intrínseca do próprio valor sem o cargo e o poder que tinham. Vários homens tinham empregos não gratificantes e, com frequência, degradantes. Alguns, é claro, tinham e ainda têm tudo. Eles adoram o próprio trabalho, são amigos dos outros funcionários, têm uma relação íntima e comprometida com o cônjuge ou parceira(o), são próximos dos filhos (quando os têm), de outros familiares e amigos. E o que muitos homens e mulheres pensam a respeito do que seria ter tudo pode ser extremamente diferente dessa visão estereotipada do que é esse "tudo".

Múltiplas funções de vários tipos requerem estar em contato com arquétipos que proporcionem energia para as respectivas tarefas. Hoje, para muitas pessoas, o arquétipo de Zeus oferece a essência da competição no trabalho, enquanto Deméter confere energia a responsabilidades mais relacionadas ao cuidado, Perséfone estimula o desenvolvimento romântico e psicoespiritual, e Dionísio demonstra arroubos inesperados de alegria frequentemente oriundos de atitudes espontâneas e brincalhonas. Sem um arquétipo para respaldar você nas tarefas mais importantes, elas podem parecer mais penosas.

Mas a boa notícia é que você pode avivar uma história arquetípica do mesmo modo que baixa um aplicativo de software em um dispositivo tecnológico (laptop, smartphone, tablet etc.), sobretudo os que o ajudam nas tarefas diárias. No entanto, um download arquetípico passa da sua mente inconsciente para a mente consciente. Ler sobre arquétipos, nesta ou em outras obras, pode engatilhar esse processo, sobretudo se você começar a observar como, talvez, seja parecido com os personagens em questão ou viveu situações comparáveis com aquelas pelas quais eles passam. Assim como ao clicar em um ícone para abrir um aplicativo de software, para ativar um arquétipo você começa utilizando suas perspectivas na maneira como pensa e faz as coisas.

Uma mulher afirma que, conscientemente, invoca sua energia guerreira de Zeus quando precisa ir a uma reunião difícil de trabalho, que é um modo de lembrar que ela precisa entrar na sala munida de armadura e deixar sua parte durona assumir a liderança na maneira como ela se apresenta, o que diz e como reage. Outra mulher, com filhos pequenos, diz como, ao chegar exausta em casa e querer ir para a cama, ou apenas ler um bom livro, invoca sua parte Deméter, que ela lembra estar centrada no seu coração. Ela para, inspira e expira lentamente focada no coração, lembra-se do quanto ama os filhos (pensando neles dormindo, com carinha inocente), relaxa os músculos faciais sorrindo, e recebe as crianças com afeto e amor. Outra, com tendência à timidez, fica um pouco de lado quando a maioria das amigas instala a rede de vôlei, mas em seguida convoca seu lado Dionísio divertido a aparecer. Ela curte um pouco, imaginando-se na partida e se conectando com as amigas e na sensação boa que isso causará, e, quando alguém sai, ela entra no jogo, feliz.

Tomar consciência das histórias arquetípicas à disposição também pode lhe permitir instruir seus arquétipos sobre o que você precisa que eles façam para cumprir seus papéis e qual expressão melhor combina com seus valores, prioridades e nível de energia. Para reforçar sua compreensão de que os arquétipos são partes de você, é possível nomeá-los e dizer (na sua mente, em um diário ou em voz alta) do que você precisa ou não precisa que eles façam, imaginando-os meneando a cabeça em aprovação (pensando, claramente, "Entendi"). Isso ajuda a integrar os arquétipos em sua personalidade e estrutura do ego, para que as expressões deles pareçam, e sejam, congruentes com quem você é. Dessa maneira, você pode permanecer energizada em suas várias funções, sem se forçar além da conta tentando ser uma supermulher.

Os Mistérios de Elêusis incluíam todos os quatro arquétipos porque, juntos, eles são maiores que suas partes individuais. O ideal supremo não é apenas ter energia para tarefas e funções variadas, mas que todas as suas funções sejam expressões multidimensionais de quem você é, de modo que possa se apresentar como um ser integral em todos os lugares. Você não precisa verificar sua capacidade de cuidar, de se divertir ou ter intimidade ao sair para trabalhar, e também não precisa parar de pensar com clareza, definir limites e demonstrar assertividade ao voltar para casa.

A Varinha Mágica que Muda a História

Se tivermos flexibilidade e criatividade para imaginar histórias alternativas, poderemos substituir quaisquer narrativas datadas, antigas e incapacitantes por um sem-número de outras, novas. Ao mudar seus roteiros interiores, automaticamente você muda comportamentos e, em seguida e de maneira natural, sua vida. Sua varinha mágica é a capacidade de transformar os enredos em que pensa, conta e vive, e também a sabedoria que lhe permite reconhecer qual tipo de roteiro é necessário para você continuar encarando os desafios em sua vida. Isso ajuda você a ficar menos rigidamente fechada em sua própria maneira de ver as coisas e a se interessar verdadeiramente pelo modo como outras pessoas a veem. Todos temos uma visão parcial do mundo, uma vez que o observamos através de lentes próprias ou narrativas habituais; logo, interpretamos acontecimentos externos de modo a se encaixarem nas tramas que já estão passando pela nossa cabeça.

Para uma perspectiva mais completa, precisamos expandir o que somos capazes de ver ao ouvirmos os outros. Pense em como os policiais em resposta a um acidente ou um crime devem definir o que aconteceu. Idealmente, eles colhem depoimentos frequentemente conflitantes de testemunhas ou de outras pessoas que têm informações importantes e só então avaliam o que é verdadeiro. O mesmo é válido para detetives profissionais e amadores que resolvem crimes descobrindo "quem o cometeu", ou para nós quando tentamos decodificar o mistério maior sobre quem somos e como podemos fazer a diferença.

Revoluções que depõem à força instituições arraigadas geralmente resultam em pensamentos estreitos e carregados de ideologia. Os regimes totalitários que sufocam pontos de vista opostos com medidas violentas são os exemplos extremos. Mesmo iniciativas de mudança bem-intencionadas – seja com seu cônjuge ou parceiro(a), sua família estendida, ambiente de trabalho, igreja/templo ou núcleo social – sem diálogo verdadeiro resultam em resistência passiva, uma erosão geral de energia ou, mesmo, o sistema todo sendo pego de surpresa por problemas imprevistos que certas pessoas sabiam que aconteceriam, mas sobre os quais temiam falar. Às vezes, nossos "será que devo" pessoais se tornam tiranos interiores que reprimem nossos sentimentos reais e narrativas de rebelião.

O poder da varinha mágica começa com a inteligência cognitiva, emocional e narrativa para formular histórias que una pontos de vista conflitantes.[5] Explorar acontecimentos de sua vida através das lentes dos deuses e deusas arquetípicos deste livro pode facilitar essa habilidade, sobretudo se você também está ciente das narrativas deles nas pessoas com quem convive. Fazer isso pode lembrar você de não as criticar em caso de discordância, mas de ouvir o que talvez tenha deixado de lado.

O próximo passo para usar com sabedoria sua varinha mágica requer reivindicar seu poder para afirmá-lo como você o vê e se munir de coragem para entabular um diálogo que pode transformar sua visão e a dos outros. E compartilhar a narrativa resultante quase sempre será mais eficaz que defender um ponto de vista com base apenas em opiniões ou fatos, uma vez que as histórias proporcionam contextos que explicam por que você pensa no que faz. O especialista em liderança Stephen Denning (em *The Leader's Guide to Storytelling*) cita pesquisas demonstrando que podemos oferecer às pessoas todos os dados do mundo sobre a necessidade de mudar de direção, a ponto de elas conseguirem passar em um teste sobre esse tema, mas provavelmente elas não tomarão atitudes diferentes das anteriores. No entanto, uma narrativa marcante que toque o coração pode levar as pessoas a reavaliarem sua situação e mudar.

Histórias conectam o coração e a mente de maneiras que incentivam a ação e, muitas vezes, são lembradas em citações ou frases curtas memoráveis que evocam uma narrativa maior. Pense no discurso de Gettysburg de Lincoln e sua mensagem de que "Cumpre a nós, os presentes, dedicarmo-nos à importante tarefa que temos pela frente", e "que solenemente admitamos que esses mortos não morreram em vão"; ou no Discurso Inaugural de Franklin Delano Roosevelt, no qual ele acalmou uma nação atemorizada, proclamando que "a única coisa que devemos temer é o próprio medo".

Varinhas mágicas de inteligência narrativa também podem fazer parte de trocas humanas cotidianas. O presidente do programa de graduação do Departamento de Língua Inglesa onde lecionei no início de minha carreira me orientou ao me dar conselhos. Entretanto, o que ficou gravado na memória não foi o que aprendi com o que ele me contou, mas o que aprendi por meio do seu exemplo. Uma vez, ansiosa, presenciei o que parecia um grande conflito prestes a irromper entre ele e um aluno furioso e provocador. O presidente parou por um instante e, em seguida, respondeu, com calma, "É aí que está a diferença entre nós", e prosseguiu, falando baixo e mantendo contato visual amigável para explicar como ele via a situação. O simples fato de ter observado o fato expandiu minha noção de como evitar o agravamento de um conflito. Muitos anos depois, vivenciei outra epifania de varinha mágica enquanto almoçava com uma amiga. Eu estava reclamando, com uma voz de coitada, sobre algo que meu marido dissera. Sua resposta foi: "Carol, é só o clima. Quando chove, você não chora, mas arruma um guarda-chuva". Ela mudou minha história tão depressa que parei de choramingar e passei a rir em segundos, lembrando que, na verdade, eu estava vivendo uma história de amor, na qual naturalmente há falhas de comunicação que machucam. Se você lê histórias de amor, percebe que tais momentos são tão inevitáveis quanto oscilações climáticas, e podem levar à alegria de fazer as pazes.

A habilidade de se contar uma história que vem do coração pode impactar de maneira marcante as opiniões das pessoas ao seu redor, e se boa parte de vocês está contando uma história semelhante, coletivamente vocês podem mudar a mente e o coração de familiares, chefes, ou até do seu país. Na década de 1960, uma adolescente que engravidasse cairia em desgraça, a menos que conseguisse fazer um aborto, o que nos Estados Unidos era ilegal e, às vezes, fatal. Se ela sobrevivesse, provavelmente não contaria nada a ninguém, assim como sua família. Se desse continuidade à gravidez, teria de sair da escola, possivelmente seu destino seria uma vida de pobreza e, talvez, tivesse dificuldades para se casar, a não ser que o pai "agisse com honra"; nesse caso, ele poderia ficar ressentido com ela e com a criança. Não obstante, pessoas aparentemente comuns se esforçaram para mudar essa situação. Como resultado, só uma pessoa de coração muito empedernido apoiaria hoje em dia essas consequências para adolescentes, por mais que as pessoas ainda permaneçam divididas em relação a questões sobre educação sexual e aborto. A mudança mais recente em atitudes públicas para com *gays* e lésbicas começou quando milhões saíram do armário e falaram abertamente sobre as próprias dificuldades interiores e exteriores, e filmes como *O Segredo de Brokeback Mountain* (*Brokeback Mountain*, 2005) contaram histórias que incentivaram mais empatia. Um movimento semelhante ainda está pendente para a população transgênero cada vez mais visível.

Por mais insignificante que pareça o mero compartilhamento de sua verdade, suas narrativas e estruturas são pontos de influência a partir dos quais você pode começar a transformar o mundo.

Martin Luther King Jr. é um exemplo marcante de inteligência narrativa na prática. Em seus discursos e textos, especialmente para públicos compostos de pessoas brancas e negras, a primeira coisa que ele citava eram experiências pessoais – por exemplo, o que um pai ou mãe sente quando há um parquinho e uma piscina no bairro, mas seus filhos não podem entrar – para suscitar empatia; em seguida, começava a abordar a condição mais geral de afro-americanos sob segregação, contextualizando, por fim, o movimento por direitos civis em termos de pessoas de todas as etnias serem fiéis aos princípios fundadores da nação. Ao elaborar essa história mais abrangente, ele mudou o foco de uma narrativa amplamente arraigada de brancos contra negros (alimentada por certas pessoas até hoje) para um apelo a todos os norte-americanos sensatos para que se unissem em solidariedade contra a ignorância e o preconceito. O presidente Obama (no momento da escrita deste livro) deu continuidade a essa tradição, compartilhando sua história ao discutir o sonho norte-americano como uma visão ainda em processo de ser realizada à medida que constituímos "uma união mais completa".

Histórias de varinha mágica não são apenas as que contamos. Às vezes, as mais influentes são as que vivemos. Alguns anos atrás, quando eu dirigia um instituto de liderança, especialistas na área começaram a defender a bela arte de se mostrar em presença plena da própria autenticidade. O que agora se conhece como "estar presente" é tão relevante para as pessoas em geral, independentemente dos papéis sociais, como para líderes. O livro que coloca essa afirmação na agenda da liderança, *Presença: Propósito Humano e o Campo do Futuro*, foi escrito por uma potente equipe de desenvolvimento organizacional composta por Peter Senge, C. Otto Scharmer, Joseph Jaworski e Betty Sue Flowers, que compartilham com o leitor momentos cruciais da própria jornada, modelando, assim, a transparência em explorar as partes mais profundas da liderança, em contraste com o foco generalizado em livros de desenvolvimento de carreira sobre dinheiro, poder e *status*.

Como escritores de sucesso que são, os quatro admitem que líderes precisam demonstrar força, competência e cuidado pelos outros. A *presença* sustenta que as pessoas têm um propósito, de modo que sua vivência autêntica é importante para o todo e cada um de nós é um microcosmo desse todo (semelhante à metafísica de Hushpuppy). Conectar-se com o mundo dessa maneira requer que seu eu autêntico e mais profundo esteja incorporado em sua presença física, suas ações e tudo o que você faz. Isso também permite que você seja espontâneo, pois não está escondendo quem é, e que desfrute de sua relação com os outros. Nessa circunstância, podemos ouvir o cuidado de Deméter, o poder de Zeus, a autenticidade profunda de Perséfone e a liberdade de Dionísio. Isso significa que é possível ser cem por cento você mesmo e ter a flexibilidade de viver qualquer uma dessas histórias conforme solicitado pelas circunstâncias. Tal liderança situacional autêntica lhe permite transformar acontecimentos e relações.

Às vezes, essa mudança pode ser obtida meramente por linguagem corporal. Por exemplo, se alguém entra furioso no seu escritório, receber essa pessoa com um afeto de Deméter, de braços abertos e abrindo um largo sorriso muitas vezes pode transformar o humor dela. Porém, se ela passa dos limites em relação ao que faz ou diz, mudar de postura e ficar mais na defensiva, com ares de forte e algum elemento ao estilo Zeus de advertência no olhar, pode fazê-la demonstrar mais respeito. Um pouco do espírito brincalhão de Dionísio nas suas atitudes pode deixar as coisas mais leves, enquanto a tranquilidade dignificante de Perséfone pode acalmar a pessoa. Em uma visão mais macro, a arte de estar presente provém de estruturar a história que você deseja evocar nas outras pessoas ou no sistema social mais amplo. Independentemente da história contada, as pessoas precisam ver você vivendo-a na prática para acreditarem e ficarem dispostas a acompanhá-lo.

Cada uma das histórias arquetípicas apresentadas nos capítulos anteriores trouxe consigo lições de inteligência narrativa. Todos os personagens utilizam suas espadas interiores para se libertar de histórias limitantes, seus escudos para se proteger da pressão alheia constante, seus cálices para solidificar ações relacionadas a seus verdadeiros propósitos arquetípicos e, em meio a tudo isso, suas varinhas mágicas para mudar a história maior que os cerca. É assim que o senso de comunidade é restaurado e seus finais felizes são alcançados.

Uma habilidade derradeira de inteligência narrativa nos permite ir direto ao assunto e explicar a essência das narrativas que vivemos e contamos. Pelo fato de algumas pessoas se perderem nos detalhes, o final clássico de muitas histórias com ensinamentos é "e a moral da história é _____". O que sei é que gosto quando um autor cristaliza a mensagem central de um livro no fim. Então, aí vai: a metanarrativa que emerge de *O Despertar da Heroína Interior* diz que você é importante – todos somos – e que, quando você é cem por cento fiel à sua missão e a si mesmo, você age da melhor maneira. Durante milênios, seres humanos assimilaram uma narrativa informando que alguns de nós somos os personagens principais da história e outros não passam de coadjuvantes, criados para servir. Ao lado dessa ideia, perpetuou-se que aquilo com que as mulheres se importam, o que fazem e fizeram têm menos valor que prioridades e comportamentos masculinos. Mas agora a situação é outra, e não podemos nos dar ao luxo de perder as capacidades humanas que tais histórias andaram promovendo – sobre gênero, etnia, renda, orientação sexual ou qualquer um dos fatores que foram usados para marginalizar e desvalorizar alguns de nós em prol de outros. Como indivíduos, grupos e sociedades inteiras, podemos nos recusar a acreditar e concordar com histórias que tiram nosso poder. Podemos reconhecer que elas são apenas histórias e que seu poder provém de as pessoas agirem como se elas fossem verdadeiras; portanto, devemos parar de estimular o que não queremos.

Ao longo deste livro, você descobriu uma antiga narrativa alternativa – os Mistérios de Elêusis – e viu como os arquétipos dela estão vivos hoje, ressurgindo em comportamentos muitas vezes considerados não relacionados uns com os outros. Essas narrativas arquetípicas dos deuses e deusas dessa tradição de Mistérios de Elêusis também demonstraram como é possível se conectar com recursos interiores importantes para ter como suportes uma mente questionadora desperta e curiosa, um coração corajoso e cuidadoso, o guia sábio de sua alma, e a alegria que se pode encontrar em um corpo que se sente vivo e livre. Todas essas coisas são suas por direito e nascimento, mas você precisa reivindicá-las. Esse é o ato heroico que lhe permite transformar sua história e sua vida.

À medida que você é cada vez mais apoiado por essas capacidades interiores, um resultado colateral é conseguir permanecer centrado em si mesmo e, ao mesmo tempo, sentir-se conectado com os outros – desde as pessoas mais próximas a você até amplas espirais que se expandem para incluir a espécie humana, a terra e o cosmos. Se boa parte de nós fizermos isso, nossa capacidade humana combinada nos permitirá transformar o mundo, libertando-nos do ceticismo e do desespero que atualmente limitam o potencial humano.

As histórias presentes neste livro também revelaram como arquétipos em indivíduos e na sociedade de maneira mais geral se espelham uns nos outros de uma maneira interdependente que permite a evolução individual, grupal e humana. Se você assimilar essa afirmação e pensar a respeito, ela pode lhe garantir que você é parte dos complexos sistemas vigentes naturais e sociais interconectados, cujo centro fica em todos os lugares e em lugar nenhum. Para você, fica no lugar onde está. Sempre que você muda, pode causar efeitos cascata que mexem com os sistemas ao seu redor que, depois, se reajustam, criando uma nova ordem que, por sua vez, influencia você e assim por diante, de maneira contínua. Assim, o fato de se conseguir buscar a autenticidade por inteiro contribui com um processo complexo que ajuda os sistemas ambientais e sociais mais amplos a evoluir junto com você.

Qualquer que seja sua metanarrativa, o que espero é que você descubra a alegria, vivencie a abundância e não tenha medo de ser fiel ao seu próprio caminho – obtendo a recompensa prometida dois milênios atrás aos antigos iniciados e ainda mais passível de ser alcançada hoje.

Quem é Quem

Os relacionamentos entre deuses e mortais na mitologia grega são muitas vezes confusos e inconsistentes, dependendo da fonte. Este Quem é Quem foi elaborado para ajudar você a saber quem são os personagens abordados neste livro. Os equivalentes romanos são apresentados quando relevantes.

Afrodite – Deusa do amor, da beleza, do prazer e da procriação; esposa de Hefesto; conhecida como Vênus na mitologia romana.

Apolo – Deus do sol, da música, da poesia e muitas outras coisas; filho de Zeus; patrono de Delfos.

Ariadne – Esposa de Dionísio; filha do rei Minos e da rainha Pasífae, de Creta; meia-irmã do Minotauro; ajudou Teseu a matar o Minotauro.

Atena – Deusa da sabedoria e dos veículos; filha de Métis e Zeus; protetora de Atenas.

Cronos – Rei dos Titãs; marido de Reia; pai de Zeus, Hera, Hades, Poseidon, Deméter e Héstia.

Deméter – Mãe de Perséfone, filha de Zeus; filha dos Titãs Cronos e Reia; irmã de Zeus; fundadora dos Mitos Eleusinos.

Demofonte – Filho da rainha Metanira.

Dionísio – Deus da colheita da uva, da produção do vinho e do vinho em si, da loucura ritualística, fertilidade, teatro e êxtase religioso; filho de Perséfone e Hades; marido de Ariadne; muitas vezes confundido com Baco, o deus romano do vinho.

Eros – Deus do amor; marido de Psiquê; conhecido como Cupido na mitologia romana.

Gaia – A Mãe Terra primitiva.

Hades – Deus do Submundo; marido de Perséfone; filho dos Titãs Cronos e Reia; irmão de Zeus, Deméter, Poseidon, Hera e Héstia.

Hécate – Deusa das encruzilhadas; trata Deméter com gentileza; assume o lugar de Perséfone no Submundo quando ela está ausente.

Hefesto – Deus dos ferreiros, marceneiros, artesãos, entre outros; filho de Hera por partenogênese; marido de Afrodite.

Hera – Esposa de Zeus; mãe de Hefesto por partenogênese; filha dos Titãs Cronos e Reia; irmã de Zeus, Poseidon, Deméter, Hades e Héstia; frequentemente retratada como chorona, ciumenta ou nervosa.

Hermes – Deus do comércio e da comunicação; acompanha Perséfone de volta do Submundo.

Iambe – Serva da rainha Metanira; também é a deusa do humor e da poesia.

Koré/Perséfone – Rainha do Submundo; filha de Deméter e Zeus; esposa de Hades; fundadora dos Mistérios de Elêusis.

Metanira – Rainha de Elêusis.

Métis – Deusa Titã; conselheira de Zeus; mãe de Atena.

Minotauro – Um touro, filho da rainha Pasífae de Creta.

Poseidon – Deus dos mares; filho dos Titãs Cronos e Reia; irmão de Zeus, Hades, Deméter, Hera e Héstia.

Psiquê – Esposa de Eros; mãe de Hedonê.

Reia – Esposa de Cronos; mãe de Zeus, Deméter, Poseidon, Hades, Hera e Héstia.

Tifão – Monstro criado pelos Titãs para derrotar Zeus.

Zeus – Líder dos deuses do Olimpo; deus do céu; filho dos Titãs Cronos e Reia; marido de Hera; pai de Perséfone com Deméter (e de muitos outros filhos ilegítimos); irmão de Hera, Deméter, Poseidon, Hades e Héstia.

Bibliografia

Obras Essenciais sobre os Mistérios de Elêusis e Mitos Relacionados

Blackford, Holly Virginia. *The Myth of Persephone in Girls' Fantasy Literature*. Nova York: Routledge, 2012.

Bowden, Hugh. *Mystery Cults of the Ancient World*. Princeton, Nova Jersey: Princeton Univ. Press, 2010.

Campbell, Joseph. *The Hero with a Thousand Faces*. Nova York: World Publishing Co., 1970. [*O Herói de Mil Faces*. São Paulo: Cultrix, 1989.]

Demand, Nancy. *Birth, Death, and Motherhood in Classical Greece*. Baltimore: Johns Hopkins Univ. Press, 2004.

Downing, Christine, org. *The Long Journey Home: Re-Visioning the Myth of Demeter and Persephone for Our Time*. Boston: Shambhala Publications, 1994. Se você quer dar sequência com apenas um livro, recomendo este.

_____. *Psyche's Sisters: Reimagining the Meaning of Sisterhood*. Reimpressão, Nova Orleans: Spring Journal Books, 2007.

Ehrenreich, Barbara. *Dancing in the Streets: A History of Collective Joy*. Nova York: Metropolitan Books, 2007.

Eisler, Riane. *The Chalice and the Blade: Our History, Our Future*. Cambridge, MA: Harper & Row Publishers, 1987.

Foley, Helene P., org. *The Homeric Hymn to Demeter: Translation, Commentary, and Interpretive Essays*. Princeton, Nova Jersey: Princeton Univ. Press, 1994.

Frazer, James George. *The Golden Bough: A Study in Magic and Religion*. Nova York: Macmillan Publishing, 1922.

Gadon, Elinor W. *The Once and Future Goddess*. Nova York: Harper & Row Publishers, 1989.

Gilligan, Carol. *The Birth of Pleasure*. Nova York: Knopf, 2002.

Hillman, James. *The Myth of Analysis: Three Essays in Archetypal Psychology*. Evanston, Illinois: Northwestern Univ. Press, 1983.

Johnson, Robert A. Ecstasy: *Understanding the Psychology of Joy*. São Francisco: Harper & Row Publishers, 1987.

Keller, Mara Lynn. "The Ritual Path of Initiation into the Eleusinian Mysteries." *Rosicrucian Digest 2* (2009): 28-42.

Kerényi, Carl. *Dionysos: Archetypal Image of Indestructible Life*. Traduzido por Ralph Manheim para o inglês. Vol. 2 de *Archetypal Images of Greek Religion*. Mythos 65. Série patrocinada pela Bollingen Foundation. Princeton, Nova Jersey: Princeton Univiversity Press, 1976.

Kingsley, Peter. *In the Dark Places of Wisdom*. Inverness, Califórnia: The Golden Sufi Center, 1999.

Louis, Margot K. *Persephone Rises*, 1860-1927: *Mythography, Gender, and the Creation of a New Spirituality*. Farnham, Reino Unido: Ashgate, 2009.

Swanson, Todd. "Womb of Fire: A Study of the Eleusinian Mysteries." *Eleusinian Mysteries* (blog). Maio 1993. http://eleusinianmysteries.org/WombOfFire.html.

Wilkinson, Tanya. *Persephone Returns: Victims, Heroes, and the Journey from the Underworld*. Berkeley, Califórnia: PageMill Press, 1996.

Outras Obras Altamente Recomendadas

Adson, Patricia R. e Jennifer Van Homer. *A Princess and Her Garden: A Fable of Awakening and Arrival*. 2ª ed. Gainesville, Flórida: Center for Applications of Psychological Type, 2011.

Arbinger Institute, The. *Leadership and Self-Deception: Getting Out of the Box*. São Francisco: Berrett-Koehler Publishers, 2009.

Bastian, Edward W. *InterSpiritual Meditation: A Seven-Step Process from the World's Spiritual Traditions*. Santa Barbara, Califórnia: Spiritual Paths Publishing, 2010.

_____. *Mandala: Creating an Authentic Spiritual Path: An InterSpiritual Process*. Boulder, Colorado: Albion, 2014. Inclui um recurso para encontrar seu caminho espiritual natural.

Beckwith, Michael Bernard. *TranscenDance*. Culver City, Califórnia: Agape Media International (distribuído por Hay House), 2012.

Bolen, Jean Shinoda. *Artemis: The Indomitable Spirit in Everywoman*. São Francisco: Conari Press, 2014.

_____. *Goddesses in Everywoman: A New Psychology of Women*. São Francisco: Harper & Row Publishers, 1984.

Campbell, Joseph e Bill Moyers. *The Power of Myth*. Nova York: Doubleday, 1988.

Casey, Caroline W. *Making the Gods Work for You: The Astrological Language of the Psyche*. Nova York: Harmony Books, 1998.

Colman, Arthur D. *Up from Scapegoating: Awakening Consciousness in Groups*. Wilmette, Illinois: Chiron Publications, 1995.

Edinger, Edward F. *Ego and Archetype: Individuation and the Religious Function of the Psyche*. Boston: The C. G. Jung Foundation for Analytical Psychology, 1972. [*Ego e Arquétipo – Uma Síntese Fascinante dos Conceitos Psicológicos Fundamentais de Jung*. São Paulo: Cultrix, 2ª ed., 2020.]

Estés, Clarissa Pinkola. *Women Who Run with the Wolves: Myths and Stories of the Wild Woman Archetype*. Nova York: Ballantine Books, 1992.

Fox, Matthew. *The Hidden Spirituality of Men: Ten Metaphors to Awaken the Sacred Masculine*. Novato, Califórnia: New World Library, 2008.

_____. *Original Blessing: A Primer in Creation Spirituality Presented in Four Paths, Twenty-Six Themes, and Two Questions*. Santa Fé, Novo México: Bear, 1983.

Gimbutas, Marija. *The Language of the Goddess*. São Francisco: Harper & Row Publishers, 1989.

Hale, Cynthia Anne. *The Red Place: Transforming Past Traumas Through Relationships*. Londres: Muswell Hill Press, 2014.

Heilbrun, Carolyn G. *Toward a Recognition of Androgyny: A Search into Myth and Literature to Trace Manifestations of Androgyny and to Assess Their Implications for Today*. Nova York: Alfred A. Knopf, 1973.

Henderson, Hazel. *Paradigms in Progress: Life Beyond Economics*. Indianápolis: Knowledge Systems, 1991.

Hillman, James. *Re-Visioning Psychology*. Nova York: Harper & Row Publishers, 1975.

Houston, Jean. *The Search for the Beloved: Journeys in Mythology and Sacred Psychology*. Los Angeles: Tarcher/Perigee, 1987.

Huffington, Arianna. *Thrive: The Third Metric to Redefining Success and Creating a Life of Well-Being, Wisdom, and Wonder*. Nova York: Harmony Books, 2014.

Johnson, Robert A. *Inner Work: Using Dreams and Active Imagination for Personal Growth*. São Francisco: Harper & Row Publishers, 1986.

Jung, C. G., Gerhard Adler e R. F. C. Hull (orgs.). *Archetypes and the Collective Unconscious*, de The Collected Works of C. G. Jung, Volume 9, Part 1. Princeton, Nova Jersey: Princeton Univ. Press, 1981.

Kay, Katty e Claire Shipman. *The Confidence Code: The Science and Art of Self-Assurance — What Women Should Know*. Nova York: HarperBusiness, 2014.

King, Vivian. *Soul Play: Turning Your Daily Dramas into Divine Comedies*. Georgetown, Massachusetts: Ant Hill Press, 1998.

Korten, David. *Change the Story, Change the Future: A Living Economy for a Living Earth*. São Francisco: Berrett-Koehler Publishers, 2015.

L'Engle, Madeleine. *A Wind in the Door*. Nova York: Farrar, Straus and Giroux, 1973.

Louden, Jennifer. *The Life Organizer: A Woman's Guide to a Mindful Year*. Novato, Califórnia: New World Library, 2007.

Lule, Jack. *Daily News, Eternal Stories: The Mythological Role of Journalism*. Nova York: Guilford Press, 2001.

MacCoun, Catherine. *On Becoming an Alchemist: A Guide for the Modern Magician*. Boston: Trumpeter, 2008.

Mahaffey, Patrick. *Evolving God-Images: Essays on Religion, Individuation, and Postmodern Spirituality*. Bloomington, Indiana: iUniverse, 2014.

Moore, Robert L. e Douglas Gillette. *King, Warrior, Magician, Lover: Rediscovering the Archetypes of the Mature Masculine*. São Francisco: HarperSanFrancisco, 1991.

Murdock, Maureen. *The Heroine's Journey: Woman's Quest for Wholeness*. Boston: Shambhala Publications, 1990.

Noble, Vicki. *Motherpeace: A Way to the Goddess Through Myth, Art, and Tarot*. São Francisco: Harper & Row Publishers, 1983.

Paris, Ginette. *Heartbreak: New Approaches to Healing; Recovering from Lost Love and Mourning*. Mineápolis: World Books Collective, 2014.

_____. *Pagan Grace: Dionysos, Hermes, and Goddess Memory in Daily Life*. Dallas, Texas: Spring Publications, 1991.

Rosas, Debbie e Carlos Rosas. *The Nia Technique: The High-Powered Energizing Workout That Gives You a New Body and a New Life*. Nova York: Broadway Books, 2004.

Roth, Gabrielle. *Sweat Your Prayers: Movement as Spiritual Practice*. Nova York: Jeremy P. Tarcher/Putnam, 1998. Dos cinco ritmos dela, o fluxo é o ritmo de Deméter, o *staccato*, de Zeus, o caos, de Dionísio, e a quietude da integração deles em seu cerne.

Roth, Gabrielle, com John Loudon. *Maps to Ecstasy: The Healing Power of Movement*. 2ª ed. Novato, Califórnia: New World Library, 1998.

Sahtouris, Elisabet. Gaia: *The Human Journey from Chaos to Cosmos*. Nova York: Pocket Books, 1989.

Sandberg, Sheryl. *Lean In: Women, Work, and the Will to Lead*. Nova York: Alfred A. Knopf, 2013.

Starhawk. *Dreaming the Dark: Magic, Sex and Politics*. Boston: Beacon Press, 1982.

Stone, Hal e Sidra Stone. *Embracing Our Selves: The Voice Dialogue Manual*. Novato, Califórnia: New World Library, 1989.

Tarnas, Richard. *The Passion of the Western Mind: Understanding the Ideas That Have Shaped Our World View*. Nova York: Ballantine Books, 1991.

Von Franz, Marie-Louise. *Alchemy: An Introduction to the Symbolism and the Psychology*. Toronto: Inner City Books, 1980. [*Alquimia – Uma Introdução ao Simbolismo e seu Significado na Psicologia de Carl G. Jung*. São Paulo: Cultrix, 2ª ed., 2022.]

Woodman, Marion e Elinor Dickson. *Dancing in the Flames: The Dark Goddess in the Transformation of Consciousness*. Boston: Shambhala Publications, 1996.

Woolger, Jennifer Barker e Roger J. Woolger. *The Goddess Within: A Guide to the Eternal Myths That Shape Women's Lives*. Nova York: Fawcett Columbine, 1989. [*A Deusa Interior – Um Guia sobre os Eternos Mitos que Moldam Nossas Vidas*. São Paulo: Cultrix: 1983.]

Publicações Relacionadas de Carol S. Pearson

Awakening the Heroes Within: Twelve Archetypes to Help Us Find Ourselves and Transform Our World. São Francisco: HarperSanFrancisco, 1991. Traduzido para o chinês, alemão, italiano, japonês, português e espanhol. [*O Despertar do herói Interior – A Presença dos Doze Arquétipos nos Processos de Autodescoberta e de Transformação do Mundo*. São Paulo: Cultrix, 2ª ed., 2023.]

Educating the Majority: Women Challenge Tradition in Higher Education, coeditoras, Donna L. Shavlik and Judith G. Touchton. Nova York: Macmillan Publishing, 1989.

The Female Hero in American and British Literature, coautora, Katherine Pope. Nova York: R. R. Bowker, 1981.

The Hero Within: Six Archetypes We Live By. São Francisco: Harper SanFrancisco, 1986, eds. rev. 1989, 1998. Traduzido para o dinamarquês, holandês, francês, alemão, italiano, coreano, polonês, português, espanhol e turco. [*O Herói Interior – Uma Introdução aos seis Arquétipos que Orientam a Nossa Vida* (Órfão – Inocente – Mago – Nômade – Guerreiro – Altruísta). São Paulo: Cultrix, 2ª ed., 2023.]

Introduction to Archetypes, coautor, Hugh Marr. Gainesville, FL: Center for Applications of Psychological Type, 2002.

Magic at Work: Camelot, Creative Leadership, and Everyday Miracles, coautora, Sharon Seivert. Nova York: Doubleday/Currency, 1995. Um livro mais antigo que explora as histórias arturianas de Camelot para aplicá-las no mundo moderno.

Mapping the Organizational Psyche: A Jungian Theory of Organizational Dynamics and Change, coautor, John G. Corlett. Gainesville, Flórida: Center for Applications of Psychological Type, 2003.

The Pearson-Marr Archetype Indicator™, coautor, Hugh Marr. Gainesville, Flórida: Center for Applications of Psychological Type, 2003, nova edição de 2014. Este instrumento oferece feedback sobre seus arquétipos heroicos, ajudando você a conhecer seus valores subjacentes, sua motivação e sua mentalidade narrativa. Ao contrário de muitas pesquisas ou questionários, este é um instrumento bem testado, elaborado por uma equipe de especialistas psicométricos e teóricos. Juntamente com *O Despertar da Heroína Interior*, ele pode mostrar em que lugar você está nas jornadas de Zeus (de órfão a guerreiro e comandante); de Deméter (de cuidadora a buscadora e sábia); de Perséfone (de inocente a amante e maga), e de Dionísio (de destruidor a bufão e criador) Nomes arquetípicos presentes em *O Despertar do Herói Interior*. Para acessar o instrumento, visite www.capt.org, onde você vai encontrar livros e materiais de apoio.

The Transforming Leader: New Approaches to Leadership for the Twenty-First Century, ed. São Francisco: Berrett-Koehler Publishers, 2012.

Who Am I This Time? Female Portraits in British and American Literature, coautora, Katherine Pope. Nova York: McGraw-Hill, 1976.

Adson, Patricia R. *Depth Coaching: Discovering Archetypes for Empowerment, Growth, and Balance.* Gainesville, Flórida: Center for Applications of Psychological Type, 2004.

_____. *Finding Your Own True North and Helping Others Find Direction in Life.* Gladwyne, Filadélfia: Type & Temperament, 1999.

Atlee, Cindy. *Becoming Known Well: Authentic Personal Branding for Workplace Fulfillment, Success and Contribution.* n.p.: Storybranding Group, 2013.

_____. *Using Narrative Intelligence to Lead, Motivate and Communicate.* n.p.: Storybranding Group, 2014.

_____. *When the Product is You: Branding from Authentic Self.* n.p.: Storybranding Group, 2012.

Mark, Margaret e Carol S. Pearson. *The Hero and the Outlaw: Building Extraordinary Brands Through the Power of Archetypes.* Nova York: McGraw-Hill, 2001. Edição de bolso lançada em setembro de 2002. Traduzido para o chinês, estoniano, português e russo. [*O Herói e o Fora da Lei – Como Construir Marcas Extraordinárias Usando o Poder dos Arquétipos.* São Paulo: Cultrix, 2003.]

Para mais livros, fontes, serviços, blogs e uma oportunidade de conversar com a autora e seus colegas, visite www.herowithin.com. Você também pode segui-la no LinkedIn e no Facebook: Carol S. Pearson, Ph.D., e no Twitter.

Notas

Os Mistérios de Elêusis e o Poder da Transformação Coletiva

1. Algumas fontes acreditam que o sacrifício dos porcos acontecia nos ritos do início de fevereiro. Em termos mais gerais, há debates sobre o que acontecia exatamente e em que lugar, uma vez que nossas ideias sobre os ritos foram reconstituídas de acadêmicos oriundos de fontes divergentes e, muitas vezes, fragmentadas.
2. Hugh Browden. *Mystery Cults of the Ancient World* (Princeton, Nova Jersey: Princeton Univ. Press, 2010), p. 26.
3. Elinor W. Gadon. *The Once and Future Goddess: A Symbol for Our Time* (Nova York: Harper & Row Publishers, 1989), pp. 143, 144, citações. As discussões da autora sobre o rito, o que acontecia ali e a relação com a Creta Minoica podem ser encontrados nas pp. 143-66.
4. Gadon. *Once and Future*, p. 26.
5. Helene P. Foley, org. "Background: The Eleusinian Mysteries and Women's Rites for Demeter." *The Homeric Hymn to Demeter: Translation, Commentary and Interpretive Essays* (Princeton, Nova Jersey: Princeton Univ. Press, 1994), pp. 65-75.

Por Que Eu? Como Esta Tradição Mudou Minha Vida

1. John R. Haule. *Jung in the 21st Century. Vol. 1: Evolution and Archetype* (Nova York: Routledge, 2011), p. 6. De acordo com Haule, "Jung

acreditava que os arquétipos estavam incorporados no desenvolvimento evolutivo". No entanto, continua Haule, "não foi Jung, e sim Robin Fox, antropólogo da Rutgers University, quem afirmou: 'Somos equipados de propensões inatas que exigem *input* ambiental para se realizarem' (Fox, 1989: 45). Fox insiste que nenhum relato sobre a condição humana pode ser levado a sério se ignorar os cinco milhões de anos de seleção natural que nos tornaram o que somos (*Ibid.*, 207). Ele lista mais de vinte padrões humanos que certamente se manifestariam se um novo Adão e uma nova Eva fossem autorizados a se propagar em um universo paralelo ao nosso. Seriam realidades arquetípicas, transmitidas através do DNA, e expressas em traços neuronais distintivos nos cérebros deles. Tais padrões comportamentais sem dúvida incluiriam costumes e leis relacionadas a pobreza, incesto, casamento, parentesco e *status* social; mitos e lendas; crenças no sobrenatural; jogatina, adultério, homicídio, esquizofrenia e as terapias para lidar com isso".

Por Que Você? Despertando suas Capacidades e seu e Potencial

1. O uso de Elgin de "projeto inteligente" se refere a descobertas científicas que, aparentemente, são a inteligência da natureza. Hoje, a expressão contém associações a pontos de vista políticos e denominativos não implícitos na obra de Elgin. O que ele aborda são estruturas físicas recorrentes na natureza que reforçam estruturas psicológicas nas pessoas, que, aqui, são chamadas de arquétipos.
2. Duane Elgin. *Awakening Earth: Exploring the Evolution of Human Culture and Consciousness* (Nova York: William Morrow, 1993), p. 25.

Por Que Agora? Prosperando em uma Revolução Inacabada

1. O termo *mito* também é utilizado com o significado de "inverdade", como no uso que objetivava macular a sabedoria de tradições culturais consideradas mais primitivas em comparação com as próprias; não obstante, quando a maioria dos gregos se converteu ao cristianismo, muitos também eram iniciados, e não viam conflito algum entre as duas constituições de ensinamentos. No entanto, com o tempo, clérigos

cristãos começaram a considerar que outras fontes de sabedoria minavam a verdade do que eles ensinavam, e, desse modo, as difamaram como inverdades.

Deméter e o Caminho do Coração

1. N. F. Cantor, org. *The Jewish Experience* (Nova York: HarperCollins, 1996), pp. 124-28. Em seu ensaio sobre "O Essencial do Hassidismo", Martin Buber menciona o conceito indiano de "tat twam asi" [Sois aqueles que]: "Um ditado que remonta ao próprio Baal Shem como, mais uma vez, relacionado ao mandamento de amar ao próximo" como a ti mesmo: [citando Baal Shem Tov]: "Pois todo homem em Israel tem raízes no Uno, e, portanto, não podemos rejeitá-lo 'com as duas mãos', pois todo aquele que rejeita seu companheiro rejeita a si mesmo: rejeitar a mais ínfima partícula do Uno é rejeitá-lo inteiro" (125).

2. Kabir Helminski. "Sayings of Muhammad: Selected and Translated by Kabir Helminski." *The Knowing Heart: A Sufi Path of Transformation* (Boston: Shambhala, 1999), pp. 178-80.

3. Jalâl al-Din Rûmi e M. Green. *One Song: A New Illuminated Rumi*, trad. C. Barks (Filadélfia: Running Press, 2005), p. 11.

4. T. Piyadassi, trad. "Discourse on Loving-Kindness (Karaniya Metta Sutta)." *The Book of Protection* (Paritta) (Kandy, Sri Lanka: Buddhist Publication Society, 1975), pp. 35-6.

5. Swami Sivananda. *Sivananda News #11* (2003), www.sivananda.org/publications/mailinglists/guru-gram/gg-Nov01-2003.html. Ver também Yudit Kornberg Greenberg, org. *Encyclopedia of Love in World Religions*, Vol 1 (Santa Barbara, Califórnia: ABC-CLIO, 2008) para mais informações sobre a ordem de amar o próximo, caridade, amor divino, festivais em homenagem ao amor e amor romântico em todas as principais religiões do mundo.

6. Mara Lynn Keller. "The Ritual Path of Initiation into the Eleusinian Mysteries." *Rosicrucian Digest* 2 (2009), p. 1.

7. Keller. "Ritual Path", p. 38.

8. Ver HeartMath. "HeartMath Science and Research", acessado em 17 de maio de 2015, www.heartmath.com/research para descobertas de

pesquisas e https://www.heartmath.org para mais informações sobre o HeartMath Institute.

9. Jonathan Reams. "Integral Leadership: Opening Space by Leading Through the Heart." *The Transforming Leader: New Approaches to Leadership for the Twenty-First Century*, Carol S. Pearson, org. (São Francisco: Berrett- Koehler Publishers, 2012), pp. 106-07.

10. Karin Grossmann, et al. "A Wider View of Attachment and Exploration: The Influence of Mothers and Fathers on the Development of Psychological Security from Infancy to Young Adulthood." *Handbook of Attachment: Theory, Research, and Clinical Applications*, 2ª ed., Jude Cassidy e Phillip R. Shaver, orgs. (Nova York: Guilford Press, 2008), pp. 857-79.

11. Imagens do Deus Pai podem representar o pai autoritário ou o papai cuidador. Histórias antigas sobre Deus nos primeiros livros do Antigo Testamento refletem a primeira imagem do pai — definindo leis, castigos e recompensas — mas quando Moisés está conversando com Deus na sarça ardente, Deus é mais gentil e até mesmo disposto a negociar. No Novo Testamento, Jesus é bem parecido com Deméter em conclamar um caminho de amor, e chama seu pai de "Abba", que em aramaico é o termo mais familiar para pai, semelhante a *papai* na nossa língua.

12. Dorothy Dinnerstein, em *The Mermaid and the Minotaur*, postula que o desejo psicológico de conter o poder das mulheres resulta de que, em geral, elas são as principais cuidadoras de bebês. Por mais que bebês adorem suas mães, eles também sentem medo, porque estão à mercê delas para tudo o que é necessário ao conforto e sobrevivência. Dinnerstein argumenta que o medo desse ser imensamente poderoso começa a tomar conta de nós em um nível inconsciente ao longo da vida, levando a um conluio para manter limitado o poder das mulheres. A solução dessa autora é que homens e mulheres se envolvam no cuidado infantil, que evitaria tal projeção sobre as mulheres.

13. Até onde sei, ninguém estudou de fato a possível influência dos mitos eleusinos sobre políticas ou cláusulas sociais das épocas, já que, em geral, os ritos são estudados por mitólogos e acadêmicos que comparam religiões, não por historiadores políticos e sociais.

14. Com a justiça restauradora, a pessoa que cometeu um crime é confrontada diretamente pelas vítimas. O objetivo é que esse seja um momento educativo que induza uma mudança real de mentalidade, para que o perpetrador tenha uma oportunidade de sentir remorso, redimir-se e, em seguida, ser capaz de voltar à sua comunidade e ficar menos propenso a se envolver em futuros atos criminosos.

Primeira Lição de Deméter: Levando uma Vida de Consciência Conectada

1. Virginia Woolf. *To the Lighthouse* (Londres: Harcourt Brace Jovanovitch, 1955), p. 147.

2. Cokie Roberts, entrevista de Renée Montagne. "Book Lauds Women's Role in Founding of Nation", áudio de podcast, *Morning Edition*, NPR, 8 de abril de 2008. Na entrevista da NPR, Roberts, autor de *Ladies of Liberty: The Women Who Shaped Our Country*, aborda de que maneira, nos primeiros anos do país, as mulheres, mesmo não tendo direitos políticos ou econômicos, envolviam-se na política do governo. Por exemplo, Dolley Madison, esposa do presidente James Madison, usava suas habilidades como anfitriã para reunir membros dos rivais Federalistas e Republicanos na Casa Branca, forçando-os a fazer discursos civilizados e desenvolver relacionamentos pessoais, a fim de que pudessem trabalhar melhor juntos.

3. Frederick Buechner. *Beyond Worlds: Daily Readings in the ABC's of Faith* (Nova York: HarperCollins, 2004), p. 405. Essa obra é uma compilação que inclui o livro em que a citação originalmente apareceu: *Wishful Thinking: A Theological ABC* (São Francisco: Harper & Row Publishers, 1973).

4. O nível um de Kohlberg (pré-convencional) é motivado por interesse próprio, o nível dois (convencional) é definido por consenso social ou legalidade, e o nível três (pós-convencional) é regido por princípios morais universais.

5. Sally Helgesen. *The Web of Inclusion: A New Architecture for Building Great Organizations* (Nova York: Doubleday, 1995).

6. Carol S. Pearson, org. *The Transformative Leader: New Approaches to Leadership for the Twenty-First Century* (São Francisco: Berrett-Koehler Publishers, 2012).

7. Alice H. Eagly e Linda L. Carli. "The Female Leadership Advantage: An Evaluation of the Evidence." *The Leadership Quarterly* 14 (2003): 807-34.

Terceira Lição de Deméter: Valorizando o Coração Generoso

1. Claire Cain Miller. "When Women's Goals Hit a Wall of Old Realities." *New York Times*, 30 de novembro de 2014, New York Edition, BU$_3$.

2. Thomas Merton. *Conjectures of a Guilty Bystander* (Garden City, Nova York: Doubleday, 1966, p. 81.

3. Helene P. Foley, org. *The Homeric Hymn to Demeter: Translation, Commentary, and Interpretative Essays* (Princeton, Nova Jersey: Princeton Univ. Press, 1994), pp. 112-18.

4. Na peça *Antígona*, de Sófocles, quando Creonte se recusa a entregar os restos mortais do irmão de Antígona para serem adequadamente enterrados, ela tenta de tudo, incluindo sair às escondidas de madrugada para tentar enterrá-lo por conta própria. Tomado de fúria, Creonte a sentencia à morte por encarceramento (trancando-a num local em que morrerá de fome). O filho de Creonte, que ama Antígona, implora por sua clemência, mas Creonte só fica mais furioso. Somente quando o sábio Tirésias diz a Creonte que ele enfureceu os deuses e virou o povo contra ele é que este, aterrorizado, cede. Ele parte para libertar Antígona, mas ela já se enforcou. Enlutadas, todas as outras pessoas com quem Creonte se importa se matam, e o povo se volta contra ele. Na peça *Medeia*, de Eurípides, quando Jasão, marido de Medeia, ignora-a e a seus direitos como esposa, colocando outra esposa no seu lugar, em parte por vantagens políticas, a vingança da personagem-título é matar a nova esposa e seus dois filhos.

5. Obviamente, essa interpretação explora uma camada de significado que difere do foco de Freud sobre o medo da castração que os meninos sentem e a inveja do pênis que as meninas sentem, ambos os quais aparentemente relacionados a suposições sociais que relacionam poder à masculinidade.

6. Hazel Henderson. "The Ethical Marketplace." Palestra. *International Conference on Business and Counsciousness*, Acapulco Princess Resort, Acapulco, México, novembro de 1999.

Quarta Lição de Deméter: Manifestando sua Insatisfação

1. Lisa Belkin. "The Opt-Out Revolution." *New York Times Magazine* 153, nº 52648 (26 de outubro de 2003): 42-86; Pamela Stone and Lisa Ackerly Hernandez. "The All-or-Nothing Workplace: Flexibility Stigma and 'Opting Out' Among Professional-Managerial Women." *Journal of Social Issues* 69, nº 2 (2013): 235-56; Sylvia Ann Hewlett e Carolyn Buck Luce. "Off-Ramps and On-Ramps: Keeping Talented Women on the Road to Success." *Harvard Business Review* 83, nº 3 (março de 2005): 43-54; Sylvia Ann Hewlett, Laura Sherbin e Diana Forster. "Off-Ramps and On-Ramps Revisited." *Harvard Business Review* 88, nº 6 (junho de 2010): 30; Lisa A. Mainiero e Sherry E. Sullivan. "Kaleidoscope Careers: An Alternate Explanation for the 'Opt-Out' Revolution." *The Academy of Management Executive* 19, nº 1 (fevereiro de 2005): 106-23; Michelle Conlin. "The Working-Mom Quandary." *Businessweek* 4037 (2007): 110; e Bernie D. Jones, org. *Women Who Opt Out: The Debate over Working Mothers and Work-Family Balance* (Nova York: New York Univ. Press, 2012), pp. vii-viii, http://nyupress.org/webchapters/jones_TOC.pdf.

2. Há décadas mulheres vêm levantando questões sobre as dificuldades de cuidar de crianças; no entanto, espera-se que os funcionários trabalhem cada vez mais horas, e não menos, e muitas empresas estão reduzindo os horários flexíveis. Ao mesmo tempo, escolas continuam funcionando em horários definidos quando as mães, em geral, ficavam em casa, ou a maioria das pessoas vivia em comunidades agrícolas: folgas no verão, férias no meio do ano, muitas saídas antecipadas e feriados etc. Não obstante, muitas empresas desprezam os problemas levantados pelas necessidades e horários conflitantes como se fossem "coisas de mulher", o que equivale a dizer "Vocês não são a norma". Homens também amam a família, mas muitas vezes têm medo de falar sobre essas questões, receando parecerem menos masculinos ou negligentes com o trabalho. Às vezes, a cultura masculinizada de certas

áreas leva mulheres a encarar a dor de desistir de um trabalho que é sua vocação. Um exemplo muito estudado é a chocante e massiva fuga de cérebros de estudantes do sexo feminino extremamente talentosas da área de ciências exatas que optam por não continuar trabalhando nesse ramo após a faculdade. Essas mulheres que optam por sair relatam uma relutância em levar uma vida restrita pela cultura machista arraigada que vivenciaram nas disciplinas de exatas.

Um estudo feito pelo Center for Women's Business Research fornece dados que respaldam o que a maioria das mulheres executivas já sabe: mulheres abandonam cargos corporativos por causa da limitada mobilidade de ascensão (o teto de vidro), falta de reconhecimento e apreciação por suas contribuições, e desejo por maior flexibilidade (mais uma vez relacionado à necessidade de cuidar dos filhos e/ou pais mais idosos, e outras responsabilidades familiares). Hoje em dia, em muitas áreas, as mulheres estão manifestando suas insatisfações, retirando sua energia de lugares que não compartilham de seus valores ou não levam a sério suas questões.

De acordo com uma pesquisa da Catalyst Research, copatrocinada pela National Association of Women Business Owners (NAWBO), pelo Committee of 200 (uma organização de mulheres empreendedoras e líderes corporativas bem-sucedidas) e por Salomon Smith Barney, um terço das mulheres disseram que não eram levadas a sério em trabalhos anteriores, e 58% reportaram que nada as faria voltar para o mundo corporativo. Outros 24% disseram que até considerariam voltar se ganhassem mais (provavelmente isso se relaciona aos seus salários menores, em relação aos dos colegas homens), e 11% disseram que uma flexibilidade maior poderia tentá-las a voltar (claramente, para atender a responsabilidades familiares).

3. É claro que nem tudo eram flores, porque os emigrantes não sabiam como respeitar outros povos e suas culturas, nem tiveram a ideia de aprender com eles. Esses novos norte-americanos com valores europeus criaram uma nova norma e acabaram fazendo populações indígenas se deslocarem para outros lugares, às vezes por vontade própria; outras, infelizmente, por meio da força e de modo involuntário, tal como ocorreu com os escravizados trazidos contra a vontade.

4. John Balzar. "Writer Tom Robbins: A Man of La Conner: Books: He Tilts at the Windmills of American Culture. His Lance Is Humor." *Los Angeles Times* (6 de abril de 1990), http://articles.latimes.com/1990-04-06/news/vw-773_1_writer-tom-robbins.
5. Tom Robbins. *Even Cowgirls Get the Blues* (Nova York: Bantam Books, 1990), p. 244.

Quinta Lição de Deméter: Defendendo o Que é Importante para Você

1. Elizabeth R. Johnsin e Katherine A. Tunheim. "Sweden: Pioneering Gender Equality and Advocacy for Women in Contemporary Enterprises and the Home", apresentação na International Leadership Association Conference, Montréal, Québec, outubro de 2013. Na conferência, os apresentadores e o público pareceram estupefatos ao saber que existe um lugar no mundo em que mulheres em cargos de liderança relatam não se sentirem estressadas ou drenadas, sendo ao mesmo tempo felizes e prósperas. A cultura sueca é forte em valores referentes ao cuidado, o que influencia a capacidade do país de ter tais políticas. Mesmo assim, a oposição a essas políticas é significativa. Elas não foram postas em prática só para fazer as pessoas felizes. A população da Suécia estava minguando, e a nação precisava de mais braços. A esperança era que as mulheres tivessem mais filhos e também continuassem nos ambientes de trabalho. No trabalho elas ficaram, mas não tiveram filhos. Agora, a solução para a escassez da mão de obra é o amplo fluxo de imigrantes, mas isso gera outros problemas, já que eles não necessariamente têm a ética trabalhista de um sueco nativo ou orientações como cuidadores. Nem todo mundo se importa com o fato de essas políticas terem melhorado a qualidade de vida nacional.
2. De acordo com o Relatório Mundial da Felicidade das Nações Unidas de 2014, cidadãos dos países mais felizes têm maior expectativa de vida, percepções mais baixas da corrupção e um alto PIB per capita, e eles relatam ter mais apoio social, vivenciam mais generosidade e têm mais liberdade para fazer escolhas. Entre os países mais felizes estão (1) a Dinamarca, (2) a Noruega, (3) a Suíça, (4) a Holanda, (5) a Suécia,

(6) o Canadá e (7) a Finlândia. Nos dados de 2015, disponibilizados quando este livro estava para ser impresso, a Suécia foi para o oitavo lugar, mas países escandinavos ainda faziam parte do grupo nas primeiras posições. (Os Estados Unidos estavam em décimo sétimo lugar no relatório de 2014, e subiram para o décimo quinto com os novos dados.)

Primeira Lição de Zeus: Superando o Medo que Alimenta uma Vida Orientada

1. Oxfam. *Working for the Few: Political Capture and Economic Inequality*, 178 Oxfam Briefing Paper (Oxford, Reino Unido: Oxfam GB, 20 de janeiro de 2014), https://www.oxfam.org/sites/www.oxfam.org/files/bp-working-for-few-political-capture-economic-inequality-200114-en.pdf.

Segunda Lição de Zeus: Declarando sua Independência

1. A. H. Maslow. "A Theory of Human Motivation." *Psychological Review* 50, nº 4 (1943): 370-96.
2. É claro que as doenças também têm outras causas, muitas delas não relacionadas à nossa plenitude ou à ausência dela.
3. James Palmer. "The King's Speech: A Jungian Tale." *Jung Journal: Culture and Psyche* 6, nº 2 (Primavera de 2012): 68-85.

Terceira Lição de Zeus: Liberando sua Paixão, Focando nas suas Ações

1. A alquimista contemporânea Catherine MacCoun (em *On Becoming an Alchemist*) explica que os objetivos de nosso eu maior muitas vezes são virtuosos, éticos e inspiradores, mas, se não estiverem conectados com nossa vontade primal – isto é, nosso touro interior – não aplicaremos a força necessária em nossa resolução para atingi-los. Boa parte da jornada até conseguir o que se quer é encontrar um lugar em que o fogo nas entranhas se conecta com o cérebro e também com o coração. O que MacCoun quer dizer é que, para fazer magia alquímica, *o eu maior e o eu menor* precisam estar operando.

2. Hillary Rodham Clinton. *Living History* (Nova York: Simon & Schuster, 2003), p. 236.

Quarta Lição de Zeus: Reorganizando-se e Repensando à Medida Que Você Adquire Mais Conhecimento

3. Ver IPCC, Working Group III. *Climate Change 2014: Summary for Policymakers* (Genebra, Suíça: IPCC, 2014).

Quinta Lição de Zeus: Deixando de Ter Poder *Sobre* para Ter Poder *Com*

1. Nos Estados Unidos, vemos soldados voltando das guerras no Afeganistão e no Iraque com uma verdadeira praga de TEPT, como aconteceu na guerra do Vietnã, o que nos indica a necessidade de repensar a guerra como prova de masculinidade.
2. Na mitologia grega, Pandora foi a primeira mulher feita por Prometeu. Zeus, ainda nervoso por Prometeu ter criado seres humanos, deu a ela uma caixa de presente de casamento. Quando ela o abriu, todos os males da humanidade se espalharam; apenas a esperança permaneceu.
3. Site *How Women Lead*, das autoras Sharon Haday e Laura Henderson: http://howsuccessfulwomenlead.com/books/how-woman-lead/key-facts. O livro delas é *How Women Lead: The 8 Essential Strategies Successful Women Know* (Nova York: McGraw-Hill, 2012).
4. Sandra L. Bem. "The Measurement of Psychological Androgyny." *Journal of Consulting and Clinical Psychology* 42, nº 2 (1974): 155-62. A ferramenta de pesquisa de Bem usou itens associados a um amplo leque de atributos instrumentais, como iniciativa e independência, para avaliar características masculinas e, de maneira semelhante, diversidade expressiva e relacional, como carinho e acolhimento, para mensurar características femininas. Com o tempo, o trabalho de Bem evoluiu, o que também lhe permitiu elaborar formas para os próprios participantes classificarem itens como masculinos, femininos ou apenas humanos. Sua reavaliação, que mudou o foco da androginia para inculturação de gênero, potencialmente limitando a integridade humana e a

habilidade de enxergar as pessoas além do gênero, é explicada em *The Lenses of Gender: Trransforming the Debate on Sexual Inequality*. (New Haven, CT: Yale Univ. Press, 1993). Para visões atualizadas de Bem sobre BSRI, veja sobretudo 118-20, 126-27, 154-56 e 206-38.

Perséfone e o Caminho da Transformação

1. Para evitar confusão, aqui e mais adiante no capítulo, usarei *Eros* (com inicial maiúscula) para me referir ao deus e *eros* (com inicial minúscula) para me referir ao sistema orientador.

2. Elaine Pagels. *The Gnostic Gospels* (Nova York: Vintage Books, 1981). Hoje, muita gente acredita que Maria Madalena era esposa de Jesus. Um bom livro sobre o tema é o de Margaret Starbird. *The Woman with the Alabaster Jar: Mary Magdalen and the Holy Grail* (Rochester, VT: Bear, 1993). Starbird, católica fervorosa, começou sua pesquisa para desaprovar o que ela considerava uma ideia perturbadora e acabou convencida de que era verdadeira. Meu querido pai fundamentalista acreditava que Jesus teve de se casar porque os rabinos da época se casavam, e porque Jesus, dizia ele, veio à Terra através da divindade para entender todas as provações de ser humano. Suspeito que ele tenha dito isso depois de uma briga com minha mãe.

3. Marion Woodman e Elinor Dickson. *Dancing in the Flames: The Dark Goddess in the Transformation of Consciousness* (Boston: Shambhala Publications, 1996), pp. 8-10.

4. Peter Kingsley. *In the Dark Places of Wisdom* (Inverness, Califórnia: The Golden Sufi Center, 1999), pp. 87-92.

5. Embora esteja arraigado no popular e no imaginário acadêmico que Perséfone foi estuprada, não há nenhum estupro nos *Hinos de Homero*, e o significado arcaico da palavra *estupro* inclui qualquer "*ato de apanhar e carregar à força*: sequestro". *American Heritage Dictionary*, 3ª ed. 1996: 1498. O que de fato sabemos dessa história é que as ações de Hades teriam assustado Perséfone e eram repentinas demais para uma menina processar. No entanto, ao que parece, isso não a afastou dele permanentemente. Por fim, no evento improvável de que a história

contada em Elêusis incluiu o estupro de Perséfone, isso não faria sentido algum hoje. Heroínas românticas de ficção podem se deixar levar pela paixão, mas de modo geral não acabam amando um estuprador, e mulheres reais também não.

Primeira Lição de Perséfone: Respondendo ao Chamado de Eros

1. Ver Charlene Spretnak. *Lost Goddesses of Early Greece: A Collection of Pre-Hellenic Myths* (Boston: Beacon Press, 1992), pp. 105-18. De maneira semelhante, Spretnak argumenta que Perséfone não teria sido estuprada. Essa visão também é defendida por Clarissa Pinkola Estés e afirmada em *Women Who Run with the Wolves: Myths and Stories of the Wild Woman Archetype* (Nova York: Ballantine Books, 1992), pp. 263, 412-13. Muitas versões da história de Perséfone afirmam que Hades a estuprou, mas delas restam apenas fragmentos e, aparentemente, não foram as bases para os ritos eleusinos. Ao que me parece, estupros nesses relatos eram um símbolo de ser arrebatado pelo poder de deuses. Os relatos de Ovídio são extremamente diferentes uns dos outros, e ele é meio que um detrator dos deuses, incluindo Deméter e Perséfone, ridicularizando-os sutilmente ao contar suas histórias.

2. Também podemos conectar essa afirmação a ideias místicas sobre o que acontece no Submundo. Teosofistas do século XIX, mencionando Platão, consideravam a descida de Perséfone, e talvez também a de Psiquê, uma ilustração da purificação da alma na morte antes da reencarnação. Isso acontecia com a assistência de Hades, que queima todas as impurezas, deixando a essência da pessoa, sempre tida como bela. O mesmo processo pode ser facilitado durante a vida por meio de um rito iniciador. Platão e os teosofistas tinham a mesma opinião de que o potencial da alma pode ser percebido na próxima vida ou na próxima fase da vida atual.

3. Esther Perel. *Mating in Captivity: Unlocking Erotic Intelligence* (Nova York: Harper, 2006), pp. 1-18.

4. Deborah Tannen. *You Just Don't Understand: Women and Men in Conversation* (Nova York: Ballantine Books, 1990), pp. 77, 179.

Segunda Lição de Perséfone: Reivindicando seu Direito ao Amor

1. Meg Cabot. *Abandon* (Nova York: Point, 2011); Meg Cabot. *Underworld* (Nova York: Point, 2012); e Meg Cabot. *Awaken* (Nova York: Point, 2013).
2. Eu me lembro de que, na antiga Creta minoica, muitos dos rituais mais sagrados aconteciam em cavernas e muitas vezes era necessário fazer uma longa trilha subterrânea. Quando eu estava na Colômbia por um programa da Fullbright, pessoas locais maravilhosas me levaram a uma mina de sal em que os mineradores haviam criado um altar feito de sal e uma estátua da Madona Negra. Uma parte da antiga consciência da terra como sagrada claramente permanece na vida humana intuitiva de hoje.

Terceira Lição de Perséfone: Levando uma Vida Mais Simples

1. Sua história, é claro, usa os nomes do latim; portanto, ela se chama *Cupido e Psiquê*.
2. Ver Louann Brizendine. *The Female Brain* (Nova York: Broadway Books, 2006), que descreve um leque de estruturas hormonais e cerebrais que afetam o gênero.
3. A trilogia "The Girl with the Dragon Tattoo" [A Garota com a Tatuagem de Dragão], de Stieg Larsoon, é uma história estilo Perséfone correspondente a suas versões mais trágicas, em que Perséfone é estuprada. Lisbeth Salander, o personagem principal dos romances, sofre abusos horríveis ao longo da maior parte da vida – pelo pai, em um manicômio, e no submundo do crime. Suas provações contêm muitos elementos da história de Perséfone, e, em menor grau, da de Psiquê. Seu triunfo final resulta de sua inteligência, intuição e coragem, ao lado do fato de que outras pessoas a ajudam, muito embora, em várias partes da série, Lisbeth não saiba disso e se sinta muito sozinha.

Quarta Lição de Perséfone: Fazendo Escolhas para Realizar o seu Destino

1. *From Ritual to Romance*, livro crucial da acadêmica Jessie Weston, traça as origens do amor romântico e da cavalaria ilustradas nas lendas

arturianas às antigas religiões de fertilidade, cujas tradições foram preservadas pelos Mistérios de Elêusis.

2. Stephanie pode ser considerada uma personagem que vive a trama arquetípica das lendas arturianas, em que seu papel é o de Guinevere, esposa do Rei Artur, várias vezes sequestrado por cavaleiros maus e, então, resgatado por Lancelot. Entretanto, quando ela e Lancelot dão vazão a seus sentimentos eróticos um pelo outro, isso assina o fim de Camelot. Por vários motivos, códigos profissionais na psicologia e na educação proíbem psicólogos e educadores de se envolver romanticamente – ou sexualmente – com seus pacientes e alunos. Por Ranger se recusar a falar muito sobre si mesmo, Stephanie projeta seu eu idealizado nele – o eu que ela está se tornando com a ajuda dele. Já que oficialmente nenhum tem uma relação de poder sobre o outro, o flerte entre eles não viola um código profissional nem mina a potência de Ranger como um papel-modelo para Stephanie.

3. Se a noiva recusasse a comida, novas discussões teriam de ser feitas sobre o que seria aceitável para ela. Esposas também tinham o direito de deixar os maridos com apoio da família, levando consigo seus dotes, embora um parente do sexo masculino lidasse com o dinheiro. No entanto, os dotes ainda tinham de ser usados para beneficiar a mulher. Além disso, qualquer pessoa da Grécia antiga sabia que, se você não quisesse ficar no Submundo, era melhor não comer nada ali.

4. Veja Foley. *Homeric Hymn to Demeter*, pp. 56-7, no comentário sobre a tradução, e pp. 104-11.

5. Richard Tarnas (autor de *The Passion of the Western Mind*), em conversa com o autor. Assisi Institute Conference, primavera de 2013.

Quinta Lição de Perséfone: Vivenciando o Pertencimento Radical

1. A crença em que o *hieros gamos* era praticado nos Mistérios se baseava em acusações de um clérigo romano cristão que ficou escandalizado ao pensar que havia tal referência sexualmente explícita em Elêusis. Sua reação refletia a visão enviesada antissexo da igreja, que começou em Roma como reação a uma cultura desesperadamente necessitada de reinar na autoindulgência sensual em muitas esferas (pense nos sete

pecados capitais, todos eles amplamente em evidência). Os gregos não eram contra o sexo, mas esperavam que as esposas, pelo menos parcialmente, fossem fiéis aos maridos, por motivos práticos relacionados a hábitos de herança patriarcal.

2. Brian Swimme. *The Universe Is a Green Dragon: A Cosmic Creation Story* (Santa Fé, Novo México: Bear, 1985), p. 45. [*O Universo é um Dragão Verde*. São Paulo: Cultrix, 1990 (fora de catálogo).]

3. Martin P. Nilsson. "The Religion of Eleusis." *Greek Popular Religion* (Nova York: Columbia Univ. Press, 1940), p. 42-60. Nilsson resume o academicismo que conecta Perséfone com o *hieros gamos*, o nascimento da criança divina, as origens de Perséfone em Creta (incluindo o Minotauro e o labirinto) e o significado de comer as sementes de romã. Veja também Jean Houston, que, em *The Search for the Beloved: Journeys in Mythology and Sacred Psychology,* descreve o casamento de Perséfone e Hades como um *hieros gamos* que unifica o mundo da luz com o reino das sombras, o que acontece quando você passa a valorizar suas partes anteriormente soltas, ajudando-o a se tornar mais inteiro.

4. Elisabet Sahtouris. *Gaia: The Human Journey from Chaos to Cosmos* (Nova York: Pocket Books, 1989), pp. 159-62.

5. Sahtouris. *Gaia*, p. 20.

6. Sahtouris. *Gaia*, pp. 26-27.

7. Margaret J. Wheatley. *Leadership and the New Science: Discovering Order in a Chaotic World* (São Francisco: Berrett-Koehler Publishers, 1994), p. 100. [*Liderança e a Nova Ciência*. São Paulo: Cultrix, 1996 (fora de catálogo).]

8. Uso o sobrenome dos homens e o nome das mulheres só porque é assim que eles são chamados no filme; de outro modo, seria difícil distinguir as duas filhas dos pais, já que ambas têm o sobrenome do pai.

9. Dave Itzkoff. "A World Flamed into Life." Entrevista com Barbara Ehreinreich, *New York Times Magazine* (30 de março de 2014): p. 18.

Dionísio e o Dom da Alegria

1. Angeles Arrien. *The Four-Fold Way: Walking the Paths of the Warrior, Teacher, Healer and Visionary* (São Francisco: HarperOne, 1993), p. 41.

Arrien também afirma que dançar nos ajuda a recuperar partes do eu que foram perdidas ou esquecidas.

2. Estés. *Women Who Run with the Wolves*, p. 11.

3. Robert Bly. *Iron John: A Book About Men* (Reading, MA: Addison-Wesley, 1990).

4. O perigo dessa prescrição é que, na prática, os homens podem sentir uma necessidade constante de desvalorizar mulheres e qualidades femininas em si mesmos a fim de parar de querer nos agradar se agirem, como teme Bly, de maneiras mais femininas. Não obstante, tal como as mulheres são mais propensas a reivindicar seu poder instintivo se os homens forem fortes o bastante para não precisarem nos desvalorizar para inflamar o próprio ego, a habilidade dos homens de assegurar seu próprio poder também depende de heroínas que reivindicam os nossos. Se não fizermos isso, os homens no poder irão nos assustar e nos intimidar. Quando afirmamos nosso poder instintivo feminino e nos livramos do desejo de abandonar nossas verdades para agradar aos homens (pai, namorado, homens de poder no mundo), é importante não desdenharmos do masculino. Senão, também seremos incapazes de reivindicar nossa plenitude ou nos oferecermos aos homens (ou a outras mulheres) como pessoas dignas de serem amadas.

5. Para ler esse poema ou ouvir Mary Oliver lendo-o, vá para http://www.brainpickings.org/2014/09/24/mary-oliver-reads-wild-geese/.

6. Seus ritos eram associados a bebedeiras em Roma, mas não na Grécia. Entretanto, vários tipos de devassidão são associados ao lado negativo do arquétipo dominante.

7. "Eu sou a videira, vocês são os ramos: se alguém permanecer em mim e eu nele, o mesmo dará muitos frutos: pois, sem mim, vocês não podem fazer nada" (João 15:5).

8. Detalhes sobre o que acontecia nos ritos foram coletados por vários acadêmicos, frequentemente de referências breves, e os especialistas não concordam com todos os detalhamentos. Por exemplo, sabemos que havia uma estátua de Dionísio e muitos instrumentos musicais, mas não temos detalhes a respeito. Acrescentei – por meio de frases que indicam que se trata de coisas imaginadas por mim – indícios de que tais detalhes na verdade não estão incluídos nas fontes que usei

como referência ou de outro modo. Até onde sei, essas especificidades não são de fato conhecidas.

9. Clemente de Alexandria. *Protreptikos* II, 18, *Clement of Alexandria with an English Translation by G. W. Butterworth* (Cambridge: Harvard Univ. Press, 1953), p. 43.

10. Daryl Sharp e C. G. Jung. *Jung Lexicon: A Primer of Terms and Concepts* (Toronto: Inner City Books, 1991), pp. 109-10.

Primeira Lição de Dionísio: Realizando a Promessa de Elêusis

1. Ariadne era a irmã do Minotauro, e ajudou o herói Teseu a encontrá-lo atravessando o labirinto para matar a criatura, que exigia sacrifícios humanos. Quando voltou, ele e Ariadne zarparam juntos em um navio, mas Teseu a abandonou na primeira ilha em que atracaram. Dionísio, que ficou conhecido por desdenhar tipos heroicos, bem como por incorporar uma alternativa a eles, a salvou. Entretanto, era importante que uma de suas atribuídas mães biológicas fosse mortal, como Ariadne, que por fim morreu. Dionísio desceu ao Submundo e trouxe as duas de volta, demonstrando a mesma habilidade de transitar entre mundos que Perséfone, Hermes e Hécate tinham.

2. Alguns especialistas acreditam que os iniciados não apenas dançavam no cortejo público, mas que, juntos, eles também dançavam uma versão bem coreografada da história mais secreta quando se retiravam para os ritos mais privativos. Além disso, há amplas evidências de que a dança é uma prática xamânica feminina muito antiga, que envolvia danças em estado de transe, as quais tinham uma função importante no lado feminino da espiritualidade que ia muito além da catarse. Enquanto o antigo caminho xamânico masculino era mais individualista, mulheres dançavam juntas para incentivar resultados, utilizando-se no processo da energia arquetípica necessária para o momento. Talvez como um modo de preservar o legado que funcionava para elas, mulheres iam em bandos aos rituais de Dionísio e aos eleusinos, ambos contendo dança.

3. Outros, ao pesquisarem a respeito, afirmam que as mênades, suas seguidoras, provavelmente não tomavam vinho algum, exceto, possivelmente,

como um tipo de ritual de comunhão juntamente com carne cozida no leite, embora alguns reportem que um único ritual dionisíaco envolvendo homens usava vinho em grandes quantidades. Além disso, há histórias, como a de Jesus na festa de casamento, em que Dionísio transformava água em vinho. Podemos ver o alcoolismo, assim como qualquer tipo de vício em drogas, como um tipo de loucura que substitui o êxtase divino ou, pelo menos, a conexão com a própria natureza espiritual, amplamente compreendidos em programas de doze passos, embora estes não incluam danças desvairadas e barulhentas.

4. Mary Wilson. "Dionysus: Transforming Presence in Psyche and the World" (dissertação de mestrado, Pacifica Graduate Institute, 1989), p. 40. Ela oferece um dos melhores resumos que já vi na literatura sobre Dionísio, e sua dissertação é agradável de ler.

5. James Hillman. *Re-Visioning Psychology* (Nova York: Harper & Row Publishers, 1975), p. 104. Assim como muitas citações frequentemente parafraseadas por seu autor ou outras pessoas em comunicações orais, a citação original publicada era maior, mas sua extensão ajuda a transmitir conteúdo sobre o que ele quis dizer. "A psicologia arquetípica pode colocar sua ideia de psicopatologia em séries de resumos, um dentro do outro: dentro da aflição há um complexo, dentro do complexo, um arquétipo, que, por sua vez, refere-se a um deus. Aflições apontam para deuses; os deuses chegam a nós por meio das aflições[...] Zeus não comanda mais o Olimpo, e sim o plexo solar, e produz espécimes curiosas para a sala de consulta do médico." Em seguida, Hillman se refere a Jung, afirmando que hoje os deuses ou arquétipos estão presentes em doenças. E continua: "Os deuses, assim como nas tragédias gregas, obrigam-se, em termos sintomáticos, à consciência. Nossas patologias são trabalho deles, um processo divino em andamento na alma humana. Revertendo a patologia ao deus, reconhecemos o caráter divino dela e damos ao deus o que lhe é devido".

6. Bonnie J. Horrigan. "Meaning as a Healing Agent." *Explore: The Journal of Science and Healing* 8, nº 6 (novembro/dezembro de 2012): pp. 323-35.

7. Esse santuário de cura foi fundado em Santa Barbara, mas hoje em dia faz a maior parte do seu trabalho no México. Veja http://santabarbarahealingsanctuary.com/the-malinalco-healing-sanctuary/.

Segunda Lição de Dionísio: Celebrando a Grande Beleza da Vida

1. As formas públicas de antigas religiões gregas não continham a ideia do grande mistério da energia divina presente além deste mundo (transcendente) e dentro dele (imanente), deixando-nos com arquétipos que incorporam primariamente processos naturais (como no caso dos Titãs) ou atributos humanos (como entre os deuses do Olimpo). O reconhecimento de algo divino além de tudo foi contribuição das religiões monoteístas. Porque os teólogos viam o mundo através do olhar da cultura patriarcal, o divino se tornou compreensível apresentando-o na imagem semelhante a Zeus de um rei branco ou um pai, definido conforme se vivenciavam reis e pais em diferentes regiões e eras. Com o tempo, algumas versões de religiões monoteístas focaram na transcendência, negando a imanência e vendo maldade no corpo, na sexualidade e no mundo material. Talvez porque, em muitos períodos históricos, a vida era – e, em muitos lugares, ainda é – "desagradável, brutal e curta", como a descreveu o filósofo Thomas Hobbes no *Leviatã*. Portanto, as pessoas eram incentivadas a fazer sacrifícios nesta vida para adquirir felicidade na próxima, ou a encontrar alívio para o sofrimento não tendo desejo algum. Hobbes via essa triste condição como o "estado natural". Mas precisamos reconhecer que causas humanas não tão esclarecidas também têm papel na criação de realidades distópicas.

2. O padre episcopal e teólogo Matthew Fox (em *Original Blessing* e outras obras correlatas) remonta o caminho da alegria e da beleza a Jesus, por meio de vários místicos cristãos e de muitas outras religiões, modernas e nativas. Ele denomina essa tradição de "panenteísmo", que, assim como o panteísmo, vê o divino na natureza, mas também como algo que existe além dela. Ele observa que muitas religiões envolvem o corpo em danças rituais ou outros movimentos, como balançar o corpo enquanto se reza no judaísmo ou os giros extáticos no sufismo; logo, ele incorpora na oração corporal na sua forma moderna de louvor. Essas iniciativas ecumênicas contemporâneas, e semelhantes, reivindicam o corpo, a sexualidade e o mundo natural como sagrados, reconhecendo, ao mesmo tempo, que o divino é um potencial em homens e mulheres de todas as raças, grupos étnicos e orientações sexuais. Em *A Vinda do Cristo Cósmico*, Mathew Fox diferencia "o Cristo" da pessoa

de Jesus, e cita definições dela como um estado de consciência, um arquétipo disponível a todos, mas que Jesus incorporava totalmente. Seu pensamento possibilita que os cristãos permaneçam em sua fé ainda que respeitem e aprendam verdades de outras religiões.

3. Muitos críticos viram o filme com menos otimismo que eu – mas nenhum deles captou a conexão com Dionísio. A crítica a seguir interpreta a obra de modo semelhante à minha interpretação: " 'It's Just a Trick': Dissecting the Final Scene of 'The Great Beauty'", Viva Italian Movies, última atualização em 20 de junho de 2014, http://www.vivaitalianmovies.com/post/80850166067/great-beauty-final-scene.

Terceira Lição de Dionísio: **Dançando a Alegria Coletiva**

1. Clare Farnsworth. "Seahawks Flipped the Switch to Power 9-1 Finish." Seahawks News post, 29 de dezembro de 2014, http://www.seahawks.com/news/2014/12/29/seahawks-flipped-switch-power-9-1-finish.
2. "Lord of the Dance." Melodia *Shaker* do século XIX adaptada por (Carol Stream, IL: Hope Publishing, 1963).
3. A prática da Nia, desenvolvida por Debbie Rosas e Carlos Rosas (*The Nia Technique*) ajuda a liberar a energia de todas as partes do corpo de uma maneira projetada para trabalhar com sua anatomia. A Nia também estimula a prática de se dançar através da vida em contato com o prazer das sensações. Veja www.nianow.com.
4. O estilo de dança 5Rhythms, com base no trabalho de Gabrielle Roth (*Sweat Your Prayers*), proporciona uma prática estilo Dionísio de se mover com impetuosidade controlada, começando com uma batida fluida, depois em *staccato* e, em seguida, caótica; a seguir, quando se atinge a catarse, passa-se para uma música lírica e que evoca a tranquilidade meditativa. Essa progressão ajuda a libertar o corpo de emoções dolorosas que ficam presas nele e restringem o fluxo de energia. Veja www.5rhythms.com.
5. A barra vertical é mais longa que a horizontal na cruz cristã tradicional, assim como no *ankh* egípcio e copta. Na cruz grega, na cruz celta e na Cruz Vermelha moderna, as barras vertical e horizontal têm o mesmo tamanho, o que torna equivalentes o foco horizontal no cuidado com os outros e o foco vertical no amor a Deus.

6. Barbara Ehrenreich. *Dancing in the Streets: A History of Collective Joy* (Nova York: Metropolitan Books, 2007), p. 26.

Quarta Lição de Dionísio: Dirigindo sua Companhia Teatral Interior

1. Jane Wagner. *The Search for Signs of Intelligent Life in the Universe* (Nova York: Harper & Row Publishers, 1986), p. 18.
2. Para mais sobre subpersonalidades, veja John Rowan. *Subpersonalities: The People Inside Us* (Londres: Routledge, 1990).

O Poder da História para Transformar sua Vida

1. A modificação dos papéis de gênero, é claro, não causaram essa mudança; essas duas coisas aconteceram ao mesmo tempo.
2. Margaret Mark e Carol S. Pearson. *The Hero and the Outlaw: Building Extraordinary Brands Through the Power of Archetypes* (Nova York: McGraw-Hill, 2001). [*O Herói e o Fora da Lei – Como Construir Marcas Extraordinárias Usando o Poder dos Arquétipos.* São Paulo: Cultrix, 2003.]
3. Steven M. Southwick e Dennis S. Charney. "Ready for Anything." *Scientific American Mind* 24, nº 3 (julho/agosto 2013): 32-41. Esse artigo se baseia em *Resilience: The Science of Mastering Life's Greatest Challenges*, dos mesmos autores.
4. Jennifer G. Bohanek, et al. "Family Narrative Interaction and Children's Sense of Self." *Family Process* 45, nº 1 (março de 2006): 39-54. Esse estudo foi conduzido por um equipe da Emory University. Veja também Amber Lazarus. "Relationships Among Indicators of Child and Family Resilience and Adjustment Following the September 11, 2001 Tragedy" (relatório de avaliação nº 36, *The Emory Center for Myth and Ritual in American Life*, 2004).
5. Zachary Green. "Unleashing Possibilities: Leadership and the Third Space." *The Transforming Leader: New Approaches to Leadership for the Twenty-First Century*, Carol S. Pearson, org. (São Francisco: Berrett-Koehler Publishers, 2012), pp. 211-19.

Guia para Discussão de Leitura em Grupo

Embora cada lição arquetípica em *O Despertar da Heroína Interior* termine com um exercício de aplicação, e cada parte com um exercício de conclusão – ambos elaborados para que você interaja com mais profundidade – o objetivo das breves perguntas a seguir é servir como centelhas de sugestões para iluminar discussões em grupo mais longas e mais amplas.

1. De que maneira a narração do mito de Deméter e Perséfone em *O Despertar da Heroína Interior* difere de outras versões anteriores da história que porventura você conheça? Na narração de Pearson, quais elementos dessa história se destacam, e por quê?

2. Após ler o livro na íntegra, de que modo sua visão da narrativa, agora incluindo a perspectiva dos quatro personagens principais, difere do momento em que você leu a história de abertura?

3. Quais pessoas você conhece que incorporam elementos arquetípicos de Deméter, Zeus, Perséfone ou Dionísio? Onde você vê esses arquétipos em si mesmo?

4. Pense em algum momento em que você ou algum conhecido se sentiu sequestrado pelo destino, como Perséfone no mito.

Para você ou para essa pessoa, o que significaria, ou significou, fazer uma escolha criativa, semelhante ao ato de Perséfone de comer as sementes de romã? Como isso funcionou, ou como você acredita que funcionaria?

5. Deméter faz surgir a fome para ter a filha de volta. Qual perda ou descaso poderia levar alguém a adotar um fim tão extremo hoje em dia? Em sua opinião, qual seria o limite saudável para proteger alguém ou algo que você ama?

6. Zeus deixa de se sentir impotente como filho exilado e se torna o comandante dos deuses. Qual seria seu território de controle se você se permitisse expressar todo o seu poder?

7. Pensando na dança de Dionísio como uma metáfora para o autocentramento e a conexão com os outros e com o mundo, quando você vivenciou uma sensação como essa da maneira mais memorável?

8. O que vem à sua mente quando você imagina "ter tudo"? Como ativar os diferentes arquétipos de Deméter, Zeus, Perséfone e Dionísio pode capacitá-lo a perceber essa visão?

9. Em que momentos recentes – em uma conversa, ouvindo rádio, lendo um jornal, assistindo ao noticiário, folheando uma revista – você se sentiu pego por uma narrativa que, após reflexão, não parecia certa para você? E como você usaria, ou usou, a espada e o escudo para reexaminar essa narrativa?

10. Qual exemplo de história de cálice você conta sobre sua vida que, ao ser narrada, lhe dá um senso de propósito e reflete os aspectos mais verdadeiros de sua identidade?

11. Você tem um roteiro interior que poderia usar uma reformulação narrativa? Como você empregaria sua varinha mágica para reescrever esse enredo?

12. Se você criasse sua própria tradição dos Mistérios hoje, o que incluiria no ritual e por quê? Como você poderia incorporar a essência das tradições dos Mistérios na vida moderna?

Sobre a Autora

Carol S. Pearson, Ph.D., D.Min., é autoridade mundialmente conhecida em arquétipos e sua aplicação na vida cotidiana e no trabalho. Por meio de inteligência narrativa ampliada, seu trabalho ajudou pessoas do mundo todo a encontrar seu propósito e a levar vidas mais plenas e bem-sucedidas, e organizações a perceber seu propósito mais elevado. Famosa por publicações inovadoras como *O Herói Interior – Uma Introdução aos Seis Arquétipos que Orientam a Nossa Vida (Órfão – Inocente – Mago – Nômade – Guerreiro – Altruísta); O Despertar do Herói Interior – A Presença dos Doze Arquétipos nos Processos de Autodescoberta e de Transformação do Mundo; O Herói e o Fora da Lei – Como Construir Marcas Extraordinárias Usando o Poder dos Arquétipos* (em coautoria com Margaret Mark); e *The Pearson-Marr Archetype Indicator*™ (em coautoria com Hugh Marr), seu trabalho é fundamentado e comprovado por experiências pessoais e profissionais de alto nível.

Acadêmica respeitada e gestora de ensino superior, a dra. Pearson atuou mais recentemente como vice-presidente executiva/reitora e, em seguida, presidente do Pacifica Graduate Institute. Antes, ela foi professora de estudos sobre liderança na School of Public Policy na University of Maryland e diretora da James MacGregor Burns Academy of Leadership. Durante sua gestão, a academia serviu de incubadora para a International Leadership Association (ILA), e a dra. Pearson era membro da diretoria da ILA. No início da carreira, ela atuou como diretora de dois importantes programas de estudos femininos e como reitora de uma faculdade para mulheres. Em colaboração com o *Office on Women at the* American Council on Education, ela ajudou a elaborar diretrizes para faculdades e universidades atenderem melhor às necessidades de gestoras, professoras e alunas.

Atualmente, a dra. Pearson é escritora, palestrante, líder de *workshops* e consultora particular. Nesta última função, ela atua como parceira pensante de líderes e equipes de liderança nos setores sem fins lucrativos, educacionais, políticos e governamentais, e em empresas de resultado triplo voltadas para missões em áreas como construção e gerenciamento heroico de empresas, gestão de reputação arquetípica, e desenvolvimento de mensagens e liderança. Como líder de *workshops*, ela oferece várias experiências de desenvolvimento de liderança e, também, intensivos com o objetivo de despertar o herói e a heroína interiores.

Site: www.herowithin.com.

Você também pode seguir a Dra. Pearson no LinkedIn (www.linkedin.com/pub/carol-pearson/21/81a/a4a), no Facebook: *Carol S. Pearson, PhD*, e no Twitter (@carolpearson).

Impresso por :

gráfica e editora

Tel.:11 2769-9056